O Direito dos Oprimidos

BOAVENTURA DE SOUSA SANTOS

O Direito dos Oprimidos
Sociologia Crítica do Direito

Parte I

2015
Reimpressão

ALMEDINA

O DIREITO DOS OPRIMIDOS
AUTOR
Boaventura de Sousa Santos
EDITOR
EDIÇÕES ALMEDINA, S.A.
Rua Fernandes Tomás, n.ᵒˢ 76-80 – 3000-167 Coimbra
Tel.: 239 851 904 · Fax: 239 851 901
www.almedina.net · editora@almedina.net
DESIGN DE CAPA
FBA.
PAGINAÇÃO
EDIÇÕES ALMEDINA, S.A.
IMPRESSÃO | ACABAMENTO
PAPELMUNDE

Novembro, 2015
DEPÓSITO LEGAL
377960/14

Os dados e as opiniões inseridos na presente publicação são da exclusiva responsabilidade do(s) seu(s) autor(es).
Toda a reprodução desta obra, por fotocópia ou outro qualquer processo, sem prévia autorização escrita do Editor, é ilícita e passível de procedimento judicial contra o infrator.

BIBLIOTECA NACIONAL DE PORTUGAL – CATALOGAÇÃO NA PUBLICAÇÃO

SANTOS, Boaventura de Sousa, 1940-

Sociologia crítica do direito. - v.
1º v.: O direito dos oprimidos. - p.
ISBN 978-972-40-5648-7

CDU 316

ÍNDICE

PREFÁCIO GERAL	9
PREFÁCIO	19

CAPÍTULO 1
O DISCURSO E O PODER: ENSAIO SOBRE

A SOCIOLOGIA DA RETÓRICA JURÍDICA	27
Introdução	27
A retórica das formas e do processo	32
O espaço retórico do direito de Pasárgada e do direito estatal	33
A correlação sociológica entre as dimensões da instância	
jurídica e seus problemas	51
O problema do pluralismo jurídico	52
O problema das comparações falsas	65
Os discursos do direito na sociedade capitalista:	
prolegomena de uma teoria	70
A teorização das covariações entre os factores da produção jurídica	74
A análise funcional intrafactorial. A caracterização	
política da prática retórica	77
A interpretação das estruturas sociais. A oralidade e a escrita	
jurídicas	86

CAPÍTULO 2   102
O DIREITO DOS OPRIMIDOS: A CONSTRUÇÃO

E REPRODUÇÃO DO DIREITO EM PASÁRGADA	102
Introdução	102
Quadro conceptual e teórico. Conflitos, justiciabilidade,	
processamento de litígios e retórica	106

Topoi *e proto-políticas judiciais* 114
Questões explícitas e implícitas: o objecto do litígio como resultado
de um processo de negociação 116
A amplitude ou restrição do litígio 122
O litígio processado e o litígio real 134
Topoi, *formas e procedimentos: as formas como argumentos* 136
Linguagem e silêncio no processamento do litígio 144
Linguagem comum, linguagem técnica e linguagem técnica
popular 144
Linguagem e silêncio 148
Prevenção e resolução de litígios no direito de Pasárgada 166
O cenário 166
A prevenção de litígios em Pasárgada 180
A ratificação das relações jurídicas pela AM 180
Artefactos 184
Interrogatório 186
Elaboração do contrato 188
Redacção 190
Leitura 192
Assinatura 192
Testemunho 194
Aposição do carimbo 196
Arquivamento 196
Normas substantivas que definem o tipo e o âmbito das relações 200
Formas e procedimentos para a legalização das relações 234
A resolução de litígios em Pasárgada 256
O processo 256
Os *topoi* da resolução de litígios 268
O topos *da equidade* 268
O topos *do morador razoável* 308
Fragmentação dos poderes-saberes, interlegalidade
e hibridização 344
Conclusão 380

A estrutura do pluralismo jurídico	380
Um olhar desde dentro	390

CAPÍTULO 2-AO-ESPELHO
AS RELAÇÕES PESSOAIS COM O MUNDO A QUE
CHAMAMOS IDENTIDADE: SER OU NÃO SER QUEM

IMAGINO QUE SOU NAS FAVELAS DO RIO DE JANEIRO	103
Indução	103
Sobre a ascenção e a queda da metáfora	123
Sobre o lugar da escrita	127
Sobre o tráfego 1	133
Sobre o amor	159
Sobre a língua comum	161
Sobre ser português	169
Sobre a metodologia transgressiva	181
Distânciamento científico ou solidariedade política	195
A relevância científica ou o mundo da vida	245
Polícias e marginais	257
Os portugueses	283
O racismo	297
Mulheres e homens, donos e médicos	309
O jeito, o samba e a vida e morte severina	323
Supremacia da observação ou mudança de campo	339
Sobre o trabalho	371
Sobre o tráfego 2	399

ELADIR DOS SANTOS / BOAVENTURA DE SOUSA SANTOS

Irineu Guimarães: encontros e espelhos	409

ENTREVISTA DE ELADIR DOS SANTOS AO LÍDER

COMUNITÁRIO IRINEU GUIMARÃES	410
(Parte 1, Rio de Janeiro: 21 de agosto de 2005)	410
(Parte 2, Rio de Janeiro: 15 de maio de 2008)	450

REENCONTRO E CONVERSA COM O MEU AMIGO
IRINEU GUIMARÃES, DONA RUTE E SUELI   411

BIBLIOGRAFIA   483

ANEXO FOTOGRÁFICO   497

PREFÁCIO GERAL

Quando olho pelo janelão rasgado do meu escritório de Quintela que dá para o vale verdejante e, mais longe, para os contrafortes da Serra de Estrela, a paisagem adquire o poder mágico de me pedir balanços instantâneos da minha vida pessoal e profissional. Resisto sempre o mais que posso porque o meu balanço preferido continua a ser o do que está por fazer. Esta é talvez a razão mais profunda por que até agora não publiquei de forma sistemática as muitas investigações sociológicas empíricas que realizei ao longo de 45 anos. Espalhadas por muitas publicações, algumas delas em outras línguas que não a portuguesa, outras em co-autoria com colegas, investigadoras e investigadores, cada uma seguiu o seu caminho atadas pelo fio ténue de provirem do mesmo progenitor.

Realizei investigações empíricas em muitas áreas: movimentos sociais, globalização contra-hegemónica, democracia participativa, economia e organizações camponesas, organização comunitária, direito estatal e não estatal, justiça comunitária e popular, pluralismo jurídico, tribunais, processos constituintes, políticas sociais, reforma do Estado, etc. Por estranho que pareça, do trabalho de campo mais longo que alguma vez realizei nunca publiquei nada. Foi a observação participante, que a pouco e pouco se transformou em participação não observante, da cooperativa de pequenos agricultores, a COBAR, com sede numa aldeia próxima de Coimbra, Barcouço. Entre 1976 e 1988 acompanhei a par e passo a vida da cooperativa, que aliás ajudei a criar no âmbito de algo que, no início, no período ainda revolucionário logo após o 25 de Abril de 1974 (a Revolução que devolveu a democracia aos portugueses depois de 48 anos de ditadura), era mais que extensão universitária, era o compromisso da universidade – neste caso a Faculdade de Economia da Universidade de Coimbra – de não desperdiçar nenhuma oportunidade para colaborar na construção de um Portugal democrático mais livre e mais igual, pondo ao serviço das classes populares o saber universitário.

À medida que o meu envolvimento na cooperativa aumentou, acedi a novas aprendizagens técnicas (resinagem, ordenha de vacas, limpeza de estábulos) e novas tarefas (redação de atas de reuniões, preparação de concursos a projetos de financiamento, resolução de conflitos internos, organização de excursões anuais no país e em Espanha). Neste processo, o quadro teórico (teoria social de inspiração marxista), os objetos analíticos (resolução de litígios) e as metodologias (observação participante) – que carreava comigo desde o tempo, poucos anos antes, em que realizara a minha primeira investigação empírica no Brasil, numa favela do Rio de Janeiro a que chamei Pasárgada – foram desistindo de controlar e organizar a minha participação na vida da cooperativa.

Esta participação transbordava sem cessar, da experiência de investigação para a experiência de vida, da investigação-ação para a investigação-ação participativa e desta, para a ação participativa-investigação e desta ainda, para a participação activa sem investigação. A pouco e pouco, o objetivo de investigar foi ficando na sombra até se esconder nos vãos mais esconsos dos meus dias agitados entre a universidade e a cooperativa, como que envergonhado ou mesmo roído por complexos de culpa. À medida que a cooperativa se foi desvanecendo como objeto de investigação, os meus interlocutores foram-se transformando em companheiros de viagem e amigos. A cooperativa foi ficando tão dentro de mim que deixei de poder imaginar escrever sobre ela de qualquer outra forma que não a autobiografia. Era, porém, cedo para autobiografias. A cooperativa deu-me vida em vez de me dar um livro. Não me posso queixar.

Como foram muito mais numerosas as investigações na área da sociologia do direito, foram essas que mais vi saltar ao longo dos anos entre os mil verdes da paisagem que disfruto da minha janela de Quintela. Até que recentemente, e antes que o meu novo projeto me absorvesse por inteiro[1], decidi estender um olhar menos hostil e mais acolhedor ao que antes se me afigurava como dispersão intolerável. Fui assim construindo um mosaico mais ou menos coerente, a que chamei, no seu conjunto, *Sociologia Crítica do Direito em 5 partes*, ou seja, em 5 livros.

Aos leitores que perseverarem na leitura das muitas centenas de páginas distribuídas pelos vários volumes, não escapará que os meus interesses pela sociologia do direito e do Estado se foram diversificando e que as minhas referências e posições teóricas foram evoluindo. No que respeita a estas últimas, será notório que durante os anos setenta e oitenta do século passado eu procurei desenvolver uma teoria marxista do direito, do Estado e da socie-dade. Os capítulos teóricos dos dois primeiros livros da coleção –a primeira e a segunda parte da *Sociologia Crítica do Direito* – consti-tuem propostas de teorização marxista em áreas da vida coletiva até então pouco estudadas. À medida que avançamos para as partes seguintes, o marxismo, sem ser abandonado, vai sendo integrado ou combinado com outros contributos teóricos que me permitem analisar dimensões dos meus temas de investigação a que foi dando cada vez mais importância. Não foram, no entanto, as novidades ou as modas teóricas que me orientaram neste percurso. Foram antes as lutas e causas sociais em que me fui envolvendo e as diferentes regiões do mundo a que o meu trabalho me levou. Na versão de que eu partia, o marxismo (o chamado marxismo ocidental), servia bem a luta anti-capitalista que marcara a minha primeira identidade como sociólogo; mas tornou-se insuficiente quando me envolvi em lutas e causas que se insurgiam contra as continuidades do

---

[1] Projeto de investigação "ALICE, espelhos estranhos, lições imprevistas" (alice. ces.uc.pt), dirigido por mim no Centro de Estudos Sociais da Universidade de Coimbra – Portugal. O projeto recebe fundos do Conselho Europeu de Investigação, 7.º Programa Quadro da União Europeia (FP/2007-2013) / ERC Grant Agreement n. 269807.

colonialismo depois das independências do colonialismo histórico europeu, fossem elas o racismo, a xenofobia, os silêncios da história oficializada, o eurocentrismo das teorias e das culturas dominantes, ou o neocolonialismo. Tornou-se ainda mais insuficiente quando os movimentos sociais que acompanhei lutavam contra formas de opressão não inscritas como importantes no cânone marxista de que eu partia, fossem elas as lutas das mulheres contra o patriarcado e o sexismo, as lutas dos povos indígenas em defesa da sua autodeterminação cultural, social, política e económica, as lutas por economias solidárias em sociedades capitalistas ou ainda as lutas dos movimentos ambientalistas, ecológicos, contra a lógica do crescimento infinito. Foi essa experiência, sucessivamente mais rica e mais comprometida, que se foi traduzindo na maior presença das teorias pós-coloniais, feministas, identitárias e ecologistas no meu trabalho científico. Daí até que este se abrisse a outros conhecimentos não científicos e entrasse em diálogo com eles – o que comecei a designar por ecologia de saberes e tradução intercultural – foi apenas um passo que só pareceu gigantesco a quem não acompanhara de perto a minha trajectória. E, obviamente, pareceu ilegítimo a quem continuara fechado na gaiola do positivismo e das epistemologias do Norte. Esses, aliás, continuariam fechados mesmo depois da gaiola aberta.

Curiosamente, mas sem surpresa, ao ler os capítulos teóricos iniciais sobre a teoria marxista do direito, do Estado e da cidade, revejo-me neles hoje mais do que há dez ou vinte anos. É quase uma reconciliação, um reencontro depois de muitos anos e de muita água ter corrido por baixo das pontes. A que se deverá? Penso que a devastação social, política e ecológica que o capitalismo neoliberal provocou nos últimos trinta anos voltou a tornar mais evidentes e grosseiros os processos de exploração e de exclusão social subjacentes às políticas capitalistas de classe, tanto nos países centrais como nos periféricos. Uma arrogância ideológica nova permitiu-lhes revelar todo o seu cariz anti-social. O poder capitalista é hoje um poder totalitário montado num pedestal global donde comanda os cordéis das sociedades nacionais e suas esferas públicas, a que chamamos democracia por inércia ou por não sabermos que outro nome lhe dar. Mas, ao contrário do que poderia parecer, o capitalismo continua a não dispensar o colonialismo e o patriarcado para exercer o seu domínio.

Nenhuma outra teoria mostrou tão convincentemente quanto o marxismo as contradições do capitalismo. Claro que o marxismo deixou por teorizar formas de poder e dominação que hoje consideramos importantes e persistentes: por um lado, como já dito, o colonialismo e o patriarcado; por outro, o marxismo partilhou com o capitalismo algumas das premissas que hoje nos parecem politicamente perigosas e teoricamente falidas (progresso material como valor incondicional, crescimento infinito, natureza como recurso totalmente disponível).

Terei, pois, de me sentar no alpendre da minha varanda que dá para o imenso e manso vale com as teorias que perfilhei e conversar com elas sobre as críticas recíprocas ao longo de quarenta anos, sobre as possíveis aproximações e articulações feitas de divergências e convergências que se foram configurando e reconfigurando à medida que as fui virando sobre a fogueira do tempo e das lutas, tal como deve ser feito a um bom churrasco.

Mas a transformação ao longo destas décadas foi muito mais que teórica e política; foi uma transformação epistemológica. Uma leitura atenta da Primeira Parte (*O Direito dos Oprimidos*) revelará uma tensão entre a razão fria dos quadros teóricos e a razão quente das análises empíricas, e bem assim o modo como estas se rebelam, tanto em relação às teorias, como em relação às metodologias que estas pressupunham ou legitimavam. O desassossego com a ciência moderna, sobretudo em suas versões mais positivistas, começou por ser o resultado de uma pulsão vital que gerava rebelião, uma rebelião muito mais centrada no inconformismo ante uma epistemologia reguladora do que na alternativa de uma epistemologia libertadora. Essa alternativa foi-se construindo ao longo dos anos, em tempos e circunstâncias que acompanharam as investigações empíricas publicadas neste conjunto de livros. Tiveram expressões sucessivas em *Um Discurso Sobre as Ciências* (1988a)[2], *Introdução a uma Ciência Pós-moderna* (1989), *A Crítica da Razão Indolente: Contra o Desperdício da Experiência* (2000) *Conhecimento Prudente para uma Vida Decente* (2004), *A Gramática do Tempo* (2006) e, em colaboração com Maria Paula Meneses, *As Epistemologias do Sul* (2010). A versão mais integrada das epistemologias do Sul a que fui chegando não está por enquanto disponível em português. Trata-se de *Epistemologies of the South: Justice Against Epistemicide*, (Boulder: Paradigm Publishers, 2014). Escritos ao longo de muitos anos e abordando temas muito diversos, os textos são agora publicados ou republicados na sua versão original e portanto sem atualizações (salvo raras exceções).

Originalmente, os textos incluídos nas várias partes da *Sociologia Crítica do Direito* foram pensados como compondo os segundo e o terceiro volumes da coleção *Para Um Novo Senso Comum*. Desta coleção foram já publicados o primeiro volume, *A Crítica da Razão Indolente: Contra o Desperdício da Experiência* (2000), e o quarto, *A Gramática do Tempo* (2006). Acontece que os textos que se destinavam ao segundo e terceiro volumes não só proliferaram, como ganharam uma autonomia nova. Alguns textos tinham permanecido inéditos, outros tinham sido publicados em livros que não estão hoje disponíveis, outros ainda só tinham sido publicados em inglês ou espanhol e são agora apresentados, pela primeira vez, ao público de língua portuguesa.

Daí que a arquitetura inicial da coleção *Para Um Novo Senso Comum* tivesse de ser alterada e ampliada. Em vez de dois livros, consta agora de cinco livros em que publicarei os estudos que realizei nas últimas quatro décadas, por vezes em co-autoria, sobre

---

[2] Este livro foi publicado no Brasil, em São Paulo pela Cortez em 2003.

temas de sociologia crítica do direito. Os meus estudos sobre outros temas que não estiverem facilmente disponíveis em português serão também objeto de uma publicação futura.

A Primeira Parte da Sociologia Crítica do Direito é o livro intitulado *O direito dos oprimidos*. Nele publico pela primeira vez em português um resumo muito alargado da minha dissertação de doutoramento pela Universidade de Yale (1973). O trabalho de campo foi realizado numa favela do Rio de Janeiro a que dei o nome fictício de Pasárgada para proteger a identidade dos meus interlocutores, uma vez que o trabalho foi realizado e publicado em inglês durante a ditadura militar brasileira e, portanto, num contexto de perseguição política a todo o ativismo social e político não alinhado com o regime.

A Segunda Parte é o livro intitulado *As bifurcações da ordem: a justiça popular em Cabo Verde* e nele incluo um estudo realizado sobre o direito e a justiça em processo de grande ruptura política, processo revolucionário, no contexto da transição do colonialismo para a independência em Cabo Verde. Na Quarta Parte voltarei ao tema com um estudo de caso num contexto totalmente distinto mas também de ruptura, o contexto da transição da ditadura para a democracia em Portugal em 1975.

A Terceira Parte da Sociologia Crítica do Direito é o livro intitulado *Os trabalhos de Atlas: ecumene ou diáspora?* Nele publico, nalguns casos pela primeira vez em português, os estudos que dediquei ao fenómeno genericamente conhecido como globalização do direito e da justiça. Trata-se de um fenómeno complexo que transferiu para o direito e a justiça a problemática da transformação social e da democratização da sociedade a partir do momento em que entrou em crise o paradigma rival de transformação social, a revolução política e social.

A Quarta Parte é o livro intitulado *As reconfigurações da ordem. Pode o direito ser emancipatório?* Nele analiso teoricamente e ilustro empiricamente com alguns estudos de caso os dilemas e as tensões que se instalam no campo jurídico e no campo do ativismo político sempre que o direito é mobilizado por forças sociais com interesses opostos e até contraditórios.

Finalmente, a Quinta Parte da Sociologia Crítica do Direito, o livro intitulado *O pluriverso da ordem. A diversidade jurídica do mundo,* é dedicada a um amplo conjunto de estudos de sociologia do direito que realizei ao longo dos anos em países tão distintos como Angola, Bolívia, Colômbia, Equador, Macau (então uma colónia portuguesa), e Moçambique. Nesta parte, torna-se particularmente evidente que a minha concepção de direito, enquanto fenómeno social, foi sempre muito mais ampla que a concepção dominante: sem nunca menosprezar a importância do direito oficial e suas instituições, dediquei sempre muita atenção ao estudo dos direitos não oficiais e sua instituições que tantas vezes regulam a vida quotidiana da maioria da população de muitos dos países em que tenho trabalhado. Os conceitos de pluralismo jurídico e de interlegalidade estiveram, assim, sempre presentes e foram sendo reelaborados a partir de diferentes perspectivas.

O tempo passa sinuosamente por este conjunto de livros. Às vezes tão sinuosamente que a boca do tempo lhes morde o rabo. O tempo enrodilha-se de tal maneira nos diferentes espaços onde realizei investigação que o passado pode muito bem aflorar refrescado em estudos posteriores, e o que é novo parece há muito anunciado ou antecipado. Mesmo assim, a Primeira Parte contém investigações realizadas na década de 1970; a Segunda Parte contém investigações e textos da década de 1980; a Terceira Parte, investigações e textos da década de 1990; a Quarta Parte, a temporalmente mais caótica, contém investigações e textos das décadas de 1980, 1990 e 2000; finalmente, a Quinta Parte contém investigações e textos das décadas de 1990, 2000 e 2010.

O conjunto mostrará como o meu trabalho foi evoluindo em resultado das opções teóricas que fui tomando em resposta às lutas e causas sociais em que me fui envolvendo e em diálogo com tantos conhecimentos nascidos na luta com que fui sendo confrontado, fossem eles os conhecimentos de homens e mulheres moradores de favelas e bairros informais em luta pelo direito popular à cidade, camponeses sem terra ou com terra em vias de lhes ser confiscada, povos inteiros a emergir do jugo do colonialismo e em busca de uma independência genuína, povos indígenas em luta pelos seus territórios ancestrais, base da sua dignidade, sindicalistas, activistas dos direitos humanos, da democracia participativa, da economia solidária, da ecologia, etc. Se lêssemos esta colecção de trás para diante, seria talvez possível identificar, no meu percurso de trabalho científico, a sociologia das ausências e das emergências que tenho vindo a defender como procedimentos centrais das epistemologias do Sul.

PREFÁCIO

Neste livro publico o meu primeiro estudo de sociologia do direito, realizado no início da década de 1970. Foi a minha dissertação de doutoramento, defendida em 1973 na Universidade de Yale (EUA), e consistiu numa análise sociológica do direito informal e da resolução de litígios numa favela do Rio de Janeiro a que dei o nome fictício de Pasárgada, retirado de um poema de Manuel Bandeira. A dissertação nunca foi publicada na íntegra em português. Foram publicados no Brasil alguns breves resumos e foi a partir deles que a minha pesquisa ficou conhecida em língua portuguesa.

Com o título *Law Against Law: Legal Reasoning in Pasárgada Law* a dissertação foi publicada na íntegra em inglês em 1974 pelo Centro Intercultural de Documentación de Cuernavaca México (CIDOC Cuaderno nº 87) de que era director o grande educador Ivan Illich, um intelectual e activista extraordinário com quem colaborei intensamente nesses anos. Em 1977, a principal revista anglo-saxónica de sociologia do direito, a *Law and Society Review* (12, 5-126) publicou em 1977 um longo artigo (até hoje, o mais longo da história da revista, com 121 páginas), em que apresentei os principais resultados e argumentos da dissertação. Foi a partir dele que o direito de Pasárgada ficou internacionalmente conhecido.

Desde então fui muitas vezes solicitado para publicar a dissertação em português mas por uma ou outra razão nunca o fiz. Até hoje. Inicialmente não a quis publicar em português por temor que os dados e as análises que apresentava pudessem de algum modo prejudicar os meus interlocutores, moradores da favela, com quem convivi intensamente durante vários meses como era próprio do método de investigação que adoptei, a observação participante, o que me levou a viver na favela durante esse período. O trabalho de campo foi realizado em 1970, em plena ditadura militar brasileira e a repressão contra militantes políticos de esquerda estava no auge. Ora eram esses militantes que animavam a vida associativa da favela. Era um trabalho político clandestino que envolvia altos riscos. O temor de os prejudicar impediu de pensar sequer na publicação em português. E mesmo a publicação em inglês foi por mim severamente censurada com o mesmo objectivo e essa auto-censura foi tão eficaz que ainda hoje deixa rastro no texto que agora publico.

O objetivo de proteger o anonimato dos meus interlocutores, muitos deles, mais que interlocutores, amigos, levou-me a dar à favela um nome fictício. Pela mesma razão, privei-me de "devolver" o meu estudo à favela como era de regra na sociologia crítica e radical dos anos de 1970. Em visita ao Brasil em 1974 fui aconselhado pelos meus amigos a não entrar na favela porque a "barra estava pesada", a repressão tornara-se ainda mais violenta e qualquer presença de estranhos era considerada suspeita e podia comprometer os habitantes do morro que com ela contactassem.

Durante três décadas não fui capaz de revelar publicamente o nome real, Jacarezinho[1]. Em 2005, quando finalmente voltei a favela, causei sem querer um grande alvoroço ao referir na rádio comunitária que para proteger o anonimato tinha dado ao Jacarezinho o nome fictício de Pasárgada. É que, ao longo dos anos, muitos dos sociólogos e antropólogos estrangeiros que visitavam a favela perguntavam se o nome real da favela não era Pasárgada, algo que deixava perplexos os dirigentes comunitários. Os visitantes

---

[1] "A comunidade foi batizada com a versão diminutiva do nome do rio que nasce no maciço da Tijuca e atravessa os bairros do Jacaré, Méier, Engenho Novo e Triagem. Nos anos 40, o Rio Jacaré foi aterrado e canalizado para a construção da Avenida Brasil. Ele desemboca na Baía de Guanabara pelo Canal do Cunha. O nome nada tem a ver com o animal. A origem etimológica do termo vem de "yacarè", "o que é torto, sinuoso", uma alusão às voltas que o rio dá" Favela Tem Memória (http://www.favelatemmemoria.com.br), da responsabilidade da Viva Rio.

conheciam o meu estudo e suspeitavam que ali era Pasárgada. As minhas explicações resolveram o enigma e os altifalantes da rádio espalharam pela favela a verdadeira história de uma ficção. Mas a verdade é que interiorizei de tal modo o nome de Pasárgada que ainda hoje me parece mais real que o nome real.

O estudo de Pasárgada é agora publicado sem nenhuma actualização excepto no que respeita, aqui e acolá, a alguma alteração estilística ou a dados estatísticos. Trata-se de um resumo alargado baseado no artigo que foi publicado pela *Law and Society Review*. Como era timbre das dissertações ao tempo, a versão integral era um grosso volume de 600 páginas.

O primeiro capítulo constitui uma parte substancial do quadro teórico da dissertação[2]. Nele apresento os prolegomena de uma teoria marxista do direito com especial atenção ao tema da retórica jurídica. Trata-se de um tratamento sociológico exigente de temáticas que até então eram tratadas na filosofia do direito e com as quais eu me familiarizara durante os dois anos da década sessenta em que estudei na então Alemanha Ocidental, primeiro em Berlim Ocidental (Universidade Livre de Berlim), e depois em Tubinga (Instituto Max Planck).

O capítulo 2 é uma versão também reduzida da parte empírica da minha pesquisa. O capítulo 2-ao-espelho é a minha reflexão muito pessoal sobre o meu trabalho de campo e suas circunstâncias, parte diário de campo, parte pesquisa íntima dos subterrâneos da alma e do corpo por onde circulavam energias tão vitais que acabaram por me alimentar o resto da vida. Ao tempo em que escrevi a dissertação era impensável incluir tais reflexões no texto, dada a sua total irrelevância científica. Longe de ser um caso pessoal ou uma idiossincrasia dos professores da Universidade de Yale, era a expressão do padrão de cientificidade então dominante. Por isso, este capítulo foi inicialmente publicado numa coletânea de ensaios

---

[2] Uma versão ampliada deste capítulo foi publicada em Santos, 1980.

em que vários dos jovens cientistas de então decidimos publicar com rebeldia e alguma impertinência a "história natural", como então lhe chamámos, da nossa pesquisa, tudo o que não pudéramos escrever nos "capítulos oficiais" (Santos, 1981).

Ao longo de várias décadas, os meus orientandos de doutoramento têm beneficiado, muitas vezes sem saber, desta experiência quando os incentivo a incluir nas dissertações um capítulo sobre as suas vivências e circunstâncias pessoais ao realizar a pesquisa, aquilo a que chamamos auto-reflexividade. Ao ver-se ao espelho, o objeto científico, vê mais que o rosto, vê raízes e sonhos, sofrimentos e dúvidas, a não-ciência da vida de que é feita a vida da ciência. Os dois capítulos estão dispostos em paralelo e não apenas para reforçar a metáfora do espelho. Tudo o que está neles ou foi concomitante ou teve pena de não ser.

Faz parte sem fazer parte deste estudo uma longa conversa (que os sociólogos gostam de chamar entrevista para se defenderem da possibilidade de serem eles os entrevistados) que tive com um dos meus principais interlocutores e melhores amigos durante a minha estadia em Pasárgada, o Irineu Guimarães, um grande activista comunitário e comunista convicto. Esta conversa teve lugar em Junho de 2012, 42 anos depois do trabalho de campo. Ao tempo da nossa conversa, Irineu tinha 82 anos. Morreria poucos meses depois. Rever o Irineu, um objetivo que eu renovava sempre que visitava o Rio de Janeiro, só foi possível graças à minha colega Eladir Nascimento dos Santos, Professora da Secretaria Estadual de Educação do Estado do Rio de Janeiro, e o modo surpresino como isso aconteceu é narrado no texto. No âmbito da sua tese de mestrado (*E por falar em FAFERJ... Federação das Associações de Favelas do Estado do Rio de Janeiro (1963 – 1993) – memória e história oral*, Universidade Federal do Rio de Janeiro, 2009) a Eladir havia entrevistado o Irineu em 2005 e 2008, uma excelente entrevista em duas partes sobre o percurso político do Irineu posterior ao tempo em que o conheci (1970). Por amabilidade da Eladir reproduzo em paralelo a entrevista que ela lhe fez e extractos da conversa que eu tive com ele em 2012.

Tantos anos depois de realizar estes estudos não é possível agradecer a todos aqueles e aquelas que me ajudaram na sua preparação. Os principais colaboradores seriam sempre os homens e as mulheres que partilharam comigo um pouco da sua vida quando não lhes sobrava tempo para garantirem a sua sobrevivência e a das suas famílias, sujeitos como estavam às inimaginavelmente duras condições de vida que o capitalismo impõe às classes populares, sobretudo quando tem as costas quentes do poder político ditatorial, a parte visível da tirania invisível de que o capitalismo incessantemente se alimenta.

Para além destes parceiros, generosos até aos confins da alma porque nem sequer conscientes da parceria, muitos outros me ajudaram a realizar a minha pesquisa. Ninguém o fez com mais sacrifício pessoal e generosidade que a minha mulher Maria Irene Ramalho e o meu filho João Ramalho-Santos, então muito pequeno, ambos sujeitos à voragem de quem, talvez por não saber viver, queria viver tudo de todas as maneiras.

Se não é possível agradecer sem imensas omissões a quem me ajudou a realizar as pesquisas aqui publicadas, é, pelo menos, possível agradecer a quem tornou possível esta edição em português, aos meus exímios tradutores: Mário Machaqueiro, cuja tese de doutoramento tive o gosto de orientar, atualmente investigador do Centro em Rede de Investigação em Antropologia, e a minha assistente Margarida Gomes. Foi preciso o apoio técnico na tradução por parte do Lino João Neves, também meu doutorando ao tempo e hoje Professor da Universidade Federal da Amazónia, um inovador pesquisador-activista da causa indígena da Amazónia que muito admiro, para além da amizade que dispensa admirações. A minha colega Maria Paula Meneses deu-me um apoio precioso na preparação de todo o manuscrito para publicação, muito em especial da minha conversa com o Irineu Guimarães. A minha assistente

Inês Elias deu o impulso final na preparação do manuscrito. *Last but not least,* a minha secretária Lassalete Simões está presente em tudo o que escrevo e publico por vias de que, por vezes, nem ela se dá conta.

Este livro faz parte de um conjunto de livros sobre a sociologia crítica do direito. Como já referi, originalmente estes livros foram pensados como os volumes 2 e 3 da coleção Para Um Novo Senso Comum. Desta coleção foram já publicados os volumes 1 *A Crítica da Razão Indolente: Contra o Desperdício da Experiência* (2000) e *A Gramática do Tempo: Para uma Nova Cultura Política* (2006). Acontece que os textos que se destinavam aos volumes 2 e 3, não só cresceram como ganharam uma autonomia nova. Alguns textos tinham permanecido inéditos, outros tinham sido publicados em livros que não estão hoje disponíveis, outros ainda só tinham sido publicados em inglês ou espanhol e são agora apresentados, pela primeira vez, ao público de língua portuguesa.

Daí, que a arquitetura inicial da coleção tivesse de ser alterada e ampliada. Consta agora de cinco livros em que publicarei os estudos que realizei nas últimas quatro décadas, por vezes em co-autoria, sobre temas de sociologia crítica do direito. Os meus estudos sobre outros temas que não estiverem facilmente disponíveis em português serão também objeto de uma publicação futura. Este livro é a Parte 1 da Sociologia Crítica do Direito.

A Parte 2 é o livro intitulado *As bifurcações da ordem: a justiça popular em Cabo Verde* e nele incluo um estudo realizado sobre o direito e a justiça em processo de grande ruptura política, processo revolucionário, no contexto da transição do colonialismo para a independência em Cabo Verde.

A Parte 3 da Sociologia Crítica do Direito é o livro intitulado *Os trabalhos de Atlas: ecumene ou diáspora* e nele publico, nalguns casos pela primeira vez em português, os estudos que dediquei ao fenómeno genericamente conhecido como globalização do direito e da justiça. Trata-se de um fenómeno complexo que transferiu para o direito e a justiça a problemática da transformação social e da democratização da sociedade a partir do momento em que entrou em crise o paradigma rival de transformação social, a revolução política e social.

A Parte 4 é o livro intitulado *As reconfigurações da ordem. Pode o direito ser emancipatório?* Nele analiso teoricamente e ilustro empiricamente com alguns estudos de caso os dilemas e as tensões que se instalam no campo jurídico sempre que este é mobilizado por forças sociais com interesses opostos e até contraditórios.

Finalmente, a Parte 5 da Sociologia Crítica do Direito, o livro intitulado *O pluriverso da ordem. A diversidade jurídica do mundo,* é dedicada a um amplo conjunto de estudos de sociologia do direito que realizei ao longo dos anos em países tão distintos como Moçambique, Angola, Macau (então uma colónia portuguesa), Colômbia, Bolívia e Equador.

CAPÍTULO 1
O DISCURSO E O PODER: ENSAIO SOBRE A SOCIO-
LOGIA DA RETÓRICA JURÍDICA

Afigura-se apropriado tomar como tema a interdependência e a interpenetração entre os universais da retórica, da hermenêutica e da sociologia e esclarecer a diferente legitimidade destes universais.

HANS-GEORG GADAMER

É tanto mais fácil ao bourgeois provar, usando a sua linguagem, a identidade entre relações económicas e individuais ou até humanas em geral, quanto é certo que esta linguagem é, ela própria, um produto da bourgeoisie e que, portanto, na linguagem, como na realidade, as relações mercantis tornaram-se a base de todas as outras relações humanas.

KARL MARX

Introdução

Os avanços verificados no domínio da teoria marxista do direito são basicamente sub-produtos de trabalho teórico sobre o Estado, o qual, por sua vez, tem constituído o centro da reflexão sobre os modos de dominação e de controlo social nas sociedades contemporâneas.[1] A aproximação recíproca da problemática teórica

---

[1] Restringindo-nos às obras que abriram pistas importantes de investigação: Poulantzas, 1968; Offe, 1972; O'Connor, 1973; Anderson, 1974; Hirsch, 1974; Negri, 1977; Therborn, 1978; Wright, 1978. Para o importante debate na Alemanha Federal sobre o Estado ver Brandes (org.), 1977; uma perspectiva sobre o mesmo debate em língua inglesa, Holloway e Picciotto, 1978. O não menos importante debate sobre o Estado na América Latina pode ser seguido na *Revista Mexicana de Sociologia*. De salientar ainda Bahro, 1977, sem dúvida a mais lúcida e coerente análise marxista do Estado das sociedades do leste europeu produzida na década de 1970.

do Estado e do direito é de saudar, tanto mais que durante muito tempo a sociologia do direito e a antropologia do direito – em graus diferentes e por razões distintas, mas em ambos os casos reflectindo uma adesão implícita aos horizontes problemáticos definidos pela filosofia do direito e pela dogmática jurídica – procederam ao "esquecimento" sistemático do Estado, do que decorreu um desvirtuamento fundamental na análise da estrutura e da função do direito na sociedade. No entanto, a consumpção do estudo do direito no estudo do Estado pode, por seu lado, conduzir também ao "esquecimento" do direito e, como tal, envolver, por outra via, o mesmo tipo de desvirtuamento – tanto mais grave quanto este último esquecimento tem lugar no interior do próprio objecto teórico do direito. Concretamente o desvirtuamento consiste, neste caso, por um lado, em suprimir a questão da produção jurídica não-estatal e, por outro, em negligenciar o estudo das áreas em que o *jurídico* assume maior especificidade em relação ao *político*, como, por exemplo, a área do discurso jurídico. E, na verdade, não só a questão da produção jurídica não estatal (fora do Estado, paralela ao Estado ou mesmo contra o Estado) é ainda hoje um dos tabus da teoria sociológica do direito, tanto dentro como fora do marxismo, como também o estudo do discurso e da argumentação jurídicos continua a ser um dos temas em que é mais absoluto o divórcio entre a sociologia e a antropologia do direito, por um lado, e a filosofia do direito, por outro. No que diz especificamente respeito ao discurso jurídico, a sociologia positivista do direito, considera-o pouco controlável pelos métodos da razão técnica que constituem a base da sua cientificidade, enquanto a sociologia marxista tende a ver nele um objecto de extracção idealista não compreensível nos seus próprios termos e apenas explicável à luz da crítica da ideologia. Para ambos os paradigmas sociológicos, o discurso jurídico é uma área marginal ao estudo das estruturas do poder e do controlo social na sociedade contemporânea e como tal pode ser deixada ao domínio da especulação filosófica.

Em meu entender, a teoria sociológica do direito e, muito em especial, a teoria marxista terá de vencer os tabus e as divisões de trabalho teórico tradicionais, sob pena de ser vítima do "esquecimento" do direito e de não avançar para além das generalidades grosseiras e dos *slogans* politicamente eficazes mas teoricamente pouco consistentes e pouco elucidativos. No presente trabalho exploram-se algumas das vias de acesso sociológico ao discurso jurídico à luz de investigações empíricas que, por sinal, interessam também para a questão do pluralismo jurídico.

A filosofia do direito tende hoje a reconhecer o carácter tópico- -retórico do discurso do direito e do raciocínio jurídicos.[2] Entre os autores que mais contribuíram para a consagração de uma tal concepção é justo salientar Viehweg (1963), Esser (1956, 1970) e Perelman,[3] sendo dominante nos dois primeiros a elaboração da dimensão tópica e no último, a elaboração da dimensão retórica. Esta concepção procura situar-se na conhecida distinção, que tem caracterizado o pensamento ocidental pelo menos desde Aristóteles, entre o conhecimento/raciocínio apodítico, que aspira à verdade absoluta e recorre para isso à demonstração analítica, através da dedução lógica (silogística) ou da experimentação empírica, e o

---

[2] Este reconhecimento é em parte o resultado da crescente frustração perante as orientações neokantianas (Stammler, W. Burckhardt, Kelsen), neohegelianas (Larenz), ético-materialistas (Scheler, Hartmann), fenomenológicas (Husserl, Reinach), existencialistas (Maihofer) e jus-naturalistas (em suas versões católicas, protestantes e humanistas-racionalistas), que têm vindo a dominar a filosofia jurídica contemporânea. Mas é sobretudo uma reacção contra o pensamento sistémico subjacente à teoria jurídica dos tempos modernos (Wieacker, 1967; Engisch, 1968) e por isso não surpreende que as críticas e reservas à concepção tópico-retórica envolvam, de um ou de outro modo, a defesa da ideia de sistema no pensamento jurídico (Diederichsen, 1966: 697 e ss.; Canaris, 1969; Larenz, 1969). Sobre estas temáticas ver, no espaço filosófico de língua portuguesa, Castanheira Neves, 1967; Ferraz Jr., 1973.

[3] Perelman, 1951: 255-281; Perelman e Olbrechts-Tyteca, 1952; 1976. Ver, por último, Alexy, 1978.

conhecimento/raciocínio dialéctico-retórico, que aspira à adesão ao que é crível, plausível, razoável, recorrendo para isso a provas dialéctico-retóricas, isto é, à argumentação e deliberação a partir de opiniões ou pontos de vista geralmente aceites (os *topoi*).[4] Segundo a concepção tópico-retórica, o discurso jurídico tem uma natureza argumentativa, visando uma deliberação dominada pela lógica do razoável em face do circunstancialismo concreto do problema, em caso algum redutível à dedução lógica e necessária a partir de enunciados normativos gerais.[5] O conhecimento do discurso jurídico pressupõe, assim, uma teoria da argumentação onde se dê conta, de modo global, do processo da construção cumulativa da persuasão que culmina na deliberação.

O significado sociológico desta concepção deve ser entendido a dois níveis diferentes. Por um lado, a concepção tópico-retórica tem por objectivo uma crítica, que pretende ser radical, às concepções jus-filosóficas até então dominantes, que procuraram por vários modos converter a ciência jurídica numa dogmática ou axiomática, da qual seria possível deduzir soluções concretas no quadro de um sistema fechado de racionalidade tecno-jurídica. Um leque de concepções que, explicitando a lógica implícita no movimento de codificação e, mais remotamente, no projecto constitucional do Estado liberal, levava ao extremo o princípio da legitimação assente na racionalidade jurídico-formal, formulado por Max Weber para caracterizar o fundamento da autoridade política do Estado moderno.[6] Por outro lado, e a um nível mais amplo, a leitura tópico--retórica tem implícita uma concepção democrática do direito e da

---

[4] Aristóteles, *Retorica*, I, II, III. É com base na distinção referida no texto que Giambattista Vico elabora em 1709 *(De nostri temporis studiorum ratione)* os dois tipos de método científico a que chama crítico e retórico.

[5] Recasens-Siches, 1962: 192-221; Levi, 1949; Perelman, 1965, numa formulação extrema: "Ao contrário do raciocínio demonstrativo, os argumentos nunca são correctos ou incorrectos, mas antes fortes ou fracos".

[6] Weber, 1954. Para uma reformulação da análise weberiana, ver Luhmann, 1969.

sociedade e, portanto, um certo projecto político que, entretanto, é mais notório em Perelman do que em Viehweg ou Esser. O discurso jurídico em geral e o discurso judicial em particular é um discurso pluralístico que, apesar de antitético, não deixa de ser dialógico e horizontal. Consequentemente, a verdade a que aspira é sempre relativa, e as suas condições de validade nunca transcendem o circunstancialismo histórico-concreto do auditório. Como bem notou Husson, a teoria da argumentação de Perelman abre uma terceira via entre as duas predominantes, isto é, "a afirmação dogmática de teses que se apresentam sob uma falsa aparência científica, ou o recurso à violência para fazer triunfar opiniões que se renuncia a justificar racionalmente".[7]

A sociologia da retórica jurídica deverá partir da concepção tópico-retórica e do seu duplo significado científico e sociopolítico para tentar responder a três questões principais. Em primeiro lugar, a questão da extensão do espaço retórico ou do "campo de argumentação", o que pressupõe a conversão da caracterização filosófica do discurso jurídico numa variável sociológica. Em segundo lugar, a questão da constituição interna do espaço retórico, o que pressupõe, por um lado, estabelecer distinções até agora mais ou menos suprimidas e, por outro lado, contestar algumas das distinções em que tem assentado a evidência ingénua da autonomia do espaço retórico frente a outros espaços vizinhos. Em terceiro lugar, a questão da sociologia do conhecimento, isto é, a questão das condições sociais do regresso da retórica em geral e da retórica jurídica em especial, na segunda metade do séc. XX, um fenómeno que, aliás, tem de ser visto em conjunto com a ascensão do paradigma linguístico-semiótico nas ciências sociais e com os novos caminhos da hermenêutica de Gadamer a Ricoeur.[8]

---

[7] Ver Husson, 1977:435.
[8] Ver Gadamer, 1965 e Ricoeur, 1969. Dois exemplos, muito diversos entre si, do itinerário hermenêutico nas ciências sociais: Berger e Luckmann, 1966; Apel *et al.*

Neste capítulo procuro responder à primeira questão, abrindo apenas algumas pistas de acesso à segunda questão, plenamente consciente de que o tratamento global de qualquer delas não poderá dispensar a resposta à terceira questão. No âmbito deste trabalho, a resposta à primeira questão assenta numa comparação não sistemática (embora minimamente controlada) entre a prática jurídica do direito estatal dos países capitalistas e a prática jurídica no interior de um grande favela do Rio de Janeiro (a que chamarei Pasárgada)[9], por mim analisada com recurso aos instrumentos teóricos produzidos pela concepção tópico-retórica e com base num trabalho de campo realizado no início da década de 70 segundo o método socio-antropológico da observação participante.

A retórica das formas e do processo
A estrutura operacional dos sistemas jurídicos estatais contemporâneos assenta em distinções, mais ou menos rígidas, entre forma e conteúdo, processo e substância. Estas distinções garantem a reprodução da racionalidade formal que Max Weber arvorou em característica básica do direito moderno e converteu em fonte de legitimação do poder político liberal. O que caracteriza, em seu tipo ideal, a racionalidade formal é tratar-se de uma forma de arbitrariedade simultaneamente total e totalmente controlável. Assim, a distribuição rígida pelas categorias polares referidas (forma/ /conteúdo, processo/substância) está em total contradição com os princípios da lógica material e é, por isso, arbitrária. No entanto, precisamente porque o é, cria uma terra de ninguém, onde se

1971. Ver também Winch, 1970.
[9] Ver capítulo seguinte. Avanço a seguir algumas ideias sobre o direito de Pasárgada que serão devidamente fundamentadas no capítulo seguinte. Durante três décadas mantive o nome fictício da favela, inspirado num poema de Manuel Bandeira. Inicialmente, durante a ditadura militar brasileira, o objectivo foi defender o anonimato da comunidade em que vivi e estudei. Só no início da década de 2000 revelei o verdadeiro nome da favela: Jacarezinho.

torna possível o accionamento, tendencialmente sem restrições, de uma lógica tecno-operacional, um accionamento tanto mais eficaz e irrestrito quanto maior for a tecnologia conceitual e linguística, a profissionalização dos agentes, e a burocratização institucional.

O espaço retórico do direito de Pasárgada e do direito estatal
Se compararmos o direito de Pasárgada com o direito oficial dos Estados contemporâneos e sobretudo dos Estados capitalistas – à luz do direito brasileiro que, para este efeito, deve ser considerado representativo – fácil é concluir que o espaço retórico do direito de Pasárgada é muito mais amplo do que o do direito estatal. Sistematizando e controlando um pouco mais esta conclusão, constata-se que quaisquer que sejam os indicadores utilizados para determinar a variação do espaço retórico, a verificação é sempre favorável ao direito de Pasárgada. Assim:[10]

Recursos tópico-retóricos. Ao invés do discurso jurídico estatal, o discurso jurídico de Pasárgada faz um grande uso de *topoi* e, simultaneamente, um escasso uso de leis. Independentemente dos elementos retóricos que de uma ou de outra forma sempre intervêm na aplicação das leis a casos concretos, não restam dúvidas que estas são vulneráveis a uma utilização sistemática e dogmática, uma vulnerabilidade que se agudiza com a profissionalização e a burocratização das funções jurídicas. E para além dos *topoi*, o dis-

---

[10] No que se segue a contraposição entre o direito de Pasárgada e o direito estatal é apresentada por vezes em termos dicotómicos. A isso se recorre (quando se recorre) por razões de explicitação analítica, pois, na realidade, os valores polares são raramente obteníveis. Ao invés, a frequência absoluta é no sentido de valores ou posições diferenciados no interior de uma gradação ou *continuum*. Aliás, a recusa de uma teorização bipolar está implícita no objecto teórico desta investigação, ao transformar o discurso retórico numa variável sociológica correlacionada sistematicamente com outra ou outras variáveis.

curso jurídico de Pasárgada recorre ainda a um complexo arsenal de instrumentos retóricos.[11]

Modelo decisório: mediação *versus* adjudicação. O direito de Pasárgada assenta no modelo da mediação que, ao contrário do modelo de adjudicação, está expressamente orientado para a contabilização plena dos méritos relativos das posições no litígio e que, por essa via, maximiza o potencial de persuasão do discurso e o consequente potencial de adesão à decisão.

Autonomia relativa do pensamento jurídico. Sendo o discurso jurídico de Pasárgada de forte dominância tópico-retórica, é um discurso jurídico não legalístico e, por isso, o pensamento jurídico que

---

[11] Ilustrando a advertência feita na nota anterior, deve ter-se em conta que o papel das normas jurídicas no processamento dos litígios nas instituições jurídicas estatais (sobretudo nos tribunais) não pode ser de modo nenhum absolutizado. Como já está dito, a filosofia do direito e também a sociologia e a antropologia do direito, ainda que em termos diferentes (que é nosso objectivo esclarecer), reconhecem o papel da tópica retórica no discurso jurídico oficial. E para além disto há toda uma série de factores, sobretudo de ordem política geral, que condicionam a acção dessas instituições, e de tal modo que a sociologia do direito dispõe hoje de ampla prova empírica de que o processamento oficial dos litígios só em parte é guiado por normas jurídicas. Isto, porém, não significa automaticamente o alargamento do espaço retórico; pelo contrário, pode conduzir à sua redução e as condições em que isto tem lugar ocupam o centro da investigação no presente estudo. Em face do precedente, não admira que a questão da distinção entre o *jurídico* e o *político* seja hoje uma das questões centrais da teoria social do direito, dentro e fora do marxismo. A absorção recíproca dos dois conceitos, qualquer que seja o seu sentido, não resolve, nem os problemas teóricos, nem os práticos, como não os resolve a posição oposta da separação tendencialmente absoluta entre eles. A sociologia jurídica (e em parte também a antropologia jurídica), tendo recebido o conceito de direito da ciência jurídica, começou por pressupor ingenuamente a distinção clara entre o jurídico e o político (na sociologia, por exemplo, Selznick, 1969; na antropologia, Pospisil, 1971 e Gulliver, 1963). Mas esta posição foi sendo progressivamente abandonada (o próprio Gulliver (1969a:24 e ss.). Ver também Abel (1973) onde também se mostra que no domínio da antropologia jurídica a questão tem-se centrado sobretudo na distinção entre litígios jurídicos e litígios políticos.

projecta é um pensamento essencialmente quotidiano e comum. Ao contrário do que sucede com o pensamento da dogmática jurídica, não tem de sublimar, mediante sucessivas próteses técnicas, o que há nele de quotidiano e de vulgar. É um pensamento tosco *(das plumpe Denken),* como lhe chamaria Walter Benjamin por referência a Brecht.

Constituição do universo processual. A constituição do universo processual separado da conflitualidade que deu azo ao seu accionamento é sempre precária e reversível no direito de Pasárgada. Ao contrário do que sucede no direito estatal, a estrutura organizativa do processo da Pasárgada não exige a fixação à partida da distância (a respeitar) entre o objecto real e o objecto processado do litígio. Ainda que tal distância exista e seja uma determinante estrutural do processo, a sua fixação (nunca definitiva) é função da economia retórica do discurso. Paralelamente, o objecto processado do litígio – e, através dele, o próprio objecto real do litígio – nunca é estabelecido com rigidez pois ele mesmo é objecto de negociação no decurso da argumentação sobre a matéria relevante.

Formalização da interacção. A interacção jurídica em Pasárgada é muito mais informal do que a programada pelo direito estatal, sendo muito pouco rígidas as distinções entre forma e conteúdo ou entre processo e substância. Daí que o espaço retórico cubra áreas que no direito oficial estão vedadas à argumentação. Daí também que enquanto o direito estatal tende a ser severo no que respeita ao formalismo e indulgente no que respeita ao conteúdo ético – já que se atribuem consequências substantivas de monta a violações formais mínimas, enquanto a transgressão ética no domínio do direito civil tem de atingir grande gravidade antes de poder ser controlada – no direito de Pasárgada é a tendência inversa que domina.

Linguagem de referência. O discurso jurídico de Pasárgada é vertido em linguagem comum e os elementos tecnológicos que por vezes inclui são sempre uma tecnologia leve que propicia uma melhor apropriação da realidade sem para isso ter de expropriar competências linguísticas. Não têm, assim, lugar a ruptura linguística (quase sempre acompanhada da ruptura profissional) nem as consequentes amputações do auditório relevante que no direito estatal são responsáveis pela objectualização dos sujeitos originais do processo.

A divisão do trabalho jurídico. O carácter da linguagem jurídica de Pasárgada é concomitante do baixo grau de especialização/profissionalização das funções jurídicas. A não profissionalização do juiz facilita uma circulação retórica que tende a subverter qualquer divisão rígida do trabalho jurídico, o que, por esta via, potencia a proximidade entre o agente privilegiado do discurso (o residente), os demais participantes e o auditório relevante. Pode haver mesmo momentos de grande "confusão de papéis", em que a terceira parte se senta no "banco dos réus", ou de qualquer outro modo assume mais o papel de parte do que o de juiz, enquanto as partes se afirmam como juízes intersticiais. Estas subversões momentâneas, longe de pôr em causa a posição estrutural dos participantes, são transgressões que permitem dramatizar a legitimação da estrutura, a qual, na ausência de recursos institucionais ou coercitivos, não pode ser imposta rígida e mecanicamente.

De tudo isto, duas conclusões parecem incontroversas: *o espaço jurídico retórico do discurso jurídico é susceptível de variação; o direito de Pasárgada tende a apresentar um espaço retórico mais amplo que o do direito estatal.* Trata-se agora de procurar uma explicação sociológica para estas constatações. A estratégia científica que subjaz a este trabalho exige que a fundação teórica se comece por revelar numa base analítica ampla e multidireccional a partir da qual sejam possíveis especificações teóricas anteriormente impensadas (e, no melhor dos casos, impensáveis). No âmbito da presente investigação, o procedimento aconselhável consiste em começar pela comparação alargada e minimamente sistemática entre o direito de Pasárgada e o direito estatal dos Estados modernos (representados no estudo pelo Estado brasileiro), com o objectivo de identificar factores exteriores ao espaço retórico em que se constatem diferenças estruturais que, à luz dos conhecimentos presentes da sociologia e da antropologia do direito, revelem de modo verosímil e significativo as linhas explicativas da variação do espaço retórico.[12]

Uma vez feita essa comparação, com os limitados meios disponíveis,[13] dois factores ressaltam: o nível de institucionalização da função jurídica e o poder dos instrumentos de coerção ao serviço da produção jurídica. São factores distintos, ainda que ambos decisivos para a determinação do modo de produção social da juridicidade. O primeiro diz respeito ao processo de produção em si e às relações técnicas e sociais que se geram no seu seio, enquanto o segundo, apesar de relevar directamente das relações de produção, diz especificamente respeito ao modo de distribuição e consumo da produção jurídicas.[14] Esta distinção, útil pelas suas virtualidades analíticas, não é aqui entendida em termos positivistas, avisados como estamos, desde a *Introdução à Crítica da Economia Política* (1857) de Karl Marx, de que a distribuição e con-

---

[12] No seguimento de um dos esquemas tradicionais da "explicação" sociológica positivista, trata-se de elaborar as variáveis independentes que permitam (criar as bases para) uma explicação da variável dependente, a dimensão retórica, no nosso caso. As variáveis independentes não devem ser em número tal que não possam ser realisticamente exploradas mas a sua proliferação não está neste estudo limitada apenas por critérios pragmáticos. Ao contrário, a selecção é feita em função dos pressupostos e objectivos teóricos da investigação. Sobre esta questão ver, Madureira Pinto (1976).

[13] A escassez dos meios resulta da análise sociológica comparada ter sido raramente tentada com o carácter geral que aqui propomos. Uma das poucas tentativas neste sentido – uma tentativa notável, aliás – é a de Abel, 1973.

[14] A relação dialéctica entre os dois factores aqui proposta é por ora uma mera hipótese de trabalho. Aliás, não é à partida menos verosímil a hipótese oposta. Pode até suceder que na constituição que aqui lhes é dada qualquer destes factores inclua momentos de produção e de distribuição da juridicidade (ainda que de modo diverso e qualitativamente desigual).

sumo são momentos da produção tal como esta é daqueles, independentemente das relações específicas que entre eles se possam estabelecer e que no modo de produção capitalista, por exemplo, atribuem ao momento da produção um papel determinante, – do que, de resto, Marx também nos adverte na *Crítica do Programa de Gotha* (1875), depois de nos fornecer em *O Capital* (1867) a fundamentação teórica global deste ponto.[15] Quanto ao primeiro factor,

[15] No início do trajecto explicativo há que fazer um esclarecimento que consabidamente não será total, dado o estado incipiente do trabalho teórico, sobre a questão a que diz respeito. Nas páginas que se seguem tornar-se-á evidente que na investigação aqui apresentada se recorre a instrumentos metodológicos da sociologia positivista com vista à elaboração de uma teoria marxista do direito e do Estado nas sociedades capitalistas contemporâneas. Trata-se de uma opção teórica e epistemológica polémica que, por enquanto, avança (se avança) por saltos no desconhecido. Esta opção tem uma história de uma certa frustração (e consequente estagnação) no interior do paradigma sociológico marxista perante a inconsequência de duas opções anteriormente seguidas.

A primeira consistiu em estabelecer um cordão sanitário à volta da metodologia da ciência social positivista por se temer que o seu uso (sobretudo no que respeita aos critérios de prova) viesse a corromper a pureza teórica do marxismo. Verificou-se, contudo, que o que se ganhou em pureza teórica perdeu-se em consistência analítica. Da pureza teórica à pobreza teórica vai um passo difícil de medir, e o reconhecimento disso é sempre frustrante, sobretudo quando com a teoria se jogam também as estratégias políticas delas decorrentes. A segunda alternativa, em oposição à precedente, partiu da crença nas virtualidades da teoria marxista para bater o positivismo no seu próprio terreno, submetendo as categorias marxistas aos critérios de operacionalidade positivistas para sobre elas constituir investigações empíricas irrefutáveis. O mérito desta alternativa foi de algum modo excessivo na medida em que, ao transformar a lógica dialéctica da teoria marxista num apêndice supérfluo, conduziu a uma certa funcionalização do marxismo com consequências estratégicas igualmente derrotistas.

Tenta-se agora de muitos lados, no campo marxista, uma terceira via que, sem abrir mão da lógica global do marxismo, procura maximizar a contribuição teórica e sobretudo metodológica da ciência social positivista (nomeadamente, nas suas versões funcionalistas e estrutural-funcionalistas) com vista à criação de campos analíticos simultaneamente vastos e rigorosamente mapeados. Aí beberão novas

considera-se institucionalizado o exercício da função jurídica que se caracteriza: pela divisão interna e externa do trabalho jurídico e a consequente tendência para a profissionalização; pela hierarquização técnica e social do exercício das tarefas que integram a função; pela actuação padronizada e impessoal sujeita a critérios específicos de competência e a princípios e normas de racionalidade sistémica.[16]

forças tanto a teoria como a estratégia de transformação social no sentido do socialismo. É hoje fácil reconhecer que é tão urgente produzir investigação empírica quanto evitar o empiricismo; difícil é converter esse reconhecimento num itinerário metodológico seguro. Na investigação aqui apresentada – que se vê integrada nesta terceira alternativa – os dois problemas mais difíceis são os seguintes: por um lado, o receio de não ceder ao nível da lógica teórica pode dar origem a sobreposições analíticas mais ou menos desarticuladas; por outro lado, a própria teoria pode não se reconhecer minimamente no campo analítico criado e assim inviabilizar qualquer possibilidade para nele se enriquecer e transformar. Como se disse, a terceira alternativa é por enquanto um salto no escuro, ainda que um salto pujante – e também desesperado. Sobre esta alternativa, ver as obras de E. O. Wright, G. Therborn, C. Offe e Hirsch citadas na nota 1 e ainda Przeworski e Sprague, 1977. Ver, também, Keat e Urry, 1975.

[16] O conceito de institucionalização está originariamente ligado à ideia de recorrência de um dado padrão de comportamento. Na sua definição mínima aponta para uma multiplicidade estruturada de papéis sociais. Um dos problemas básicos da análise correlacional consiste na operacionalização dos conceitos. O excessivo rigor neste domínio é normalmente o resultado (e a compensação) da falta de perspectivação teórica de longo alcance. O importante é que as dimensões internas ou indicadores do factor sejam nele logicamente subsumíveis e não possam desempenhar isoladamente o que ao factor se atribui no seu conjunto. O factor de institucionalização, em especial o seu último componente, está muito próximo (embora seja bastante mais restrito no âmbito) do conceito de racionalidade formal de M. Weber (sobre este tema ver Trubek (1972: 720 e ss.). Por outro lado o componente da divisão interna é aparentado com o conceito de diferenciação de papéis tal como é aplicado por Abel (1973: 250 e ss.). O conceito de institucionalização aqui proposto nada tem a ver com o conceito de "institucionalização dupla" utilizado por Bohannan (1967:43) para distinguir o direito do costume.

A institucionalização admite graus diversos, podendo ser maior ou menor a divisão do trabalho, mais ou menos rígida a hierarquização, mais ou menos padronizada e impessoal a actuação. Quando plenamente institucionalizado, o exercício da função jurídica constitui um aparelho burocrático no qual, aliás, se deve distinguir, para efeitos analíticos, o aparelho institucional (a dimensão funcional propriamente dita) e o aparelho ideológico (a dimensão lógico-sistemática).[17]

Não são necessários grandes esforços de investigação para concluir que, nos nossos dias, o direito oficial do Estado capitalista

---

[17] A institucionalização plena da função jurídica não é mais do que um tipo ideal no sentido de Max Weber. Sociólogos e antropólogos têm mostrado uma grande predilecção pela construção de tipos ideais e é com base neles que na sociologia e antropologia jurídicas se têm vindo a elaborar uma série de tipos ideais dispostos em dicotomias, tais como: direito primitivo ou tribal/direito moderno (Radcliffe-Brown, 1933; Redfield (1967), "primitive law"; Diamond, 1971); direito repressivo/direito restitutivo (Durkheim, 1893); mediação/adjudicação (Eckhoff, 1969). Para M. Weber o tipo ideal representa sempre uma "acentuação unilateral" de um ponto de vista ou perspectiva, ou melhor, a síntese de um conjunto muito amplo, difuso e heterogéneo, de fenómenos individuais organizados sob a égide do ponto de vista unilateral acentuado para constituir um conceito analítico (Weber, 1970: 496 e ss.). Um dos maiores riscos desta metodologia consiste em que, ao ser utilizada por cientistas sociais carecidos da erudição de M. Weber, pode dar origem a construções estereotipadas donde não é possível obter qualquer orientação válida para a elaboração de hipóteses. Por outro lado, centrando-se na organização de dicotomias, revela-se uma metodologia estática onde não é possível descobrir nem as relações entre os opostos nem as gradações mediando entre eles. Daí que alguns autores, entre os quais R. Abel, a tenham abandonado, substituindo-a pela correlação de variáveis. No entanto, ao contrário do que pensa R. Abel (1973: 241 e ss.), não me parece necessário contrapor nestes termos as duas metodologias, podendo mesmo ser usadas complementarmente. Basta para isso que os tipos ideais sejam convertidos em factores cuja variabilidade constitui o centro da explicação. É isso o que se tenta fazer neste estudo com cada um dos factores utilizados. Aliás, quando construídos dicotomicamente os tipos ideais dificilmente se distinguem das variáveis dicotómicas. Ver Madureira Pinto (1976: 116 e ss.).

apresenta, em geral, um elevado grau de institucionalização da função jurídica.[18] A função jurídica não só se autonomizou em relação às demais funções sociais como, internamente, atingiu elevada especialização, dando origem, não a uma, mas a várias profissões jurídicas com tarefas rigidamente definidas e hierarquizadas.[19] A sistematização (padronização e impessoalização) da actuação derivam não só da lógica normativa-constitucional que subjaz à filosofia política do Estado liberal[20] como, mais imediatamente, do vasto arsenal do formalismo jurídico em geral e do formalismo processual em especial e ainda da profissionalização do contexto em que estes são accionados. A autonomização e a sistematização da função jurídica – concomitantes, aliás, da produção de uma ideologia específica, o legalismo[21] – têm a sua reprodução alargada

[18] O grau de institucionalização da função jurídica é determinado a nível macro-social; não é possível através dele obter informações precisas sobre a distribuição ou diversificação internas da institucionalização. No seio de uma dada unidade social ou ordem jurídica as várias funções não são todas desempenhadas ao mesmo nível de institucionalização. Algumas destas funções podem até ser desempenhadas de modo semelhante ao que é típico das funções paralelas em sociedades concebidas neste estudo como tendo um baixo nível de institucionalização. O procedimento analítico adoptado só pretende conhecer as estruturas dominantes e o modo dominante de as accionar.

[19] É imensa a bibliografia sobre as profissões jurídicas. Ao nível de análise em que nos movemos não é necessário entrar em especificações que a outros níveis seriam de crucial importância. Assim, mesmo nos países com um nível de institucionalização da função jurídica em geral elevado, podem ser significativamente diferentes os perfis ideológico-profissionais das várias profissões jurídicas. Ver, por exemplo, Carlin, 1962; Smigel, 1964; Abel-Smith e Stevens, 1967; Moriondo, 1969; Dahrendorf, (1969:294 e ss.).

[20] Para citar apenas duas obras de síntese: Poggi, 1978; Fine *et al.* (orgs.), 1979.

[21] A caracterização do legalismo enquanto ideologia profissional é uma das mais complexas tarefas da sociologia do direito. O procedimento analítico mais seguro consistirá em partir das estruturas de institucionalização das funções jurídicas, sobretudo das que respeitam à especialização e à profissionalização para com base nelas reconstituir os códigos sub-culturais estruturalmente homológicos. É este

garantida pela ciência jurídica, a chamada dogmática jurídica, sobretudo através da pesada tecnologia linguística e conceitual e da criação de um universo teórico onde se segregam as coerências sistémicas do fragmentário e fragmentante agir técnico-jurídico. Por esta via se consolidam as especializações/diferenciações funcionais e novas divisões técnicas e sociais do trabalho jurídico, inclusivamente a divisão entre o trabalho prático-utilitário e o trabalho científico-dogmático, uma divisão estruturalmente homológica da que intercede entre trabalho manual e trabalho intelectual.

Comparado com o direito estatal, o direito de Pasárgada apresenta um grau de institucionalização muito baixo, como, aliás, decorre da análise precedente do seu discurso e que me dispenso agora de repetir. A função jurídica é uma das várias desempenhadas pela associação de moradores e de algumas delas não se distingue facilmente. Por outro lado, o presidente da associação tem um pequeno comércio em Pasárgada e é membro destacado de uma das muitas organizações religiosas activas na comunidade, exerce as funções na associação, incluindo a função jurídica, a par das suas actividades comerciais e religiosas. No domínio da prevenção dos litígios (processo de ratificação dos negócios jurídicos) não existe divisão nítida entre as funções do presidente e as do secretário da associação. Apesar de a associação, pelo seu presidente, ser o agente privilegiado do discurso jurídico, a participação no exercício das tarefas é mais determinante que a hierarquização das funções e esta, na medida em que existe, é também objecto de negociação e argumentação e não está, portanto, sujeita a critérios rigidamente aplicados. Por último, a padronização é sempre precária e sempre determinada pela lógica tópica e não investe nunca a actuação

o procedimento adoptado por Fallers (1969) ao ver na especialização das funções judiciais a emergência de um modo "arbitrário" de eliminar a complexidade moral e social das questões, reduzindo-as a um número limitado de parâmetros bem definidos. Esta análise coincide em geral com a de Luhmann (1969) que converte a absorção de complexidade em princípio básico do processo judicial.

jurídica de um carácter impessoal que, aliás, colidiria com o princípio de interacção social duma sociedade dominada por relações primárias de face a face.

O contraste entre o direito de Pasárgada e o direito estatal não é menos flagrante no que respeita ao segundo factor, o poder dos instrumentos de coerção ao serviço da produção jurídica. Por instrumentos de coerção entende-se o conjunto dos meios de violência que podem ser legitimamente accionados para impor e fazer cumprir as determinações jurídicas obrigatórias. Os instrumentos de coerção podem ser mais ou menos poderosos, quer pelo tipo de acções violentas que podem accionar, quer pelo tipo de condicionalismos a que tal accionamento está sujeito, quer ainda pelo efeito de neutralização relativa resultante das acções paralelas ou contrárias de outros instrumentos de coerção existentes no mesmo espaço sócio-jurídico. Os instrumentos de coerção constituem um aparelho coercitivo quando: estão organizados segundo o princípio de eficiência total; o accionamento não conhece outros condicionalismos se não os que decorrem da aplicação de normas e regulamentos gerais; a actuação é monopolística na medida em que assenta na liquidação de instrumentos coercitivos concorrentes.

Não restam dúvidas que a produção jurídica dos Estados capitalistas contemporâneos, em geral, têm ao seu serviço um poderoso e complexo aparelho coercitivo detentor do monopólio da violência legítima, que envolve várias forças policiais, paramilitares e militarizadas e, em caso de emergência, as próprias forças armadas, para além do universo totalitário das instituições que integram o sistema prisional.[22] Este aparelho coercitivo, inscrito desde o início na lógica do modelo constitucional do Estado liberal, está na raiz da conversão do direito em centro de disciplinação e de controlo

---

[22] Dentre a amálgama bibliográfica sobre o assunto, ver as quatro seguintes obras representativas de outras tantas perspectivas teóricas sobre o universo prisional: Sykes, 1958; Foucault, 1975; Melossi e Pavarini, 1977; Ignatieff, 1978.

social do Estado capitalista. Uma das suas características principais reside em que a sua eficiência não resulta apenas das medidas efectivamente accionadas mas também da simples ameaça do accionamento, isto é, do discurso da violência que, aliás, se nuns casos é verbal, noutros resulta tão só da presença demonstrativa (agressivamente silenciosa e silenciante) dos artefactos da violência legal. E entre a repressão da transgressão e a ameaça há ainda que referir o domínio crescentemente importante da repressão preventiva, isto é, o conjunto de medidas accionadas para desmantelar tudo o que o aparelho coercitivo define como plano de transgressão da legalidade.[23] Pode mesmo dizer-se que o dispendioso apetrechamento tecnológico e profissional do aparelho coercitivo das sociedades capitalistas avançadas tem visado sobretudo a repressão preventiva. Por outro lado, estando embora o accionamento dos mecanismos de controlo violento subordinado a normas e regulamentos gerais, o critério de eficiência tende crescentemente a dominar o critério de legalidade, o que, de resto, é facilitado pela inviabilização do controlo por via da sofisticação tecnológica com que é executado.[24] Por outras palavras, o controlo torna-se tanto mais íntimo quanto mais remoto. Apoiado neste forte e diversificado dispositivo de coerção, o direito do Estado capitalista procede à consolidação (contraditória) das relações de classe na sociedade, gerindo os conflitos sociais de modo a mantê-los dentro de níveis tensionais toleráveis do ponto de vista da dominação política de classe que ele contraditoriamente reproduz.

Ao contrário, como veremos, o direito de Pasárgada dispõe de instrumentos de coerção muito incipientes e de facto quase inexistentes. A associação participa na organização de formas colectivas de coerção contra um vizinho transgressor que se não deixa persuadir pela retórica jurídica no sentido da reposição da legalidade.

---

[23] Para uma análise da repressão preventiva na Alemanha Federal, ver Sousa Ribeiro, 1979. Ver também Bruckner e Krovoza, 1976.

[24] Ver, entre muitos, Ackroyd *et al.* (org.) 1977.

Mas trata-se tão só de formas de pressão mais ou menos difusas, que visam ir tornando progressivamente intolerável a manutenção de um certo curso de acção. São acções e não-acções de estrutura muito fluida e de consistência muito precária, familiares próximas da acção directa, e em que o papel da associação nunca é, por si, determinante para o seu accionamento.

Pode, pois, concluir-se que, em Pasárgada os principais instrumentos de coerção são as ameaças, o discurso da violência. Mas porque se trata de ameaças de quase impossível concretização, trata-se sobretudo de uma retórica da força, de um *topos* de intimidação que é, por isso, parte integrante do discurso jurídico. Esse *topos* representa sempre uma retórica de recurso e só é accionado quando a obstinação de uma ou ambas as partes fez falhar o *topos* da cooperação. Trata-se do reforço de um discurso decaído, retoricamente desnutrido; daí que o presidente procure a todo o custo explorar a lógica do razoável antes de passar à "lógica do irrazoável".

Conclui-se, pois, que quer quanto ao nível de institucionalização da função jurídica quer quanto ao poder dos instrumentos de coerção o direito de Pasárgada e o direito do Estado ocupam posições estruturalmente distintas. A relevância da variação ao nível destes factores para a explicação da variação também já constatada, ao nível do espaço retórico do discurso jurídico há-de partir, como acima se disse, do confronto dos resultados da investigação sociológica em Pasárgada com os resultados de outras investigações sócio-jurídicas que constituem, na sua totalidade, a sociologia e a antropologia do direito. Mas esse confronto, no que aqui interessa, há-de, ele próprio, ser valorado à luz de uma teoria global da sociedade capitalista e da posição estrutural que nela ocupa a instância jurídica.

Do confronto resulta com clareza que nas sociedades em que o direito apresenta um baixo nível de institucionalização da função jurídica e instrumentos de coerção pouco poderosos, o discurso jurídico tende a caracterizar-se por um amplo espaço retórico.[25] É certo que esta última característica não é analisada explicitamente na literatura – que, como se disse, pouca atenção tem dedicado à retórica – mas pode com segurança inferir-se das análises minuciosas do processamento da resolução dos litígios nessas sociedades. Na tradição dos estudos antropológicos – em que, até há pouco tempo, a análise monográfica dominou em absoluto sobre a análise comparada – tais sociedades e seus respectivos direitos têm sido concebidos como entidades sociologicamente autónomas. Sempre que a unidade de análise é ampliada de modo a abranger espaços geopolíticos mais vastos em que tais sociedades estão integradas, as instâncias mais típicas e mais tratadas na literatura são o colonialismo e o pós-colonialismo, isto é, a coexistência no mesmo espaço do direito "primitivo", "tradicional", "costumeiro", "nativo", "autóctone" e do direito colonial ou, na situação pós-colonial, do novo direito estatal moldado, em aspectos decisivos, no direito do Estado ex-colonizador. Nestas situações, o direito estatal ou é o direito de um Estado capitalista colonial ou pós-colonial ou é o direito de um Estado pós-colonial que, apesar da inspiração e orientação anti-capitalista, não pode ainda criar uma ordem jurídica adequada às suas necessidades de desenvolvimento social, sendo, por isso, forçado – para evitar rupturas políticas e administrativas graves – a manter ou a adoptar as estruturas jurídicas do Estado capitalista de cujo domínio colonial se libertou. Em qualquer dos casos, o contraste entre o direito tradicional e o direito estatal oferece algumas semelhanças com o contraste verificado entre o direito de Pasárgada e o direito estatal brasileiro. Assim, contrariamente ao direito tradicional, o direito estatal tende a apresentar um mais elevado nível de institucionalização da função jurídica e mais poderosos instrumentos de coerção – o que na situação colonial é particularmente evidente – e concomitantemente o seu discurso

---

[25] As referências bibliográficas sobre o processamento de litígios na antropologia jurídica feitas ao longo desta secção constituem no seu conjunto o suporte empírico para as generalizações feitas no texto pelo que me dispenso de as repetir neste lugar.

jurídico tende a ter um espaço retórico mais reduzido[26] – sempre mais reduzido na situação colonial, uma vez que a dominação/ /repressão colonialista se reproduz de modo directo na dominação/repressão das línguas "nativas".

O paralelismo nos contrastes deve, no entanto, ser entendido no âmbito restrito dos factores seleccionados pela estratégia analítica adoptada neste trabalho. As semelhanças existem a par de diferenças não menos importantes e não escondem o facto de o direito de Pasárgada não ser um direito "tradicional" no sentido em que o são, por exemplo, os direitos africanos nem, muito menos, o facto de o proletariado urbano das favelas de uma grande metrópole capitalista viver em condições materiais de reprodução muito diferentes das dos camponeses das micro-sociedades rurais do continente africano no período colonial ou mesmo pós-colonial.[27] Trata-se de semelhanças estruturais obtidas por meio de drásticas reduções analíticas e susceptíveis de ganhar corpo e sentido muito diversos consoante os contextos sociológicos em que se manifestam.

Conclui-se que, à luz do conhecimento antropológico e sociológico do direito, resulta com segurança que as diferenças verificadas entre o direito de Pasárgada e o direito estatal são expressão de variações significativas entre os factores (ou variáveis complexas) analisados, as quais se podem formular, em termos de correlação, da seguinte forma: *A amplitude do espaço retórico do discurso jurídico*

---

[26] A redução do espaço retórico teve igualmente lugar naquelas situações em que o direito tradicional foi passado a escrito para efeitos científicos e administrativos e passou, pela prática dos tribunais, a ter força de lei. Assim sucedeu nas colónias e ex-colónias britânicas com o chamado movimento do *Restatement* (Bohannan diria que as normas do costume passaram a normas jurídicas pelo processo de "institucionalização dupla"), um movimento de êxito muito duvidoso mas que certamente contribui para a construção de um sistema jurídico centralizado, especializado e profissionalizado. Sobre esta questão e outras conexas ver. Twining, 1964; Saltman, 1971; Abel, (1969: 573 e ss.); Ghai, (1976:31 e ss.) e Chanock, (1978: 80 e ss.).

[27] Este tema será abordado em *Sociologia Crítica do Direito, Parte 5.*

varia na razão inversa do nível de institucionalização da função jurídica e do poder dos instrumentos de coerção ao serviço da produção jurídica. Esta formulação da covariação múltipla entre factores pressupõe, por um lado, a possibilidade de mediação rigorosa dos valores relativos de cada um deles e, por outro lado, a determinação das relações internas, entre os factores que na estrutura das correlações funcionam como variáveis independentes (o nível de institucionalização da função jurídica e o poder dos instrumentos de coerção).[28] Como

[28] Temos vindo a pressupor a distinção entre institucionalização da função jurídica e poder de coerção. A separação entre estes dois factores é fundamental para que funcionem ambos como variáveis independentes integrados num conjunto internamente diversificado de covariação. Tal separação de factores não é, no entanto, inequívoca. Para que o seja é necessário distinguir entre as formas de poder que lhes subjazem. Assim, a institucionalização está ligada a um processo histórico de concentração (e, portanto, de expropriação) das competências para dirimir os conflitos e nesta medida pode considerar-se constituída internamente por uma dimensão de poder, um poder organizacional. Só distinguindo esta forma de poder da que reside no uso da violência física (própria dos instrumentos de coerção) é que se torna possível separar analiticamente os dois factores. Na análise aqui proposta a separação dos factores implica que eles influem de modo autónomo (ainda que articulado) nas variações do espaço retórico. Por agora, trata-se de uma simples hipótese de trabalho teoricamente fundada, pois que estão ainda por determinar as relações de articulação entre os dois factores. Graficamente podemos definir a situação analítica do seguinte modo:

FIGURA 1

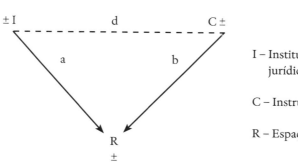

I – Institucionalização da função jurídica

C – Instrumentos de coerção

R – Espaço retórico

Falta, pois, conhecer a relação *d* para conhecer com exactidão as restantes relações do conjunto (por exemplo, neste momento, embora se conheça as direcções de *a* e *b* não se conhecem os seus pesos relativos sobre *R*). Numa situação experimental bastaria manter um dos factores constantes (supondo controladas todas as possíveis alternativas), fazer variar o outro e analisar os efeitos produzidos em *R*. Contudo, dada a inviabilidade de tais situações nos nossos domínios científicos, a solução mais próxima seria comparar duas ordens sócio-jurídicas muito semelhantes mas diferentes quanto a *I* ou *C* e analisar numa sequência temporal os efeitos em *R* da variação desse factor. Ver Campbell e Stanley, 1966; Almeida e Pinto (1976: 98). Agradeço ao Dr. Madureira Pinto os comentários sobre esta secção do trabalho.

Ficou dito acima que para os efeitos teórico-analíticos do marxismo, e por mera hipótese, se considera a institucionalização da função jurídica como sendo (predominantemente, pelo menos) do domínio da produção da juridicidade e os instrumentos de coerção, do domínio da distribuição social da juridicidade. Também se referiu a dificuldade (impossibilidade?) de traduzir (atraiçoar?) esta relação em termos positivistas. Como mero exercício, duas situações seriam pensáveis, uma vez feita a tradução (traição?), representadas simbolicamente do seguinte modo:

FIGURA 2

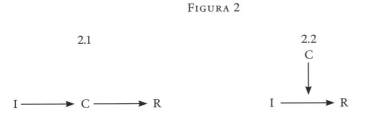

C como variável interveniente   C como variável contextual ou de mediação

Como também ficou dito, não se exclui que a relação entre *I* e *C* possa ser alterada ou mesmo invertida no interior da teoria marxista. Pode até suceder que um dado factor pertença geneticamente à área da produção e sistematicamente à área da distribuição. Em todo o caso, para os nossos objectivos teóricos do momento o importante é manter a autonomia entre os dois factores. Procedemos diferentemente de Abel que, na esteira de Fallers, reduz a análise causal à diferenciação estrutural e dela faz decorrer as variações no processamento dos litígios (do qual o uso diferenciado dos instrumentos de coerção é um dos indicadores).

nenhum destes pressupostos se verifica – quer pelos limites actuais do conhecimento neste domínio, quer por razões epistemológicas mais gerais e decisivas que não vem ao caso explorar aqui – a correlação deve ser lida, de modo menos pretensioso mas mais realista, nestes termos: quanto mais elevado é o nível de institucionalização da função menor tende a ser o espaço retórico do discurso jurídico, e vice-versa; quanto mais poderosos são os instrumentos de coerção ao serviço da produção jurídica menor tende a ser o espaço do discurso jurídico, e vice-versa.[29]

[29] Pode objectar-se que ao longo desta secção está implícita, na organização das variáveis, uma ideia evolucionista nos termos da qual os sistemas sócio-jurídicos evoluem linearmente no sentido da mais elevada institucionalização e do maior poder dos instrumentos de coerção. Tal ideia tem de facto servido de suporte ideológico às teorias burguesas da modernização e em particular às teorias funcionalistas do direito e desenvolvimento social (uma visão crítica em Trubek e Galanter, 1974: 1062) e a coberto delas a dominação imperialista tem granjeado um verniz científico. Também no domínio da filosofia do direito são recorrentes as vibrações da ideia evolucionista (veja-se, a título de exemplo, a teoria de Hart, 1961 – sobre a distinção entre normas primárias e normas secundárias). Embora reconheça que mesmo depois de uma década de esforço nem sempre é fácil fugir à tentação evolucionista (e não estou certo de eu próprio sempre o conseguir), o facto é que tal ideia é estranha à estratégia teórica aqui delineada. Pelo contrário pretende-se dar conta de fenómenos que ocorrem sobretudo nos processos revolucionários (mas também fora deles) e que, apesar de diferenciados na sua estrutura, intenção política e impacto social, significam, em geral, uma relativa desinstitucionalização da função jurídica e uma também relativa redução do poder dos instrumentos de coerção. Neste contexto se devem entender a criação dos tribunais populares em Cuba depois da revolução (ver Berman, 1969) a expansão dos tribunais de vizinhos no Chile durante o período da Unidade Popular (O. Cuellar *et al.* (1971:153); Spence, 1978), os comités de mediação na China Popular (Lubman, 1967:1228 e ss.) e, finalmente, a construção da justiça popular nos países africanos de língua portuguesa. Este tema será aprofundado em *Sociologia Crítica do Direito, Parte 2*. Mas mesmo em situações não revolucionárias o processo está longe de ser linear ou unidireccional. Por exemplo, em vários países capitalistas estão a ser tomadas medidas no domínio da administração da justiça que bem podem ser consideradas como de desinstitucionalização relativa da função jurídica (Abel (org.), 1980).

A correlação sociológica entre as dimensões da instância jurídica e seus problemas

Mesmo na formulação leve a correlação não é isenta de problemas. Podem distinguir-se duas ordens de problemas: problemas intrínsecos, que dizem respeito ao plano e sentido da construção da correlação, e problemas extrínsecos, que dizem respeito aos "materiais" que foram utilizados nessa construção. Os problemas intrínsecos não têm em geral de nos preocupar aqui, pois só seriam decisivos se nos movêssemos no universo da sociologia positivista e dos pressupostos e dilemas epistemológicos que lhe são próprios. Tal porém não é o caso, pois do que se trata é de utilizar o inestimável conhecimento sociológico obtido por técnicas de investigação sofisticadas, desenvolvidas sobretudo pela sociologia positivista, pondo-o ao serviço de estratégias científicas anti-positivistas, depois de epistemologicamente "transfigurado". Por exemplo, a determinação exacta do estatuto gnosiológico da correlação constitui um problema decisivo, e tanto que progressivamente se transformou num autêntico dilema para a sociologia positivista: a correlação contém em si uma explicação causal ou é mera descrição de covariação? As respostas têm sido várias e delas não temos de curar,[30] porque para nós a correlação é apenas um momento (não meramente descritivo) do trabalho científico; um momento que não é nem o primeiro (como querem alguns) nem o último (como querem outros) de uma elaboração teórica cuja cientificidade, aliás, não se pauta pelas virtualidades explicativas concebidas segundo a epistemologia positivista.[31]

---

[30] O que está em causa é o próprio conceito de causalidade uma vez que o positivismo, ao contrário do marxismo, reduz a explicação dos fenómenos sociais à sua previsão. Ver Keat e Urry, 1975.

[31] Convenhamos que para o positivismo inteligente a formulação de correlações deverá ser sempre vista como uma simples etapa da investigação científica. Na etapa seguinte será preciso "explicar" a própria ocorrência dos factores que na etapa anterior funcionaram como variáveis independentes e que por essa via se

Ao contrário, a resolução dos problemas extrínsecos é decisiva para a credibilidade e a consistência da estratégia científica aqui apresentada. São dois os problemas extrínsecos principais: o problema do pluralismo jurídico e o problema das comparações falsas. Qualquer destes problemas é bastante complexo e seria despropositado dar-lhes um tratamento profundo neste lugar. Trata-se tão só de apresentar os resultados principais da discussão de cada um deles.

O problema do pluralismo jurídico
O problema do pluralismo jurídico pode formular-se do seguinte modo. A construção teórica do presente trabalho assenta numa comparação/contraste entre o direito de Pasárgada e o direito estatal brasileiro enquanto expressão representativa do direito do Estado capitalista contemporâneo, no caso sob a forma de um Estado ditatorial. Pressupõe-se, deste modo, que, no mesmo espaço geopolítico, neste caso o Estado-nação brasileiro, haja mais do que um direito ou ordem jurídica. Mais concretamente, pressupõe-se que o direito de Pasárgada seja um autêntico direito. Ora a verificação deste pressuposto não pode ser assumida, tem de ser provada e, se o não for, cai pela base a comparação e com ela a teoria que se pretende elaborar.

transformam agora em variáveis dependentes. À medida que se avança no nexo "causal" o campo analítico alarga-se e a teoria social que o cobra (ou que a aspira) aumenta de abstracção. E só não se vai até ao infinito porque todas as teorias têm um atilho com que a dada altura estrangulam os rebentos mais rebeldes da trepadeira causal.

Mas a aporia básica do universo (pseudo) teórico do positivismo reside precisamente em não poder "explicar" os fenómenos senão em termos de variações concomitantes com outros fenómenos. Assim, por exemplo, o nível de institucionalização será atribuído à densidade social ou à definição social geral. Não é, em suma, possível ir para além de um e de outros fenómenos e explicá-los pelas estruturas que lhes estão subjacentes e onde ocupam lugar central as transformações, ao longo do tempo, das relações de produção na sociedade em causa.

Este problema desdobra-se em dois sub-problemas, o problema do conceito de direito e o problema do pluralismo jurídico propriamente dito, sendo certo que o primeiro tem uma amplitude problemática muito superior à do segundo.

O problema do conceito de direito tem ocupado desde sempre as várias disciplinas que têm por objecto o direito, da filosofia e da teoria do direito à ciência jurídica em sentido estrito e à sociologia e antropologia do direito. O presente trabalho tem de curar apenas dos contributos das duas últimas disciplinas mas, como se verá ecoam, por vezes, os contributos das restantes. Nos termos da divisão do trabalho científico-social estabelecido nos finais do século XIX, a sociologia do direito ocupou-se do direito das sociedades "ocidentais", "metropolitanas", "industriais" ou "complexas", enquanto a antropologia do direito se ocupou do direito das sociedades "tradicionais", "primitivas", "selvagens". As alterações políticas e ideológicas do pós-guerra abriram caminho, na década de 60, para a dupla subversão desta divisão de trabalho. Não só a sociologia começou a ocupar-se das sociedades que então se passaram a designar por "subdesenvolvidas" ou do "terceiro mundo", como também a antropologia se orientou para o estudo das sociedades metropolitanas, sobretudo para o estudo das áreas problemáticas deficientemente cobertas pela sociologia. Deu-se assim origem a um sincretismo teórico e metodológico, ainda hoje em processo de evolução.[32]

Foi neste contexto científico que o conhecimento antropológico saiu do "gueto primitivo" para enriquecer e acabar por dominar a problemática do conceito científico-social do direito. Dado que,

---

[32] Este sincretismo reflecte-se, por exemplo, na minha investigação em Pasárgada no início da década de 70 a que dedico o capítulo seguinte. Aí se seguem os métodos e as teorias desenvolvidas pela antropologia em geral e pela antropologia do direito em especial, procurando submetê-los a uma transformação ou triagem capaz de os adequar à análise da problemática global da reprodução jurídica na sociedade capitalista.

nos termos da divisão de trabalho acima referida, a sociologia do direito começou por se concentrar no estudo do direito das sociedades metropolitanas, onde existia uma rica tradição de ciência jurídica com sofisticada elaboração teórica sobre o conceito de direito, a tendência dominante foi no sentido de a sociologia do direito absorver ou adoptar acriticamente os conceitos propostos pela ciência jurídica. Já o mesmo não podia suceder com a antropologia do direito, não só porque se ocupava do direito de sociedades sem ciência jurídica, como porque esse direito se apresentava tão diferente daquele que vigorava na sociedade metropolitana, de que partia o antropólogo, que não fazia sentido transferir para a análise dele os conceitos da ciência jurídica produzida nesta sociedade. Daí a necessidade de uma elaboração teórica autónoma sobre o conceito de direito que, no entanto, não deixou de recorrer à ciência jurídica, e sobretudo, como se verá, à filosofia do direito, cujo conhecimento não estava tão estreitamente determinado quanto o da ciência jurídica pela fenomenologia do direito metropolitano.

Mesmo assim, a longa discussão sobre o conceito de direito na antropologia tem sido mais frutuosa pelas questões que tem levantado do que pelos resultados a que tem chegado. Uma das questões mais discutidas e talvez a mais dilemática diz respeito ao estatuto epistemológico do conceito de direito na antropologia, e é conhecida por "debate Gluckman-Bohannan" por ter sido protagonizado por estes dois antropólogos ainda que, em dado momento, a sua discussão tenha envolvido, duma forma ou doutra, todos os antropólogos trabalhando nesta área.[33] A controvérsia, que se prende com a questão, mais ampla, do etnocentrismo, consiste em saber se é legítimo (Gluckman) ou ilegítimo (Bohannan) usar na análise de outras sociedades e culturas conceitos, como, por exemplo, o conceito de direito, que são originariamente conceitos-

---

[33] Em geral sobre esta controvérsia vide as obras de M. Gluckman citadas em notas anteriores e as seguintes de Bohannan (1968a e 1968b), para além das já citadas.

-folk (conceitos populares ou étnicos) da sociedade e cultura a que pertence o antropólogo. Não vem ao caso percorrer aqui os meandros desta discussão e muito menos discutir as minúcias técnicas das diferentes posições. Apresentam-se as linhas gerais e os resultados mais recentes. A argumentação básica de M. Gluckman é no sentido de que os conceitos da cultura ocidental não são utilizados em antropologia antes de serem submetidos a uma redução analítica que os liberta das principais conotações etnocêntricas (ideológicas), assim se esconjurando o perigo de, pelo seu uso, ocidentalizar e, portanto, distorcer as observações empíricas. Ao contrário, para Bohannan, esse esforço analítico, ainda que meritório, nunca pode ser levado ao ponto de eliminar todos os resíduos de etnocentrismo e de imperialismo cultural, não havendo outra alternativa senão utilizar os conceitos e categorias "nativos" das sociedades estudadas.

As posições perante este debate são muito variadas, sobretudo se contabilizarmos todas as suas *nuances*, mas é possível sem dificuldade (nem surpresa, valha a verdade) agrupá-las em três grupos: as que se aproximam de Gluckman; as que se aproximam de Bohannan, e as que procuram uma síntese ou posição intermédia, nomeadamente pela constatação de que as diferenças entre os dois autores ou são mais aparentes que reais ou não são insuperáveis. Entre as primeiras saliente-se a posição de L. A. Fallers, para quem é preferível reconhecer a irradicabilidade de algum etnocentrismo na investigação social, uma vez que "é difícil, senão impossível, desenvolver pela nossa imaginação um conjunto plenamente elaborado de conceitos culturalmente neutros para analisar comparativamente as sociedades".[34] É esta, também, nos seus resultados, a posição por mim perfilhada, ainda que com argumentação distinta. O que critico em Bohannan não é a denúncia do etnocentrismo (tantas vezes "ingénuo"), que é meritória e importante; é antes o

---

[34] Ver Fallers, 1969.

idealismo da denúncia, ao separar o processo de construção conceitual do modo de produção do conhecimento antropológico no seu todo, cujas implicações imperialistas são muito mais vastas e envolvem o processo global do trabalho científico, mesmo o daqueles que decidem usar (em texto escrito em língua "ocidental") as categorias e os conceitos "nativos".[35] Por outro lado, como tudo o resto na sociedade capitalista, as categorias e os conceitos elaborados pela ciência ocidental são contraditórios e não se pode excluir à *priori* a possibilidade de serem utilizados como armas científicas e ideológicas na luta anti-imperialista das sociedades "nativas" sob o jugo colonial ou neocolonial, o que de resto tem acontecido historicamente.

Entre os autores cuja posição se aproxima da de Bohannan é de referir P. H. Gulliver para quem "não é irrazoável a ideia de que, sendo o 'direito' um termo e um conceito ocidentais devia ser definido segundo critérios ocidentais com a consequência de o 'direito', assim definido, não existir em muitas sociedades não-ocidentais, independentemente de nelas existirem instituições que, de um ponto de vista estrutural-funcional, têm contrapartes equivalentes nas sociedades ocidentais, dentro e fora do sistema jurídico".[36]

Por último, refira-se Laura Nader entre os autores que procuram uma síntese das posições antagónicas. Aliás, a posição de Laura Nader é mais ambiciosa, na medida em que considera a controvérsia terminada desde que se aceite a substituição da escala analítica tradicional, de dois graus – o sistema folk e o sistema analítico –, por uma, mais sofisticada, de três graus – sistema folk, sistema analítico folk, sistema analítico comparado.[37] Sem entrar na

---

[35] Entre muitos, ver Copans *et al.*, 1973.
[36] Ver Gulliver, 1969b.
[37] Ver Nader (org.), 1969. Abel (1969: 224) não partilha de modo nenhum, e com boas razões, do optimismo de Nader.

análise das implicações teóricas e epistemológicas das diferentes posições, interessa tomar posição geral, o que já foi feito, e retirar daí uma posição sobre o conceito de direito, que se fará a seguir. Em parte devido aos efeitos paralisantes do debate Gluckman--Bohannan, alguns autores, entre os quais Laura Nader[38], P. H. Gulliver e também R. Abel (1969) e W. Felstiner (1972:221), seguiram a via pragmática de se eximirem às dificuldades de elaboração do conceito de direito, procedendo à subestimação deste, enquanto unidade de análise, por um fenómeno universal do comportamento colectivo em que o direito implícita ou explicitamente se objectiva: a disputa, o litígio. A esta substituição atribui-se a vantagem adicional de fazer incidir a investigação no processamento dos litígios, retirando às normas substantivas e às instituições o exclusivo analítico de que tendem a usufruir nas investigações que tomam o direito por objecto imediato de análise.

A dificuldade principal desta via reside em que os autores que a seguem não estão interessados, de facto, em todos os tipos possíveis de disputas mas, apenas naquelas que têm uma fundamentação normativa e, sendo assim, o conceito de direito renasce das cinzas sob a forma de determinação dessa fundamentação.[39] O que nos leva a concluir que o conceito de disputa não representa uma alternativa ao conceito de direito e é antes uma alternativa analítica (das mais frutuosas) no interior das investigações sociológicas e antropológicas sobre o direito, tendo sido aliás nessa capacidade que foi adoptada no estudo sobre o direito de Pasárgada.

Daí que muitos outros autores, entre os quais L. Fallers e eu próprio, optem pela estipulação de um conceito de direito que se adeque às necessidades analíticas da investigação empírica. A

---

[38] Para além das obras já citadas, ver Nader, 1965 e Nader e Yngvesson, 1973.

[39] Uma das reincarnações da questão do conceito de direito é a discussão sobre a distinção entre litígios (ou disputas) jurídicos e litígios (ou disputas) políticos. R. Abel (1969: 232 e ss.) coerentemente recusa a distinção mas um tal procedimento pode levar a consequências absurdas a nível macro-sociológico.

dificuldade maior desta outra via reside em que ela se tem de construir sobre uma linha de tensão inscrita na discussão desde o início. Por um lado, a necessidade de elaborar um conceito muito amplo que dê conta dos mais diversos fenómenos jurídicos, os quais, a despeito da sua diversidade, têm algo de comum – em termos de processos, conteúdos normativos, estruturas ou funções – com outros fenómenos que nalgumas sociedades são classificados como "direito" e que a intuição educada do cientista social leva a assimilar sob um conceito unificador, o conceito de direito. Por outro lado, a necessidade, em boa parte contraditória com a primeira, de evitar conceitos de direito tão amplos que se sujeitem à crítica formulada por Radcliffe-Brown (1965), de incluírem em si "a maior parte se não todos os processos de controlo social".

Esta tensão tem as suas raízes nas obras dos dois fundadores da antropologia jurídica, Malinowski e Radcliffe-Brown. Malinowski parte do pressuposto de que em todos os povos, qualquer que seja o grau do seu "primitivismo" existe direito e consequentemente propõe uma estratégia conceitual em que o objectivo da generalidade se sobrepõe ao da especificidade. Generalizando a partir das suas investigações nas ilhas Trobriand, conclui de modo lapidar:

> Deve existir em todas as sociedades um conjunto de regras demasiado práticas para serem apoiadas por sanções religiosas, demasiado pesadas para o seu cumprimento ser deixado à boa vontade dos indivíduos, demasiado vitais para as pessoas para serem aplicadas por uma agência abstracta. É este o domínio das regras jurídicas e aventuro-me a antecipar que a reciprocidade, a incidência sistemática, a publicidade e a ambição virão a ser considerados os principais factores da maquinaria compulsória do direito primitivo (1926:67-68).

Radcliffe-Brown (1965), ao contrário, segue uma estratégia conceitual em que o objectivo da especificidade tem precedência sobre o da generalidade. Na esteira de R. Pound, definiu o direito como "o controlo social através da aplicação sistemática da força da sociedade politicamente organizada". O que o levou à conclusão de que "neste sentido, algumas sociedades simples não têm direito". Sob a sua influência, um dos seus discípulos mais brilhantes, Evans--Pritchard (1971:162), chegou logicamente à conclusão, no seu estudo sobre os povos Nuer do Sudão, de que "em sentido estrito, os Nuer não têm direito".[40] Não se trata de proceder aqui à análise crítica destas posições. Basta referir que os vários autores que têm avançado conceitos de direito que sirvam as suas investigações empíricas têm-no feito nos marcos estabelecidos por Malinovki e Radcliffe-Brown, ainda que recorram por vezes ao contributo da filosofia do direito como é, por exemplo, o caso de L. Fallers, que se segue H. I. Hart, e o meu próprio, em que são notórias as influências de Hermann Kantorowicz (1958). Os conceitos são estabelecidos de modo estipulatório, pois, como bem reconhece M. Gluckman, "por cada definição que se avança depara-se com um antagonista com uma definição diferente". O conceito que a seguir se apresenta não pretende captar uma qualquer essência do direito. Trata-se de um certo conceito operativo, adequado às exigências teóricas definidas para a investigação empírica em Pasárgada. Não se trata pois de um conceito trans-teórico, mas antes, e tão só, de um momento intermédio de um processo teórico, ele próprio definidor do critério de generalidade/especificidade em que assenta o conceito. Com este propósito concebe-se como direito, o *conjunto de processos regularizados e de princípios normativos, considerados justiciáveis num dado grupo, que contribuem para a criação e prevenção de litígios e para a resolução destes através de um discurso*

---

[40] Como muito bem sublinha Epstein, a conclusão de Evans-Pritchard teria consequências científicas importantes se com ela se quisesse significar que os Nuer eram um povo "sem lei" ou "fora da lei", mas é evidente que Pritchard não pretendeu tal coisa (ver Epstein, 1967: 205). Aliás, em artigo posterior Evans-Pritchard veio a admitir que "dentro da tribo há direito". Ver Fortes e Evans-Pritchard (org.), 1940: 278.

argumentativo, de amplitude variável, apoiado ou não pela força organizada.

Para a resolução dos problemas em discussão não vem ao caso explicitar em pormenor este conceito. Impõe-se apenas apresentar a conclusão de que, à luz dele, não restam dúvidas de que os fenómenos por nós investigados em Pasárgada caem no domínio do jurídico e que, portanto, constituem, no seu conjunto, o direito de Pasárgada.

Há que tratar agora, ainda que brevemente, o outro sub-problema, que é propriamente o do pluralismo jurídico e que se pode formular do seguinte modo: mesmo admitindo que em termos sociológicos ou antropológicos o direito de Pasárgada existe como tal e como tal pode ser objecto de análise, como resolver a questão de reconhecer no mesmo espaço geopolítico, neste caso o Estado-nação brasileiro, a existência de mais de um direito, sendo certo que tal reconhecimento choca frontalmente com os pressupostos constitucionais do Estado moderno, que atribuem a este o monopólio da produção do direito?

Na formulação ampla que aqui lhe damos este problema tem várias frentes. No séc. XIX e primeiras décadas do século passado, o problema do pluralismo jurídico teve amplo tratamento na filosofia e na teoria do direito.[41] Foi sendo depois progressivamente suprimido pela acção de um conjunto de factores em que se deve distinguir: as transformações na articulação dos modos de produção no interior das formações capitalistas centrais, de que resultou o domínio cada vez maior do modo de produção capitalista sobre os modos de produção pré-capitalista; a consolidação da dominação

---

[41] Um resumo da discussão em Del Vecchio (1957:361 e ss.). Ver também Carbonnier (1979, 210 e ss.) e Bobbio, 1942. Combinando a sociologia e a filosofia do direito, Ehrlich é o grande percursor deste tema. Para além das suas obras mais conhecidas ver também os trabalhos reunidos por Rehbinder, 1967. Aliás, o contributo de Ehrlich para a sociologia jurídica transcende em muito a questão do pluralismo jurídico. Como bem salienta Souto, 1978.

política do Estado burguês nomeadamente através da politização progressiva da sociedade civil; o avanço concomitante das concepções jus-filosóficas positivistas.

O problema do pluralismo jurídico foi depois retomado, em termos muito diferentes, pela antropologia do direito e é hoje um dos problemas mais amplamente tratados por esta disciplina. O contexto sociológico básico em que se deu o interesse por este problema foi, como em muitas outras questões, o colonialismo, isto é, a coexistência num mesmo espaço, arbitrariamente unificado como colónia, do direito do Estado colonizador e dos direitos tradicionais. Esta coexistência, fonte constante de conflitos e de acomodações precárias, teve nalguns casos cobertura jurídico-constitucional (por exemplo, na *indirect rule* do colonialismo inglês) enquanto noutros foi um fenómeno sociológico e político à revelia das concepções jurídico-políticas oficiais do Estado colonizador (o que, em boa parte, aconteceu com o colonialismo português). No primeiro caso, o pluralismo jurídico constituiu um conjunto de questões novas para a prática jurídica do direito colonial, politicamente dominante, e para a ciência jurídica que o servia; tanto no primeiro como no segundo caso, o conhecimento sociológico do pluralismo jurídico, isto é, o conhecimento das clivagens sócio-económicas, políticas e culturais em que ele assentava, tornou-se indispensável para assegurar a pacificação das colónias através de uma gestão racional (económica) dos recursos coloniais. Foi a investigação destas questões que coube em boa parte à antropologia e à sociologia do direito.[42] De um ponto de vista anti-colonialista, o que se pode dizer desta investigação é que, a despeito do seu pecado original, ela produziu um conhecimento cujo componente científico ainda hoje se revela de valor inestimável para a análise de situações de pluralismo jurídico geradas em contextos sociológicos bem distintos do que lhe deu origem. Para além do contexto colonial, três

---

[42] Ver Hooker, 1975 e a bibliografia aí citada.

outros contextos de pluralismo jurídico têm sido identificados pela literatura. Em primeiro lugar, o caso dos países com tradições culturais dominantes ou exclusivamente não europeias, que adoptam o direito europeu como instrumento de "modernização" e de consolidação do poder do Estado. É o caso, entre outros, da Turquia,[43] da Tailândia[44] e Etiópia.[45] Nestes casos, a situação de pluralismo jurídico resultou do facto de o direito tradicional não ter sido eliminado, no plano sociológico, pelo novo direito oficial, antes continuando a ser utilizado por largos sectores, senão mesmo pela maioria, da população. O segundo contexto de pluralismo jurídico de origem não colonial teve lugar quando, em virtude de uma revolução social, o direito tradicional entrou em conflito com a nova legalidade, o direito revolucionário, tendo sido, por isso, proscrito, sem, no entanto, ter deixado de continuar a vigorar, em termos sociológicos, durante largo tempo. O caso mais conhecido é o das repúblicas da Ásia Central, de tradição jurídica islâmica, no seio da U.R.S.S. depois da revolução de Outubro.[46] Por último, há que considerar as situações de pluralismo jurídico nos casos em que populações autóctones, "nativas" ou indígenas, quando não totalmente exterminadas, foram submetidas ao direito do conquistador com a permissão, expressa ou implícita, de em certos domínios continuarem a seguir o seu direito tradicional. É o caso das populações índias dos países da América do Norte,[47] América Latina[48] e dos povos autóctones da Nova Zelândia[49] e Austrália.[50] Todos estes casos de pluralismo jurídico, com vigência sociológica reconhecida

[43] Sobre esta questão, ver Stirling, 1957 e Starr, 1969.
[44] Ver Darling, 1970.
[45] A propósito, ver Pankhurst, 1966; The Department of Land Reform, 1969.
[46] Ver Massell, 1968.
[47] Ver Llewellyn e Hoebel, 1941; Hoebel, 1954 e Cox, 1970.
[48] Além das obras já citadas, ver Nader (1967:117) e Collier, 1970.
[49] Ver Metge, 1967; Vayda, 1967.
[50] Ver Hooker, 1975. Ver também Pospisil, 1971; Paliwala *et al.*, 1978.

ou não pelo direito dominante, constituem situações socialmente consolidadas e de longa duração, onde se reflectem conflitos sociais que acumulam e condensam clivagens sócio-económicas, políticas e culturais particularmente complexas e evidentes. Têm lugar em sociedades que, por isso, têm sido designadas "heterogéneas". No entanto, a análise detalhada destas situações e sociedades revela concomitantemente a conveniência em ampliar o conceito de pluralismo jurídico, de modo a cobrir situações susceptíveis de ocorrer em sociedades, cuja homogeneidade é sempre precária porque definida em termos classistas; isto é, nas sociedades capitalistas. Nestas sociedades, a "homogeneidade" é, em cada momento histórico, o produto concreto das lutas de classes e esconde, por isso, contradições (interclassistas, mas também intraclassistas) que não são nunca puramente económicas e, pelo contrário, são tecidas de dimensões sociais, políticas e culturais variamente entrelaçadas. Estas contradições podem assumir diferentes expressões jurídicas, reveladoras, na sua relativa especificidade, dos diferentes modos por que se reproduz a dominação político-jurídica.

Uma dessas expressões (e um desses modos) é precisamente a situação de pluralismo jurídico e tem lugar sempre que as contradições se condensam na criação de espaços sociais, mais ou menos segregados, no seio dos quais se geram litígios ou disputas processados com base em recursos normativos e institucionais internos. Estes espaços sociais variam segundo o factor dominante na sua constituição (que pode ser sócio-económico, político ou cultural) e segundo a composição da classe. Em geral, tendem a configurar situações de menor consolidação (e por vezes de mais curta duração) quando confrontadas com as que compõem os contextos de pluralismo jurídico anteriormente mencionados. Os exemplos, como se calcula, são muitos e apenas referiremos alguns a título ilustrativo. Assim, o funcionamento dos sovietes de operários e soldados na Rússia, nos meses que antecederam a revolução de Outubro, abriu um espaço político-jurídico alternativo ao do direito burguês oficial, uma situação em que o conceito de pluralismo jurídico se funde com o de dualidade de poderes.[51] Por outro lado, as experiências de justiça popular em Portugal, em 1975, representam o esboço muito precário da criação de uma alternativa jurídico-política com idêntica composição de classe e emergente também de uma fase de agudização intensa da luta de classes.[52] Com composição de classe muito diferente refira-se, por exemplo, o espaço jurídico consuetudinário criado pelos comerciantes americanos, à revelia das normas do direito civil e comercial oficiais, com o objectivo de facilitar as transacções e diminuir os custos.[53] Outro exemplo de pluralismo jurídico é dado pelos tribunais de vizinhos que operam, sem sancionamento legal, nos bairros da lata de Santiago do Chile sobretudo no tempo da Unidade Popular.[54] E este caso traz-nos muito perto do direito de Pasárgada que, como facilmente se conclui, é também concebido neste trabalho como constituindo uma situação de pluralismo jurídico.

A ampliação do conceito de pluralismo jurídico é concomitante da ampliação do conceito de direito e obedece logicamente aos mesmos propósitos teóricos. Com ela visa-se enriquecer o campo analítico da teoria do direito e do Estado através da revelação de lutas de classes em que o direito ocupa, de múltiplas formas, o centro político das contradições. Daí que a perspectiva teórica deste trabalho assente numa análise sociológica do pluralismo jurídico. O reconhecimento jurídico deste por parte do direito dominante não é determinante para a conceitualização da situação como de pluralismo jurídico; é-o, no entanto, para a configuração concreta

---

[51] Ver Lenin, 1970, especialmente 17 e ss., 23 e ss.; Trotsky, 1950 (por ex., vol. 1, 225 e ss.) e Anweiler, 1972. Este tema é abordado em detalhe em *Sociologia Crítica do Direito, Parte 2.*

[52] Sobre a justiça popular no Portugal do pós 25 de Abril de 1974, ver *Sociologia Crítica do Direito, Parte 4.*

[53] Ver Macaulay, 1966.

[54] Ver nota 28.

desta, razão por que deve ele próprio ser objecto, nesta qualidade, de análise sociológica.

O problema das comparações falsas

O segundo problema extrínseco à correlação proposta neste capítulo é o problema das comparações falsas e pode formular-se do modo seguinte. Mesmo admitindo que o direito de Pasárgada é um autêntico direito e que estamos, por isso, perante uma situação de pluralismo jurídico, são altamente questionáveis os termos da comparação entre o direito de Pasárgada e o direito estatal. Nesta comparação, o direito estatal, sendo o direito mais institucionalizado, com maior poder coercitivo e com o discurso jurídico de menor espaço retórico, é concomitantemente o direito mais profissionalizado, mais formalista e legalista, mais elitista e autoritário. Corresponderá esta caracterização à realidade? Não assentará ela numa visão estereotipada e deformada do direito estatal? Não se estará, em suma, perante uma situação de comparação falsa?

Disse-se acima que a investigação antropológica começou por ter um carácter monográfico, correlato, afinal, da perspectiva holística adoptada em que a sociedade "primitiva" constituía, no seu todo, o objecto de análise. Nestes termos, a análise esgotava a sociedade "primitiva" e, por sua vez, esgotava-se nela. Gradualmente, porém, foi sendo dada mais atenção à comparação entre sociedades como única via de superar o descritivismo rasteiro do trabalho antropológico e de ascender à teoria antropológica, ao conhecimento antropológico propriamente dito. Deve, contudo, ter-se presente que mesmo na primeira fase se faziam comparações, só que implícitas e incontroladas. As estratégias descritivas e as categorias analíticas eram derivadas do conhecimento da sociedade metropolitana, de que partia o cientista social, e o modelo científico com que se equipava assentava na comparação não dita entre esta sociedade e as sociedades que se propunha estudar. Os interesses colonialistas que serviam de pano de fundo à investigação antropológica e o etnocentrismo científico-cultural que, por via deles e de muitos outros factores, teve campo fértil de expansão deram origem a comparações multiplamente viciadas as quais, aliás, se continuaram a reproduzir na fase em que o trabalho antropológico se tornou explicitamente comparado.

Dois vícios principais devem ser referidos. Em primeiro lugar, as sociedades tradicionais (sociedades coloniais; sociedades-objecto) não eram analisadas em seus próprios termos e em função dos seus interesses, mas em termos e em função da sociedade metropolitana (sociedade colonizadora; sociedade-sujeito). Logicamente, a análise daqui decorrente ignorava militante e sistematicamente (isto é, sem que para tal fosse necessário uma composição dos cientistas sociais nesse sentido) tudo o que na sociedade-objecto contradissesse de modo fundamental o interesse da sociedade-sujeito na continuação da dominação colonialista. Do que resultaram duas consequências principais. Por um lado, sendo as categorias analíticas e classificatórias desenvolvidas com base na (experiência social da) sociedade metropolitana, a experiência social da sociedade tradicional ou era suprimida em tudo o que nelas não coubesse, ou, sendo incluída era armadilhada em comparações que sistematicamente a desfavoreciam. Por outro lado, sempre que foi adoptada uma perspectiva dinâmica e desenvolvimentista, o modelo científico (que, como se vê, era também social e político) apontava para a inevitabilidade de a sociedade tradicional seguir o caminho e os objectivos de desenvolvimento já anteriormente seguidos pela sociedade metropolitana e, portanto, de os seguir sob a tutela desta. O debate Gluckman-Bohannan, acima referido, deve ser visto como um esforço no sentido de problematizar este vício ou conjunto de vícios.

O segundo vício principal não diz respeito, ao contrário do primeiro, à epistemologia da antropologia social, mas tão só à validade empírica do conhecimento antropológico, pressupondo pacífica a vigência da epistemologia dominante. É a área específica das comparações falsas. E nesta área são muitos os vícios possíveis mas o principal consiste em que, mesmo admitindo a legitimidade de elaborar os modelos e as categorias analíticas com base na experiência social das sociedades metropolitanas, o que sucedeu muitas vezes foi que os cientistas sociais partiram de uma caracterização errada destas sociedades. Tinham dela uma visão apologética, oficial, acrítica, estereotipada ou, de qualquer outro modo, distorcida, e esta distorção acabou por contaminar e falsear todo o trabalho comparativo.

No domínio da antropologia jurídica, a denúncia das comparações falsas teve em J. v. Velsen (1969) uma das vozes mais veementes. Cingindo-se à antropologia social inglesa, v. Velsen considera que as comparações entre o direito africano e o direito britânico, mesmo as levadas a cabo pelos melhores antropólogos ingleses, são baseadas em noções estereotipadas e idealizadas do direito britânico, do que resulta uma excessiva ênfase no contraste entre os dois direitos. Esta crítica é desenvolvida ao longo de dois temas: a flexibilidade do processo e a reconciliação das partes como objecto da decisão judicial. Segundo ele, a sociedade africana é normalmente concebida como uma sociedade economicamente pouco desenvolvida, dominada por relações sociais multiplexas, dispondo de um direito cujo processo é flexível, sem demarcação nítida da matéria relevante e em que a reconciliação das partes tem primazia sobre tudo o mais na resolução dos litígios. Ao contrário, a sociedade europeia é concebida como uma sociedade economicamente desenvolvida e dominada por relações simplexas (como lhes chama), dispondo de um direito formalista, dotado de um processo inflexível e em que as decisões são baseadas na aplicação das leis sem qualquer preocupação com a reconciliação das partes.

Para v. Velsen esta comparação só parcialmente é válida, razão por que o modelo do contraste polar entre os dois direitos deverá ser substituído pelo do *continuum*, ao longo do qual os dois direitos ocupam posições diferentes. Pela parte do direito europeu, a comparação só é válida no que respeita à acção dos tribunais superiores. Nos tribunais inferiores (*magistrates' courts* na Inglaterra; *small claims courts* nos E.U.A.) o processo é flexível e existe o propósito de reconciliar os litigantes. Pela parte do direito africano, a comparação também não é totalmente válida. É preciso distinguir entre o processo de obtenção da decisão, que assenta na aplicação da lei, e o processo de definição das sanções (positivas e negativas), em que há, de facto, grande flexibilidade. Por outro lado, a reconciliação não é nunca o objectivo único do tribunal nem muitas vezes o principal, mesmo no domínio das relações multiplexas, como se atesta pelos casos, citados por M. Gluckman, em que as partes usam a litigação sobre um conflito justiciável para fazer detonar um outro conflito mais amplo, de natureza política.

A posição de v. Velsen merece-me dois comentários gerais. O primeiro comentário é que v. Velsen levantou uma questão importante e abriu a possibilidade de denunciar e corrigir os erros dos que aceitaram acriticamente as concepções da ciência jurídica europeia, toda ela virada para a conceitualização e teorização da prática dos tribunais superiores e dando mesmo desta uma visão homogeneizada e oficial. Por esta via, esses autores cegaram para a complexidade da ordem jurídica metropolitana e para as áreas desta consideradas menos "nobres", no plano dogmático-científico, mas bastante mais importantes no plano sociológico. Esta cegueira converteu-se numa distorção que acabou por se repercutir nas categorias analíticas usadas e nos resultados da comparação. O segundo comentário é que v. Velsen, no calor da crítica, acabou por cair no vício oposto, igualmente grave e igualmente revelador de uma posição idealista, ao nivelar em excesso as práticas jurídicas dos direitos africanos e dos direitos europeus. Trata-se, de facto, de uma posição idealista, por desconhecer o papel das condições materiais na produção jurídica, por desconhecer as imensas diferenças sociais, económicas e políticas entre as sociedades europeias e as sociedades africanas, que terão fatalmente de se repercutir, mesmo que mediamente, nas práticas jurídicas respectivas. Daqui resultou, por um lado, uma excessiva ênfase na prática jurídica dos tribunais inferiores das sociedades metropolitanas e, por outro lado, a atribuição de relevo exagerado ao papel da lei na obtenção da sentença segundo o direito africano, acabando por *impor* à resolução dos litígios nas sociedades tradicionais um modelo analítico baseado na ciência jurídica metropolitana: a distinção entre o processo de obtenção da decisão e o processo de determinação das sanções. Por último, deu excessiva saliência aos casos em que a litigação é usada para outros fins, casos que retirou sobretudo da obra de M. Gluckman[55] onde, no entanto, resulta evidente que tais casos fazem excepção rara à prática esmagadoramente comum de um processo aberto e flexível, visando a investigação do conflito real entre as partes na perspectiva da obtenção da reconciliação.

No caso concreto da minha investigação, penso que soube aproveitar o que há de positivo na advertência de v. Velsen sem cair nos exageros a que ele se deixou conduzir. E a melhor prova disso está no facto de ter convertido os factores da comparação em variáveis que admitem graus diferentes; consequentemente, por mais radicais que sejam os contrastes haverá sempre semelhanças, umas mais precárias que outras. Por outro lado, a comparação é feita em termos gerais. Por exemplo, não se desconhece que no direito estatal há zonas processuais informais, nem sequer que o formalismo processual oficial é lubrificado (e por vezes subvertido) por um certo informalismo submarino manipulado pelos profissionais do direito e demais funcionários da justiça. Mas nenhum destes factos é suficiente para pôr em dúvida que, no geral, o direito estatal é imensamente mais formalista que o direito de Pasárgada. Também o perfil básico da profissionalização do trabalho jurídico,

---

[55] Ver Gluckman, 1955, em especial, o caso nº 12.

enquanto dimensão da institucionalização da função jurídica, não é abalado pelo reconhecimento da participação, por vezes importante, dos leigos na administração da justiça, quer através do júri, quer através dos juízes assessores. Por último, o poder do aparelho coercitivo não é diminuído – como poderia objectar-se – pelo facto de na esmagadora maioria dos casos não ser accionado, dado o cumprimento voluntário das determinações jurídicas por parte dos seus destinatários. Como já acima ficou dito, a ameaça, porque verosímil, mantém a eloquência da presença e do poder que ela representa.

Os discursos do direito na sociedade capitalista: *prolegomena* de uma teoria

Uma vez resolvidos os problemas do pluralismo jurídico e das comparações falsas, a correlação proposta no presente trabalho entre o espaço retórico, a institucionalização da função jurídica e o poder dos instrumentos de coerção adquire maior consistência analítica e fortalece os objectivos teóricos aqui definidos.

Para já, torna possível uma dupla refutação da concepção jus--filosófica sobre a natureza tópico-retórica do discurso jurídico, a que nos referimos no início deste trabalho. Em primeiro lugar, o factor tópico-retórico não constitui uma essência especulativamente fixada (e fixa) nem caracteriza em exclusivo o discurso jurídico que veicula a aplicação concreta do direito. Trata-se antes de um factor/dimensão cuja variação é concomitante da de outros factores/dimensões que, no seu conjunto, constituem os componentes mais importantes do processo de concretização do direito. O espaço retórico existe assim entre outros espaços, o espaço sistémico e o espaço da violência, com os quais se articula de modo estruturado. E como cada um destes espaços tem o seu próprio discurso, o discurso tópico-retórico "fala" (por cima/por baixo) o discurso do sistema e o discurso da violência. Em segundo lugar, o direito do Estado capitalista contemporâneo, que serve de modelo e base à concepção filosófica em questão, não é sequer aquele em que a dimensão tópico-retórica atinge o seu valor mais elevado em comparação com outros direitos estudados pela sociologia e pela antropologia.

Mais importante, porém, que a refutação de especulações filosóficas idealistas é o contributo que as variações constatadas podem dar ao enriquecimento analítico da teoria sociológica da retórica jurídica e, em última instância, da teoria sociológica do direito da sociedade capitalista. No estádio actual da investigação, tal contributo será maximizado pela integração das variações numa perspectiva funcional-estrutural. Dessa integração decorrem duas verificações adicionais: *a)* os diferentes factores analisados desempenham diferentes funções estruturais no processo de aplicação do direito; *b)* também se verificam diferenças, no seio de cada factor, entre os diversos contextos da comunicação em que elas intervêm. Torna-se assim necessário introduzir uma nova dimensão na análise dos discursos jurídicos, uma dimensão longitudinal, que dê conta da diferenciação funcional-estrutural segundo o contexto da comunicação. Entende-se por contexto da comunicação a referência nuclear ou focal da comunicação. São três os contextos principais: o agente privilegiado (a terceira parte, juiz, árbitro, mediador, etc.), os participantes ou partes; o grupo social relevante. Advirta-se desde já que esta dimensão, organizada em escala, tem propósitos meramente heurísticos e não bulha, por isso, com o reconhecimento teórico de que a concretização prática do discurso jurídico constitui uma totalidade que confere um sentido global aos diferentes momentos e dimensões que nela mutuamente se implicam. Advirta-se ainda que as funções estruturais de cada um dos factores em cada um dos contextos não são exclusivas, são apenas dominantes e de dominância estruturalmente ancorada.

Quadro I

	Discurso do Aparelho Burocrático		Discurso Tópico--Retórico	Discurso do Aparelho Coercitivo
Discursos do Direito				
Contextos da Comunicação	Instituição	Sistema		
Agente Privilegiado	Competência/ Jurisprudência	Demonstração	Argumentação	Ameaça
Participantes	Processamento	Prescrição	Persuação	Coerção
Sociedade	Programação	Racionalização	Consenso	Repressão

O Quadro I apresenta de modo sintético o conjunto das funções estruturais dos vários factores ao nível dos diferentes contextos da comunicação. Muitos autores têm chamado a atenção para a ambiguidade do direito enquanto instância de dominação na sociedade capitalista. Na maioria dos casos, esta chamada de atenção é, ela própria, ambígua, pois que, não procurando articular as linhas da ambiguidade da instância jurídica, pouco adianta sobre o âmbito real desta e nada sobre a sua importância teórica e prática. É esta a crítica que se pode formular a Poulantzas, apesar da sua (quase compulsiva) pertinácia analítica, notável em muitos aspectos. Ao longo da sua obra, Poulantzas vem concebendo o direito do Estado capitalista como um misto de libertação e opressão, isto é, como fonte e expressão da legitimidade e consenso, por um lado, e de terror e violência, por outro, sem, no entanto, estabelecer teoricamente, em termos marxistas, a génese e o significado dessa duplicidade para a reprodução da dominação de classe na sociedade capitalista (Poulantzas,1978:73). O Quadro I, sem pretender substituir-se à teoria cuja indispensabilidade ele, pelo contrário, presume, estabelece com razoável nível de articulação o mapa cognitivo que ela há-de percorrer, um avanço cujo mérito pode justamente reivindicar, tanto mais quanto é certo que ele permite desde já concluir que a "ambiguidade" do direito é apenas leitura superficial da complexidade funcional-estrutural da tríplice dimensão retórica, burocrática e coercitiva da instância jurídica estatal da sociedade capitalista. E com a visualização que o quadro permite, é possível ainda determinar o âmbito, ele próprio pluridimensional, de tal complexidade, com base no alinhamento dos seus possíveis perfis, tanto em sequências horizontais (p. ex., programação ↔ racionalização ↔ consenso ↔ repressão), como em sequências verticais (p. ex., ameaça ↔ coerção ↔ repressão), como ainda em combinações de ambas (p. ex., argumentação ↔ ↔ persuasão ↔ coerção).

À luz deste quadro tornam-se também evidentes as lacunas das diferentes linhas de teorização do direito moderno. As teorias do direito de extracção positivista e directamente emergentes do conhecimento técnico da ciência jurídica concentram-se na dimensão institucional-sistémica e, no seio desta, mantêm-se geralmente ao nível dos contextos de comunicação mais restritos – agente privilegiado e participantes. A teorização filosófica não positivista tende a concentrar-se, na esteira de Viehweg e de Esser, na dimensão retórica, deixando na sombra ou excluindo proselitamente as demais. A teorização sociológica de origem funcionalista tem-se concentrado no aparelho coercitivo e na dimensão institucional do aparelho burocrático. Finalmente, a teoria marxista tem-se deixado monopolizar pelo aparelho coercitivo com algumas incursões no aparelho burocrático mas, em qualquer dos casos, focando apenas o contexto da comunicação mais amplo, o grupo social relevante.

Não admira, pois, que não satisfaçam as teorias que assentam em bases analíticas amputadas, sendo certo que estas são, em si, a representação mutilada do olhar míope da teoria que as funda. E se é verdade que a teoria marxista está, em meu entender, em melhores condições para dar cobertura ao vasto campo analítico mapeado no presente trabalho, não é menos verdade que, para que tal suceda, é necessário que ela afronte deficiências, aqui sugeridas, com raízes históricas muito fundas. E para isso é necessário que comece por lutar contra si mesma, contra os tabus, os fantasmas e os alibis que têm juncado o seu caminho. Só assim lhe será possível abrir-se a esforços teóricos de diferente origem, eles próprios unilaterais, cangando-os sob a linha de menor componente ideológica e ganhando em troca a força universalizante e a flexibilidade que até agora e apesar de tudo não tem tido.

A teorização das covariações entre os factores da produção jurídica

O objectivo do presente capítulo não foi produzir uma tal teoria, mas tão só a base analítica de que ela deve partir. Pode agora concluir-se que, em geral, tal teoria deverá dar conta do desenvolvimento dos diferentes factores que constituem a instância jurídica estatal da sociedade capitalista e das relações estruturais entre eles, globalmente e ao nível de cada um dos contextos da comunicação ou interacção. Especificando um pouco mais, podem identificar-se as seguintes tarefas a ser cumpridas. Em primeiro lugar, e como se tem vindo a referir, a teoria deverá fornecer uma explicação para a correlação estabelecida no presente trabalho. Mas para isso é preciso ter em conta que os diferentes factores que a constituem têm raízes históricas e linhas de desenvolvimento específicos no seio da sociedade capitalista. Para captar umas e outras é necessário recorrer a teorias sectoriais, tais como a teoria da burocracia, a teoria das profissões e a teoria do controlo social. É necessário, pois, combinar a máxima amplitude da teorização global do modo de produção capitalista com as especificações tornadas possíveis pelas teorias sectoriais. Por esta via é possível, por outro lado, estabelecer a ponte – raramente reconhecida pelas teorias abstractizantes mas crucial no plano praxístico – entre a autonomia fenomenológica dos diferentes factores e as homologias estruturais do seu desenvolvimento. As homologias são, elas próprias, dinâmicas, o que facilmente se vê, quer a nível de comparações diacrónicas (capitalismo liberal/capitalismo monopolista), quer a nível de comparações sincrónicas (capitalismo central/capitalismo periférico). A transformação interna dos diferentes factores é, aliás, tão intensa que impõe a reconstrução constante dos termos exactos da correlação, para o que se deve recorrer às teorias sectoriais em constante reformulação.

A análise teórica materialista dos factores que, em suas relações recíprocas, constituem o modo de produção da juridicidade na sociedade capitalista é a melhor garantia contra o risco do simplismo e a rigidez em que pode descambar a correlação apresentada neste trabalho e que, recorde-se, estabelece, em sua versão forte, que "a amplitude do espaço retórico do discurso jurídico varia na razão inversa do nível de institucionalização da função jurídica e do poder dos instrumentos de coerção ao serviço da produção jurídica". A medida do risco pode ser ilustrada com as vicissitudes da retórica nos dois últimos séculos. É sabido que o declínio da retórica, enquanto disciplina do saber, no princípio do séc. XIX coincidiu com a época áurea do desenvolvimento industrial e, a nível cultural, com o movimento romântico.[56] Foi esse também o momento em que se assistiu à expansão das dimensões burocrática e coercitiva do direito e se tornou visível a compressão da dimensão retórica. No que respeita à dimensão burocrática, a expansão do elemento sistémico resultou sobretudo do movimento da codificação e da ciência jurídica que se desenvolveu para, directa ou indirectamente, o servir, enquanto a expansão do elemento institucional resultou sobretudo da consolidação do Estado liberal como centro da dominação política de classe. No que respeita à dimensão

---

[56] Ver Plebe, 1978; Ong, 1971; Barthes, 1970; Todorov, 1973; Ducrot e Todorov, 1970; Logan, 1978. Com referência a Portugal, ver, por exemplo, Rosado Fernandes, 1966 e Aníbal de Castro, 1973.

coercitiva, a sua expansão consubstanciou-se no desenvolvimento e diversificação dos corpos de polícia, na consolidação do movimento penitenciário trazido do século anterior e nos primeiros esforços sistemáticos para pôr as forças militares ao serviço da "segurança", isto é, do controlo social. Todos estes movimentos encontram adequada expressão na correlação formulada. Acontece, porém, que já bem dentro da segunda metade do séc. XX, em nossos dias, se assiste a um certo ressurgimento da retórica geral e também da retórica jurídica. Quanto à retórica geral, o seu regresso faz-se, a nível teórico, através das ciências da linguagem e, a nível prático-utilitário, através das técnicas de publicidade e de *marketing*.[57] Quanto à retórica jurídica, o seu regresso no plano teórico está, como já foi referido, ligado às obras de Viehweg, Esser e Perelman, enquanto o seu regresso no plano prático, mais difícil de detectar, pode ser visto nas tentativas levadas a cabo, nos E.U.A. (e também na Europa) para informalizar e "popularizar" a administração da justiça. Nos termos da correlação, a este ascenso do factor retórico deve corresponder uma certa recessão dos factores burocrático e coercitivo. Esta conclusão pode, no entanto, ser apressada e só a investigação concreta, teoricamente fundada, poderá revelar, como se sugerirá, se se trata de uma expansão da dimensão retórica ou de uma "ilusão de óptica" provocada pela transformação dos modos de expansão das restantes dimensões. E neste último caso há que reconstruir os termos da correlação, em vez de assentar a defesa desta na renúncia a um conhecimento mais ajustado da realidade.

---

[57] Ver os autores citados na nota anterior, e também Ijsseling, onde se dá conta da reabilitação da retórica nas mais diversas áreas do conhecimento. Aliás, o âmbito da retórica está hoje a ser profundamente redefinido, pelo que o seu contributo para a própria teoria da ciência está ainda por estabelecer. A título ilustrativo refira-se que se o inconsciente for estruturado como linguagem, como quer Lacan, torna-se possível construir uma retórica do inconsciente. Ver, entre outros, Kremer-Marietti, 1978.

A análise funcional intrafactorial. A caracterização política da prática retórica

A segunda grande tarefa teórica consiste na análise sincrónica dos vários factores, no pressuposto de que o conteúdo de classe, que preside à articulação, no tempo, entre eles, comanda também o funcionamento interno de cada um num dado momento histórico. No que respeita ao factor que constitui a preocupação central deste ensaio, a retórica jurídica, a análise deve incidir nas determinações do processo pelo qual a argumentação do agente (socio-politicamente) forte se transforma na argumentação (retoricamente) forte e das possíveis rupturas ou descontinuidades nesse processo. A questão vital da desigualdade social perante o discurso, isto é, a questão do impacto da desigualdade sócio-política entre os vários participantes do círculo retórico no modo de produção da persuasão e do consentimento, pressupõe o tratamento sociológico dos vários contextos da comunicação, em cuja sede devem ser determinadas, entre outras, as relações de poder entre o agente privilegiado e os demais participantes e entre o agente privilegiado e o grupo social relevante, as desigualdades sociais entre os participantes e, finalmente, a composição de classe do grupo social relevante, sendo certo que o próprio critério de relevância é já informado por interesses de classe mais ou menos estritamente definidos. À luz desta investigação, torna-se evidente que as diferentes funções estruturais, incluindo a do consenso, são exercidas de um ponto de vista de classe e como tal devem ser teoricamente avaliadas. A questão das desigualdades no interior do círculo argumentativo transcende em muito o domínio da retórica jurídica e põe-se a nível da retórica geral, sobretudo numa época em que os meios da comunicação social monopolizam os recursos de maior potencial persuasivo. Daí que a sociologia da retórica não possa constituir-se à margem das teorias da comunicação social.[58]

---

[58] Ver Whale, 1977 e também as obras de Ong citadas ao longo deste capítulo.

Sob a mesma perspectiva deverão ser analisados os elementos constitutivos do discurso retórico, como, por exemplo, a selecção e uso específicos dos *topoi,* o nível de informalidade processual, a extensão e o significado da participação no discurso, o nível tecnológico da linguagem, o grau de discrepância entre o objecto real e o objecto processado. A análise deverá incidir particularmente nas variações segundo a identidade sócio-económica dos participantes, como já se deixou referido, e segundo o tipo de conflitos ou litígios processados pelo discurso. Quanto a este último factor, é sabido que a individualização dos conflitos é de importância fundamental para a caracterização da dominação jurídico-política numa sociedade de classes. O facto de o cidadão isolado (ou os seus *ersätze)* ser o único sujeito reconhecido dos conflitos juridicamente relevantes coloca fora da prática oficial as relações de classe – não só aquelas que eventualmente contribuíram para a criação do litígio como também as que intercedem na resolução deste – e desta forma contribui para a inviabilização do conteúdo classista da dominação jurídica. Atente-se, no entanto, em que não se trata de uma mistificação total, pois que os litígios, em sua estrutura de superfície, são realmente protagonizados por indivíduos. Só que esta dimensão individual não é a única e, na esmagadora maioria dos casos, não é sequer a mais importante, e é nesta sonegação das restantes dimensões (supra-individuais) que reside o carácter ideológico da construção jurídica capitalista. À teoria sociológica marxista compete reconstituir essa supra-individualidade em termos de classe social. E nestes termos há que distinguir entre conflitos interclassistas e conflitos intraclassistas, uma distinção central na análise das variações no funcionamento interno dos elementos do discurso retórico, bem como, de resto, dos elementos que constituem as demais dimensões da dominação jurídica.

Este conjunto de especificações pode ser ilustrado com a questão da caracterização do conteúdo político específico de cada um dos factores: burocracia, retórica, violência. Uma das deficiências da teorização marxista do direito tem sido a de atribuir a este uma função política geral que, por demasiado abstracta, deixa sem cobertura adequada uma amálgama de funções secundárias que, como já se notou, acaba por ser contabilizada a título de "ambiguidade" do direito. Resulta do Quadro I que a complexidade funcional-estrutural não se compadece com uma tal solução. No domínio da dimensão retórica, a questão da caracterização política pode formular-se do seguinte modo: quando comparado com os restantes "discursos" (burocrático e coercitivo) do direito, o discurso retórico é *realmente* o menos violento ou é aquele que melhor dissimula a violência? Esta questão pode subdividir-se em duas, de âmbito mais restrito: a questão do conteúdo democrático da retórica e a questão do conservadorismo da retórica, duas questões que, tal como a questão geral, extravasam do campo jurídico. Quanto à primeira questão, o discurso retórico, ao procurar a persuasão consentida com base na lógica do razoável, pressupõe (como aspiração, pelo menos) a igualdade de oportunidades dos participantes no discurso, quer ele seja dialógico ou antitético (como é, por exemplo, o caso do discurso jurídico). Por outro lado, para ser persuasivo o discurso tem de ter liberdade para procurar os argumentos mais convincentes nas circuns-tâncias.

Por estas duas razões pode dizer-se que a retórica tem um conteúdo democrático ou, pelo menos, que a ele aspira. A racionalidade tópico-retórica parece mover-se contra duas formas de violência: a violência dos princípios e das provas absolutas, de que decorrem soluções necessárias (a lógica institucional-sistémica a que aspira o aparelho burocrático), e a violência física e psíquica do aparelho coercitivo. Entre estas duas formas de violência, o espaço retórico surge como o espaço democrático que se impõe, no dizer de Gadamer, pela "Verzauberung des Bewusstseins durch die Macht der Rede" (o encantamento da consciência através do poder do discurso).[59] É sabido que, na antiguidade, a retórica, como

[59] Ver Gadamer, 1971: 69.

disciplina do saber e actividade prática, foi reprimida pelas tiranias e floresceu nos períodos de maior liberdade e democracia. Que dizer dos desenvolvimentos posteriores, nomeadamente da queda da retórica no séc. XIX e do seu relativo renascimento na segunda metade do séc. XX, sobretudo nos países capitalistas centrais?

Em relação a este último período, pode apresentar-se o renascimento da retórica como um sintoma da redemocratização da vida social e política depois do holocausto da guerra e do fascismo. O princípio da igualdade de oportunidades perante a argumentação pode ser considerado homólogo do princípio da igualdade formal que subjaz ao projecto constitucional do Estado liberal; desta forma torna-se possível vincular a teoria política da retórica à teoria democrática-pluralista produzida pela sociologia política funcionalista da segunda metade do século XX. Sucede que esta última teoria tem vindo a ser fortemente contestada, tanto dentro do marxismo (a crítica da ideologia política burguesa e a teoria do papel do Estado liberal na reprodução das relações sociais no seio do modo de produção capitalista) como fora dele (a teoria das elites).[60] O que está em causa é a subversão do princípio democrático em que assenta a teoria, em face da constatação cada vez mais generalizada das desigualdades estruturais na distribuição do poder político nas sociedades capitalistas. Paralelamente, pode formular-se, como hipótese de trabalho, que a igualdade formal perante os recursos retóricos (tal como, a nível mais geral, a igualdade perante o direito), apesar de desempenhar ainda um papel ideológico importante, constitui uma mistificação cada vez mais difícil de reproduzir socialmente. Em apoio desta hipótese falou-se já nesta secção da monopolização dos recursos retóricos mais importantes e da consequente manipulação ideológica das massas por parte dos meios de comunicação social ao serviço do

---

[60] Ver, além das obras citadas na nota 1, Mills, 1956; Connolly (org.), 1969 (citado por Trubek 1979: 462, que também deve ser consultado para uma visão crítica do pluralismo); Lindberg *et al.*, 1974.

Estado capitalista (e dos interesses de classe que ele veicula) ou de poderosos grupos de pressão privados. À medida que se avoluma e consolida a desigualdade dos habitantes do espaço retórico, faz sentido reconstruir criticamente a retórica como uma nova forma de violência, ao lado da violência burocrática e da violência física – a violência simbólica.

A questão do conservadorismo da retórica refere-se ao conteúdo tópico desta. A retórica jurídica assenta no uso de *topoi*, isto é, de lugares comuns. Pela sua natureza, os lugares comuns apontam para evidências socialmente constituídas e homogeneamente partilhadas. O *lugar* da comunidade traz consigo as ideias de fixação, de enraizamento e de rigidez, enquanto a *comunidade* do lugar acarreta a ideia de um transclassismo radical, negador proselito das tensões sociais e dos conflitos e antagonismos existentes. Ambos apontam para a conservação e consolidação de um certo *status quo* social e ideológico, para o automatismo da transparência do conhecimento social condensado nos lugares comuns e reproduzido, de modo rotineiro e acrítico, por uma prática social sem acidentes nem rupturas.

A questão da caracterização política da retórica, em qualquer das suas faces – conteúdo democrático; conteúdo conservador – não pode, contudo, ser resolvida em termos abstractos. Pelo contrário, a sua resolução há-de assentar em análises concretas para as quais serão carreados, entre outros, os seguintes factores. Em primeiro lugar, a caracterização política do Estado em que prática retórica (no nosso caso, a retórica jurídica) tem lugar. Enquanto nas secções precedentes deste ensaio usei indiferentemente várias expressões para caracterizar o outro pólo da comparação com o direito de Pasárgada, tais como, "direito estatal moderno", "direito estatal dos países capitalistas", "direito oficial dos Estados contemporâneos e sobretudo dos Estados capitalistas", na secção presente, em que se trata de avançar as linhas de uma teorização marxista do direito, tenho vindo a usar exclusivamente a expressão "direito do Estado capitalista". Estas imprecisões e oscilações têm, por assim dizer, uma base teórica *material*. Uma das questões mais complexas e mais obviamente irresolvidas da teoria social consiste em conhecer os limites do conceito de modo de produção capitalista enquanto factor explicativo dos fenómenos e condições sociais ocorrentes nas formações sociais capitalistas. Uma resposta parcial para esta questão tem sido procurada na investigação – hoje bastante avançada – da articulação do modo de produção capitalista com outros modos de produção (pré-capitalista; de orientação socialista) existentes no seio dessas formações sociais. Mas esta resposta não cobre, no entanto, fenómenos – como, por exemplo, o fenómeno burocrático – que se detectam tanto nas sociedades capitalistas como naquelas que socio-politicamente se situam fora do bloco capitalista, nomeadamente as sociedades do socialismo de Estado do leste europeu. As muitas soluções apontadas para esta questão vão desde a maximização radical do potencial explicativo da teorização marxista do modo de produção capitalista – estendendo a teoria às sociedades que aqui se classificam de socialismo de Estado – até à sua minimização radical, negando as suas virtualidades para explicar aspectos fundamentais das próprias sociedades capitalistas, e recorrendo, em sua substituição, a entidades abstractas, como, por exemplo, "o processo de produção industrial" ou "pós-industrial", de que se fazem decorrer os fenómenos detectáveis nos vários tipos de sociedades contemporâneas. Nenhuma destas linhas teóricas antagónicas – que, apesar deste antagonismo, têm conduzido muitas vezes a práticas políticas não muito distintas – tem sido prosseguida com grande êxito.

No domínio que aqui interessa, a questão teórica principal é a de saber o que torna *capitalista* o Estado capitalista.[61] Esta questão, por sua vez, será esclarecida por dois esforços teóricos paralelos.

---

[61] São de salientar os esforços de Offe, Poulantzas, Hirsch e E. Wright (citados na nota 1) para o esclarecimento desta questão.

Por um lado, o da teoria marxista do direito do Estado capitalista, dada a importância da dominação jurídica na constituição do modelo político liberal; por outro lado, o da teoria marxista do Estado e do direito das sociedades socialistas de Estado, uma teoria que dê conta dos problemas mais sérios destas sociedades – mais sérios ainda por sobreviverem à liquidação interna do inimigo de classe, a burguesia – como, por exemplo, o problema da integração destas sociedades na ordem económica (capitalista) internacional, o problema da pertinácia de estratificações sociais acentuadas, e o problema da concentração autoritária do poder político e da consequente repressão das liberdades democráticas.[62] Qualquer destes esforços teóricos está largamente por fazer e o facto de eu pessoalmente me concentrar, por agora, no primeiro (a teoria do direito do Estado capitalista) justifica a referência exclusiva, nesta secção, ao "direito do Estado capitalista", enquanto o uso de expressões imprecisas nas secções anteriores é fruto das carências teóricas mais globais e das ambiguidades que daí resultam e que não podem nem devem ser escamoteadas, embora infelizmente o sejam com frequência, dentro e fora do marxismo.

Do precedente decorre com clareza que a caracterização política da retórica não se pode conceber à margem da natureza do Estado em que a retórica é praticada. Mas esta especificação é ainda bastante abstracta se não for ombreada por outras especificações, tais como o conteúdo específico de classe das diferentes práticas retóricas e o momento ou contexto da luta de classes em que aquelas têm lugar. Uma das ideias centrais deste capítulo é que, no Estado de direito da sociedade capitalista, o Estado *não é só* de direito e o direito *não é só* do Estado. No caso aqui analisado – o direito de Pasárgada – a retórica jurídica é exercida pelo operariado industrial (e também pelo exército de reserva e por uma fracção do que, muito inadequadamente, tem sido chamado "pequena-

---

[62] Sobre todos estes problemas, ver Bahro, 1977.

-burguesia favelada"), fora do âmbito do direito estatal e no seio de uma organização comunitária (a associação de moradores) mais ou menos autónoma. Apesar de toda a sua precaridade, o direito de Pasárgada representa a prática de uma legalidade alternativa e, como tal, um exercício alternativo de poder político, ainda que muito embriónico. Não é um direito revolucionário, nem tem lugar numa fase revolucionária da luta de classes; visa resolver conflitos intraclassistas num espaço social "marginal". Mas, de qualquer modo, representa uma tentativa para neutralizar os efeitos da aplicação do direito capitalista de propriedade no seio das favelas e, portanto, no domínio habitacional da representação social. E porque se centra à volta de uma organização eleita pela comunidade, o direito de Pasárgada representa, também por esta razão – e com aspiração, pelo menos – a alternativa de uma administração democrática da justiça. Uma aspiração tanto mais notável quanto é certo que é avançada em condições de luta muito difíceis para as camadas populares, no seio de um Estado ditatorial.

É com base em análises concretas como esta e contabilizando factores como os que aqui foram apresentados que se pode proceder a uma caracterização não idealista do conteúdo político da prática retórica. É ao nível desta análise, e não em geral, que se resolverão as questões do conteúdo democrático e do conteúdo conservador da retórica. Quanto ao conteúdo democrático, a investigação centrar-se-á no carácter mais ou menos formal da igualdade perante o discurso, devendo ser suficientemente subtil para discriminar segundo os ramos de direito, as dimensões da produção jurídica tal como foram elaboradas no presente capítulo e ainda segundo os contextos da comunicação. Será importante reter que nenhum princípio jurídico-político da sociedade capitalista é isento de contradições e que, por isso, o princípio de igualdade, tal como os restantes direitos fundamentais, nunca é *puramente* formal. É, antes, gerador de consequências, socio-políticas materiais, ainda que o não seja de modo homogéneo em toda a vasta área de intervenção da instância jurídica. A igualdade argumentativa não pode pois negligenciar-se e muito menos rejeitar-se. Do que se trata, do ponto de vista marxista, não é de eliminá-la, mas antes de ampliá-la e de aprofundá-la radicalmente.

Quanto ao conteúdo conservador da retórica, é importante salientar, para prevenir contra voluntarismos grosseiros, que os momentos da consolidação e da conservação são fundamentais em qualquer estrutura social e particularmente – por paradoxal que pareça – nas estruturas sociais em processo de rápida ou mesmo revolucionária transformação. No caso de Pasárgada, o carácter conservador da prática retórica não pode ser deduzido, sem mais, da análise do conteúdo tópico desta. É necessário, além disso, entrar em linha de conta com o contexto sócio-político em que esse conteúdo é actualizado. E a este nível será de considerar que Pasárgada, como de resto as demais favelas/bairros informais/ barriadas/ chabolas/ bidonvilles/ squatter settlements no interior das grandes cidades do mundo capitalista, tem a sua sobrevivência constantemente ameaçada pelos poderosos interesses dos especuladores dos solos urbanos.[63]A extinção dos bairros e a sua remoção para os subúrbios mais remotos da cidade implicam, nas condições em que têm sido feitas, um drástico agravamento das condições de reprodução social (agravamento dramático dos custos dos transportes, que chegam a absorver mais de 1/3 do salário, aumento das rendas de casa, perda de empregos eventuais – os biscates – e do suplemento financeiro por eles criados, com a consequente desintegração da já de si precária economia familiar, destruição das relações sociais primárias e do enraizamento social que elas asseguram). O direito de Pasárgada, e muito especialmente a sua importante dimensão retórica, são factores de consolidação das relações sociais no interior de Pasárgada. Quanto maior for essa consolidação, mais intenso será o desenvolvimento comunitário

---

[63] Este tema será abordado em *Sociologia Crítica do Direito, Parte 4.*

e menores serão os riscos de extinção ou remoção (em virtude dos agravados custos sociais e políticos para o aparelho de Estado decorrentes de tais medidas). É à luz destes objectivos e destas lutas (que são afinal lutas de classe), e não em abstracto, que se deve determinar o carácter político da retórica jurídica de Pasárgada. O que aparece em geral como conservador pode estar de facto ao serviço de uma estratégia de transformação, porventura radical, da sociedade. Por esta via, a *tópica* retórica pode ser posta ao serviço da *utópica* retórica.

A interpretação das estruturas sociais. A oralidade e a escrita jurídicas

Nos parágrafos precedentes delinearam-se algumas das vias de acesso à segunda tarefa da teoria marxista do direito, isto é, à elucidação teórica do funcionamento interno de cada um dos factores ou dimensões que constituem o direito do estado capitalista, ilustrando os vários percursos analíticos no domínio da dimensão retórica e, neste, dando particular atenção à questão da caracterização política da prática retórica. Qualquer das grandes tarefas teóricas até agora identificadas concebe as três dimensões da instância jurídica como detentoras de estruturas autónomas, ainda que susceptíveis de estabelecerem entre si relações padronizadas, as quais constituem, de resto, um dos objectos principais da investigação. Esta concepção, que tem imensas virtualidades analíticas, não é, contudo, adequada a dar conta da interpretação das estruturas, isto é, dos processos por via dos quais, numa dada formação social, cada uma das estruturas sociais repercute *internamente,* na sua constituição e na sua vigência, a presença das restantes estruturas. Dilucidar esta interpenetração é a terceira grande tarefa teórica e, sem dúvida, a mais complexa e espinhosa de toda a teoria social. No âmbito da investigação sociológica do direito, a questão principal consiste em determinar se a recessão do espaço retórico verificada nos últimos duzentos anos é apenas uma recessão *externa,* isto é, o deslocamento do espaço retórico frente à pressão sobre elas exercidas pelos espaços vizinhos, ou se é também uma recessão *interna,* isto é, a "contaminação" institucional-sistémica e coercitiva dos elementos constitutivos do espaço retórico. A resolução desta questão, que só pode ser equacionada numa perspectiva histórica de longa duração, é, por sua vez, determinante para a fixação do sentido do relativo ressurgimento da retórica na segunda metade do séc. XX.

Enquanto a investigação da covariação entre estruturas tem ao seu dispor uma metodologia segura, testada por largos anos de trabalho sociológico, a investigação da interpenetração é um campo novo, teórica e metodologicamente por mapear.[64] Cingindo-nos à dimensão retórica, o leque de questões a plantar neste campo pode ser ilustrado com as relações entre a oralidade e a escrita enquanto estruturas de produção e distribuição do conhecimento social. É sabido que escrever e falar não são apenas dois modos de comunicar; são dois modos de pensar e, em última análise, dois tipos de cultura, com lógicas e economias de expressão próprias. A cultura oral é dominada pela necessidade de armazenagem e conservação do conhecimento, para o que recorre ao uso extensivo de fórmulas e, entre elas, sobretudo aos lugares comuns. É uma cultura formulária. Pelas mesmas razões é uma cultura integradora, centrada na continuidade noética, menos interessada na aquisição de conhecimento novo do que na participação colectiva no conhecimento existente. A memória colectiva, reproduzida no quotidiano e no ritual, é a casa da cultura oral. A preocupação perante o perigo constante da desintegração do conhecimento confere-lhe ainda outras características, entre as quais o conserva-

---

[64] Entre os autores que procuraram penetrar neste campo é justo salientar W. Ong, cujas obras citadas ao longo deste trabalho me inspiraram a caracterização da oralidade e da escrita no que se segue. Ver também Derrida, 1967, em quem de resto Ong se apoia.

dorismo, a relativa rigidez temática, a identificação epitética como forma de desambiguação, a verbosidade e a redundância.[65] Estas características constituem, no seu conjunto, a lógica e a economia da expressão cultural oral. O seu accionamento, a sua prática, tem lugar no seio de um auditório real, sociologicamente homogéneo ou para tal tendendo.

A cultura escrita rege-se por uma lógica e uma economia muito distintas. A escrita, isto é, a morte da palavra como som e a sua ressurreição gráfica, tem na palavra, e não na fórmula, a sua unidade operacional básica. A preocupação na armazenagem do conhecimento social desaparece e o esforço noético concentra-se na aquisição de conhecimentos novos. O pensamento escrito não precisa de se colectivizar para se apresentar à memória colectiva e é, por isso, susceptível de apropriação individual. Por outro lado, através da elevada tecnologia da palavra que possibilita, o pensamento escrito permite-se níveis de abstracção inatingíveis pelo pensamento oral. Consequentemente, a sistematização deixa de ser, como na cultura oral, um recurso externo e flexivo para passar a ser um elemento constitutivo do pensar. O auditório da escrita é sempre fictício e a sua homogeneidade é o correlato abstracto da individualidade do emissor escrevente.

A cultura retórica é uma cultura oral e pode dizer-se que até ao séc. XV a cultura europeia é essencialmente uma cultura oral.[66] Com a descoberta da imprensa assiste-se à degradação progressiva da oralidade e à sua substituição pela escrita. No entanto, durante algum tempo, provavelmente até ao séc. XVIII, a cultura escrita, apesar de todo o vigor e arrogância com que se vai impondo, é ainda dominada pela lógica e pela economia da expressão oral.

---

[65] Como já deixei notado, a escrita, por sua vez, não está isenta de conservadorismo, ainda que por outras razões e por outras vias. Ver Chao, 1974.

[66] Esta afirmação é conscientemente polémica, habituados como estamos a ver na escrita o traço distintivo da cultura europeia em relação as culturas das sociedades "simples". Ver sobre este tema, Goody e Watt, 1972.

Durante este período são nítidos os resíduos da oralidade no seio da escrita, isto é, hábitos de pensamento e de expressão típicos da prática noética pré-tipográfica, cuja vigência testemunha a dominância da oralidade como meio de expressão cultural ou, pelo menos, a impossibilidade de dissociar, nesta fase, o medium escrito do medium oral. Como salienta Walter Ong, não se trata de uma adopção consciente da lógica da oralidade por parte da escrita.[67] Trata-se tão só de os hábitos de pensamento e de expressão da velha cultura oral serem ainda os mais familiares, ao ponto de se presumir pertencerem, por igual, ao novo medium, uma presunção cuja credibilidade se mantém até que o novo medium seja suficientemente interiorizado para que a sua lógica e a sua economia específicas emerjam com autonomia.

Nisto consiste a interpenetração das estruturas da cultura escrita e da cultura oral, neste período, um fenómeno fluido e complexo que rapidamente vai evoluindo no sentido da implantação estrutural da cultura escrita. Deste processo histórico faz parte a queda da retórica no fim do séc. XVIII, coincidindo, como já se referiu, com o primeiro grande período de expansão capitalista e, no plano cultural, com o movimento romântico. A crítica da retórica fez-se em nome do individualismo (frente ao colectivismo da cultura velha), da originalidade (frente ao formularismo), da inovação (frente à conservação) e da acumulação (frente à partilha). Acima de tudo criticou-se ao artificialismo da retórica e o pseudo-conhecimento que o habita, em nome do conhecimento verdadeiro, natural o objectivo que a ciência moderna proporciona. Não é difícil ver nesta crítica a pujança ideológica da burguesia numa fase eufórica de desenvolvimento económico e a caminho da consolidação da dominação política. A escrita, que já desde os fins da idade média era o instrumento indispensável da prática contabilística das firmas comerciais – não é por acaso que esta prática é ainda

---

[67] Ver Ong, 1971:24.

hoje designada, na linguagem comum, por "fazer a escrita" –, transformou-se progressivamente no medium quase exclusivo de toda a administração pública, e privada, isto é, da burocracia no seu sentido mais amplo.

À medida que a lógica e a economia da expressão escrita se vão impondo, uma nova ordem cultural se estabelece, uma estrutura mental que rompe, ou pretende romper, com o passado, um pensamento espacial ao serviço de um conhecimento racional, objectivo, controlado, em suma, científico. A ciência moderna é, de facto, a matriz, o paradigma, da nova cultura escrita, com implicações múltiplas nos mais diversos campos da acção social, desde a pedagogia, com a adopção de teorias e técnicas centradas sobre a aprendizagem *escrita* do conhecimento *científico,* até à administração burocrática, onde a regulamentação exaustiva, tornada possível pela escrita tipográfica, se transforma no fundamento da esperança do século na racionalização, sistematização e controlo das relações sociais.

Sucede, porém, que a partir dos anos 30 do nosso século o som perdido da palavra foi redescoberto. Inicia-se então o período da ressonorização electrónica da palavra através da rádio e, mais tarde, da televisão.[68] Significará esta nova oralidade o regresso ao passado ancestral da cultura europeia? Significará o fim da cultura escrita tal como a conhecemos nos últimos duzentos anos? Parece indesmentível estarmos perante um processo de reoralização da cultura, a que se liga o regresso da retórica, na segunda metade do nosso século, pelas mãos teóricas da linguística e pelas mãos práticas da publicidade, do *marketing* e da comunicação social audio-visual. E de novo este processo se apresenta prenhe de consequências nos mais diversos domínios da vida social, desde a administração pública e privada, com a introdução, sobretudo

---

[68] Dentre a imensa bibliografia sobre o tema, ver Enzensberger, 1972; Schiller, 1974; Ben-Horin, 1977.

nos países capitalistas avançados, de técnicas de relações humanas assentes na interacção primária ou de face a face, até à pedagogia, com a revalorização da oralidade e a negligência da escrita (a ponto de parecer caminhar-se para novas formas de analfabetismo culto).

Uma análise detalhada deste processo revela, contudo, que não se trata de modo nenhum de um regresso à cultura oral do passado pré-tipográfico. A nova oralidade, ou oralidade secundária, como tem sido também designada, não está centrada na preocupação da armazenagem do conhecimento através dos lugares comuns. Pelo contrário, a centração parece residir na obsolescência acelerada do conhecimento. A nível teórico, tal é o resultado da ênfase no avanço científico e da reiterada superação do conhecimento adquirido que tal envolve. A nível prático-utilitário, a obsolescência do conhecimento é sobretudo o resultado da constante repetição do novo, isto é, da produção social do esquecimento através das rupturas publicitárias e da permanente re-tematização da actualidade na comunicação social. Desta forma, os lugares comuns são orientados para acções práticas de curto prazo, isto é, para cobrir espaços amplos em vez de tempos longos. O conservadorismo da retórica sincroniza-se e a rigidez temporal transforma-se em fixação espacial.

A oralidade secundária obedece a uma lógica institucional-sistémica, que se detecta com particular nitidez na questão do auditório. O auditório ou, melhor, os auditórios sobrepostos não são fictícios mas a sua realidade e homogeneidade são produtos de uma intervenção programada, mesmo quando o objectivo é produzir espontaneidade. A participação no círculo retórico tem de ser programada e controlada até ao último pormenor de modo a surgir realisticamente (ao nível da realidade electrónica) como improvisada e espontânea. Correlativamente, a igualdade perante o discurso é produzida por um aparelho detentor do controlo tendencialmente monopolista dos recursos retóricos mais importantes. À luz desta observação não é temerário avançar, como hipótese de trabalho, que a lógica e a economia da cultura escrita presidem à prática da oralidade secundária. E, a ser assim, estamos de novo perante um fenómeno de interpenetração estrutural em que, desta vez, a estrutura da escrita domina a da oralidade. De modo pouco rigoroso mas sucinto pode dizer-se que, enquanto no primeiro período de interpenetração estrutural analisado se escrevia como se falava, no segundo fala-se como se escreve.

A aplicação desta investigação no domínio da sociologia jurídica suscita hipóteses de trabalho frutuosas e é por isso importante para o avanço científico nesta área. Reportando-nos às três dimensões da instância jurídica identificadas neste trabalho e aos discursos que as constituem, é de reconhecer que o discurso retórico é basicamente uma fala, um discurso *dito*, enquanto o discurso institucional-sistémico é um discurso *escrito* e o discurso coercitivo, um discurso *feito*. Deixando por agora de lado, pela sua especificidade, o discurso feito – que, aliás, também é feito de não-discurso –, é possível esclarecer alguns pontos obscuros da história e da sociologia jurídicas através da análise das interpenetrações estruturais entre o discurso dito e o discurso escrito no interior da prática jurídica numa sequência de longa duração.

Quando se consulta a documentação jurídica e sobretudo as colectâneas de leis e de outras provisões legais da idade média e mesmo da idade moderna até finais do séc. XVIII e se analisam as suas características estilísticas a partir dos postulados culturais gerais e jurídicos do nosso tempo, é difícil furtarmo-nos a uma sensação de estranheza perante a precária sistematização, a deficiente generalidade da linguagem jurídica e o pouco rigor desta, o carácter lacunoso e frequentemente contraditório da regulamentação, a redundância de muitas expressões usadas e, finalmente, os exemplos ou ilustrações fastidiosas. Não é invulgar contabilizar esta caracterização a débito da prática e da ciência jurídicas coevas, atribuindo as "imperfeições" à precariedade dos recursos técnicos e ao carácter empírico da formação jurídica e justificando-as enquanto momentos da pré-história do movimento de codificação do séc. XIX.

A investigação sobre a interpenetração estrutural torna possível uma leitura alternativa da escrita jurídica medieval e moderna. Como não é difícil reconhecer na caracterização desta escrita a estrutura do discurso oral já delineado nesta secção, pode avançar--se, como hipótese de trabalho, que essa caracterização não resulta de "imperfeições" ou de "impreparações", mas tão só do facto de no período em causa a escrita jurídica estar ainda submetida à lógica e à economia da oralidade que dominara até então a prática jurídica. A degradação da oralidade jurídica só tem verdadeiramente lugar no séc. XIX e é só então que se impõem a lógica e a economia da escrita jurídica como factores estruturantes dominantes da prática e do discurso jurídicos. Os marcos mais significativos deste processo são os seguintes: o grande movimento de codificação posterior à revolução francesa; a emergência de uma ciência jurídica capaz de proporcionar à prática jurídica uma consciência teórico-abstracta e um suporte técnico; a aplicação dos princípios e critérios da administração burocrática à administração da justiça; a tendência para a profissionalização plena da produção jurídica decorrente da aceleração da divisão social e técnica do trabalho jurídico e, portanto, da expansão e diversificação interna das profissões jurídicas; a reforma do ensino jurídico no sentido da apropriação monopolística deste por parte de titulares da ciência jurídica, um ensino centrado na escrita jurídica e na aprendizagem do domínio técnico dos códigos com a negligência activa dos demais objectivos possíveis, quer dos objectivos mais amplos ligados à formação política filosófica e social dos juristas, quer dos objectivos mais empíricos e "comezinhos" da preparação para a prática (em boa medida ainda oral) dos tribunais.

Também neste caso não é difícil ver nas características deste processo afloramentos da estrutura geral do pensamento (e do conhecimento) escrito tal como a definimos nesta secção. Pode mesmo dizer-se que a escrita jurídica é de todas a que melhor preenche os requisitos estruturais do pensamento escrito ou, para usar a terminologia weberiana, a que mais se aproxima do tipo ideal deste pensamento. Assim, por exemplo, a escrita jurídica é aquela em que a ficção do auditório atinge o seu nível extremo. É o que decorre do princípio da não-ignorância da lei, isto é, do princípio de que a ignorância da lei não pode ser invocada para desculpar o comportamento contrário às suas determinações obrigatórias. Ao fazer-se assentar a legitimidade da reprodução jurídica num conhecimento cuja vigência no seio do auditório o próprio princípio, enquanto tal, nega ou pelo menos admite não existir, atribuem-se consequências jurídicas materiais a uma ficção que, aliás, o é cada vez mais, à medida que se profissionaliza o trabalho jurídico e a *ciência* jurídica se apropria da *consciência* jurídica. Por via de tais consequências, o auditório é coagido a dar cumprimento à sua própria ficção.

A subordinação estrutural a que neste processo foram submetidos os resíduos de oralidade no discurso jurídico torna-se patente de múltiplas formas, inclusivamente através dos refinamentos analíticos e exegéticos a que foram submetidos os *topoi* por parte da ciência jurídica, refinamentos esses que relevam de uma lógica sistémica e, como tal, estranha à génese tópica.[69] Sucede, porém, que se tem vindo a verificar em tempos recentes, e sobretudo nos países capitalistas centrais, uma certa tendência para a reoralização do discurso e prática jurídicos, por hipótese ligada a um certo revigoramento da dimensão retórica da instância jurídica, a que, de resto, já se fez referência nesta secção. Essa tendência ou movimento é detectável por múltiplos sinais, mas os mais importantes são os que dizem respeito à criação, em certas áreas do controlo social, de uma administração jurídica e judiciária paralela ou alternativa àquela que até agora dominou em exclusivo, recuperando ou

---

[69] Ver Sourioux e Lerat, 1975.

reactivando, em novos moldes, estruturas administrativas de tipo popular ou participatório há muito abandonados ou marginalizados. Em áreas como a pequena delinquência e a pequena criminalidade, a ordem e a segurança públicas, a defesa do consumidor, a habitação, as relações entre vizinhos e as questões de família, criam-se tribunais sociais, comunitários ou de bairro presididos por juízes leigos, eleitos ou designados pelas organizações sociais, e em que a representação das partes por advogado não é necessária ou é até proibida. O processamento das questões é informal e oral e, por vezes, nem sequer a sentença é reduzida a escrito.[70]

No seguimento da investigação apontada nesta secção, a geometria (que não a imaginação) sociológica levar-nos-á a propor, como hipótese de trabalho, que esta tentativa de reoralidade da prática e do discurso jurídicos está subordinada à lógica e à economia estruturais da escrita jurídica, hoje vastamente dominante. E alguns sintomas se podem carrear neste sentido. É, contudo, possível que neste caso a interpenetração estrutural assuma novas formas ou que, em vez de interpenetração em sentido estrito, se esteja perante outras formas de combinação estrutural, por exemplo, a da concentração da escrita jurídica (e das dimensões burocrática e coercitiva com as quais goza de forte homologia estrutural) nas áreas de controlo social mais importantes para a reprodução da dominação político-jurídica de classe, deixando para a oralidade jurídica as áreas consideradas marginais e, por isso, negligenciáveis, onde, por acréscimo, a oralidade pode desempenhar uma prestimosa função de integração social e de legitimação do poder político. Esta redistribuição geopolítica das estruturas jurídicas estará eventualmente ligada a mudanças mais globais na dominação política burguesa, por exemplo, às que dizem respeito à chamada crise fiscal do Estado capitalista provocado pelo desequilíbrio entre a taxa da acumulação capitalista (cuja primeira grande crise data de

---

[70] Ver por todos, Abel (org.) 1980.

1973) e os custos da produção improdutiva do Estado.[71] Este desequilíbrio pode levar à "devolução" controlada à "sociedade civil" de áreas da acção social que tinham sido absorvidas na administração directa do Estado na primeira metade do nosso século, integradas no processo de consolidação do Estado social que então teve lugar.

À luz desta hipótese, a reoralização relativa da prática jurídica, bem como a relativa desprofissionalização e informalização do trabalho jurídico e, mais em geral, o reforço relativo da dimensão retórica da instância jurídica têm lugar em termos de subordinação estrutural, não porque as suas estruturas sejam "adulteradas" pela intromissão de outras, heterólogas e dominantes, mas antes porque a sua "pureza" estrutural é consentida apenas na periferia da dominação jurídico-política e pelas razões heteróctones de reforçar ideologicamente o Estado capitalista e de garantir um controlo social a preço módico. Esta hipótese será tanto mais consistente quanto mais concludente for a verificação de que estas transformações nas franjas dos vários aparelhos de Estado são acompanhadas pelo reforço das dimensões burocrática e coercitiva (e da escrita jurídica através da qual uma e outra "discursam" na sociedade) da instância jurídica no centro desses aparelhos. Muito do que fica dito nesta secção pode ser chamado a substanciar esta verificação.

Tanto na forma de combinação de estruturas, cuja ilustração acabo de fazer, como na interpenetração de estruturas em sentido estrito, como ainda na de covariação de estruturas (que constitui o objecto teórico principal deste capítulo) propõe-se como princípio teórico que a articulação estrutural nunca é horizontal, isto é, nunca tem lugar entre estruturas equivalentes ou equidistantes no horizonte sócio-político. Pelo contrário, faz-se sempre na vigência de estruturas dominantes e de estruturas dominadas (ou recessivas) e as posições relativas de umas e de outras, mesmo em corte sincrónico, só são detectáveis à luz de uma perspectiva histórica de

---

[71] Ver O'Connor, 1973.

longa duração. Esta teoria tem afinidades com a teoria de Lucien Goldmann sobre as homologias estruturais e a historicidade das estruturas sociais (para o que desenvolve também os conceitos de desestruturação e de restruturação).[72] Não será, contudo, pretensioso salientar que a concepção de articulação estrutural apresentada neste trabalho tem potencialidades para servir melhor que a concepção goldmanniana o objectivo de dar corpo histórico às estruturas sociais. À ideia de homologia estrutural subjaz a ideia de combinação horizontal no sentido aqui adoptado e a esta subjaz, por sua vez, a ideia de equilíbrio posicional. Esta última ideia tem uma inegável vocação estática e constitui um terreno pouco seguro para nele fundar a construção da historicidade. Esta, para não nascer em ruínas, tem de se reportar, ainda que implicitamente, a uma estrutura globalizante (as raízes heideggerianas do pensamento de Goldmann) que dá coerência as homologias e às transformações das estruturas sociais. Mas esta totalidade, assim hipostasiada, corre o risco de se tornar numa entidade metafísica. Na concepção apresentada neste capítulo, a articulação das estruturas sociais dá-se sempre sob a dominância de uma delas e é nesta desigualdade que se gera a instabilidade de que decorre a mudança e, em última análise, a historicidade. Por seu lado, a desestruturação é sempre correlato de recessão estrutural e é sempre contraditória; por isso é capaz de gerar novas articulações estruturais, umas que representam rupturas globais com as anteriores, outras que são destas meros re-arranjos.

Esta concepção engloba, relativizando-a, a ideia de homologia estrutural e simultaneamente dá relevo à ideia, igualmente importante, da não contemporaneidade das estruturas sociais.[73] De facto,

---

[72] Ver Goldmann, 1955 e 1964.

[73] A não contemporaneidade das estruturas sociais é também a não simultaneidade ou desigualdade dos tempos sociais, a *Ungleichzeitlichkeit* de que fala Bloch (1935, 35 e ss.).

não basta perguntar pelos movimentos estruturais homogéneos, aos quais é permeável a ideia de homologia; é preciso, além disso, perguntar pela eventual dessincronia desses movimentos. No domínio da sociologia jurídica, a dessincronia possível entre os vários factores da produção jurídica pode ser investigada, quer ao nível genético (qual é o mais antigo dos factores ou dimensões do direito identificados e qual a importância sociológica de tal facto? Qual o factor ou dimensão que há mais tempo mantém a dominância e com que oscilações?), Quer ao nível da não contemporaneidade dos tempos sociais que nelas, diversamente, penetram (em que medida é que a combinação estrutural entre as dimensões da instância jurídica reflecte ou acompanha a articulação dos modos de produção no interior de uma dada formação social? Em que medida e de que modo (desigual) esta articulação se repercute no interior de *cada* uma das dimensões? Há algo de arcaico ou anacrónico ou simplesmente pré-capitalista na dimensão retórica do direito? Ou é, pelo contrário, nela que discorre oniricamente a utopia jurídica?).

Em resumo, esta concepção teórica da combinação e da interpenetração estruturais permite ancorar materialisticamente o movimento histórico das estruturas e as contradições a que está sujeito, permite, por outras palavras, relacioná-lo com as lutas de classes e com as transformações por que vão passando os modos de produção e, com eles, as relações de poder social e as formas de dominação política. Permite, em suma, conquistar a totalidade a partir das análises concretas e das práticas para que apontam, evitando simultaneamente o perigo da fragmentação empirista e o perigo do simulacro da unificação metafísica. É certo que a totalidade é a soma e o resto, mas são as desigualdades (mutáveis) entre as parcelas da soma que determinam o montante (instável) do resto.

Na última secção deste capítulo não pretendi avançar muito para além da apresentação de hipóteses de trabalho que, para maior consistência e concretização, foram acompanhadas de ilustrações selectivas. As ambições teóricas aqui esboçadas excedem em muito o trabalho individual e são afinal o caderno de encargos de uma geração de sociólogos do direito e do Estado. Com plena consciência disto se abriram múltiplas pistas de investigação empírica e de teorização – caminhos para muitos trilharem sem se trilharem.

CAPÍTULO 2
O DIREITO DOS OPRIMIDOS: A CONSTRUÇÃO E REPRODUÇÃO DO DIREITO EM PASÁRGADA

Introdução

Pasárgada é o nome fictício de uma favela do Rio de Janeiro. Devido à inacessibilidade estrutural do sistema jurídico estatal e, sobretudo, ao carácter ilegal das favelas como bairros urbanos, as classes populares que aí vivem concebem estratégias adaptativas com o objectivo de garantir o ordenamento social mínimo das relações comunitárias. Uma dessas estratégias envolve a criação duma ordem jurídica interna, paralela (e, por vezes, oposta) à ordem jurídica oficial do Estado. Este capítulo descreve o direito de Pasárgada visto de dentro (através da análise sociológica da retórica jurídica utilizada na prevenção e na resolução de litígios pela associação de moradores) e nas suas relações desiguais com o sistema jurídico oficial brasileiro (a partir da perspectiva do pluralismo jurídico).

O estudo do direito de Pasárgada nasceu do meu interesse em revelar o funcionamento do sistema jurídico como um todo numa sociedade de classes, designadamente o Brasil. À época do trabalho de campo (1970), havia no Rio de Janeiro mais de duzentas favelas[1] que albergavam aproximadamente um milhão de pessoas.[2] Nessa altura, como agora, nem todos os pobres da cidade viviam em favelas e nem todos os habitantes das favelas eram pobres. É, contudo, inegável que a grande maioria dos habitantes das favelas pertencia, e pertence, aos estratos sociais mais baixos. A favela que

---

[1] Segundo o SABREN (Sistema de Assentamentos de Baixa Renda) o Rio de Janeiro tem cerca de 750 favelas cadastradas (2005).

[2] De acordo com o censo demográfico de 2000, a cidade do Rio de Janeiro tinha uma população de 5.857.904 habitantes, 18,65% dos quais residiam em favelas.

CAPÍTULO 2-AO-ESPELHO
AS RELAÇÕES PESSOAIS COM O MUNDO A QUE CHAMAMOS IDENTIDADE: SER OU NÃO SER QUEM IMAGINO QUE SOU NAS FAVELAS DO RIO DE JANEIRO

A genuína blasfémia [...] é o produto de uma crença parcial e é tão impossível para o perfeito ateu como para o perfeito cristão.

T.S. ELIOT (Selected Essays, 1950: 73)

Fazes da tua fé um inimigo da fé,
E, qual guerra civil, opões juramento a juramento,
A tua palavra contra a tua palavra.

SHAKESPEARE (King John, III, 1)

Eu próprio, quando jovem, frequentei ansiosamente o Médico e o Santo, e ouvia grandes discursos sobre isto e aquilo: mas saía sempre pela mesma porta tal e qual tinha entrado.

OMAR KHAYYAM (Rubaiyat nº 27)

Indução

Escrever um relato pessoal sobre o meu próprio trabalho de investigação tem, necessariamente, algo de uma autobiografia e de um auto-retrato. A hermenêutica literária distingue entre autobiografia e auto-retrato. Enquanto que a primeira relata "aquilo que fiz", o segundo relata "aquilo que sou". Possuem diferentes estruturas temporais: a autobiografia é diacrónica, o auto-retrato é sincrónico. Embora à primeira vista, a distinção pareça clara, ela é, na realidade, bem complexa, muito para além do facto,

escolhi para a minha investigação é uma das maiores e mais antigas do Rio de Janeiro. Chamei-lhe Pasárgada, nome que fui buscar a um poema do poeta brasileiro Manuel Bandeira. A investigação de campo foi conduzida segundo o método da observação participante, ainda que, por vezes, de um modo não convencional.[3] Realizei entrevistas em várias favelas durante o mês de Junho de 1970. Vivi em Pasárgada desde Julho a Outubro, participando o mais que podia na vida da comunidade. Voltei a Pasárgada no ano seguinte para um período curto de entrevistas.

Os estudos sobre a resolução de litígios no âmbito da antropologia jurídica forneceram a principal grelha analítica para a investigação. Contudo, ao longo da investigação, comecei a prestar tanta atenção à prevenção como à resolução de litígios, porque, logo no início do trabalho de campo, se tornou evidente que os modos como as pessoas e os grupos sociais resolvem os litígios que entre eles ocorrem têm muito a ver com os modos disponíveis para os evitar e vice-versa. A ideia de conceber os mecanismos de prevenção e de resolução em Pasárgada como um sistema jurídico não oficial, relativamente autónomo, não constava das hipóteses de trabalho com que estruturei inicialmente a investigação. Foi-se, no entanto, sedimentando à medida que aprofundei a minha observação do trabalho jurídico levado a cabo pela Associação de Moradores de Pasárgada. Tornou-se claro para mim que havia um direito de Pasárgada, o qual funcionava em articulação, ora conflitual, ora complementar, com o direito oficial do Estado brasileiro. Estava, pois, perante um caso de pluralismo jurídico.[4] Esta perspectiva salvou-me da tentação de estudar Pasárgada como uma comunidade isolada, erro grave e muito frequente dos

---

[3] Ver *Capítulo 2 ao Espelho*.
[4] A partir do direito de Pasárgada, o pluralismo jurídico foi uma presença constante nos meus trabalhos sociológicos subsequentes. Ver a *Sociologia Crítica do Direito*, Partes 2, 3, 4 e 5.

comummente aceite, de que aquilo que se faz, ou se fez, espelha o que se é.[1] *Pode dizer-se que o auto-retrato escreve a autobiografia. Aquilo que sou é, de certo modo, o último capítulo daquilo que fiz, mas um último capítulo que está contraditoriamente presente na escrita de todos os capítulos anteriores. Santo Agostinho tinha consciência plena desta problemática quando contrapôs aquilo que tinha feito àquilo que era no momento em que escrevia as Confissões.*[2]

Ao escrever este relato pessoal, tentei manter-me dentro do modelo autobiográfico, tendo contudo presente que a tentação do auto-retrato lhe é indissociável. Isto levanta a questão do estatuto específico deste Capítulo: literário ou científico? E esta pergunta suscita outra questão, muito mais ampla, sobre as relações entre ciência social e autobiografia ou, ainda mais genericamente, entre ciência e literatura. Tanto a literatura como a ciência transformam os factos empíricos em artefactos. A construção literária de artefactos difere claramente da construção científica, e a diferença tem sido muito acentuada pela ciência moderna. Há, contudo, que não esquecer que

---

[1] Tratando da questão autobiográfica, Philippe Lejeune (1975, 1986) retoma o famoso enunciado de Arthur Rimbaud – "*Je est un autre*", afirmando *"Je crois qu'on peut s'engager à dire la vérité je crois à la transparence du langage, et en l'existence d'un sujet plein qui s'exprime à travers lui; je crois que mon nom garantit mon autonomie et ma singularité [...]; je crois que quand je dis "je" c'est moi qui parle: je crois au Saint-Esprit de la première personne.*"

[2] Santo Agostinho, 1991: 180. Sobre as relações entre autobiografia e auto-retrato, ver Beaujour, 1977: 44 e ss.

estudos de antropologia jurídica até então realizados. Socorri-me da sociologia e da teoria das classes para analisar esta instância de pluralismo jurídico, centrando-me nas relações entre um sistema jurídico subalterno, criado pelas classes populares para resistirem ou se adaptarem à dominação de classe (o direito de Pasárgada), e um sistema jurídico dominante criado pelas classes dominantes para assegurar a reprodução dos seus interesses.

Exceptuando os trabalhos de Gluckman (1955), Fallers (1969) e Bohannan (1968b), a antropologia e sociologia jurídicas tinham, até então, prestado pouca atenção às estruturas do raciocínio e da argumentação nos processos sócio-jurídicos. A análise da retórica jurídica fora deixada aos filósofos do direito que, caracteristicamente, haviam ignorado o contexto sociológico em que os discursos jurídicos operam. O estudo do direito de Pasárgada foi, assim, concebido como uma tentativa para desenvolver uma sociologia empírica da retórica jurídica. Utilizando ideias e conceitos desenvolvidos pela filosofia europeia do direito, identifiquei algumas estruturas básicas do raciocínio e da argumentação jurídicos e correlacionei-os com outras características da estrutura social e jurídica. Na primeira parte deste capítulo, desenvolvo um quadro conceptual e teórico adequado para deslindar a estrutura do raciocínio e da argumentação jurídicos em Pasárgada. Na segunda parte deste capítulo, analiso em profundidade a retórica jurídica subjacente à prevenção e à resolução de litígios pela Associação de Moradores.

Quadro conceptual e teórico. Conflitos, justiciabilidade, processamento de litígios e retórica

De acordo com a concepção de direito avançada no capítulo anterior, os procedimentos regularizados e os padrões normativos, têm de ser "considerados justiciáveis por um determinado grupo ou comunidade". A justiciabilidade é definida por H. Kantorowicz, como a característica daquelas normas "que são consideradas ade-

essa diferença se baseia numa semelhança igualmente crucial, ou seja, no facto de tanto a literatura como a ciência possuirem estruturas construtivas próprias para darem conta do mundo. Num período de transição paradigmática, faz todo o sentido acentuar (e clarificar) a semelhança em lugar da diferença. Após séculos de ofuscação, isso não é uma tarefa fácil. Talvez seja mais simples começarmos por estudar os casos de fronteira, como o da autobiografia, relativamente à literatura, e o da ciência social, relativamente à ciência.

O estatuto literário da autobiografia tem sido muito discutido devido à relativa predominância de elementos não ficcionais (empíricos) nela (Renza, 1977: 1). Por outro lado, na tradição positivista, o estatuto científico da ciência social também tem sido discutido devido à relativa predominância nela de elementos ficcionais (pessoais, políticos, axiológicos). Esta simetria posicional não clarifica, por si só, a semelhança estrutural, mas mostra como os "tipos ideais" de literatura e de ciência, tal como foram desenvolvidos, respectivamente, pela teoria literária e pela epistemologia, deixaram de fora entidades mistas onde se fundem elementos literários e científicos. É possível que uma dessas entidades mistas seja precisamente o ensaio autobiográfico sobre a história científica pessoal. Aí, na fronteira da fronteira, a amálgama de elementos pode atingir uma complexidade tal que acaba por constituir um tertium genus entre ciência e literatura.

quadas para serem aplicadas por um orgão judicial num processo determinado" (1958: 79). Por "orgão judicial" Kantorowicz entende "uma determinada autoridade ligada a um determinado tipo de casuística, isto é, a aplicacão dos princípios a casos particulares de conflito entre partes" (1958: 69). Como se vê, Kantorowicz utiliza o conceito de orgão judicial num sentido muito lato ou, segundo as suas próprias palavras, "num sentido muito modesto e não técnico" (1958: 80) dado que inclui juízes profissionalizados, jurados, chefes tribais, chefes de clã, régulos, feiticeiros, sacerdotes, sábios, curandeiros, conselhos de anciãos, conselhos de família, de linhagem ou de clã, sociedades militares, parlamentos, areópagos, juízes desportivos, árbitros de conflitos, tribunais eclesiásticos, *censores*, tribunais do amor, tribunais de honra, *Bierrichter* e até chefes de milícias, de gangs ou de mafias. É precisamente esta amplitude e flexibilidade que torna o conceito útil para os meus objectivos analíticos. Justiciabilidade[5] significa que os padrões normativos a que faço referência são aplicados por uma terceira parte – na acepção corrente da literatura jurídico-antropológica – num contexto de conflito entre indivíduos ou grupos sociais.

Segundo Gulliver, "um litígio surge de um desacordo entre pessoas (indivíduos ou subgrupos), no qual os alegados direitos de uma das partes estão presumidamente a ser violados ou negados pela outra parte. Esta pode negar a violação, ou justificá-la por referência a um direito alternativo ou precedente, ou pode ainda admitir a acusação. Mas não vai ao encontro da reclamação. A vítima pode, por qualquer razão, concordar, e, nesse caso, nenhum litígio ocorre. Se não concordar, então procurará rectificar a situação através de precedimentos regularizados e numa arena pública" (1969b: 14).

---

[5] Abel (1973: 247) emprega o termo "interventor" porque, sendo embora "um neologismo feio, está isento das conotações que o ligam a alternativas como juiz, mediador ou resolutor de litígios". "Terceira parte" é, no mínimo, igualmente feio.

Independentemente deste Capítulo o vir ou não a conseguir, gostaria de acentuar a importância de se desenvolver um método autobiográfico nas ciências sociais como um meio para testar novas respostas para questões comuns à ciência e à literatura: por exemplo, a relação entre verdade e intenção, entre memória e invenção e entre descrição e imaginação; a questão da estrutura temporal; e, finalmente, a questão do autor. Além disso, o desenvolvimento dessa linha autobiográfica poderia conduzir à emergência de novos estilos de escrita, formas sincréticas/sintéticas de expressão científica e literária. No que se segue, irei suscitar alguns tópicos para discussão baseados na "autobiografia" do presente capítulo.

Escrevi este capítulo algures entre a memória e a invenção, e, no entanto, tive sempre a noção de que esses dois extremos são, ao mesmo tempo, um só lugar do qual temos que nos exilar para sermos capazes de escrever. Na verdade, nem a memória, nem a invenção fornecem um abrigo seguro para uma aventura de escrita deste tipo. A memória está cheia de buracos escuros que as asas da imaginação sobrevoam. Kafka tinha uma aguda consciência disso disso quando escreveu no seu Diário (de 1910-1913):

> *Numa autobiografia não é possível evitar escrever "muitas vezes" quando em verdade se deveria escrever "uma vez", porque se tem sempre consciência de que a expressão "uma vez" faz explodir a escuridão em que a memória se baseia e, embora não seja completamente*

O direito pode ser mobilizado, no contexto litigioso, de três formas básicas: através da criação de litígios, da prevenção de litígios e da resolução de litígios. Estas formas estão estruturalmente relacionadas entre si, e, consequentemente, a plena compreensão de qualquer uma requer a análise das outras. Por exemplo, se observarmos a díade, criação de litígios/resolução de litígios, usando, como unidade de análise, uma situação conflitual concreta (um "caso"), somos levados a conceber a criação do litígio como sendo, lógica e cronologicamente, anterior à sua resolução. Mas se, em vez de analisarmos casos isolados de litígio, examinarmos o fluxo constante de comportamentos litigiosos numa dada sociedade, desaparece a relação lógica e cronológica que acabámos de mencionar. As premissas básicas na base das quais os litígios são criados, enquadrados ou prevenidos, estão estruturalmente relacionadas com a resolução de litígios, quer porque antecipam e aceitam as estruturas, os processos e as normas de resolução estabelecidos, ou quer porque os recusam. A criação, a resolução e a prevenção de litígios assemelham-se aos seixos de um ribeiro rápido que rolam das montanhas no princípio do Verão: mantêm-se unidos sob a corrente, mas alteram constantemente as suas posições relativas.[6] Assim, o facto de a resolução de litígios, numa determinada

---

[6] Uma afirmação semelhante é feita por Epstein (1967b: 205), van Velsen (1967: 129) e Gluckman (1955: XI), na sua discussão do método de estudo de casos ou, como van Velsen prefere chamar-lhe, da análise situacional. Porém, enquanto estes autores pretendem acentuar a existência de normas contraditórias que, ao imporem uma escolha normativa às partes, se transformam numa fonte de litígio cujo significado social só pode ser captado por meio duma cuidadosa análise diacrónica, eu estou, sobretudo, interessado no facto de uma determinada norma, ou conjunto de normas não contraditórias, poder vir a ser, com o tempo, uma fonte de conflito no âmbito de relações sociais específicas determinando, simultaneamente, a criação e a resolução de litígios. O nosso ponto de concordância é uma preocupação comum com os processos sociais, com a dimensão dinâmica da estrutura social ou, como Gluckman escreve, "[com] um processo, contínuo de relações sociais entre determinadas pessoas e grupos num sistema social ou numa cultura" (1955: XV).

poupada pela expressão "muitas vezes", é pelo menos preservada de acordo com o escritor, que é levado por zonas que talvez nunca existiram na sua vida, mas que lhe servem como substituto daquelas que a sua memória já não pode adivinhar (s/d: 146-147).

Por outro lado, a auto-invenção, quando autêntica, nunca é arbitrária: é a memória da memória, a reconstrução de uma memória diluída. Como Santo Agostinho escreveu: "Digo 'memória' e sei o que quero dizer com isso. Mas onde é que posso sabê-lo senão na minha própria memória? A memória está, decerto, presente a si mesma através de si mesma, e não através da sua própria imagem" (1991: 192). Segundo Renza,

> *"[...] um determinado texto autobiográfico manifesta, normalmente, os esforços espontâneos, 'irónicos' ou experimentais, do escritor para situar o seu passado dentro do âmbito intencional deste projecto narrativo. O autobiógrafo não pode senão sentir a sua omissão de factos de uma vida cuja totalidade ou complexidade constantemente lhe escapa, e isto mais ainda quando o discurso o pressiona no sentido de ordenar esses factos. Directa ou indirectamente contaminado pela presciência da incompletude, ele cede a sua vida a um 'projecto' narrativo que está em tensão com os seus próprios postulados, sendo o resultado um texto autobiográfico cujas referências surgem aos leitores*

sociedade, ser dominada pela adjudicação ("perder ou ganhar") e, noutra, ser dominada pela mediação ("ceder um pouco, obter um pouco"), não ficará totalmente explicado enquanto não analisarmos as diferentes estruturas e processos de criação e de prevenção de litígios nessas sociedades.[7]

A prevenção de litígios ocupa uma posição estrutural peculiar, a meio caminho entre a ausência de litígio e a sua criação. Esta posição é duplamente ambígua, não só porque a prevenção do litígio parece implicar, por definição, a ausência de litígio, mas também porque, sempre que nos afastamos da situação de prevenção, nos encontramos já num campo da criação de litígio. No entanto, a verdade é que é tão absurdo falar-se de prevenção de litígios depois de o litígio ter sido criado como o é antes de estarem presentes as condições mínimas para a sua criação. Um litígio pode ser evitado quando as condições para a sua criação estão presentes numa forma embrionária, latente ou potencial. Sob outra perspectiva, um litígio pode ser evitado quando, através de uma espécie de curto-circuito, é resolvido antes de se ter realmente consumado. Por exemplo, este tipo de prevenção de conflitos é o que as pessoas fazem quando

---

Por outro lado, o meu interesse pelo papel do direito na criação de litígios parece colidir com a opinião, comum entre sociólogos do conflito social, de que o direito é criado e alterado pelos conflitos. Reportando-se, simultaneamente, a Simmel (1955) e a Weber (1954), Coser conclui: "Não é preciso documentar em pormenor o facto de a promulgação de novas leis ocorrer geralmente em áreas onde o conflito indica a necessidade de criação de novas normas [...] Pode considerar-se que os conflitos são "produtivos" de duas maneiras relacionadas: 1) levam à alteração e à criação de leis; 2) a aplicação de novas normas conduz ao incremento de novas estruturas institucionais destinadas a garantir o cumprimento dessas novas normas e leis" (1956: 126). No fundo, as duas perspectivas são complementares: o direito é, ao mesmo tempo, um produto e um produtor de conflito social.

[7] Richard Abel defende que, em qualquer sociedade, podemos encontrar diferentes estilos ou tipos de resolução de litígios, ou "resultados", como lhes prefere chamar, e que as relações entre eles e o contexto e estruturas dos litígios se podem determinar a partir de um vasto conjunto de variáveis (1973: 228).

numa moldura estética, isto é, em termos da disposição 'ensaística'
própria da narrativa, e não nos termos da sua verdade ou falsidade
não-textuais" (1977: 3).

Eu diria que esta problemática é também comum à ciência e, em particu-
lar, à ciência social. Com efeito, a "presciência da incompletude", a "sensação
de omitir factos", é a matriz-fantasma original da investigação científica.
Essa presciência, embora suprimida ou racionalizada durante muito tempo,
tem sido a principal força por detrás da luta contra a concepção positivista da
ciência. A verdade científica é sempre uma verdade convencional. O primado
da teoria, na ciência, é o reverso estrutural da presciência da incompletude.
A teoria é necessária para compensar os sempre ausentes factos decisivos.

Em todo o caso, o que interessa ressaltar é que, tal como o texto auto-
biográfico, o texto científico é constituído por um conjunto de referências
que são apresentadas numa moldura específica (uma moldura científica),
isto é, em termos da disposição "ensaística" própria da narrativa científica,
e não nos termos de uma verdade ou falsidade não-textuais. Nestes ter-
mos, é admissível encarar toda a ciência como "science fiction", ou melhor,
como "reality fiction". Uma exploração adicional deste tópico conduziria,
provavelmente, à conclusão de que a moldura específica do texto científico
não é monolítica. Pelo contrário, a relação entre o acto de significação
(o próprio texto) e o objecto de significação (memória, realidade) vária no

decidem entrar numa relação contratual potencialmente conflitual e cooperam no sentido de tornar as cláusulas do contrato o
mais explícitas e inequívocas possível. A importância deste facto
tornar-se-á clara quando analisarmos, na parte empírica deste capítulo, os mecanismos de retroacção entre as funções de resolução de
litígios e as de prevenção de litígios, exercidas pela terceira parte.
As normas que regem o comportamento de cooperação entre as
partes numa determinada relação (o contexto da prevenção de
litígios) relacionam-se, de formas significativas, ainda que nem
sempre óbvias, com as normas que regem a resolução dos litígios
que possam surgir entre as partes.

A hipótese geral de trabalho desta investigação é que o discurso
argumentativo (retórica) é a principal componente estrutural
do direito de Pasárgada e que, por isso, domina os processos e os
mecanismos de prevenção e resolução de litígios existentes em
Pasárgada. A teoria da argumentação desenvolvida por Perelman
é usada aqui para analisar o discurso tópico-retórico do direito de
Pasárgada. Passo a referir os conceitos e as questões da análise retórica mais pertinentes para a análise empírica realizada na segunda
parte deste capítulo. No que respeita às ilustrações, basear-me-ei
essencialmente nos trabalhos de antropologia jurídica disponíveis
na altura em que o trabalho empírico foi efectuado e que, em minha
opinião, continuam a ser sugestivos.

Topoi *e proto-políticas judiciais*

Os *topoi* são um conceito central na teoria da argumentação jurídica. É importante distinguir entre *topoi* e proto-políticas judiciais.
Como referi no capítulo anterior, os *topoi* são as premissas de
argumentação, pontos de vista ou opiniões comummente aceites
que tornam possível a argumentação por não serem, eles próprios
objectos de argumentação. As proto-políticas judiciais não são
parte integral do discurso argumentativo, embora o condicionem.
As proto-políticas judiciais são princípios organizativos, princípios

interior dessa moldura. Os momentos de tensão entre ambos não se distribuem uniformemente ao longo da narrativa científica. Do mesmo modo, a distância entre o "ficcional" e o "factual" pode variar muito num mesmo texto.

Por mais de uma razão, a presciência da incompletude não esgota a questão do valor factual/ficcional do texto autobiográfico ou científico. Em primeiro lugar, falar de omissão de factos é, talvez, inadequado, dado que isso pressupõe a possibilidade de uma cobertura total do passado do autor ou da realidade que ele estuda. Na verdade, a questão não é saber quantos factos são omitidos, mas sim até que ponto o meu passado ou a realidade social me são acessíveis. Em segundo lugar, o texto, enquanto meio ou moldura específica, condiciona as formas pelas quais se pode responder a esta questão. Visto que o meio simultaneamente une e separa, e que a moldura simultaneamente liga e desliga, fico entregue à possível discrepância entre aquilo que o meu texto científico divulga do meu passado (ou da realidade social que estudo) e aquilo que esse passado (e essa realidade social) significa para mim. Em terceiro lugar, a questão de saber até que ponto um determinado texto é verdadeiro ou factual deve ser sempre complementada por uma outra questão: comparado com quê? Rousseau levanta esta questão quando escreve nas Confissões: "Posso omitir ou inverter factos e errar datas, mas não é possível enganar-me quanto àquilo que senti ou quanto àquilo que os meus sentimentos me levaram a fazer; e estes são os temas principais da minha história" (1967, I: 226).

de actuação ou normas práticas, que estão na base das decisões estratégicas sobre o modo de proceder. Essas políticas decorrem dos interesses, das necessidades, das limitações e do poder relativo do próprio mecanismo de processamento do litígio, tal como são entendidos pelos grupos sociais que o usam ou controlam ou pela própria terceira parte encarregada de resolver o litígio.

Questões explícitas e implícitas: o objecto do litígio como resultado de um processo de negociação

Fixar o objecto de um litígio é delimitá-lo, e é exactamente isso que o processo jurídico faz, ao definir sobre o que se vai decidir. Essa selecção é determinada pelas necessidades e objectivos do processo jurídico. A avaliação das questões seleccionadas é acompanhada por uma avaliação, implícita e paralela, das questões excluídas.

Existe uma relação dialéctica entre a totalidade e as partes seleccionadas, tal como existe entre as questões relevantes e as irrelevantes. Ela é bem patente no modo como operam os *topoi* e, particularmente, na interacção destes com as normas jurídicas. A delimitação das questões é o resultado da exclusão gradual de alternativas e não o contrário. Por outro lado, a deslocação do amplo para o restrito não é irreversível. Durante o processamento dos litígios, as mudanças de direcção são frequentes. Na explicação desta dialéctica reside a chave para uma compreensão profunda da retórica jurídica.

Essa explicação pode ser proveitosamente tentada através da análise das interacções argumentativas entre os participantes no processamento do litígio, e entre eles e o auditório relevante. Em qualquer momento do processamento, a selecção das questões processadas é o produto das necessidades e objectivos do mecanismo de processamento e das formas como os participantes e os auditórios relevantes se acomodam ou reagem a essas necessidades. A contribuição das partes não se limita a apresentar o litígio a uma terceira parte e a dar, assim, início ao processo. Ao longo do litígio,

*A estrutura temporal de um relato como este está intimamente relacio-
nada com a questão do autor. A dialéctica temporal específica da autobiografia reside no facto de o autor, embora escrevendo sobre o passado, procurar
elucidar o seu presente, e não o seu passado. Ao fazê-lo, porém, cria uma
distância em relação ao presente e, no fundo, escreve em nome do futuro.
Assim, o texto, ainda que muito consciente do tempo, torna-se relativamente atemporal. No meu caso, essa atemporalidade revela-se, apesar das
aparências em contrário, no facto de eu ansiar por um futuro que é suposto
vir a ocorrer, dentro em breve, no interior do "mundo científico", e, de tal
modo, que este relato contém uma mensagem, sobre a investigação em ciência
social que aspira a ser lida fora do contexto pessoal e temporal em que foi
escrita. Em suma, neste texto há uma pedagogia oculta ou até uma espécie
de proselitismo subterrâneo.*

*Aqui, já se levanta a questão do autor. O eu que efectuou a investigação
sociológica narrada neste capítulo será o mesmo que escreveu esta narrativa? E o eu do texto que está ao lado será o mesmo desta indução onde se
tenta a autobiografia desse texto (a autobiografia para a autobiografia)?
Roland Barthes escreveu: "Quando um narrador [de um texto escrito]
relata o que lhe aconteceu, o eu que relata já não é o mesmo que é relatado"
(1975: 140).[3] As descontinuidades do autor não são exclusivas do texto*

---

[3] Sobre este assunto veja-se Barthes, 1975: 140. Ver, também, Buck, 1980.

cada uma das partes tenta, através das alegações e das petições, dos gestos e das atitudes, das palavras e dos silêncios, demarcar as questões, introduzir factos, dirigir a análise e manifestar as opiniões que melhor sirvam os seus objectivos.

A neutralidade da terceira parte é um *topos* retórico, mais útil em determinados momentos e situações do que noutros. Os interesses das partes nunca são os únicos em jogo. Há, para além deles, os interesses da terceira parte, os interesses inerentes ao papel que desempenha e os interesses dos auditórios de quem ela espera recompensa. A terceira parte organiza a sua própria estratégia à luz de uma avaliação complexa desses interesses. Neste contexto, será, talvez, útil distinguir duas situações em que interesses diferentes dominam a estratégia da terceira parte. Por um lado, a terceira parte pode querer satisfazer um auditório externo. Se ela for também parte desse auditório, pode tornar-se seu representante no processamento do litígio, especialmente quando os interesses do auditório são particularmente prementes. Exemplo do que acabo de afirmar é a descrição feita por Max Gluckman do papel do *kuta* entre os lozi:

> O kuta *pode estar perante um tipo diferente de caso que o obrigue a ampliar o âmbito do seu inquérito.* O kuta *não é apenas um tribunal judicial, mas é também um conselho que vela pelo interesse público na região, nas escolas, nos preços, etc., etc. Um litígio pode levantar um problema de política pública:* o kuta *pronuncia-se, então, como um órgão legislativo e administrativo, e inquire sobre todas as questões, embora, enquanto tribunal, devesse apenas punir as violações da lei* (1955: 69).

Nestes casos, a estratégia do tribunal produz mudanças de direcção no processamento do litígio que levam a uma ampliação do objecto de inquérito para além das questões originalmente levantadas pelas partes. Para o *kuta,* enquanto membro de um auditório externo, o litígio tem implicações sociais com que as partes se não preocupam ou que, de facto, preferem evitar. Nestes casos,

autobiográfico. Também ocorrem no interior do processo científico. O tempo pessoal do cientista não é uma sequência homogénea; é antes intrinsecamente irregular e incoerente, e isso reflecte-se no seu desenvolvimento científico. Assim, a formação científica é descontínua tanto no momento em que ocorre, como no momento em que é recordada. É por isso que qualquer texto escrito constitui sempre uma ponte entre (pelo menos) dois tempos.

De forma ainda mais precisa, é uma ponte entre diferentes percepções, cuja relação entre si chamamos identidade. No Tratado sobre a Natureza Humana, Livro I, David Hume questiona a noção de identidade, observando que se trata apenas de uma série de relações "gramaticais" entre várias percepções:

> *Quando penetro mais intimamente naquilo a que chamo eu próprio, tropeço sempre numa ou noutra percepção particular [...] Nunca me apreendo a mim próprio, seja em que momento for, sem uma percepção, e nunca consigo observar coisa alguma a não ser a percepção [...] De onde nos vem, então, uma tão grande propensão para atribuir uma identidade a essas sucessivas percepções, e para admitir que possuímos um existência invariável e ininterrupta durante todo o decurso das nossas vidas? (1888: 252--253).*

o *kuta* é bem-sucedido apenas porque tem poder suficiente para prevalecer sobre os interesses das partes.

Noutros casos, o juiz ou terceira parte, pode ser movida por interesses que são predominantemente intrínsecos ao litígio. Também aqui convém distinguir duas situações. Na primeira, o juiz pode chegar à conclusão de que não lhe é possível assegurar o resultado que pretende se insistir nas questões apresentadas pelas partes. Neste caso, ele próprio pode levantar questões novas, adiantar factos e interpretações, ou induzir as partes a fazê-lo. Na segunda situação, a estratégia do juiz é governada pelos seus interesses enquanto resolutor do litígio, ou pelo que ele entende serem as necessidades, as limitações e as potencialidades do próprio contexto de processamento do litígio: aqui as proto-políticas judiciais são dominantes. Estas são de tipo defensivo quando o resolutor do conflito é dominado pelo receio de que o processo tome rumos ou levante questões que ele não possa controlar nem resolver ou que sejam demasiado ameaçadoras para a sobrevivência ou identidade do papel que desempenha ou para o contexto institucional em que opera. As proto-políticas judiciais são do tipo ofensivo quando o resolutor do litígio assume um papel activo na escolha das questões e direcções que julga serem mais adequadas ao seu papel e ao contexto do processamento do litígio, ou mais susceptíveis de o recompensarem pessoal ou institucionalmente. A capacidade da terceira parte para prosseguir com êxito qualquer destas estratégias varia consoante o seu poder relativamente ao das partes.

Podemos concluir que o objecto do litígio resulta de um complexo processo de negociação entre as partes, a terceira parte e o auditório relevante. Isto parece ser verdade independentemente do tipo de relações subjacentes ao litígio ou das características estruturais do contexto ou instituição de processamento do litígio, muito embora o alcance com que opera o processo de negociação possa variar muito conforme as circunstâncias. Esta perpectiva pode ajudar a clarificar algumas das dimensões mais complexas do

No caso presente, o narrador não sou eu enquanto eu próprio, mas antes eu como um Toda-a-Gente sub-rogante da ciência social (lembramo-nos aqui de Walt Whitman e Fernando Pessoa, definidores, por excelência, das auto-identidades). É aqui que reside a já referida pedagogia. Escrevo para um "auditório interno" (para o meu "leitor implícito", como se diria em teoria da literatura), um auditório de cientistas sociais que passaram, ou que irão passar, por experiências muito semelhantes às que aqui descrevo. O objectivo é atacar os tigres de papel estabelecidos que são a fonte de muito sofrimento e degradação pessoal, fornecer um sentido racional para a ruptura com as regras estabelecidas e para os limites incontornáveis dessa ruptura, de forma a que ninguém de boa fé, ao ler este relato, possa gritar como Austria no Rei João de Shakespeare (III, 1)[1990]: "Rebelião! Mera rebelião!".

A pedagogia aqui adoptada implica uma escolha entre dois modelos autobiográficos e, consequentemente, entre dois tipos de autor. Por um lado, o reconhecimento total das descontinuidades do autor, investindo o texto com a franqueza brutal e até com o escândalo – é o modelo das Confissões de Rousseau (1967, I: 117-375) ou dos Ensaios de Montaigne (1958). Por outro lado, o controlo total do eu actual (o eu que escreve) sobre toda a sua genealogia, bem como sobre a narrativa global, desembocando assim num texto auto-censurado, um texto quase "relações públicas" – é o modelo seguido por Henry Adams em A Educação de Henry Adams (1961).

processamento de litígios. Menciono duas a título de exemplo: a amplitude ou a restrição do litígio e a discrepância ou coincidência entre o objecto do litígio, tal como é apresentado pelas partes, e o litígio *real* entre elas.

A amplitude ou restrição do litígio

A identificação dos critérios utilizados para medir a amplitude ou a restrição de um dado litígio não é tarefa fácil. Gluckman foi o primeiro a tratar esta questão sistematicamente. Sugeriu que quando as partes em litígio estavam envolvidas num relacionamento multiplexo (*multiplex*), o *kuta* tendia a alargar o inquérito de modo a reconciliar as partes e a preservar o relacionamento. Pelo contrário, quando o conflito era entre estranhos, o *kuta* tendia a concentrar-se em questões restritas, sem fazer uma tentativa séria para reconciliar as partes (1955: 67-78).

Embora esta ideia seja facilmente traduzível numa hipótese testável, há um risco substancial de a reduzir à insignificância ou à tautologia. De facto, a diferença na amplitude do inquérito nas duas situações pode explicar-se, não pela importância do relacionamento e, portanto, da reconciliação, mas antes pelo simples facto de os litígios que envolvem um relacionamento multiplexo suscitarem, quase por definição, maior número de questões. Se assim for, não é possível estabelecer uma correlação porque as variáveis não são distintas. Para se aferir a amplitude do inquérito, o número de questões tratadas no processamento do litígio deve ser comparado com a totalidade das questões que emergem do relacionamento entre as partes. Quando a totalidade das questões é tomada em consideração, podem formular-se duas hipóteses. A primeira, a que já se fez alusão, é que o âmbito do litígio processado é determinado pela força relativa das partes, da terceira parte e dos auditórios. A segunda é que o âmbito do litígio tende a restringir-se à medida que o seu processamento se torna mais formalizado.

Como se tornará evidente ao longo do texto, segui o modelo de Rousseau e de Montaigne. Alguns leitores acharão este texto, por vezes, imoral, de uma imoralidade semelhante à de Rousseau quando fala das suas masturbações ou de Montaigne quando se refere às flatulências. E, contudo, seria insensato deduzir daqui que fui "incondicionalmente livre" enquanto escrevia este texto. Santa Teresa afirma várias vezes na sua Vida que a autoridade da Igreja suprimiu a livre expressão da sua vida privada (e perversa) (1982: 25-191). Tal como na época de Santa Teresa, há, hoje em dia, muitas autoridades e muitas igrejas que pairam sobre nós (e que se instalam em nós). Se, pelo menos, tivermos consciência disso, podemos estar certos de trilhar o bom caminho, o caminho de Kierkegaard quando escreve nos Diários (1834-42): "A maioria dos homens é subjectiva em relação a si própria e objectiva em relação aos outros, às vezes terrivelmente objectiva – mas a verdadeira tarefa é ser objectivo em relação a si próprio e subjectivo em relação aos outros" (1946: 323).

Sobre a ascenção e a queda da metáfora
Sou casado com uma senhora idosa em cuja loja trabalho desde 1970 (pelo menos). Este é um relato de trabalho. Na loja, conheci uma rapariga bonita por quem estou apaixonado. Este é um relato de amor. Vivo com essa rapariga em Politeia, nos arredores de Cienciapolis, e vou e venho todos os dias. Este é um relato sobre o tráfego. Escrevo no

Esta formulação das hipóteses exige três precisões. A primeira precisão diz respeito ao problema das falsas comparações. Fallers compara os Soga do Uganda (1969) com os Lozi da Zâmbia (Gluckman, 1955), os Tiv da Nigéria (Bohannan, 1968b) e os Arusha da Tanzânia (Gulliver, 1963) e conclui que: "parece haver uma correlação muito clara entre a diferenciação do tribunal, em termos de autoridade, e o legalismo dos processos, no sentido de uma diferenciação entre direito e moral popular" (1969: 329). Segundo ele, a restrição das questões a serem julgadas é uma manifestação desse legalismo e ilustra esta asserção por meio da comparação entre um litígio processado no tribunal de uma sociedade "simples" e um litígio processado no tribunal de uma sociedade "complexa". A conclusão de Fallers é que, na primeira situação, os juízes permitem uma definição muito ampla da causa da acção e as partes são livres de ventilar as suas queixas, enquanto na segunda situação, os juízes insistem num objecto de inquirição mais restrito e impõem critérios de relevância mais rígidos, de tal modo que são excluídas questões consideradas importantes pelas partes ou pelo auditório relevante. Contudo, esta comparação pode ser falsa e a sua falsidade reside na unidade de análise. Se, em vez de observarmos um caso individual, observarmos o fluxo constante de casos em ambos os tribunais, pode-se verificar que, enquanto um tribunal numa sociedade "simples" levanta e responde a um grande número de questões num só processo, um tribunal numa sociedade "complexa" divide essas questões por vários processos e distribui-as por vários juízes ou tribunais. Esta aparente restrição das questões no tribunal da sociedade "complexa" é, pois, o resultado do método de análise utilizado.[8] O legalismo tem menos a ver com a restrição

---

[8] Aliás, o conceito de "caso" é culturalmente situado. Pressupõe a ideia de uma saliência no fluxo incessante das interacções cuja definição é muito sensível ao contexto social e cultural.

caminho. Nunca sei exactamente onde. Este é um relato sobre o lugar da escrita.

A crítica do método não pode ser feita sem uma crítica do estilo. Nem o estilo é apenas o hábito, nem o método é apenas o monge. Ambos são as duas coisas. Contudo, a crítica do método científico não tem sido igualada por uma crítica do estilo científico, quer quanto ao discurso, quer quanto ao comportamento e atitudes. Isto deve-se, provavelmente, ao facto de que a crítica da ciência tem sido feita, sobretudo, por cientistas que escrevem em revistas científicas, normalmente mais indulgentes com violações do método do que com violações do estilo.

Em termos gerais, desde o século XVII que o discurso erudito, na Europa, tem vindo a travar uma guerra santa contra o discurso poético e contra o seu dispositivo mais importante, a metáfora. Daí que pouca gente, hoje em dia, cultive metáforas nos seus jardins. A uns faltam as sementes, a outros os utensílios; a maior parte não tem sequer jardins. Para eles, irei traduzir o primeiro parágrafo desta secção: o lugar da escrita é o lugar da epistemologia; o trabalho é o trabalho científico, ou melhor, o trabalho do cientista quando faz ciência; o amor é o amor pela acção política; o tráfego é a linha que liga (e desliga) a ciência e a política.

Todos estes tópicos serão abordados neste capítulo a propósito da análise da minha investigação sobre os padrões de resolução de litígios e de plura-

das questões abordáveis num dado caso do que com a distribuição das questões por diferentes casos.

A segunda precisão relaciona-se com o facto de a amplitude da inquirição ser normalmente discutida em termos das questões tratadas e não do modo como são tratadas. Ora este último é uma dimensão igualmente importante. Pode ser analisado sob três perspectivas: *direcção, interpretação e apresentação.*

A *direcção* tem a ver com a orientação axiológica global à luz da qual as questões litigadas vão ser resolvidas. Sem determinar a direcção, é impossível determinar o conteúdo do conflito. O sentido de direcção é observado, com acuidade, por Gluckman, quando este afirma que o contra-interrogatório feito pelos juízes "rapidamente indica as linhas segundo as quais estão a avaliar os méritos da causa" (1955: 270). Isto não significa que os juízes cheguem a uma conclusão definitiva sobre o caso logo no início do processo, mas apenas que fica cedo estabelecida a gama de soluções possíveis. Quando as partes e o juiz concordam com a direcção a seguir, normalmente chegam também a acordo sobre quais as questões e os factos relevantes. Pelo contrário, sempre que há discordância a respeito da direcção, a relevância depende essencialmente da posição relativa dos participantes na negociação. Consequentemente, as partes poderão ser impedidas de levantar certas questões, ou poderão levantá-las mas o juiz ignora-as na sua decisão, ou, ainda, poderão forçar o juiz a considerar tais questões nesse ou noutro processo (o de um recurso).

A *interpretação* refere-se à avaliação de factos e questões específicos à medida que vão sendo seleccionados de acordo com a direcção global do processamento do litígio. A interpretação é muito mais importante do que a simples apresentação, pois um facto ou uma questão apresentada por uma das partes pode tornar-se propriedade (e arma) da parte contrária. É através da interpretação que certas questões são clarificadas com o propósito de obscurecer outras. De facto, para se obter um determinado resultado pode

lismo jurídico numa favela do Rio de Janeiro, em Pasárgada. O trabalho de campo foi efectuado entre Julho e Outubro de 1970, e Jacarezinho é o nome real da favela onde trabalhei.

Sobre o lugar da escrita

O subtítulo desta secção devia ser: a luta contra o positivismo arqueológico. Escrever um artigo científico sobre o que realmente se fez quando se fazia investigação científica, levanta questões epistemológicas complexas, como o demonstram o número e a importância das hipóteses subjacentes a essa tarefa. Em primeiro lugar, pressupõe a existência de um hiato entre o que uma pessoa realmente fez e aquilo que deveria ter feito se tivesse respeitado as regras estabelecidas do trabalho científico. Em segundo lugar, admite que a realidade social cria obstáculos ao funcionamento pacífico dos padrões científicos. Por outras palavras, se há hiatos, a culpa não é da ciência, é da realidade. Em terceiro lugar, sugere que esses obstáculos podem ser eliminados ou contornados, como a escrita retrospectiva por si só o demonstra. Em quarto lugar, apresenta o escritor, já não em estado de graça, mas como um sociólogo mais ou menos amadurecido, livre do proselitismo fanático e do desviacionismo radical. Trata-se, pois, de um cientista social que atingiu a idade positiva na escala de evolução de Comte. Finalmente, pressupõe a continuação de um casamento difícil, mas compensador, com a ciência social tal como a conhecemos.

ser necessário clarificar uma questão, não porque essa clarificação seja importante, mas porque ela vai ofuscar outra questão que, em caso contrário, favoreceria o resultado oposto.

A interpretação também determina a profundidade com que um dado facto ou questão é discutido. O processamento do litígio pode ser paralisado, acelerado ou redireccionado através de manipulações do grau de profundidade da discussão. Mais uma vez, a orientação e o sucesso dessas manipulações depende, sobretudo, da correlação de forças entre os participantes. Esta dimensão da profundidade vem complicar ainda mais a questão da amplitude da inquirição. Quando um número restrito de factos e questões são discutidos em profundidade, a inquirição é mais ou menos ampla do que quando um número vasto de factos e questões são discutidos superficialmente? Para responder a esta questão é necessário distinguir entre duas dimensões da amplitude: a amplitude vertical (profundidade) e a amplitude horizontal (espectro).

A *apresentação* refere-se ao estilo do processamento do litígio e ao modo como ele afecta a forma pela qual os factos são aduzidos e as questões enquadradas. Apresentar uma questão num estilo inadequado ou estranho ao contexto institucional em que decorre o processamento do litígio pode significar a recusa a que a questão seja considerada, ou, no caso de sê-lo, uma resposta desfavorável. A forma como o estilo de apresentação constrange as partes é ilustrada por Fallers ao abordar o tema da natureza e utilização de conceitos jurídicos nos tribunais sogas: "só se o autor for capaz de descrever a sua queixa numa palavra ou frase que corresponda a uma falta reconhecida pelo tribunal é que este irá convocar o acusado e permitir que a acção prossiga" (1969: 107).

As partes têm de apresentar os seus casos não como um fenómeno isolado e único, mas sim como instâncias típicas de uma regra reconhecida. É esta mesma tipicidade que permite à terceira

Não é intenção deste capítulo especificar as diferentes questões suscita-das por todas estas hipóteses, e muito menos dar-lhes resposta. Pretendo apenas que os leitores tenham consciência dos cães de guarda epistemo-lógicos à entrada de Cienciapolis. Há, no entanto, três pontos a ter em conta.[4]

Em primeiro lugar, o âmbito das experiências relevantes na investigação de campo é determinado pela concepção de ciência do investigador, quer no momento em que investiga, quer no momento em que escreve o relato, sendo este último o mais determinante. Segundo, a apresentação dessas experiên-cias é determinada, quer pelas regras do discurso científico dominante, quer pelas regras do discurso público em geral (que determinam, por exemplo, se e como assuntos pessoais e semi-íntimos deverão ser apresentados). Terceiro, embora um relato deste tipo tenda a reflectir uma posição antipositivista, pode, num nível mais profundo, ocultar elementos de positivismo que correm sem qualquer controlo. Isso acontece ou porque o relato questiona a reali-

---

[4] O uso compulsivo de enumerações ao longo do texto (em primeiro lugar, em segundo lugar, em terceiro lugar) é, em si, um documento. Contar problemas, ideias ou argumentos é uma maneira hábil de domar o discurso, a realidade ou o leitor, e de criar ordem sobre o caos, de tal forma que este – ou seja, o caos enquanto momento de ignorância no conhecimento-regulação – é ficticiamente atribuído ao discurso, à realidade ou ao leitor antes de ser eliminado pelo seu único portador: o autor. Eis um exemplo do modo como o conhecimento-regulação pode ser contrabandeado num texto supostamente ilustrativo do conhecimento-emancipação.

parte delinear o horizonte de espectativas e torná-lo compreensível para os intervenientes. O papel dos representantes, dos apoiantes e dos advogados é, precisamente, o de enfatizar o carácter típico das queixas da parte que defendem, de forma a fazer pender o horizonte de expectativas a seu favor (Esser, 1970: 140). O estilo do processo jurídico condiciona igualmente a forma como isso pode ser feito.

A terceira precisão ao tratamento convencional da amplitude do litígio nasce da tendência para medir a amplitude em termos das questões explicitamente apresentadas. Contra isto, é necessário tomar em consideração as questões implícitas. Não há outra razão para descurar as questões implícitas a não ser a grande dificuldade em as detectar. Pelo facto de não serem perceptíveis através de um registo ou de uma observação passiva, têm de ser extraídas (e, de certo modo, inventadas) com base nas conexões lógicas do discurso e na dialéctica entre linguagem e silêncio, a que me referirei mais adiante. Aquilo que não é discutido, ou sequer mencionado, por ser evidente para os participantes, é crucial para uma compreensão da dinâmica interna do processamento do litígio.

O discurso implícito é o fluido de onde o discurso explícito emerge e ganha sentido. Os dois discursos interagem de duas formas. Nas fases iniciais do processo, quando a pré-compreensão do caso, os *topoi* e as avaliações colaboram para atingir uma aproximação gradual entre factos e normas, o discurso implícito exclui progressivamente as soluções implausíveis. À medida que o processo avança, e que os factos e as normas vão sendo clarificados, o discurso implícito é redireccionado para fazer com que as soluções escolhidas pareçam evidentes. A este respeito, será útil distinguir entre o carácter implícito dos conceitos e o carácter implícito dos factos, já que uns e outros podem contribuir para a evidência da solução. Apesar de tanto os factos como os conceitos poderem ser implícitos devido ao conhecimento partilhado e ao consenso nor-

dade social, mas não a ciência, ou porque, embora recusando a concepção positivista da distinção sujeito/objecto subjacente à norma científica, aceita essa concepção na análise do que realmente foi feito durante a violação da norma.

No que toca ao meu relato, só marginalmente ele versa sobre o que "realmente" fiz enquanto efectuava a investigação sociológica. Por um lado, fiz tantas coisas que eram tão importantes, quer para a minha vida pessoal, quer para a minha formação científica, que seria impossível recordar tudo e, ainda que fosse possível, a descrição de todas essas coisas pareceria, à maioria dos meus leitores, totalmente irrelevante, absurda, ridícula ou até inconveniente. Por outro lado, visto que é por meio da ciência que as coisas se tornam não científicas, se restringisse demasiado o âmbito das experiências relevantes, estaria a condenar-me por ter adoptado, na minha investigação, um conceito de ciência inadequado. Nesse caso, poderia ser criticado, não por me ter afastado dos padrões científicos, mas por não me ter afastado o suficiente.

Dado que qualquer passado tem o seu próprio presente, escrevo sobre acontecimentos de 1970 e posteriores a esse período que, considerados agora, foram da maior importância para a construção da minha concepção da ciência moderna e do direito moderno. A exposição que fiz na Indução deverá ter deixado claro que estou ciente dos dois riscos que esta plataforma analítica envolve. Em primeiro lugar, o risco de regressão infinita: dado que as con-

mativo, o carácter implícito dos conceitos pode também explicar-se pela ausência ou pelo escasso desenvolvimento da profissionalização dos intervenientes (advogados ou juizes). A distinção entre conceitos implícitos e factos implícitos permite-nos descobrir uma outra correlação: quanto maior a implicitação dos conceitos, maior a explicitação dos factos.

Entre a total implicitação e a total explicitação há uma série de processos comunicativos intermédios ou híbridos. Por exemplo, a terceira parte pode não expressar a sua hostilidade à apresentação de uma questão, mas pode transmitir sinais do seu desagrado. A parte que não consegue reconhecer a tempo esses sinais corre o risco de ver desvalorizada a sua argumentação.

Dois processos comunicativos intermédios merecem referência especial: os *signos* e os *indícios*. Ambos têm uma significação dupla: o significado factual e o significado sugerido. Mas, enquanto os signos são intencionalmente usados para sugerir um certo significado, os indícios evocam um significado independentemente da intenção (Perelman, 1969: 122 e ss.). Os signos têm uma textura fechada em dois sentidos: os significados que sugerem são específicos e provavelmente só compreensíveis para determinados interlocutores ou intérpretes. Os indícios, pelo contrário, têm uma textura aberta. Estamos perante um signo quando, por exemplo, o resolutor do litígio, não tendo formalmente poder para convocar alguém ao "tribunal", lhe manda um convite através do polícia de serviço à comunidade com a intenção de sugerir o significado de que se poderão esperar consequências adversas se o "convite" não for aceite. Temos também um signo quando, durante as sessões do julgamento, os representantes das partes fazem um gesto ou murmuram uma palavra que, por combinação prévia, significa que os seus constituintes os autorizam a prosseguir uma determinada via para a resolução. Estamos perante um indício, quando um gesto ou uma palavra é interpretado, sem combinação prévia por qualquer dos participantes, como evocativa de um determinado

dições (científicas, políticas e sociais) mudam, será sempre possível escrever um outro relato sobre o que efectivamente pensava quando escrevia o relato sobre o que efectivamente fiz durante a investigação empírica. Em segundo lugar, o risco do relativismo: partir do princípio de que todas as experiências no decurso da investigação empírica foram igualmente determinantes para a construção de uma alternativa científica (e política). Em grande medida é impossível ao leitor avaliar se e como tentei evitar tais riscos neste capítulo.

Sobre o tráfego 1

Licenciei-me em Direito, na Universidade de Coimbra, em 1963. De 1963 a 1964, realizei a minha pós-graduação na Universidade Livre de Berlim Ocidental, especializando-me em direito penal e na filosofia do direito. De 1965 a 1969, fui assistente na Faculdade de Direito de Coimbra, tendo, entretanto, regressado à Alemanha, então Ocidental, por um curto período, para estudar filosofia do direito e preparar um estudo comparativo em direito penal, no Max Plank Institut em Freiburg im Breisgau. Em 1969, fui para os EUA realizar um mestrado e um doutoramento na Faculdade de Direito da Universidade de Yale.Quando cheguei aos EUA, o meu propósito era escrever uma tese de doutoramento sobre os crimes cometidos pelos inimputáveis (a questão da insanity defense, no direito anglo-saxónico).

significado, mesmo que a parte que fez o gesto ou murmurou a palavra não tivesse querido comunicar esse significado. À medida que aumenta o fosso profissional, social ou cultural entre as partes e a terceira parte ou juiz, o uso de indícios tende a decrescer e o uso de signos a aumentar.

O litígio processado e o litígio real
O grau de discrepância ou de coincidência entre o litígio, tal como é processado, e o litígio real entre as partes está obviamente relacionado com a variável da amplitude analisada na secção anterior, mas deve ser analisado separadamente.

Sempre que existir uma discrepância entre o litígio processado e o litígio real, a argumentação tópico-retórica só poderá ser totalmente entendida se as razões ou objectivos dessa discrepância forem conhecidos. É provável que surjam numerosos litígios entre pessoas que mantenham relações multiplexas ou mesmo relações uniplexas que persistam ao longo do tempo. Muitos desses litígios não chegam ao conhecimento de uma terceira parte, ou porque as partes consideram que os podem resolver por si, ou porque a terceira parte não oferece solução, ou ainda porque a solução é demasiado dispendiosa ou disfuncional. Se uma ou as duas partes decidirem submeter o litígio a uma terceira parte, poderá não ser possível, com base no litígio processado, saber porque é que ele ocorreu. Essa explicação tem de ser encontrada na história global dos litígios entre as partes. Uma ou ambas as partes podem pretender que a terceira parte tenha em atenção todos os litígios anteriores, ou podem preferir restringir a intervenção da terceira parte às questões imediatas. A menos que todos os participantes concordem, a estratégia processual dependerá do poder relativo de negociação de cada um. É necessário determinar os factores sociais que explicam o aparecimento da discrepância entre o litígio real e o litígio processado e a permanência ou a supressão dessa discrepância no decorrer do processo. A meu ver, quanto maior

AS RELAÇÕES PESSOAIS COM O MUNDO A QUE CHAMAMOS IDENTIDADE   135

Quando saí de Portugal, era um jurista frustrado que recusava entrar na engrenagem lucrativa da prática do direito em que normalmente estavam empenhados os professores universitários – dando pareceres bem pagos sobre casos importantes, isto é, casos que envolviam grupos ou pessoas importantes (poderosos) – e que não encontrava satisfação intelectual na ciência jurídica estabelecida, ou seja, na dogmática jurídica. De facto, deixara, nessa altura, de considerar a dogmática jurídica como ciência em qualquer sentido razoável de termo. A meu ver, o estudo científico do direito tinha de ser organizado partindo de uma perspectiva exterior ao direito. Essa perspectiva, encontrara-a então na psiquiatria e na psicologia, e ela era suficientemente ampla para incluir questões de filosofia jurídica que me eram familiares (culpa, responsabilidade, livre arbítrio, etc.). Nessa época, devido à hostilidade militante do regime fascista português ao desenvolvimento das ciências sociais, não estava preparado para encarar a perspectiva sociológica como uma alternativa realista. A minha permanência na Alemanha não me fora de grande auxílio neste ponto. Por essa altura, as escolas de direito alemãs opunham-se activamente à abordagem sociológica do direito.

Do ponto de vista político, quando saí de Portugal eu era um muito moderado homem de esquerda. Oriundo de uma família de trabalhadores, tinha sido sempre perseguido pelo receio de ficar impedido, por razões políticas, de tornar realidade o sonho da família: ser advogado. O medo não era

for a formalização e a burocratização do processamento do litígio, maior será a probabilidade de que a discrepância entre litígio real e litígio processado se mantenha. E, quando assim acontece, é menor a probabilidade de que o desfecho do processo seja a resolução final do conflito.

Topoi, *formas e procedimentos: as formas como argumentos*

As formas são gestos praticados, palavras proferidas, fórmulas escritas e cerimónias realizadas, que têm de ocorrer de modo determinado e em momento específico para atingirem a sua finalidade no processamento do litígio. Os procedimentos são conjuntos de formas. As formas e os procedimentos determinam as decisões sobre o processamento do litígio. Nos sistemas jurídicos das sociedades capitalistas modernas, as formas e os procedimentos não levantam, por definição, questões substantivas. Estas últimas têm de ser resolvidas em termos dos méritos da situação, à luz dos padrões normativos, ao passo que as questões de forma giram em torno da apresentação da situação e da sua conformidade ou não conformidade com um modelo pré--estabelecido.

Estas categorias têm servido para distinguir entre contextos de processamento formal e de processamento informal de litígios e para medir o grau de formalismo. Por exemplo, nos sistemas jurídicos mais "desenvolvidos", a limitação temporal (os prazos, as prescrições) e o caso julgado (*res judicata*) implicam questões formais ou processuais. Contudo, o direito soga, analisado por Fallers, trata-as de modo diferente. Nem o facto de ter decorrido muito tempo (que nunca é determinado com precisão) desde que a ofensa foi cometida, nem o facto de o mesmo caso ter sido já julgado em tribunal, constituem obstáculos automáticos a que o caso seja ouvido. Pelo contrário, os juizes devem tomar esses factos em consideração ao avaliarem as provas e julgarem a credibilidade do queixoso. Pelo facto de a limitação temporal e a *res judicata* serem

AS RELAÇÕES PESSOAIS COM O MUNDO A QUE CHAMAMOS IDENTIDADE   137

tanto o de ser expulso da universidade como o de perder a bolsa de estudos da Fundação Calouste Gulbenkian, sem a qual eu não poderia continuar a estudar. Enquanto estudante em Coimbra, militava no movimento católico progressista. Juntamente com outros colegas, tentava tomar por dentro e democratizar uma instituição que, desde os tempos de Salazar, em Coimbra se transformara num bastião do catolicismo reaccionário: o Centro Académico de Democracia Cristã. Frustrado com o fracasso e com a incompreensão da hierarquia da Igreja Católica, abandonei a religião quando ainda estudante e logo depois comecei a coleccioná-la (uma colecção de crucifixos que hoje tem várias centenas de peças).

O período de Berlim só em parte contribuiu para o meu esclarecimento político. Embora organizasse colóquios contra o regime fascista e a política colonial, e discutisse esses temas com os membros da SDS que mais tarde viriam a ser líderes do movimento estudantil na Alemanha, eu estava, ao mesmo tempo, traumatizado pelo contacto quase diário com o regime estalinista de Walter Ulbricht na República Democrática Alemã (passava então o Muro, várias vezes por semana, para visitar a minha namorada que vivia em Berlim Leste). Confrontado com formas violentas de controlo intelectual (como no caso de Robert Havemann, dissidente em luta pela democratização do regime) e com a repressão política, e incapaz de conceber esse regime como uma forma degenerada de socialismo, não me foi possível desenvolver uma posição política socialista coerente. Chegara a Berlim pouco tempo depois

questões substantivas no sistema jurídico soga, podemos afirmar que ele é menos formal do que o direito ocidental.[9]

Dado que os *topoi* envolvem pontos de vista que se relacionam com questões substantivas, podemos formular a hipótese de que, à medida que o formalismo aumenta, a argumentação jurídica tópico-retórica diminui. Num sistema jurídico altamente formalizado, a argumentação jurídica é excluída de grandes porções do processamento dos litígios e, desse modo, a retórica apresentar--se-á numa forma recessiva. À luz desta hipótese, será de esperar que o direito de Pasárgada faça um uso extensivo da argumentação tópico-retórica.

Nos sistemas jurídicos informais, a terceira parte pode aplicar padrões formais diferentes a casos aparentemente idênticos (pelo menos, no tocante às questões juridicamente reconhecidas). Analisada a partir da modernidade ocidental, tal falta de uniformidade é depreciada e vista como manipulação ou arbitrariedade. Contudo, do ponto de vista de uma concepção tópico-retórica do processo jurídico, a falta de uniformidade formal pode siginificar uma compreensão mais profunda do carácter instrumental e subsidiário das formas relativamente à substância ou mérito da causa. Veremos isso no direito de Pasárgada.

Do mesmo modo que os *topoi* interagem com normas substantivas, interagem também com formas e procedimentos para produzirem a aproximação gradual dos factos e das normas. As formas e os procedimentos podem ser usados como argumentos para a exclusão de soluções implausíveis. É por isso que os sistemas jurídicos informais não decidem os casos com base em formalismos técnicos, mas interpretam as formas e os procedimentos como argumentos que se reportam ao mérito das causas.

---

[9] Com base nos trabalhos de Fallers e noutro material etnográfico, Abel (1973: 273) analisa as transformações na limitação temporal.

de John Kennedy ter declarado da varanda da Câmara Municipal: "Ich bin ein Berliner". Viver em Berlim no auge da guerra fria era viver entre duas gigantescas máquinas de propaganda. A menos sofisticada era, sem dúvida, a comunista. Não admira que as Obras Completas de Lenine, que a cada passo me eram agressivamente oferecidas na fronteira, fossem empilhadas para servirem de mesa improvisada no quarto do estudante pobre. Nessa altura eram frequentes as tentativas de fuga para o Ocidente, sobretudo por parte de estudantes da Universidade de Humboldht. A pedido dos pais e amigos da minha namorada transportei várias vezes cartas nos sapatos que depois punha no correio no lado Ocidental. Continham os planos de fuga e estabeleciam contactos necessários a maximizar as possibilidades de êxito.

Quando cheguei aos EUA, o movimento estudantil estava finalmente a entrar em Yale. Era uma época de consciencialização e de radicalização políticas: o Vietname, a invasão do Camboja, a violência policial na Universidade Estadual de Kent, os Sete de Chicago[5], o movimento estudantil em Madison e em Berkeley, o julgamento dos Panteras Negras em New Haven,

---

[5] Os sete de Chicago foram sete réus – Abbi Hoofman, Jerry Rubin, David Dellinger, Tom Hayden, Rennie Davis, John Froines, and Lee Weiner – acusados de conspiração, incitamento de motim e outras acusações relacionadas aos protestos violentos que aconteceram em Chigago, Illinois por ocasião da Convenção Democrata de 1968. Bobby Seale, o oitavo acusado, teve o seu julgamento interrompido durante os procedimentos, baixando o número de oito para sete.

A este respeito, há que levantar duas questões: a relação entre formalismo e ética no direito estatal das sociedades capitalistas e a emergência de sistemas populares (*folk systems*) de formalismo jurídico. O sistema jurídico oficial, nas sociedades capitalistas modernas, tem tendência para ser rígido quanto ao formalismo e flexível quanto à ética. As formas e os procedimentos que regem as diferentes fases de criação, desenvolvimento e extinção da relação jurídica são descritos em detalhe, mas muito pouco se diz sobre o conteúdo ético dessa relação. Assim, embora qualquer violação de formas e procedimentos suscite a intervenção do sistema jurídico, o carácter injusto ou imoral da relação tem de atingir proporções extremas para que haja intervenção jurídica e, mesmo assim, há sempre relutância em recorrer a ela. Pelo contrário, nas sociedades que só selectivamente foram impregnadas pelo sistema jurídico da modernidade ocidental, podem surgir sistemas populares de formalismo jurídico que sejam rígidos quanto à ética e flexíveis quanto ao formalismo. O grau de formalismo jurídico exigido varia com o tipo de relação e as pessoas nela envolvidas. É por isso que diferentes grupos sociais e classes numa dada sociedade podem desenvolver diferentes sistemas populares de formalismo jurídico que sobrepõem ao sistema oficial de formalismo jurídico. Em Pasárgada eu esperaria um sistema popular flexível quanto ao formalismo e rígido quanto à ética.

As formas utilizadas pelo sistema popular são frequentemente derivadas do sistema oficial, e depois modificadas para se ajustarem às necessidades do grupo. Assim, o sistema popular e o oficial podem partilhar postulados culturais, mas divergir no modo como os especificam e no uso que dão às formas e aos procedimentos. Um exemplo do que acabo de afirmar acha-se nos significados que a cultura ocidental atribui ao acto de escrever, como uma cerimónia, e ao produto escrito, como uma expressão de um compromisso. Quando as pessoas se expressam oralmente, as suas palavras nunca estão totalmente divorciadas de quem fala. As palavras escritas,

The Greening of America, o livro, de Charles Reich (meu professor de direito em Yale), a primeira greve estudantil na história de Yale, o julgamento de professores pelo seu comportamento racista em tribunais controlados pelos estudantes. Foi também o período em que a "invasão" das faculdades de direito pelas ciências sociais estava a atingir o seu auge. De tal maneira que, quando fui literalmente tomado por essa invasão e decidi especializar-me em sociologia do direito, não senti necessidade de trocar a faculdade de direito pelo departamento de sociologia.

Cedo me convenci de que a abordagem psiquiátrica do crime tinha as suas raízes na sociologia do desvio social e que esta, por sua vez, assentava na sociologia do direito. É espantoso como percorri essas etapas tão rapidamente. Mas mais espantoso ainda é não ter dado o passo que "naturalmente" se seguia: que a sociologia do direito assentava na sociologia política. Como adiante se verá, isso ficou a dever-se às duas teorias que, na altura, dominavam a sociologia do direito em Yale, nenhuma das quais punha em questão a natureza do poder estatal: a teoria antropológica da resolução de litígios e a sociologia weberiana do direito moderno. O elo perdido só tomaria forma muito mais tarde, sob o impacto da experiência socialista de Salvador Allende no Chile (1970-1973) e da revolução portuguesa de Abril de 1974.

Os estudos de sociologia do direito em Yale eram orientados, descoordenadamente, por sócio-juristas, de um lado, e por sociólogos, do outro.

pelo contrário, criam um hiato entre o autor e a sua expressão, entre uma afirmação pessoal de vontade e um fetiche impessoal com vida própria. Esse hiato que segue de perto o mito do aprendiz de feiticeiro, tem duas dimensões dialecticamente relacionadas. Por um lado, existe a autonomia do compromisso escrito e a possibilidade de ele ser usado contra quem se comprometeu. Por outro lado, existe o sentimento de alienação experienciado pelo autor perante a sua própria criação, o sentimento de despossessão e, portanto, de impotência para enfrentar e controlar o compromisso como seu. A dialéctica da autonomia e da alienação explica por que é que, quanto maior for a alienação pessoal sentida pelo autor, maior é a possibilidade de ele sentir que outros o forçam ao compromisso. E assim, ele pode ser persuadido a superar o seu sentimento de alienação honrando efectivamente o compromisso.[10]

Parece, portanto, que o acto de escrever e a palavra escrita são um *topos* retórico na nossa cultura sócio-jurídica. Mas, como foi discutido no Capítulo 1 é frequente a existência de *topoi* antitéticos. É sabido que, na nossa cultura, ao *topos* da obrigatoriedade da promessa escrita se opõe o *topos* formulado na expressão consagrada "honrar a palavra dada". O *topos* da palavra escrita tem uma feição predominantemente jurídica enquanto o *topos* da palavra oral é predominantemente moral. De qualquer modo, numa perspectiva tópico-retórica, a distinção entre o moral e o jurídico nunca é muito clara. Neste contexto, a tarefa mais importante é investigar de que forma os significados culturais fundamentais, expressos por esses *topoi*, penetraram tanto o sistema oficial como o sistema popular de formalismo.

---

[10] Nos manuais de magia, os encantamentos e as maldições escritos são sempre considerados mais poderosos, mais perigosos e mais difíceis de neutralizar. Alguns manuais do amor aconselham a guardar todas as cartas recebidas e a nunca escrever nenhuma, porque escrever uma carta é criar um compromisso.

Os primeiros baseavam o seu ensino ou na antropologia do direito, ou na sociologia do direito de Weber. Os sociólogos tendiam ou a adoptar uma posição behaviorista e positivista um tanto primária, ou a ser super-ecléc-ticos na abordagem do direito. De qualquer modo, todos estavam coagidos pela necessidade de obter credibilidade dentro da Faculdade de Direito. A competição e a rivalidade entre sócio-juristas e sociólogos era muito mal disfarçada. Os primeiros criticavam os segundos por saberem pouco de direito e estes criticavam os primeiros por saberem pouco de sociologia. O costume.

Institucionalmente, o centro da sociologia do direito era o ambicioso Programa de Direito e Modernização. Os objectivos deste Programa eram apresentados, numa brochura, da seguinte maneira:

> *Os direitos modernos e as instituições jurídicas podem ser essenciais para a modernização das sociedades em desenvolvimento. Mas, não obstante a convicção de que a reforma do direito é fundamental para os países em desenvolvimento e as crescentes provas de que uma mudança efectiva, através do direito, é um processo extraordinariamente complexo, pouca investigação sistemática se tem feito sobre o papel do direito na modernização. Embora alguns cientistas sociais tenham reconhecido a importância dos sistemas jurídicos no desenvolvimento, não estiveram suficientemente interessados em*

Linguagem e silêncio no processamento do litígio

A análise retórica do discurso jurídico faz da linguagem a realidade nuclear do processamento do litígio. No entanto, podem também considerar-se importantes argumentos não verbais como gestos, atitudes, bandeiras, mobiliário, bíblias, crucifixos, retratos de líderes políticos ou religiosos, ficheiros, documentos escritos, máquinas de escrever, vestuário, divisão e distribuição do espaço na sala de audiências, rituais de abertura e de encerramento das sessões, estratificação dos níveis do pavimento e da visibilidade, etc. Geralmente, estes argumentos não verbais ou artefactuais fornecem o enquadramento à utilização da linguagem verbal que, desse modo, continua a ocupar o centro da argumentação tópico-retórica. A este respeito, duas questões devem ser mencionadas: a linguagem comum e as relações entre linguagem e silêncio.

Linguagem comum, linguagem técnica e linguagem técnica popular

À primeira vista, a questão da linguagem comum é simples: ou os participantes no processo falam a mesma língua ou é necessário recorrer a intérpretes. Uma análise mais profunda revela, porém, uma miríade de situações intermédias entre "a mesma linguagem" e aquilo que os grupos que dominam o processamento do litígio consideram como linguagens tão diferentes que exigem a intervenção de intérpretes.

A não ser no contexto da magia e do rito, as palavras não são trocadas enquanto palavras, mas enquanto portadoras de significados. Por isso, pessoas com antecedentes culturais diferentes podem falar linguagens diferentes com as mesmas palavras (Swett, 1969: 97-98) Além disso, cada linguagem tem um vocabulário potencial e um vocabulário real. Diferentes grupos sociais e culturais criam diferentes vocabulários reais a partir do mesmo vocabulário potencial.

Para além do vocabulário potencial e do vocabulário real reconhecidos pelos grupos com poder para definir a linguagem oficial, há toda uma série de vocabulários "desviantes" que acabam por se

explorar, de modo integral, o funcionamento das instituições jurídi-
cas. Concomitantemente, os professores de direito têm, geralmente,
acentuado os problemas conceptuais dos sistemas jurídicos dos países
em desenvolvimento e só subsidiariamente têm focado as correlativas
questões económicas, políticas e sociais. Pouco trabalho conjunto
tem sido ensaiado por juristas e cientistas sociais. Para ajudar a
preencher esta falha na investigação e no ensino, a Faculdade de
Direito da Universidade de Yale instituiu um Programa em Direito
e Modernização. Este Programa irá apoiar investigação teórica,
bem como estudos empíricos, sobre as dimensões sociais, políticas
e económicas dos sistemas jurídicos de determinadas sociedades em
desenvolvimento, sobre os obstáculos jurídicos à mudança, sobre a
análise cultural comparada da interacção dos sistemas jurídicos com
a modernização e sobre estratégias de transformação social planeada
em determinadas sociedades. A investigação empírica é dirigida para
os sistemas jurídicos dos países em desenvolvimento, mas o Pro-
grama apoiará igualmente trabalhos sobre aspectos fundamentais
da teoria do direito e da ciência social, necessários para aprofundar
o estudo comparativo do direito em sociedade. Neste momento, está
a ser efectuada investigação empírica na África oriental, no Brasil e
na Índia.

transformar em vocabulários "oficiais" das subculturas que os produzem. Tem sido afirmado que pessoas pertencentes a um mesmo grupo social tendem a resolver os seus litígios informalmente, ao passo que pessoas pertencentes a diferentes grupos sociais tendem a resolvê-los segundo sistemas formais (Black, 1971: 1087).

Uma dimensão específica da questão da linguagem nos processos jurídicos reside na distinção entre linguagem técnica e linguagem corrente. Cada profissão desenvolveu a sua própria linguagem, pois é por meio das linguagens profissionais (provavelmente mais do que através dos actos profissionais) que as profissões se distinguem. A profissão jurídica não constitui excepção. Quando a terceira parte e os representantes das partes no litígio se profissionalizam, há tendência para o desenvolvimento de uma linguagem profissional. Quanto mais profissionalizados são estes papéis, mais esotérica se torna a linguagem. Sempre que a linguagem técnica acaba por dominar o processamento do litígio, os participantes não profissionais – como são, em geral, as partes, as testemunhas, os jurados e o auditório – correm o risco de ser excluídos do círculo retórico. São subrepticiamente expulsos da posição de sujeitos/actores do processo jurídico e remetidos para a posição de objectos/vítimas. Esta alienação é particularmente evidente quando os profissionais têm de comunicar com não-profissionais. É então necessária alguma desprofissionalização: o profissional tem de remover a camada que cobre os conceitos até que o raciocínio de senso comum, que eles simultaneamente contêm e escondem, se torne visível e expresso em linguagem corrente. Não é uma tarefa fácil. Um contacto constante e prolongado com a linguagem técnica pode cegar o profissional para o senso comum no qual esta se baseia. Quanto maior é a cegueira do profissional, mais o senso comum lhe parece um absurdo.

Quando o processamento litígio é apenas parcialmente profissionalizado, a distinção entre linguagem técnica e linguagem corrente também se esbate. Em Pasárgada, onde o grau de profis-

O seminário sobre direito e modernização, leccionado pelo director do Programa, era a plataforma para excitantes discussões sobre o direito em sociedade. Adaptei-me facilmente ao estilo agressivo das discussões em Yale. Comparado com as relações intelectuais, de tipo feudal, da Faculdade de Direito de Coimbra, o "mercado livre de ideias" era uma libertação intelectual. Por muito absurdo que possa parecer em retrospectiva, o estudo da sociologia foi, no meu caso, acompanhado por um processo de radicalização política.[6] A convivência com a guerra do Vietname, com o imperialismo norte-americano na América Latina e com as desigualdades sociais e a corrupção política dentro da própria sociedade norte-americana quebrou o efeito de bloqueio que o regime de Walter Ulbricht da Alemanha Oriental tinha produzido em mim e criou as condições objectivas a partir das quais seria possível desenvolver uma crítica radical do capitalismo e do imperialismo.

Foi neste contexto intelectual e político que, no início de 1970, me candidatei a uma bolsa do Programa de Direito e Modernização para fazer investigação no Brasil, depois de ter visto anunciado que esse Programa subsidiava investigação sobre a assistência jurídica aos pobres no Brasil.

---

[6] De facto, a partir dos anos oitenta, a sociologia transformou-se no instrumento privilegiado de desradicalização política, de que *A Terceira Via*, de Anthony Giddens (1999), representa simultaneamente o clímax e o clímax da falência desta abordagem.

sionalização é ainda mais baixo, seria de esperar que a argumentação jurídica se baseasse na linguagem corrente. No entanto, as relações entre linguagem técnica e linguagem corrente são mais complexas. Se é verdade que as linguagens técnicas fazem derivar os seus significados básicos do senso comum expresso na linguagem corrente, não é menos verdade que as linguagens técnicas desenvolvem fórmulas verbais e significados técnicos que posteriormente são vulgarizados e impregnados de conotações do senso comum. Portanto, o que acontece com o formalismo também pode acontecer com a linguagem técnica: paralelamente à linguagem técnica oficial, pode desenvolver-se uma linguagem técnica popular. Nesse caso, a linguagem corrente deve ser concebida de forma a incluir a linguagem técnica popular.

Linguagem e silêncio

A relação entre linguagem e silêncio refere-se ao ritmo interno de comunicação e à alternância de estratégias comunicacionais no processamento do litígio. Aparentemente trivial, a relação entre linguagem e silêncio é de importância fundamental. Pode argumentar-se que o silêncio não é mais do que o vazio caótico entre as palavras faladas, não sendo, por isso, possível analisá-lo em si, mas só em termos das palavras cuja ausência o cria. Entendo, pelo contrário, que o silêncio é uma realidade tão significativa e comunicativa como a própria linguagem e que, sem o reconhecimento da relação dialéctica entre silêncio e linguagem, é impossível atingir uma compreensão profunda da dinâmica interna do processamento de litígios, de um ponto de vista retórico.

Podem apontar-se variadíssimas razões para explicar o facto de o silêncio ter sido negligenciado como objecto de investigação científica.[11] Em primeiro lugar, dado que os estudos sociais no Oci-

---

[11] Ver, porém, Steiner (1967: vii), que levanta a seguinte questão: "Estaremos nós a sair de uma era histórica de primazia verbal – do período clássico de expressão literata

Sempre tinha querido ir ao Brasil, a terra prometida das histórias que os meus avós me contavam na minha infância. Além disso, o tópico da investigação soava a "esquerda" e parecia adequado a uma teoria crítica do direito e da sociedade que eu estava então a ensaiar. E, finalmente, pensava que, para adquirir credibilidade como cientista social, deveria fazer investigação empírica. Na verdade, embora não tivesse abandonado totalmente os meus planos de escrever uma tese de doutoramento sobre a inimputabilidade, todas as minhas energias estavam canalizadas para uma leitura quase obsessiva sobre sociologia geral, sociologia do direito e antropologia do direito. No segundo semestre passei a frequentar os cursos de sociologia e de antropologia da Graduate School, uma formação que, seguindo um percurso pouco convencional, prosseguiria depois do trabalho de campo. Contactei então com alguns dos cientistas sociais que haviam de marcar, nas décadas seguintes, o campo científico em que me iniciava: David Apter, Kai Erickson, Alfred Stepan, Juan Linz, Alfred Riess, Stanton Wheeler, Donald Black, Laura Nader, etc. Nessa altura, a energia que fazia impor a mim próprio uma profunda preparação sociológica provinha principalmente da ideia de que os instrumentos analíticos desenvolvidos pela sociologia funcionalista podiam ser usados fora do seu "ambiente natural", numa crítica radical da sociedade capitalista. As contradições políticas da ciência social convencional pareciam-me então mais evidentes do que a sua superficialidade teórica e esterilidade metodológica.

dente se desenvolveram à volta do comportamento da linguagem, o estudo sociológico do silêncio constitui uma ameaça, não só às fronteiras científicas aceites, como também aos métodos estabelecidos da investigação sociológica. Em segundo lugar, os cientistas sociais sentem-se, normalmente, mais à vontade quando especulam com palavras sobre palavras, do que quando especulam com palavras sobre o silêncio, dado que a semelhança entre o objecto e o instrumento da especulação, no primeiro caso, cria uma ilusão de controlo. Em terceiro lugar, ainda não foi demonstrada a utilidade dos estudos sobre o silêncio, e nem o será enquanto os ritmos linguagem/silêncio, nas diferentes sociedades, não começarem a ser descodificados. Em quarto lugar, a civilização ocidental é intrinsecamente discriminatória contra o silêncio, e isso afecta necessariamente as nossas preferências e capacidades científicas. Desde o zelo missionário até à interacção reticular global da comunicação de massa, a civilização ocidental constrói-se com palavras da mesma forma que algumas civilizações orientais são construídas de silêncio. Se compararmos as obras filosóficas de Hegel, especialmente a *Ciência da Lógica* (1969) com as de Shankara – o grande filósofo do hinduísmo – especialmente com o seu tratado *Crest-Jewel of Discrimination* (1970), ficamos surpreendidos ao verificar que, enquanto Hegel tenta desesperadamente eliminar o silêncio, Shankara, sem o mínimo esforço, cria e conjuga harmoniosamente o silêncio com as palavras.

O silêncio não está igualmente distribuído entre culturas, nações ou até entre grupos sociais e classes na mesma sociedade. O silêncio é um recurso raro escasso e as classes dominantes em todas as sociedades tendem a distribuí-lo de acordo com as suas conveniências e os seus postulados culturais. Quando a linguagem

– e a entrar numa fase de decadência da linguagem, de formas 'pós-linguísticas' e, talvez, de silêncio parcial?". Goffman também analisou a comunicação através do silêncio (1971a e 1971b). E John Cage escreveu sobre o silêncio na música (1966).

Quanto mais me familiarizava com a ciência social convencional, mais esta me parecia estranha. Criou-se um vazio que o marxismo preencheu gradualmente (e nunca de forma completa). Uma manifestação inicial deste processo intelectual foi a complexa experiência de um conflito de identificações por que passei à medida que ia lendo obras empíricas e teóricas da área que escolhera. Umas vezes, lia os textos na perspectiva do cientista social – o olhar de cima – adoptando, por conseguinte, a "persona" do sujeito da ciência. Noutras ocasiões, pelo contrário, identificava-me com a "vítima", com o pobre, com o habitante do bairro clandestino, em suma, com o objecto da ciência: o olhar de baixo. À medida que a minha investigação ia avançando, esta última identificação passou a ser dominante. Quanto mais credível me tornava como sujeito da ciência, tanto mais profundamente me experienciava como objecto da ciência. À maneira de uma Alice no País das Maravilhas, subia a escada que me fazia descer. Isto deveu-se ao facto de o grosso das minhas leituras se centrar na antropologia social e, basicamente, na investigação efectuada por antropólogos britânicos, em África, e por antropólogos norte-americanos, no "Terceiro Mundo". A natureza imperialista da ciência social "burguesa" emergiu gradualmente na minha consciência científica. Vindo de um país que muito mais tarde viria a designar como "semiperiférico", pude testemunhar, ao ler todo esse material, o desenvolvimento do processo do meu próprio subdesenvolvimento científico (e político). Mas, para além do conteúdo político (e da forma política, como

é importante, as classes dominantes geralmente apropriam-se dela e impõem silêncio ao povo. Inversamente, quando o silêncio é importante, as classes dominantes tendem a apropriar-se dele, relegando a linguagem para o povo. Numa sociedade formalmente democrática, os cidadãos podem ser livremente dotados de linguagem, enquanto uma minoria de actores silenciosos toma todas as decisões cruciais respeitantes à nação.

No entanto, as sociedades não devem ser avaliadas apenas em termos da quantidade e da distribuição do silêncio, pois existem diferentes tipos de silêncio e essas diferenças podem ser ainda mais importantes. O silêncio não é um infinito amorfo, mas uma realidade delimitada pela linguagem, tanto quanto esta é delimitada pelo silêncio. Além disso, o silêncio não é uma ausência indiscriminada de linguagem, mas antes uma auto-rejeição de determinadas palavras em determinados momentos do discurso, a fim de que o processo comunicacional possa ter lugar. Assim, aquilo que se silencia é uma expressão positiva de significado.[12]

A meu ver, a análise da relação entre linguagem e silêncio pode contribuir significativamente para a compreensão de características do processamento de litígios até agora descuradas. Quando se vê o filme de Laura Nader sobre a resolução de litígios num tribunal zapoteca mexicano (1969: 69 e ss.), fica-se intrigado com os longos silêncios do resolutor de litígios (o presidente). Os discursos animados das partes e das testemunhas nada mais encontram do

---

[12] Arjuna, o guerreiro, no *Bhagavad Gita*, detém esse conhecimento quando pergunta a Krishna: "Como é o homem de serena sabedoria que se dedica à contemplação divina? Quais são as suas palavras? Qual é o seu silêncio? Qual é o seu trabalho?" (2, 54, itálico meu). Arjuna reconhece que as palavras, por si só, não lhe dirão o sentido completo de uma atitude ou comportamento. É por isso que faz a pergunta sobre o silêncio e o trabalho. Palavras, silêncio e trabalho são, assim, concebidos como uma tríade necessária da comunicação e do conhecimento. Arjuna também revela que não está interessado em conhecer um silêncio qualquer, mas sim o silêncio do sábio, ou seja, uma realidade positiva e delimitada.

AS RELAÇÕES PESSOAIS COM O MUNDO A QUE CHAMAMOS IDENTIDADE   153

mais tarde vim a concluir) dessas obras, o que mais me impressionou foi que a maioria soava a falso: um conjunto magnífico de encadeamentos falsos de interpretações erradas, um monumento de ignorância altamente treinada e especializada.

Tornei-me tão arrogante em relação a esses estudos como só um cristão--novo o podia ser. A minha legitimidade baseava-se num conhecimento nativista por adopção, proveniente de uma experiência puramente hipoté-tica. A minha revolta era a revolta do objecto contra o sujeito. E, quando o objecto se revolta contra o sujeito, tende a tornar-se um super-sujeito, neste caso, um super-cientista. Com efeito, aos motivos iniciais da minha decisão de realizar investigação empírica no Brasil veio juntar-se um outro: demonstrar, através da minha investigação empírica, a que ponto esta-vam errados os antropólogos e os sociólogos do direito norte-americanos, nas suas análises do direito no "Terceiro Mundo". O exagero da minha ambição era a contrapartida do meu ressentimento. E não podia ficar por aí.

Como já disse, o Programa de Direito e Modernização incidia especial-mente em duas áreas: resolução de litígios e estudos sobre direito e desen-volvimento. Esta última área era dominada por uma opressiva atmosfera weberiana. No aspecto político, a herança de John Kennedy era demasiado óbvia. O projecto político subjacente aos estudos sobre direito e desenvol-vimento era só superficialmente mediado pela teoria sociológica. Era, para

outro lado da mesa senão a atenção impenetrável de um ouvinte silencioso. Passados momentos, o presidente faz algumas perguntas e, em seguida, retira-se para decidir. O que significa o silêncio do presidente? Como é que as partes o interpretam? De que modo influencia o comportamento linguístico das partes e das testemunhas? Quando é que o presidente faz perguntas? Qual é o ritmo entre as suas perguntas e os seus silêncios? Estará a vivacidade dos discursos das partes e das testemunhas relacionada com o silêncio do presidente? Esse silêncio é monolítico ou há vários tipos de silêncio para as diferentes fases do processo? Será possível estabelecer correlações entre a quantidade e os tipos de silêncio do presidente e outras características do contexto do processamento do litígio, tais como, o objecto do litígio, a gravidade da ofensa, o envolvimento ou não de agentes públicos, o estatuto das partes na comunidade, o tipo de relacionamento entre elas, etc.?

Barbara Yngvesson, no seu estudo sobre a resolução de litígios numa aldeia sueca (1970), propôs o conceito de não-acção para referir o período de tempo em que a comunidade se limita simplesmente a observar o comportamento desviante. Se alargarmos o conceito de não-acção àquilo que não é dito sobre o comportamento desviante, somos confrontados, de novo, com a questão da relevância do silêncio no processamento do litígio. Neste caso, não é só uma pessoa individualizada que se apropria do silêncio: este torna-se uma propriedade comunitária. Este silêncio colectivo parece indicar que a comunidade passa por um período de meditação colectiva sobre o desvio: como ocorreu, qual o seu desenvolvimento, qual o comportamento posterior do desviante, qual a necessidade e oportunidade para uma reacção manifesta, etc. É então possível estabelecer correlações entre a quantidade de silêncio colectivo, por um lado, e o tipo de desvio e as relações do desviante com a comunidade, por outro.

A forma convencional de medir o controlo que o resolutor de litígios tem sobre o processamento do litígio consiste em

mim, claro que não haveria nada de errado em apresentar o direito como um factor positivo de desenvolvimento, desde que este último fosse especificado e confrontado com tipos alternativos de transformação social como, por exemplo, a revolução social. Acontece que a revolução era tabu, o não dito do discurso dominante sobre direito e desenvolvimento. Nestas circunstâncias, os estudos de direito e desenvolvimento limitavam-se a sobrevalorizar o papel positivo do direito – uma perspectiva ideológica favorável à transformação social legal e gradual, totalmente hostil à exploração das virtualidades dos processos revolucionários. E, assim, esses estudos, independentemente das intenções dos seus cultores, converteram-se em pouco mais do que uma retórica da legitimação facilmente apropriável pelas facções mais liberais das burguesias nacionais, tanto nos EUA como no "Terceiro Mundo". No caso do Brasil, os defensores da corrente de direito e modernização estavam a procurar criar – depois de terem desistido da tentativa de "civilizar" a ditadura militar que, desde 1964, se encontrava no poder com o activo apoio norte-americano – as condições institucionais para um regime democrático burguês, suficientemente estável para compensar o potencial revolucionário entretanto gerado pela ditadura. Sem pôr em causa a honestidade pessoal dos intelectuais envolvidos no projecto, alguns deles bons amigos, nunca entendi a sua ingenuidade e cegueira relativamente às condições objectivas do processo histórico que estavam a viver, tanto nos EUA como na América Latina.

contar o número de perguntas que faz e o número de vezes que interrompe as partes e as testemunhas. Mas esse controlo pode também exprimir-se pela ausência de perguntas e interrupções, ou seja, pelo silêncio. No hinduísmo, por exemplo, é instrutivo observar o contraste entre dois dos oficiantes dos antigos rituais védicos que, no fundo, não são mais do que processos de resolução de litígios entre os homens e os deuses. O *hotr*, apesar de recitar extensivamente e em voz alta, tem pouco controlo sobre o ritual, ao passo que o brâmane, embora permaneça em silêncio, exerce um controlo total.[13]

A estrutura da linguagem e do silêncio no processamento de litígios é muito complexa porque, em qualquer fase do processo, os diferentes intervenientes (juízes, partes, testemunhas, auditório) podem empregar vários tipos e quantidades de silêncio, cada um com seu significado próprio. Deste modo, há várias classificações possíveis do silêncio. A primeira distingue entre silêncio processual (por exemplo, ficar em silêncio para deixar falar outra pessoa) e silêncio substantivo (por exemplo, ficar em silêncio para exprimir assentimento). A terceira parte pode exercer maior ou menor controlo sobre a distribuição do silêncio processual entre as partes e o auditório. Nos processos formais das sociedades complexas, ela exerce um controlo quase absoluto. Contudo, tem normalmente pouco ou nenhum controlo sobre os silêncios substantivos dos outros participantes.

---

[13] Louis Renou (1968: 32) compara-os da seguinte forma: o *hotr*, originalmente aquele que fazia as libações (como a etimologia da palavra sugere), converteu-se mais tarde essencialmente na pessoa que recita as orações; mas as suas invocações, apesar de impressivas, desempenham apenas um papel diminuto na liturgia, um pouco como a música dos chantres. O brâmane é o repositório do poder não-expresso da fórmula, um espectador silencioso, a quem cabe velar pela correcta execução do ritual. É um especialista profissional, como o sacerdote católico. O seu silêncio é tão precioso como o discurso e as melodias dos seus companheiros.

Uma das áreas privilegiadas pelos estudos de direito e modernização era a investigação sobre o acesso ao direito, entendido como a assistência jurídica aos pobres. Estudei profundamente as diferentes iniciativas neste domínio nos EUA e frequentei regularmente alguns dos gabinetes de apoio jurídico na zona de New Haven. No entanto, dadas as diferenças, no que respeita aos objectivos e ao conteúdo político, entre os vários projectos de apoio jurídico, cedo abandonei a visão, inicialmente super-optimista, que tinha deles. Mesmo assim, fiquei impressionado com a convicção socialista de alguns dos activistas que trabalhavam nos projectos mais avançados. Na verdade, foi à luz da actividade de alguns deles que acabei por antecipar um quadro bastante negativo do acesso ao direito no contexto da América Latina. Só um regime democrático com um apoio de classe estável – inexistente na América Latina – podia permitir que se ensinasse as classes oprimidas a utilizar o direito como uma arma de defesa, sem, com isso, minar os fundamentos institucionais da dominação de classe e do poder do Estado. Apesar de, mais tarde, esta linha de raciocínio se ter mostrado um tanto ou quanto simplista, não consegui controlar a minha arrogância e prometi a mim mesmo que o meu trabalho de investigação iria provar a parcialidade ideológica subjacente aos estudos de direito e desenvolvimento.

Por tudo isto, a minha formação sociológica, quando iniciei a investigação de campo, compreendia duas áreas de interesse convergentes mas

Dentro da categoria de silêncio substantivo, outras classificações são possíveis: aprovação, rejeição, assentimento, reprovação, intimidação, desacordo total, aprovação reticente, aprovação emotiva, revolta, impotência e resignação, respeito ou desrespeito, tensão explosiva ou necessidade de calma e de deliberação adicional. É ainda importante distinguir entre silêncio desviante e silêncio normal. O comportamento desviante em tribunal pode, em parte, explicar-se pela tensão entre definições contraditórias de silêncio desviante e silêncio normal. O poder de negociação de cada um dos intervenientes irá ditar as definições que vão prevalecer. As sanções para o silêncio desviante podem ser formais ou informais e podem ser aplicadas no próprio processo em que o desvio ocorreu ou num processo separado. Relativamente ao peso que pode ter no processo de comunicação, há que distinguir entre silêncio pesado e silêncio leve. Embora a expressão "silêncio pesado" faça parte da linguagem corrente, não a utilizo como metáfora, mas sim como uma descrição factual dado que não há nenhuma razão para que o peso das coisas seja apenas medido em quilos. O silêncio pesado ocorre em momentos de especial tensão do processamento do conflito, por exemplo, quando são tomadas decisões importantes e se atingem pontos de viragem cruciais. Quanto mais formalizado for o processamento do conflito, maior será a tendência para atribuir, *a priori*, um significado específico ao silêncio de uma determinada parte numa determinada fase do processo. Se a parte se mantiver em silêncio num dado momento, ou depois de lhe ter sido feita uma dada pergunta, o seu silêncio terá um significado jurídico definido (concordância ou aceitação, por exemplo). Se, depois da decisão, a parte que perdeu ficar algum tempo em silêncio, isso será considerado juridicamente como aceitação da decisão ou a renúncia ao recurso. É neste sentido que falo de formalização do silêncio no processamento formal de litígios. No entanto, mesmo no processamento formal de litígios, a estrutura linguagem/silêncio do auditório permanece sempre relativamente informal. O juiz

mal integradas: a da resolução de litígios/justiça informal e a do acesso ao direito/assistência jurídica. Embora o meu projecto inicial de investigação incidisse fundamentalmente nesta última área, os meus interesses científicos inclinavam-se para a primeira, não só porque parecia teoricamente mais produtiva, mas também porque, das duas, era a menos condicionada pela política burguesa. De início, tentei agrupá-las num tópico sobre as "atitudes dos pobres para com o direito", mas a conceptualização ingénua do direito subjacente a esse tópico tornou-se evidente à medida que me tornei mais consciente do conteúdo classista do sistema jurídico oficial do Brasil.

Sobre o amor
O primeiro factor importante para a minha pesquisa de campo foi o meu amor pelo Brasil desde o primeiro momento. Foi como ter regressado a casa depois de ter vivido um ano entre os alienígenas da América do Norte. O ódio à ditadura reforçava a solidariedade para com os brasileiros. A minha postura política de esquerda, entretanto radicalizada, tinha o sabor suave de poder ser exercitada num país de que eu sentia saudades sem nunca ter estado nele. Era, no entanto, um sabor com um ligeiro travo amargo, o travo do remorso por não ter podido ou querido exercitar suficientemente essa postura no lugar próprio, o do meu país. Atormentava-me mesmo pensar que a minha valentia tinha um fundo falso, o fundo da irresponsabilidade.

pode distribuir o silêncio processual e pode até punir as violações (mandando evacuar a sala). Mas não pode impor ao auditório o silêncio substantivo. A este respeito, o próprio juiz é um objecto de julgamento por parte do auditório.

O significado de um determinado tipo de silêncio tem de ser inferido a partir dos encadeamentos lógicos do discurso, da posição estrutural do participante silencioso e da linguagem do participante que precede e se segue ao silêncio. Tentarei ilustrar alguns encadeamentos lógicos através da análise do silêncio da terceira parte num contexto hipotético de adjudicação, ou seja, de decisão ganhador/perdedor.[14] A estrutura linguagem/silêncio do juiz pode ser dividida em duas fases. Na primeira, o juiz dá início ao processo de exclusão das decisões implausíveis, mas o leque das que sobram é ainda muito vasto. Ou o juiz ainda não chegou a uma conclusão ou as suas preferências estão ainda vacilantes e inarticuladas. Na segunda fase, ou o leque das decisões plausíveis diminuiu até ao ponto em que o juiz se concentra na ponderação dos méritos relativos de pequeno número de alternativas, ou tem já uma preferência definida e começou a clarificar as razões para ela.

Na primeira fase, o juiz utiliza o silêncio a fim de obter toda a informação que a sua compreensão inicial do caso sugere poder-lhe ser necessária para chegar a uma decisão. O juiz não demonstra qualquer preferência por conhecer ou desconhecer determinados factos. Nesta fase, as partes retêm o direito ao conhecimento e à ignorância, de modo a decidirem a proporção de conhecimento e de ignorância na base dos quais pretendem basear as suas reivindicações. Mas, dado que o silêncio do juiz só raramente é pontuado pela linguagem, torna-se muito difícil para as partes controlar o significado desse silêncio. Além disso, o pouco que o juiz diz é também ambíguo. As perguntas que faz tendem a ser abertas e

---

[14] Os processos jurídicos em Pasárgada fornecem alguns exemplos esclarecedores que serão analisados adiante.

AS RELAÇÕES PESSOAIS COM O MUNDO A QUE CHAMAMOS IDENTIDADE   161

Não foi necessário muito tempo para me instalar, e, duas semanas após a chegada, estava já a viver na favela do Rio de Janeiro onde iria efectuar a minha investigação de campo, seguindo o método da observação participante. A língua e minha origem de classe facilitaram a adaptação, embora posteriormente as coisas viessem a revelar-se mais complicadas.

Sobre a língua comum

Antes de me instalar na favela onde levei a cabo o meu trabalho de investigação, visitei outras favelas e outras zonas residenciais da classe operária e das sub-classes dos subúrbios do Rio. Costumava andar sozinho (visto não ter "assistente de investigação") e falava com as pessoas que ia encontrando. Essa facilidade nos contactos pessoais parecia ser uma característica da minha personalidade. Mas também era fruto da minha inocência (apesar das leituras) quanto à complexidade dos microcosmos sociais em que me ia introduzindo. O incidente seguinte mostrou-me, de modo traumatizante, que falar com pessoas não é tão simples como parece.

A fim de conhecer os diferentes tipos de favela, visitei uma das mais pobres, construída sobre estacas e entalada entre as traseiras de uma fábrica e a baía de Guanabara. Nunca tinha visto, nem voltei a ver, condições de "vida" tão desumanas como aquelas. Pedi para me levarem à barraca onde

multidireccionais, não sendo tanto perguntas como convites a falar livremente. O juiz tem consciência de que, quanto menos perguntas fizer, mais ficará a saber. Consequentemente, as partes são induzidas a produzir informação que, de outro modo, poderiam suprimir ou reter até uma etapa posterior.

Na segunda fase, a estrutura linguagem/silêncio do juiz sofre profundas alterações. Decidir é especificar e intensificar, quer o conhecimento, quer a ignorância. Para isso, porém, é necessário controlar a direcção do interrogatório, e assim é provável que o juiz alterne silêncios específicos com perguntas específicas. Desta forma, o juiz atinge dois objectivos. Por um lado, assegura-se de que irá saber mais sobre aquilo que já sabe e ignorar mais daquilo que já ignora e não lhe interessa, apoiando, desse modo, as suas preferências por uma determinada decisão. Por outro lado, ele comunica essas preferências às partes, convidando-as a que as partilhem ou a que as recusem (especialmente quando há ainda algumas alternativas em aberto). Assim, nesta fase, as perguntas e os silêncios, embora pareçam estar factualmente relacionados com o conhecimento e a ignorância, são essencialmente normativos: apontam para o que *deve* ser conhecido ou ignorado. Indicam também que o direito ao conhecimento e à ignorância pertence agora ao juiz.

Os objectivos da terceira parte na mediação são diferentes dos que dominam a adjudicação e, por isso, a estrutura linguagem/ /silêncio também difere. Enquanto o controlo da adjudicação tende a conseguir-se por meio de silêncios prolongados e ambíguos, o controlo da mediação exige momentos longos de linguagem associados a silêncios breves e inequívocos. Na mediação, as partes nunca renunciam totalmente ao direito de conhecer e de ignorar. Podem mesmo manter o controlo total até ao fim do processamento do conflito, como acontece quando a terceira parte é apenas um intermediário ou um mensageiro. Mas, quando a terceira parte tem o poder de participar nas decisões sobre o que, e como, vai ser

vivia o presidente da Associação de Moradores. Conversámos durante um bocado sobre favelas e sobre Portugal e fiz algumas perguntas sobre aquela favela em particular, como, por exemplo, a quem pertenciam os terrenos em que estava construída. E ele acabou por perguntar-me: "O que é que você está realmente a fazer no Brasil?", ao que respondi, "Estou a fazer investigação sobre as favelas". Ele olhou espavorido para mim, com as faces lívidas e os olhos esbugalhados. Levantou-se de repente e gritou-me: "Ponha-se a andar seu portuga de merda!". Não entendi o que tinha acontecido e fiquei paralisado pela surpresa e pelo medo. "Ponha-se a andar!", voltou a gritar, empurrando-me pela porta fora. Aterrado, ainda tentei balbuciar que devia haver qualquer mal entendido, que não tinha querido ofendê-lo. Mas ele continuava a gritar. Nessa altura, já se tinha formado uma pequena multidão de mulheres e crianças à volta da barraca. O homem apontava-me com o dedo e dizia, aos berros: "Ele é um portuga, é um cagoete. Veio espiar-nos".[7] Virando-se para mim ameaçou: "Não tenho nada a dizer à polícia! Se não se puser a mexer..." e entrou à pressa na barraca. Aproximou-se uma mulher que me disse: "Se fosse você, ia já embora". Tentei explicar que não tinha nada a ver com a polícia, mas o homem voltou com uma caçadeira. A mulher agarrou-o e disse-lhe: "Tem calma. Deixa-o falar!" E a resposta foi "Rua!", enquanto me apontava a arma. Olhei para o ajuntamento à procura de um olhar amigo. Baixei os olhos. Virei-me devagar e comecei a andar

---

[7] Portuga é um termo pejorativo utilizado no Brasil para designar os portugueses e cagoete é um termo de calão para designar um informador da polícia.

mediado, o direito ao conhecimento e à ignorância é partilhado pelas partes e pelo juiz. Na mediação – como se verá no direito de Pasárgada –, o juiz está principalmente interessado em participar na criação do horizonte de concessões, e fá-lo elaborando critérios *ad hoc* de razoabilidade e de expectativas legítimas. Ao tornar esse horizonte visível, ele transforma-o. Admitindo que as partes pertençam à espécie do *homo juridicus*, elas apresentam as concessões que propõem de acordo com um plano de riscos mínimos. Cabe à terceira parte transformá-las em riscos máximos. É esta a razão por que, na mediação, as partes são muitas vezes confrontadas com propostas que parecem ser suas, mas que, de algum modo, são estranhas às suas intenções e até aos seus interesses. Quando pretendem fugir à proposta do mediador podem, conforme a habilidade deste, não voltar às posições iniciais, mas tomar uma posição diferente. Assim, um passo atrás pode, de facto, ser um passo em frente.

Nesta secção, desenvolvi os aspectos retóricos do processamento do litígio e da argumentação jurídica que me parecem mais importantes para a análise do direito de Pasárgada. Depois de postular uma definição de direito adequada aos propósitos do presente estudo, discuti a natureza do discurso jurídico em termos de discurso argumentativo (mesmo quando se trata de um discurso silencioso). Distingui os *topoi* daquilo a que chamo proto-políticas judiciais e também das formas e procedimentos, embora tenha, até certo ponto, considerado o uso de formas como argumentos retóricos. Empreendi depois uma análise mais fina de certos aspectos da razão jurídica, tais como a conceptualização do objecto do litígio como resultado de um processo de negociação, o que me levou a distinguir entre questões explícitas e implícitas, entre a amplitude e a restrição do objecto do litígio e, por fim, entre linguagem e silêncio. Reconheço que a análise precedente pode ter sido, por vezes, uma via dolorosa de abstracção, mas espero demonstrar,

muito lentamente, bem pelo meio da rua. Atrás de mim ouvia o alarido da favela. Estaria a ser seguido? Foram quatrocentos metros de dúvida e de ansiedade. Dobrei a curva e olhei para trás. Não vi ninguém. Corri então como um louco até à avenida que liga o aeroporto à cidade e só estaquei na paragem de autocarro. Meti-me no primeiro que apareceu. Já o autocarro tinha retomado a marcha e eu ainda não conseguia começar a pensar. Antes de tudo, queria ter a certeza de que continuava vivo.

O que é que tinha acontecido? Quando cheguei a casa de amigos e em conversa com eles, pareceu-me de repente ter encontrado a explicação para aquele quid pro quo tão absurdo: eu tinha dito que estava a fazer investigação sobre as favelas. No português de Portugal, a palavra mais utilizada para referir a pesquisa científica é "investigação". Porém, no Brasil, e principalmente na linguagem corrente, esse termo significa investigação policial. Usei-o inadvertidamente e o meu interlocutor, acto contínuo, pensou que eu trabalhava para a polícia.

No entanto, este facto não explicava cabalmente a violência da reacção. Decidi, então, discutir o incidente com um amigo meu que conhecia muito bem as favelas do Rio, pois tinha estado envolvido nos projectos de auto-ajuda em favelas no início dos anos sessenta. Acontecia que a favela em questão estava a ser ameaçada de demolição. Os proprietários dos terrenos queriam expandir a fábrica e andavam a pressionar a administração estatal no sentido de se encontrarem "bases legais" para remover a favela. Isto era

na próxima secção, que ela foi necessária para captar o direito de Pasárgada no cenário da sua dramaturgia situada.

Prevenção e resolução de litígios no direito de Pasárgada
O cenário[15]
Pasárgada é uma das maiores e mais antigas favelas do Rio de Janeiro. Em 1950, a população era de 18 mil habitantes; em 1957, tinha duplicado e em 1970 ultrapassava os 50 mil. A ocupação começou por volta de 1932 e, segundo os moradores mais antigos, nessa época havia apenas algumas barracas no cimo do morro e, à volta, só campos de cultivo. Esses terrenos eram então propriedade privada, tendo passado posteriormente a propriedade do Estado.

Fisicamente, Pasárgada divide-se em duas grandes zonas:[16] o morro e a parte plana, nas duas margens do rio que a atravessa. Esta última zona é muito pequena, bastante pantanosa e sujeita a cheias, o que obriga a que muitas das barracas sejam construídas sobre estacas. É precisamente aqui que se situam as habitações mais precárias. As ruas – muitas vezes pouco mais do que simples aberturas entre as barracas – são estreitas e lamacentas. Meia dúzia de pontes pouco sólidas unem as margens do rio, extremamente poluído, para onde convergem os esgotos que vão escorrendo a céu aberto por baixo das barracas. A parte mais extensa de Pasárgada situa-se no morro de encostas suaves, onde não é difícil construir. O tijolo e o cimento são os materiais de construção mais utiliza-

---

[15] Para uma análise pormenorizada das características ecológicas, sócio-económicas, políticas, religiosas, associativas e culturais das favelas do Rio de Janeiro, e, em particular, de Pasárgada, ver Santos, 1974, capítulos I e II.

[16] Daqui para a frente, passo a empregar o presente etnográfico para me referir ao período em que realizei o trabalho de campo: 1970. De então para cá, a vida social e política de Pasárgada alterou-se dramaticamente, em grande parte devido ao controlo que os traficantes de droga passaram a ter sobre as actividades da comunidade, sobretudo a partir da década de oitenta, mas também devido ao processo de democratização do Estado brasileiro a partir da mesma década. Ver, por exemplo, Junqueira e Rodrigues, 1992.

*conhecido dos moradores, os quais tinham sido frequentemente importuna-
dos, quer pela polícia, quer pelos "jagunços" pagos pelo dono da fábrica.*[8]
Para cúmulo, o dono da fábrica era português.

*Devo confessar que fiquei traumatizado durante uns dias. Revi o
"filme" do que me acontecera muitas vezes. No entanto, a minha análise
do incidente era muito superficial. Embora pudesse ver que a reacção dos
favelados era perfeitamente razoável do ponto de vista dos seus interesses,
eu estava sobretudo preocupado com os riscos que uma pessoa corre quando
não domina nem a língua, nem o contexto social em que opera. Nessa altura,
não conseguia ver que a polissemia das palavras em questão não era, de
modo algum, acidental, que existia uma relação semântica estrutural entre
"investigação", como trabalho da sociologia, e "investigação" como trabalho
da polícia: duas formas distintas de controlo social e de dominação de classe.
Eu punha em causa o meu comportamento (tinha cometido um erro), não
a ciência em nome da qual actuava. Se eu não tivesse falhado, o método
científico não me teria decepcionado. Por outras palavras, a minha crítica
da ciência moderna era abstracta e idealista; encarava a praxis científica
acriticamente e, por conseguinte, considerava os problemas por ela gerados
como problemas pessoais ou do contexto social. E da forma como encarei*

---

[8] Os jagunços são pistoleiros normalmente a soldo dos fazendeiros e dos latifundi-
ários do interior do Brasil.

dos, embora a qualidade das edificações varie bastante. A maior parte das casas tem electricidade e água corrente. As várias redes de água canalizada existentes em Pasárgada, todas ligadas à central da cidade, nem sempre estão em bom estado. As deficiências são devidas ou a má gestão financeira ou a problemas técnicos, como, por exemplo, a má conservação das canalizações ou a falta de pressão. Os moradores que não têm água corrente em casa utilizam as fontes públicas ou recorrem aos vizinhos. A rede de electricidade, administrada por uma comissão local, serve cerca de 80% das habitações, estando as restantes 20% ligadas a redes distribuidoras mais pequenas.

Hoje em dia, Pasárgada situa-se praticamente no centro da cidade e, por isso, o acesso às áreas circundantes é fácil. Mas, no seu começo, Pasárgada estava localizada na periferia do Rio de Janeiro, em terrenos que, na altura, não tinham valor especulativo. Pasárgada pôde, assim, expandir-se, mais ou menos livremente, durante três décadas. Quando os preços dos terrenos começaram a subir – à medida que a cidade crescia em redor de Pasárgada e a área por esta ocupada foi sendo muito cobiçada, quer para a construção de imóveis, quer para a implantação de indústrias –, a favela era já tão vasta e tão desenvolvida que a sua completa remoção teria envolvido elevados custos sociais e políticos.

A vida económica interna de Pasárgada é muito intensa, com as suas lojas tradicionais ao lado de modernas mercearias e bares. Existem, à sua volta, numerosas fábricas, uma boa dúzia das quais apenas a cinco minutos de caminho. O grosso da população activa é composto por operários fabris que trabalham nas fábricas mais próximas. Os restantes são micro-empresários que vivem em Pasárgada, funcionários públicos dos escalões mais baixos, trabalhadores municipais e trabalhadores eventuais[17].

---

[17] Nas décadas seguintes a vida económica do Jacarezinho intensificou-se ainda mais. Pedro Abramo (2003), do IPPUR, no estudo piloto realizado em parceria entre a

o incidente, decorreram os ensinamentos que dele colhi: o incidente tinha sido um acidente e aprofundar a minha competência científica era o único seguro contra os riscos da investigação. Não me revoltei contra a companhia seguradora. Pelo contrário, estava-lhe reconhecido por me facultar esse tipo de seguro.

Sobre ser português

O subtítulo desta secção devia ser: "sobre a incompatibilidade quase genética entre ser português e sociólogo no Brasil". Como já disse antes, enquanto me preparava em Yale para a minha investigação de campo no Brasil, fui conduzido gradualmente a ler a bibliografia do ponto de vista das "vítimas" da sociologia, o ponto de vista do objecto. De certo modo, isso era extremamente fácil, visto que eu não estava nessa altura activamente envolvido na produção de ciência. Estava a consumi-la e decidira fazê-lo de um modo que pouco mais era do que uma estratégia de protecção do consumidor. No Brasil, contudo, era diferente, dado que estava lá para produzir ciência, e para a produzir dentro do modo dominante de produção de ciência. No início, como o referido incidente linguístico o demonstra, senti necessidade de me afirmar como sujeito da ciência, como um sociólogo. Essa necessidade foi, provavelmente, exacerbada pela urgência de lutar contra um complexo conjunto de estereótipos acerca dos portugueses no Brasil que tornava absurdo que um português fosse sociólogo ou antropólogo, especialmente se

A vida associativa em Pasárgada é também muito intensa. Há clubes recreativos, equipas de futebol, igrejas (cujos membros muitas vezes se organizam em clubes sociais ou associações de caridade, sob a égide do padre católico ou de outros líderes religiosos), a comissão de electricidade e a Associação de Moradores. Dada a sua relevância para a análise do direito de Pasárgada, esta última associação (doravante designada por AM) será descrita de forma mais completa. A AM foi criada com o objectivo de organizar a participação, autónoma e colectiva, dos habitantes de Pasárgada no melhoramento, físico e cívico, da comunidade. Apesar de terem existido outras associações de moradores no passado, a actual foi fundada em 2 de Novembro de 1966, os seus estatutos foram aprovados, pela assembleia geral de membros, em 10 de Junho de 1967 e, em 9 de Outubro de 1968, foi oficialmente reconhecida. Os estatutos da AM, semelhantes aos de outras associações criadas no âmbito da *Operação Mutirão* do início dos anos sessenta, dão especial relevo, entre outros objectivos estatutários, às seguintes finalidades (art. 3 dos Estatutos):

A Sociedade tem por fim:

I)   Pleitar junto às autoridades competentes estaduais ou federais providências atinentes à melhoria de serviços públicos de interesse de seus associados.

Prefeitura do Rio e o Instituto de Planejamento Urbano e Regional (IPPUR) da UFRJ (2003), trata da favela como um pólo gerador de riqueza. No complexo da favela de Jacarezinho: "esta (favela) possui estrutura comercial e mercado imobiliário compatíveis com o modelo de uma cidade média em nosso país". São 58 mil habitantes, 17.200 domicílios distribuídos em uma área de 350 mil metros quadrados, na região norte do Estado, numa área próxima à estação do metrô, do trem suburbano e servida por dezenas de linhas de ônibus". Dentro da favela do Jacarezinho, a pesquisa identificou 934 estabelecimentos, unidades produtivas registradas ou não. Deste total, 742 operam de forma quotidiana em horário comercial.

ele investigasse em áreas até então quase inteiramente monopolizadas por cientistas sociais norte-americanos. Sabia da existência desses estereótipos, mas não fazia ideia da difusão e do profundo enraizamento que tinham atingido.

Esses estereótipos merecem, por direito próprio, ser analisados: embora, originariamente, não sejam neutros em matéria de classe, eles tendem a operar de forma transversal às diferentes classes, o que os torna instrumentos privilegiados do discurso ideológico. Procurarei mostrar, seguidamente, como eles actuavam nos diferentes níveis da estrutura de classes da sociedade brasileira: no quartel-general da Fundação Ford no Rio de Janeiro; entre os juristas brasileiros; entre os habitantes das favelas.

Devido às ligações entre o Programa de Direito e Modernização e a Fundação Ford, tinha de contactar esta instituição no Rio. Os primeiros contactos foram desastrosos, porque deixaram transparecer que o director considerava que o projecto de investigação não tinha utilidade; e, mesmo que tivesse, não devia ser realizado por um português. Segundo soube, afirmara ter "a pior impressão dos portugueses". Tornou-se evidente que, na Fundação Ford do Rio de Janeiro, eu não era considerado nem um sujeito competente de ciência social, nem um objecto razoável de ciência social. Vinha de um país, nem suficientemente desenvolvido para produzir ciência, nem suficientemente subdesenvolvido para ser um objecto do mecenato científico da Fundação Ford. Pertencia a uma categoria quase zoológica, o portu-

II) Prestar toda assistência a seus sócios, utilizando-se dos meios a seu alcance.

III) Actuar como elemento de ligação entre as autoridades regularmente constituídas e a população local, auxiliando estas nas resoluções de todos os problemas atinentes à comunidade.

IV) Promover actividades de carácter social, tais como de recreação e incrementação de desportos.

V) Zelar e agir legalmente pela manutenção da ordem, segurança e tranquilidade das famílias.

VI) Promover sempre que possível actividades culturais tais como conferências, palestras e debates públicos.[18]

A AM rapidamente se tornou conhecida na comunidade. Embora muitos possam desconhecer os seus directores e os pormenores da organização, poucos haverá hoje em dia que ignorem a sua existência. Apesar das suas funções estatutárias, a AM é identificada, na comunidade, com "melhoramentos, um lugar onde ir quando se tem um problema com a barraca ou com a casa". Os moradores recorrem à Associação quando desejam organizar trabalho comunitário para construir ou reparar as suas casas ou barracas, ou quando entendem que deveriam obter autorização para as reparar ou alargar, ou quando pretendem celebrar (ou rescindir) um contrato a elas respeitante, ou ainda quando têm um litígio com vizinhos sobre direitos de construção, demarcação de propriedade, direitos de passagem ou de ocupação. Esta enumeração sugere que os moradores levam à Associação apenas aqueles problemas de habitação que envolvem as suas relações jurídicas públicas com a comunidade como um todo, ou as suas relações jurídicas privadas com outros habitantes.

---

[18] Para uma análise pormenorizada das funções da AM, ver Santos (1974: 98 e ss.).

guês[9]. E esta não era uma opinião isolada, porque, nos anos seguintes, verifiquei que o preconceito contra Portugal e os portugueses estava extremamente generalizado entre os cientistas sociais norte-americanos que investigavam no Brasil. Seria porque a colonização portuguesa era encarada como a "causa natural" do subdesenvolvimento brasileiro? Seria porque esses cientistas, inconscientemente, transferiam para o ex-colonizador os seus complexos de culpa relativamente ao imperialismo norte-americano no Brasil, do qual eles eram, quer quisessem, quer não, parte integrante? Seria porque os brasileiros e os norte-americanos, tendo em comum um passado colonial, conseguiam minimizar as suas relações desiguais através de uma adesão à mesma atitude anti-colonialista?

Relativamente aos meus amigos que praticavam advocacia, o estereótipo funcionava de maneira diferente. A Faculdade de Direito de Coimbra, onde me licenciara e ensinara, tinha um grande prestígio entre eles como uma das mais antigas universidades da Europa e um dos centros europeus de produção de ciência jurídica. Para eles, eu fazia parte dessa tradição e se alguma contribuição eu pudesse dar à ciência, teria de ser no campo da ciência jurídica. Os estudos sociológicos e antropológicos do direito eram um "luxo americano" e devia ser deixado aos norte-americanos. Alguns dos meus amigos tinham tentado esses estudos, mas cedo os trocaram pelo estudo

---

[9] Sobre a questão do "português", ver Santos, 2006.

Embora a AM pouco tenha feito relativamente a obras públicas, dado que o Estado tem recusado o auxílio material prometido, o seu empenhamento no desenvolvimento da comunidade é forte. A sua intervenção relativamente à construção, pública e privada, tem sido reforçada pelo poder que ela tem para autorizar e super-visionar qualquer reparação nas casas e para demolir qualquer casa construída sem a sua autorização. A AM é reconhecida como tendo competência para resolver as questões relativas a terrenos e habitação em toda a favela. A origem desta competência, como a de qualquer função social informal, é problemática. Sem dúvida que um dos factores foi o poder oficial para autorizar reparações e promover obras públicas. Os directores da Associação falam do seu "carácter oficial", sugerindo que todas as acções são apoiadas pela autoridade estatal, o que, obviamente, não é verdade. Há também a convicção de que a Associação não só reflecte a estabilidade da comunidade, mas também aumenta a segurança das relações sociais ao conceder um estatuto jurídico à comunidade. Todos estes facto-res podem ter contribuído para a emergência da ideia de jurisdição, por analogia com o sistema jurídico oficial.

A forma como a Associação vê o seu papel na comunidade não inclui qualquer jurisdição sobre matéria criminal. Quando confrontada com uma situação que pareça envolver um crime, a Associação não trata do "assunto", nem tão pouco o comunica à polícia. Limita-se a dizer à alegada vítima: "Isto não é uma questão que possamos resolver. A polícia é que tem de tratar do assunto". A AM abstém-se em matéria criminal por várias razões. Em primeiro lugar, embora a manutenção da ordem seja um dos objectivos estatutários da AM, os directores consideram que a finalidade principal da AM é o desenvolvimento da comunidade e não o controlo social. Em segundo lugar, se reivindicasse juris-dição criminal, a AM teria inevitavelmente que dedicar a maior parte das suas energias à "zona de má fama" de Pasárgada, onde se concentram os traficantes de droga, os criminosos profissionais

da ciência jurídica, mais prestigiante e financeiramente mais compensador. Trabalhar (e, pior ainda, viver) numa favela era particularmente ofensivo para o meu estatuto profissional. Implicava uma autêntica desclassificação subtilmente expressa no tom paternalista e meio jocoso com que se referiam à minha investigação. Aceitavam o facto, ou melhor, toleravam-no como mais uma das minhas excentricidades (escrever poesia, a maneira de vestir, o penteado, etc.).

Os habitantes da favela já tinham mostrado os seus preconceitos contra os portugueses no incidente linguístico. Na favela onde fui viver, as pessoas, no início, não compreendiam que um português – por definição, um comerciante – pudesse fazer investigação sociológica. Até os líderes da comunidade estavam perplexos. Para eles, a investigação sociológica e antropológica nas favelas era, por definição, "americana", significando isso, evidentemente, ser feita por cientistas sociais dos EUA. E, de facto, a favela tinha sido, desde o início dos anos sessenta, muito poluída (como eles diziam) por cientistas sociais norte-americanos. Quando tentei explicar que estava a fazer o mesmo e, em simultâneo, algo bastante diferente, eles dificilmente me entenderam e, no princípio, andavam muito desconfiados. Como mais tarde vieram a confessar-me, receavam que eu, como "a maioria" dos cientistas sociais norte-americanos, "fosse espião" ou estivesse ligado ao "desenvolvimento urbano", eufemismo então usado pelo Estado para ameaçar as favelas com a demolição e remoção.

e as prostitutas e onde o crime é mais frequente. Isso iria não só desviar a AM de tarefas que ela e a comunidade consideram mais importantes, como iria também prejudicar a sua imagem nas zonas mais respeitáveis de Pasárgada. Em terceiro lugar, a autoridade da AM tem sido gradualmente minada por um Estado cada vez mais autoritário – estamos em plena ditadura militar – que abandonou as políticas de desenvolvimento comunitário do início dos anos sessenta, negando à Associação os recursos materiais necessários à prossecução dos serviços e das obras públicas prometidas aos moradores. Finalmente, os funcionários oficiais, e a sociedade "oficial" em geral, consideram as favelas e o crime como quase sinónimos. A acção repressiva contra as favelas, desde as rusgas, praticamente diárias, da polícia até ao desalojamento de populações inteiras e à demolição de barracas, é frequentemente justificada em nome da luta contra o crime. Se a AM se envolvesse em questões criminais, ficaria exposta às acções estatais arbitrárias e correria o risco de ser ilegalizada. É verdade que, como adiante veremos, a AM trata de muitos litígios que envolvem um certo tipo de conduta criminosa. Mas, nesses casos, a Associação actua como se o "assunto" fosse exclusivamente de natureza civil. Aliás, a AM concebe a sua jurisdição civil como estando limitada a casos relativos a questões de terrenos e de habitação, embora, no processamento dos litígios, outras questões possam ser levantadas.

As relações entre a AM e os organismos do Estado que funcionam em Pasárgada são um modelo de ambiguidade. No início da década de sessenta, o Estado democrático parecia estar empenhado numa política de desenvolvimento comunitário autónomo das favelas . Essa política foi abandonada com a chegada ao poder da ditadura militar em 1964, e, a partir de 1967, o Estado reforçou o controlo das organizações das favelas e dos seus líderes no sentido de eliminar qualquer autonomia "perigosa". Actualmente, vários organismos estatais oferecem "ajuda" às organizações comunitárias, mas são impostas sanções se essa oferta não for aceite. Nestas

Mas, dialecticamente, o estereótipo também funcionou a meu favor de várias maneiras. Antes de mais, protegeu-me do estereótipo a respeito do cientista social norte-americano. À medida que me ia familiarizando com os membros da comunidade, as pessoas falavam (e relacionavam-se) comigo como nunca o fariam com um "verdadeiro" (isto é, "norte-americano") cientista social. O horizonte de representações que se me abria, como contrapartida do estereótipo a respeito dos portugueses, permitiu-me ver como os habitantes da favela construiam a imagem dos cientistas sociais norte-americanos. Eles sabiam os tipos de informações que interessavam aos investigadores (e sobre as quais estes queriam falar) e procediam de acordo com isso.

Um dia, um amigo meu apresentou-me a uma pessoa que "sabia muitas coisas sobre a favela e sobre os americanos". Sem esperar pelas minhas perguntas, desatou a falar sobre a favela, a sua localização geográfica, os tipos de casas e de barracas, as profissões dos moradores, etc. Era um discurso fluente, moldado numa espécie de linguagem científica popular e que revelava um conhecimento especializado da comunidade. Fiquei espantado e não tive dúvidas de que ele queria impressionar-me. Rematou o seu discurso com esta frase assombrosa: "Você está estudando aqui na favela, não é? Os americanos escreveram os livros deles nos meus ombros". Não pude deixar de me rir. Mas o meu amigo disse-me depois que, verdade ou mentira, se contava que ele tinha ganho muito dinheiro com as entrevistas que concedera aos

circunstâncias, a AM de Pasárgada tem vindo a utilizar diferentes estratégias para neutralizar o controlo do Estado: evita recusar explicitamente o auxílio, continuando, porém, a ignorar as ordens que o acompanham, enquanto procura fugir às sanções formais com que é ameaçada.

As relações entre a AM e a polícia, instalada perto da Associação, na parte central da favela, são muito complexas. É patente a hostilidade recíproca entre a polícia e a comunidade. A comunidade evita a polícia que, por seu lado, está ciente desse facto e das suas consequências negativas no controlo social. Para conseguir penetrar melhor na comunidade, a polícia tem tentado manter boas relações com as associações representativas, particularmente com a AM. Esta aceita os "bons ofícios" que a polícia lhe oferece, ciente, contudo, da finalidade por detrás dessa oferta. Em casos extremos, a AM pode recorrer à polícia para executar uma decisão, como adiante veremos. Mas, na maior parte das vezes, a AM limita-se a ameaçar com a polícia o morador recalcitrante, sem tomar quaisquer outras medidas para punir o não cumprimento da decisão, pois a AM conhece o risco de se tornar demasiado identificada com uma instituição ostracizada pela comunidade. Por conseguinte, a Associação e a polícia entram numa interacção ritualista, no decurso da qual vão trocando sinais de mútuo reconhecimento e boa vontade sem, no entanto, chegarem a uma colaboração efectiva.

A sede da AM está situada parte central de Pasárgada e ocupa um edifício de tijolo e cimento com dois andares. No rés-do-chão há duas salas: uma sala à entrada, muito ampla, com uma porta larga que abre para a rua, e uma sala pequena, nas traseiras, que dá acesso ao primeiro andar, ainda em construção e quase sem mobília. A maior parte das actividades desenrola-se na sala da frente. A sala das traseiras e o primeiro andar são ocasionalmente usados pelo presidente para reuniões (por exemplo, com as partes no decorrer do processamento de um litígio). A sala da frente está modestamente mobilada: um banco comprido encostado à parede

sociólogos americanos. Voltei a encontrá-lo mais tarde, mas nunca mostrou grande entusiasmo em falar comigo. Muito provavelmente porque eu não era suficientemente sociólogo para merecer os seus serviços especializados ou porque nunca lhe ofereci dinheiro.

Esse encontro foi muito importante para mim, por duas razões principais. Em primeiro lugar, revelou uma crucial deficiência da maior parte da literatura sobre metodologia sociológica – desenvolver técnicas para evitar a indução de respostas e, ao mesmo tempo, esquecer a origem primordial dessa indução: a própria pessoa do cientista social enquanto estereótipo vivo que configura e reproduz um horizonte de expectativas. Em segundo lugar, o informador que conheci era um objecto, treinado e especializado, da ciência social, o qual, por esse processo, se tinha tornado um quase-sujeito (ou um sujeito "nativo") da ciência social – um objecto a ascender ao estatuto de sujeito.

Inquirindo mais fundo, poder-se-ia imaginar como um desenvolvimento adicional das ciências sociais poderia conduzir a um desenvolvimento correspondente do seu objecto. O grupo de objectos (informadores), treinados e especializados, poderia, se unido, actuar como um grupo de pressão sobre a ciência, exigindo uma parte dos lucros da produção da ciência ou até uma participação na elaboração dos resultados da investigação científica. Este cenário não é tão utópico como possa parecer. Em antropologia, os investigadores de campo têm sido,

e três secretárias com as respectivas cadeiras – uma para o presidente, outra para o secretário e a terceira para o tesoureiro. Atrás das secretárias estão os ficheiros. Embora as funções estatutárias do presidente se limitem à coordenação e à representação, ele é a figura central da AM. Quando algum director efectivo se demite, o presidente assume temporariamente as suas funções. Ele e o tesoureiro são os únicos membros da direcção que trabalham diariamente nas instalações da AM. O presidente chega entre as nove e as dez horas da manhã, faz um intervalo para almoço das duas às cinco da tarde e depois trabalha até às oito. O fim da tarde é, habitualmente, a parte mais activa do dia. As reuniões da direcção têm lugar à noite.

Só podem pertencer à Associação os habitantes de Pasárgada (ou pessoas que, de qualquer modo, estejam integradas na comunidade) que paguem uma quota mensal. A AM tem cerca de 1 500 membros (chefes de família), mas poucos mantêm as suas quotas em dia. A AM estende os seus serviços a todos os moradores e não apenas a sócios.

A prevenção de litígios em Pasárgada
A ratificação das relações jurídicas pela AM
Quando os moradores pretendem redigir um contrato ou entrar em qualquer outro tipo de relação jurídica, podem dirigir-se à AM e falar com o presidente. Normalmente fazem-se acompanhar de parentes, amigos ou vizinhos, alguns dos quais servirão de testemunhas. As partes explicam as suas intenções ao presidente, que as pode questionar acerca da natureza e da legitimidade do contrato. Por exemplo, se o contrato envolve a venda de uma barraca ou de uma casa, o presidente exige que o promitente vendedor prove ser ele o proprietário. Perguntará também às duas partes se estão firmemente empenhadas no contrato e dispostas a cumprir as condições acordadas, podendo ainda procurar informação mais detalhada sobre essas condições.

desde há muito tempo, confrontados com problemas que apontam nessa direcção.

À medida que a minha investigação progredia, o estereótipo do português ia sendo menos determinante nas minhas relações com as pessoas, e a necessidade inicial de me afirmar como sociólogo passava para segundo plano. Incapaz de me assumir sem uma grande dose de hipocrisia ou de esquizofrenia, como objecto da sociologia, acabei por adoptar uma posição de compromisso, colocando-me a meio caminho entre objecto e sujeito da ciência e, portanto, numa posição intrinsecamente ambígua. Sentia-me como uma espécie de intermediário a tentar resolver um longo litígio entre o objecto e o sujeito, um litígio travado desde a emergência da ciência moderna no século XVI-XVII. Esta posição instável e contraditória foi a base para o desenvolvimento do que eu viria a chamar metodologia transgressiva.

Sobre a metodologia transgressiva

A relativa liberdade face ao estereótipo de cientista ajudou-me a criar a "persona" mais adequada aos objectivos da minha investigação. Passei a ter um respeito menos que moderado pelas regras da ciência convencional, especialmente por aquelas que atulhavam os manuais sobre observação participante, o método de investigação empírica que eu estava a adoptar. Cheguei à conclusão de que só violando as regras podia entender a rea-

O secretário, ou o tesoureiro, passa, então, o contrato a escrito. As partes podem levar já um texto preparado, que ditam ao dactilógrafo, ou solicitam ao presidente, ao tesoureiro ou ao secretário que redijam o texto em conformidade com os termos acordados. Neste caso, o texto é lido às partes, que têm de dar o seu acordo antes de o mesmo ser dactilografado. Para certos tipos de contrato – arrendamentos, por exemplo –, o funcionário pode também recorrer a fórmulas de rotina. Depois de o contrato ter sido dactilografado, o presidente lê o texto às partes, que o assinam na sua presença, juntamente com as duas testemunhas. O presidente apõe, então, no documento, um ou mais carimbos da Associação. Cada uma das partes recebe uma cópia, ficando uma outra arquivada na Associação.

A esta intervenção da AM na criação e extinção, mutuamente acordadas, das relações jurídicas chamo ratificação. Através dela, a AM contribui para a prevenção de litígios em Pasárgada, prevenção que é, assim, a iniciativa conjunta de um fórum jurídico e das partes interessadas. A ratificação não só invoca as regras que irão reger a relação, enquanto se mantiver o acordo entre as partes, mas também antecipa as consequências de uma ruptura, como nos casos em que irrompe um litígio. Cada ponto do acordo contém um potencial para o conflito. Na verdade, o próprio acordo deriva da percepção de um potencial para o conflito e é por isso que as partes dispensam o acordo explícito a respeito dos pontos em que não prevêem essa possibilidade.

A ratificação é um acto constitutivo em dois sentidos. Primeiro, a AM, para além de ratificar o acordo proposto pelas partes, pode também propor alterações (por exemplo, cláusulas adicionais). Isso acontece quando o presidente prevê a possibilidade de um futuro conflito, não antecipado pelas partes, e lhes chama a atenção para ele, a fim de o evitar. A dialéctica da prevenção e da resolução de litígios está aqui bem ilustrada, porque, ao antecipar o conflito e ao estabelecer novas cláusulas, a AM cria novas possibilidades para a

lidade social e que quanto maior fosse a violação mais profunda seria a compreensão. Apesar disso, continuava a seguir, quase compulsivamente, a regra de ouro da observação participante: descrevia, até ao mais pequeno pormenor, todos os acontecimentos e vivências do dia. Mantinha a distinção tradicional entre fichas de investigação e diário, reservando este para os assuntos mais íntimos, menos "científicos", embora, no fundo, os dois tipos de registo fossem o prolongamento um do outro, e quase sem transição. Sem recurso ao gravador, conseguia reproduzir tudo (até as palavras) com tal exactidão, que esse meu registo era uma autêntica transcrição da minha vida.

Alterei o foco de interesse inicial do meu projecto de investigação pouco depois de começar a viver na favela. Fiquei convencido de que as atitudes dos "pobres" para com o direito eram o produto das "atitudes" do direito para com os pobres. Nos moldes em que fora concebido, o meu tópico de investigação era totalmente ideológico. Em primeiro lugar, as "atitudes" eram o disfarce subjectivista das condições objectivas em que funcionava o aparelho jurídico do Estado capitalista. Em segundo lugar, o sistema jurídico era fetichizado, ao mesmo tempo que a sua base de poder, o Estado, ficava excluído do enquadramento analítico. Em terceiro lugar, o tópico da investigação era um tópico de direito e pobreza, e, como tal, baseava-se num modelo de desigualdade social assente no reconhecimento descritivo da estratificação de rendimentos, sem qualquer relação com a existência de

quebra de contrato, e, assim, acrescenta novas dimensões jurídicas aos conflitos que ocorrerem.

Mas a ratificação também é constitutiva num outro sentido: é entendida pelas partes como uma fonte autónoma de segurança para a relação entre ambas. Importa analisar os factores que contribuem para esta percepção. Trata-se de um acto de retórica institucional, uma institucionalização persuasiva das formas e dos procedimentos concebidos como argumentos tópico-retóricos. Trata-se de um processo de re-institucionalização, no sentido de que as formas e os procedimentos correntes são integrados numa totalidade institucional que os investe de normatividade e persuasão reforçadas. Esta institucionalização está intimamente ligada à atmosfera de oficialismo que rodeia a AM. Dado que a AM é uma pessoa jurídica na qual o Estado investiu algumas funções administrativas, essas formas e procedimentos extraem o seu poder persuasivo, não só de si próprias, mas também do cenário institucional em que ocorrem. Passo a analisar mais em detalhe as formas e os procedimentos que constituem o processo de ratificação.

Artefactos
Começarei por analisar os argumentos não linguísticos que antecedem e acompanham o processo de ratificação, dado que são o núcleo da retórica institucional por meio da qual a AM consuma a reinstitucionalização. Elementos deste cenário institucional incluem o edifício da sede da AM, que é uma das construções de alvenaria de Pasárgada; o mobiliário da sala da entrada – as secretárias, a máquina de escrever, a bandeira, os carimbos de borracha, os documentos em cima das secretárias, os arquivos onde se guardam os documentos, os cartazes pendurados na parede anunciando programas estatais (por exemplo, a campanha contra o analfabetismo, a campanha de vacinação); e, finalmente, os funcionários de pé ou sentados às secretárias.

classes sociais e muito menos com a existência de classes sociais com interesses antagónicos. Finalmente, o projecto centrava-se na ordem jurídica do Estado, quando o mais indicado para os meus interesses científicos, na altura, parecia ser o enfoque sobre o pluralismo jurídico, entendido como uma forma de conflito de classes. Um estudo completo teria, assim, exigido uma análise conjunta das formas jurídicas da comunidade e dos serviços de assistência jurídica no Rio de Janeiro. Contudo, por falta de tempo, fui obrigado a concentrar-me na primeira análise, baseada, fundamentalmente, numa abordagem da resolução de litígios na tradição da antropologia jurídica.

Essa opção, por muito clara que fosse, em retrospecto, só muito gradualmente e com uma grande dose de ansiedade pessoal e de introspecção foi assumida. De facto, a escolha nunca foi totalmente concretizada, porque eu estava fundamentalmente (e exageradamente) interessado numa avaliação completa da dominação de classe no funcionamento do sistema jurídico da sociedade brasileira. Continuei a observar os Serviços de Justiça gratuitos do Rio de Janeiro. Fiquei muito impressionado com o trabalho efectuado aí por alguns advogados, apesar dos rígidos condicionamentos institucionais a que tinham de se submeter (era um dos períodos mais duros da ditadura). Embora plenamente conscientes de que não podiam mudar o sistema de opressão de classes que o direito reproduzia, eram tão sensíveis aos problemas dos seus clientes quanto as circunstâncias o permitiam. Mostravam

A integração de todos estes argumentos numa unidade espácio-temporal ajuda a investir de normatividade as interacções das partes. A normatividade aqui criada é, predominantemente, uma normatividade ordenadora, em contraste com a normatividade sancionatória que decorre da participação compulsória dos indivíduos no discurso institucional do Estado. Apesar de a AM invocar a ameaça de sanções, a sua retórica acentua sobretudo a preferência pelo cumprimento voluntário para se atingirem objectivos comuns, como adiante se verá.

Interrogatório

As perguntas que o presidente faz sobre a natureza, a legitimidade e as condições do contrato desempenham diferentes funções. Em primeiro lugar, fornecem as informações necessárias para ele poder decidir se deve ou não ratificar a relação. A ratificação é geralmente negada quando a AM considera não ter jurisdição territorial ou material. Mas o presidente também pode recusar a ratificação quando, através do interrogatório ou na base de um conhecimento pessoal, suspeite de fraude, como, por exemplo, quando o promitente vendedor não é o proprietário legítimo. De qualquer modo, a ratificação nunca foi negada na minha presença.

Faço notar, contudo, que a função principal do interrogatório não é obter informação, mas antes afirmar o direito da AM a fazer essas perguntas. Fazendo-as, a AM reafirma a sua jurisdição, reforça a atmosfera de oficialidade e reivindica representar as preocupações da comunidade relativamente a eventuais consequências da relação. A dimensão retórica dessas perguntas reside no facto de terem um impacto independente das respostas obtidas. Além disso, o acto de perguntar é mais importante do que as perguntas em si, o que não significa que as perguntas sejam arbitrariamente concebidas. Inquirir as partes sobre a natureza e as condições do contrato é afirmar que a liberdade contratual não é um princípio

um conhecimento prático de direito em sociedade que era, de facto, muito superior ao daqueles jovens juristas brasileiros ambiciosos que estavam a ser enviados para os EUA a fim de estudar as mais sofisticadas teorias do direito e desenvolvimento e do acesso ao direito. Para desespero de alguns dos seus bem intencionados professores, a grande maioria desses jovens mostrava uma incapacidade notória para aprender o que quer que fosse além do estritamente necessário à obtenção de conhecimentos e diplomas que lhes permitissem trabalhar, em empregos altamente remunerados, para as multinacionais norte-americanas estabelecidas no Brasil.

As dificuldades em refazer o projecto de investigação produziam, por vezes, uma paralisia que se poderia ter tornado perigosa se eu não o tivesse, entretanto, associado a um projecto alternativo, de cunho político, fruto da minha radicalização política em contacto com uma ditadura mais impiedosa do que aquela que eu tinha conhecido, durante mais de vinte anos, no meu país. As obras escritas pelos cientistas sociais brasileiros, quase todos expulsos das universidades, ajudaram-me a compreender a sociedade brasileira. E ajudaram-me também com a sua coragem política. Assisti ao julgamento do recurso interposto por Caio Prado Júnior[10], um dos mais eminentes cientistas

---

[10] Em 1967, concedeu uma entrevista à revista *Revisão*, uma publicação dactilografada e de circulação restrita. Respondendo a perguntas, tratou hipoteticamente da luta armada sendo as suas afirmações interpretadas como fazendo a apologia da mesma, o que viria a resultar na sua prisão em 1969.

absoluto em Pasárgada, e que, pelo contrário, pode ser restringido para proteger os interesses mais amplos da comunidade. Aliás, as respostas também contribuem para o processo de ratificação: quando respondem, as partes não estão só a clarificar os seus compromissos perante si próprias, mas estão também a torná-los públicos, o que intensifica a sua motivação para os honrar.

Elaboração do contrato
Numa perspectiva retórica, a elaboração de um contrato, tal como o objecto de um litígio, é um processo de negociação entre as partes, e entre cada uma delas e os funcionários. A AM está orientada para defender os interesses da comunidade e para proteger a parte mais fraca. Quando as partes trazem um texto preparado do acordo, o processo de negociação entre elas já teve lugar, havendo pouco espaço para a intervenção da AM. As partes mostram um grau de determinação que os funcionários preferem não perturbar. Sempre que uma fórmula de rotina é usada, como no caso dos arrendamentos, a influência da AM está corporizada na própria fórmula e concretiza-se quando as partes a aceitam. Mas a fórmula tem valor substantivo e cria uma normatividade ordenadora que ultrapassa o mero conteúdo das suas cláusulas, dado que as partes, ao subscreverem frases já usadas rotineiramente por muitos outros moradores, se apercebem de que estão envolvidas numa estrutura jurídica permanente que antecede a relação entre elas, e lhe sobrevive. Além disso, embora os termos da fórmula só passem a constituir parte do contrato depois de terem sido aceites, as partes consideram essa fórmula como manifestação de uma normatividade que transcende a sua vontade. A rotinização e a normalização das fórmulas jurídicas são parte integrante do seu conteúdo normativo. Seja como for, as fórmulas não são aplicadas mecanicamente. Para além da necessidade óbvia de preencher certos espaços em branco (preços, datas, etc.), algumas cláusulas podem ser eliminadas e outras acrescentadas.

sociais brasileiros. Tinha sido condenado por incitamento à subversão, com base numa entrevista concedida a uma revista estudantil da Universidade de São Paulo, em que ele tentava demonstrar que, nessa altura, não havia condições para uma luta armada no Brasil. O carácter subversivo da revista foi "provado" pela acusação com extractos de um artigo onde "a guerra do Vietname era explicada de uma perspectiva anti-americana". Tratava-se, para mim, de uma demonstração revoltantemente eloquente do imperialismo americano no Brasil.

Mas foram as longas conversas com os líderes radicais da favela que mais me ensinaram sobre a opressão social e política debaixo da ditadura militar. Nessa altura, eu estava encurralado, muito para além do que então supunha, na distinção entre ciência e política, o que me levou a manter os dois projectos relativamente separados. Tudo o que não pudesse utilizar no meu projecto científico seria integrado no meu projecto político, que era, basicamente, a minha própria educação política e a daqueles com quem estava em contacto. Tendo deixado de ser um cientista unidimensional – assim o julgava –, o meu projecto científico avançava, assim, paralelamente ao meu projecto político. Mas, de facto, isso era uma ilusão produzida por dois projectos e autorias unidimensionais, agrafados um ao outro de um modo bastante precário.

No fundo, a minha atitude continha uma grande dose de diletantismo. Não seria, afinal, o desejo de estar acima das classes (o intelectual livremente

Através da elaboração escrita, a AM ajuda a clarificar o conteúdo da relação. Estimula o diálogo entre as partes sobre possibilidades de conflito não previstas, forçando assim a uma reabertura do processo de negociação. Difunde também o conhecimento jurídico, ao aconselhar as partes a propósito das consequências de certas linhas de conduta, como, por exemplo, a omissão em pagar, ou em assinar, uma letra promissória. E intervém na fenomenologia da relação quando, por exemplo, se apercebe de que a parte mais pobre e menos esclarecida ou menos articulada está a aceitar um compromisso particularmente oneroso, e sugere outras condições, como, por exemplo, um período mais longo para saldar o resto da dívida.

Redacção

Depois de se terem acordado os termos do contrato, há que passá-lo a escrito. E aqui temos de distinguir entre o acto de escrever e o produto escrito. Já afirmei que uma formulação escrita de vontade gera um sentido de compromisso especialmente forte, de acordo com os postulados culturais do Ocidente. Embora eu não tenha sistematicamente recolhido informação sobre este ponto, julgo que, em Pasárgada, o *topos* da palavra escrita domina o da palavra falada, o que sugere que as relações entre os moradores processados pela AM estão mais imbuídas de um discurso jurídico do que de um discurso moral.

Relativamente à actividade da escrita, o seu valor substantivo não se limita a separar progressivamente a promessa e o promitente, expressando assim a dialéctica da autonomia e da alienação que aparece totalmente manifesta no documento escrito e nas suas relações futuras com as partes comprometidas. Escrever é um ritual com a sua dinâmica própria, orientado para a criação de um "fetiche" jurídico que se sobrepõe à base material que o sustenta (os elementos do contrato, o papel, quem escreve). A AM executa essa sobreposição, substituindo a escrita manual pela dactilografia.

flutuante de Karl Mannheim) que, por vezes, me levava a abandonar a favela[11] *e a ir à praia de Copacabana comer uma boa refeição, num bom restaurante, para poder continuar a suportar o regime de arroz, feijão e rabada na pensão da Dona Maria no Jacarezinho?*[12] *Só mais tarde (e nunca totalmente) compreendi como os dois projectos se deveriam alimentar um do outro se eu quisesse evitar o síndroma esquizofrénico generalizado dos cientistas radicais desse tempo: ser revolucionário, enquanto activista político, e reaccionário enquanto cientista.*

A construção de uma praxis social alternativa justificava, a meu ver, a inevitável violação de algumas regras do método científico.

Os principais contextos em que tal violação se revelou inevitável manifestaram-se sob a forma dos seguintes dilemas: distânciamento científico ou solidariedade política; relevância científica ou o mundo da vida; supremacia da observação ou mudança do campo por via da participação. Passo a ilustrar cada um deles. Esta ilustração vai-me levar a organizar experiências e

---

[11] As minhas idas à Zona Sul eram também motivadas por razões da família. A minha mulher e o meu filho (então com quatro anos) acompanharam-me em parte da estadia no Brasil. Chegámos a considerar a hipótese de a família ir viver comigo para o Jacarezinho, mas decidimos em sentido contrário, sobretudo temendo pela saúde do nosso filho. Alugámos um apartamento na Rua Bulhões de Carvalho.

[12] Em abono da verdade, deve dizer-se que a ementa na pensão da Dona Maria permitia alguma variação. Por exemplo: 16 de Julho: sopa de feijão e arroz, bifes; 12 de Agosto: feijoada com dobradinha; 17 de Setembro: macarrão, almôndegas com ovo.

O teclado da máquina extrai do papel em branco um "fetiche" jurídico da mesma forma que o cinzel extrai uma estátua da pedra. O facto de existir um meio tecnológico entre quem escreve e a escrita só vem reforçar o mito da impessoalidade e da transcendência, especialmente numa comunidade como Pasárgada, onde escrever à máquina não é uma prática generalizada e onde uma máquina de escrever é uma raridade. Por outro lado, o poder persuasivo do *topos* da palavra escrita aumenta devido ao facto de o dispositivo da escrita dactilografada ser considerado menos perecível (mais próximo da impressão do que da escrita manual).

Leitura
Depois de dactilografado, o documento é lido às partes. A leitura é a manifestação plena da dialéctica da autonomia e da alienação. Através da leitura, o acordo escrito assume vida própria, reflectindo, como um espelho de feira, um estranho travesti da afirmação pessoal de vontade. O facto de o documento ser lido em voz alta por uma terceira parte apenas aumenta a autonomia daquilo que é lido relativamente às partes que nele acordaram. Por conseguinte, a leitura é um momento importante no processo da prevenção de litígios através da ratificação. A AM apresenta o acordo às partes aumentando, assim, a dimensão de exterioridade e de alienação que é fundamental para a constituição de qualquer estrutura normativa.

Assinatura
À leitura segue-se a assinatura. Superficialmente, este momento pode parecer a síntese dialéctica, o momento em que as partes superam a alienação e se reapropriam do seu compromisso. Observando melhor, porém, vê-se que é uma falsa superação. O momento da assinatura representa a polarização máxima entre promitente e promessa. Na presença de outros, as partes têm de atestar, como seu, algo que apenas lhes foi legado e que, dessa forma, nega o seu

AS RELAÇÕES PESSOAIS COM O MUNDO A QUE CHAMAMOS IDENTIDADE

vivências como se elas tivessem ocorrido separadamente. Na verdade, o tempo vivido ora fulgura ora retarda, ora irrompe ora interrompe, ora comprime ora distende, ora sobrepõe ora separa, ora estaciona onde não deve e fica onde não pode ora dispara para passados e futuros que ninguém ainda autorizou a ser ou que já foram declarados extintos. O tempo vivido só é temporal depois de vivido. Enquanto se vive é espaço sem tempo. A entrada no diário de 16 de setembro de 1970 diz tudo isto sem dizer nada disto:

> *Passei a manhã toda na cama pois estava a chover e aproveitei para pôr algumas fichas em ordem. Fui almoçar à Dona Maria que me continua a foder o juízo com a falta de dinheiro para pagar a licença da pensão. Eu não lhe posso emprestar dinheiro. Vim para morro e na Loteria Esportiva do António encontrei o Avregny que andava à minha procura, Viemos para cima e fomos até ao meu quarto. O Avregny gosta de ver tudo. Talvez desconfie de algo? Fomos então até ao morro do azul. Passámos pelo Ademar e apanhámos o Zé Português. No morro do azul estivemos a conversar com a mulher do Fausto e uma interessante conversa com um marginal com larga experiência com polícias. Está registada. Depois regressámos à Rua de Jerusalém e estivemos a jogar sinuca [snooker] e estive a ler um livro sobre bramanismo que um moço tinha lá. Um mulato que já foi "absolvido do jogo do bicho" pelo juiz perguntou-me se haveria obs-*

papel de criadores. A verdadeira síntese virá mais tarde, quando houver subordinação efectiva aos termos do contrato. O reconhecimento de que existe polarização, em vez de síntese, no momento da assinatura, é o que justifica, ao nível mais profundo, a assinatura complementar de duas testemunhas. Com efeito, as testemunhas comprovam a autonomia do acordo escrito face a quaisquer pretensões da liberdade pessoal que lhe deu origem, intensificando assim, perante as partes, a distância existente entre estas e o acordo. Se a assinatura representasse uma verdadeira síntese, as testemunhas seriam, não só inúteis, mas disfuncionais.

Testemunho

A estrutura da participação das testemunhas é muito complexa. As testemunhas são a contribuição popular à colectivização da relação entre as partes. Representam o consenso social e o controlo social, e conferem uma aura de perenidade e de tradição ao contexto normativo no seio do qual o acordo individual se deve integrar. De um ponto de vista estrutural, as testemunhas são muito semelhantes às fórmulas de rotina atrás referidas: num certo sentido, elas são fórmulas humanas.

Dado que a AM está igualmente interessada na construção colectiva e popular de normatividade, ela trabalha em conjunto com as testemunhas, embora a partir de perspectivas diferentes: a AM pertence à cúpula institucional, enquanto que as testemunhas são uma parte, não mediada, da base social. A colectivização da relação jurídica, para a qual as testemunhas contribuem, repercute-se sobre elas próprias, e é por isso que não basta uma testemunha. Uma só pessoa é um indivíduo, uma expressão de liberdade, ao passo que duas pessoas são uma comunidade, uma expressão de controlo social. Ao negarem a individualidade uma à outra, as duas testemunhas criam uma entidade autónoma que funciona como uma forma de normatividade comunitária.

táculos a tirar atestado de bons antecedentes para concorrer à polícia. Entretanto parece que trafica em maconha. No botequim do Octávio falámos com a Doracy que nos deu sugestivas informações sobre a vida sexual das moças e moços. Bunda e minete é normal. Todos fumam maconha. E quase todas as moças tomam a pílula. Faz engordar. Custa 7 contos a melhor. Jantámos os quatro: eu, José, Avrengy e o Onofre. Depois voltámos para a sinuca. Saimos do morro alto perto das 10 horas da noite. Agora são 2 da manhã e tenho estado a fazer fichas. Hoje o Pasquim traz anedotas de português.

Distânciamento científico ou solidariedade política

As favelas foram tradicionalmente um terreno fértil para a actividade política. O clientelismo, o populismo e o cabo-eleitoralismo dominavam a "política da favela", vinculando os líderes locais e as organizações comunitárias – associações de moradores, associações de melhoramentos, clubes de futebol, escolas de samba, igrejas – à política e aos políticos "do asfalto". Sem surpresa, as clivagens políticas no interior da favela exacerbavam-se nos períodos eleitorais e foi precisamente num desses períodos que realizei o trabalho de campo. No entanto, a ditadura militar alterava decisivamente a natureza e o conteúdo da confrontação política. Ao reduzir o jogo democrático a um quase-simulacro – a redução do leque político-partidário a

Aposição do carimbo

Depois de o documento ter sido assinado, o presidente carimba-o. Também aqui há que distinguir entre os carimbos, como produto final, e a carimbagem como actividade. Os carimbos são sinais através dos quais a AM manifesta simbolicamente a sua prerrogativa de participar na criação da normatividade contida na relação. Estruturalmente, assemelham-se ao interrogatório do início do processo de ratificação. Em ambos os casos, a AM afirma o seu direito de libertar a relação da intimidade das partes. A diferença é que enquanto essa afirmação é hipotética no caso do interrogatório, torna-se definitiva no caso dos carimbos. De certa maneira, os carimbos são a resposta que a AM dá às suas próprias perguntas. A normatividade simbolizada pelos carimbos é reforçada pelo facto de eles serem também usados nos documentos administrativos da AM. Por esta via, a atmosfera de oficialismo é transmitida ao processo de ratificação.

A carimbagem, enquanto actividade, tem um significado próprio. É um movimento de cima para baixo em que o carimbo bate no papel com vigor e firmeza. O acto é estruturalmente semelhante ao do patriarca enfurecido que bate com o punho na mesa para impor obediência aos filhos, ao do padre que martela com a mão no bordo do púlpito para sublinhar uma exortação importante ou à criança que, em plena birra, atira os brinquedos ou bate com o pé no chão. Todos estes actos simbolizam comando, sublinham intenções e reforçam normatividades. Tal como o itálico é utilizado pelo escritor para sublinhar o que escreve, o acto de carimbagem é o itálico com que a AM sublinha as relações sociais a ela submetidas. O acto de carimbar é assim mais importante do que os carimbos: simboliza o exercício pleno do controlo sobre a finalidade e a irrevogabilidade da transacção.

Arquivamento

Por último, entrega-se uma cópia do documento a cada uma das partes e arquiva-se uma outra nos ficheiros da AM. Da mesma

AS RELAÇÕES PESSOAIS COM O MUNDO A QUE CHAMAMOS IDENTIDADE   197

dois partidos, o Movimento Democrático Brasileiro (MDB) e a Aliança Renovadora Nacional (ARENA), com imposição de profundas restrições à sua actuação – a ditadura militar forçara os grupos políticos de esquerda, sobretudo os comunistas (divididos por várias famílias ideológicas), à luta clandestina. As comunidades populares, nomeadamente, as favelas, eram o terreno privilegiado para essa luta, não só porque aí vivia a "base social de apoio" dessas organizações, mas também porque a vigilância da polícia política (o DOPS) era aí mais difícil. Os espaços democráticos comunitários – por exemplo, eleições para a direcção da Associação de Moradores – eram o centro dessa luta política. Entretecida de modo muito complexo com a luta política legal, a luta clandestina envolvia muitos riscos, sobretudo, obviamente, o risco da denúncia. Não admira, pois, que a entrada no seu seio só fosse possível depois de se estabelecer uma relação de confiança e até de cumplicidade. Entre pessoas, à partida, estranhas, tal relação só era possível mediante a passagem de vários testes de confiança.

Antes de começar a viver no Jacarezinho, familiarizara-me com a bibliografia então disponível sobre a estrutura e práticas políticas nas favelas. À medida que me fui integrando no dia-a-dia da comunidade fui-me apercebendo das lutas políticas dentro e fora da Associação de Moradores. À medida que se aproximavam as eleições, a luta política legal parecia dominar os debates e os confrontos mas, subjacente a ela, corria a luta clandestina tecendo laços subterrâneos com o que era possível defender ou opor publica-

forma que o funeral e o luto são rituais que, ao reencenarem a morte, ajustam as relações entre os vivos, e entre estes e o morto, também o acto de arquivar reencena o processo de ratificação. As partes não levam o documento consigo, sendo este enterrado no arquivo. Levam uma cópia, tal como os parentes têm em casa uma fotografia do morto. Arquivar simboliza salvaguardar a relação. Daí em diante, o comportamento das partes será vigiado por um documento fora do seu controlo. Na verdade, só o documento pode revelar discrepâncias entre os termos do acordo e o comportamento real das partes.

Afirmei atrás que o processo de ratificação é um acto constitutivo, quer porque introduz normatividade na relação entre os moradores, quer porque pode influenciar o futuro dessa relação. Já tinha, porém, previsto que as formas e os procedimentos em Pasárgada não têm o carácter mecânico das que estão presentes nos sistemas jurídicos formalizados. Essa previsão parece ser comprovada pelo processo de ratificação: os acordos podem ser redigidos pelas partes, pelo presidente ou por todos em colaboração; o número de carimbos não é fixo e até o número de cópias do documento pode variar. Em particular, a extensão do interrogatório conduzido pelo presidente é extremamente variável. A duração do inquérito é inversamente proporcional ao conhecimento que o presidente tem das partes – da sua honestidade e da reputação de honrarem os compromissos – e directamente proporcional ao valor da propriedade transaccionada. Como o processo de ratificação se destina a investir as transacções de uma carga de normatividade que irá aumentar a segurança das relações contratuais em Pasárgada, o presidente considera que os riscos são maiores quando ele não conhece as partes e quando o valor da propriedade é elevado. Assim, o processo de ratificação está estruturado de forma a dar maior segurança às relações que dela mais necessitem. Desse modo, mantém-se o carácter instrumental das formas e dos procedimentos.

mente. *Uma das malhas dessa teia era a Associação de Moradores. Foi aí que vivi pela primeira vez o dilema da distânciamento científico /solidariedade política. Foi aí também que me foi feito o primeiro teste de confiança.*

Passara a tarde a observar alguns dos casos de resolução de litígios analisados no Capítulo 2. Estava marcada para as nove horas da noite uma reunião plenária da directoria da AM. Da ordem do dia constava a questão da água. À hora marcada chegaram os 7 directores. O presidente deu início aos trabalhos e logo um dos directores, o sr. I.R., pediu a palavra para solicitar ao presidente que, em vez da questão da água, se discutissem assuntos gerais já que esta era uma reunião ordinária. O presidente recusou peremptoriamente, justificando a sua posição com o facto de a reunião sobre a água ter sido solicitada pelo próprio sr. I.R. e por mais directores. O sr. I.R. retorquiu dizendo que, de facto, tinham solicitado uma reunião extraordinária para tratar da água, mas que esta era uma reunião ordinária onde cabia tratar assuntos gerais, correntes. Ele, sr. I.R., por exemplo, queria discutir as suas atribuições na direcção, enquanto director do departamento social.

> *Presidente: Para isso basta ir aos Estatutos. Eu não vou mudar a ordem do dia.*

> *IR: O senhor não está a obedecer aos Estatutos. Se a maioria quiser mudar a ordem do dia, o senhor não pode sobrepor a sua vontade à vontade da maioria.*

Normas substantivas que definem o tipo e o âmbito das relações

Há diferenças flagrantes entre os tipos e o âmbito das relações jurídicas que são tratadas pela AM de Pasárgada e as que são tratadas na cidade pelos gabinetes de assistência jurídica. Durante a minha investigação de campo, cerca de 85% dos casos tratados por esses gabinetes relacionavam-se com pensões de alimentos e regulação do poder paternal, o que levava os juristas brasileiros a pensarem serem os problemas jurídicos típicos dos pobres. Mas o padrão de relações processadas pelo sistema jurídico de Pasárgada mostra que, pelo contrário, os moradores, apesar de pobres, estão envolvidos numa enorme variedade de relações, muitas das quais são estruturalmente semelhantes às relações que o sistema jurídico oficial do Brasil consideraria típicas das classes médias. Tentarei demonstrar esta afirmação no contexto da prevenção de litígios e, depois, no contexto da resolução de litígios. Começarei por analisar os contratos de compra e venda.

Caso nº 1

Eu, E.L., brasileira, casada, residente na Rua Ministro Vieira de Castro, portadora da carteira de identidade [nº], portadora da carteira de identidade [nº], declaro que vendi para o sr. O.M. uma benfeitoria da minha propriedade no endereço Rua Travessa Leão XIII [nº]. Sendo que o sr. O.M. deu de entrada a importância de Cr$ 500,00 (quinhentos cruzeiros) e o restante será pago em dez promissórias no valor de Cr$ 100,00 (cem cruzeiros) a contar da seguinte data de 15 de Julho de 1970 a 15 de Abril de 1971.

Caso o Sr. O.M. atrasar 3 (três) meses ficará sem validade este documento. Este negócio é livre e lícito e a propriedade está livre de quaisquer embaraços. Sendo que entra na transação de venda apenas a benfeitoria, pois o terreno é de propriedade do Estado.

Data

Assinatura

Testemunhas

Presidente: A mim, como presidente, é que cabe decidir. Vocês pediram a reunião para tratar do negócio da água e eu não vou agora deixar alterar. Eu já sei o que vocês querem.

A partir deste momento a discussão aqueceu ao rubro e os ataques começaram a ser pessoais. Os directores I.R., L.U. e A.N. acusavam o presidente de ser "anti-democrático, ditador e decepcionante. Um homem sem categoria para dirigir a reunião", enquanto o presidente respondia que já sabia quem eles eram e o que queriam. Que ninguém o podia acusar de anti-democrático. Só eles e apenas porque ele não ia "no jogo deles". Que eles só sabiam provocar tumultos e nada mais.

A certa altura, o presidente, nervoso quase ao ponto de descontrolo, vira-se para mim e diz: "Ó Doutor, qual é a sua opinião, que acha deste tumulto?" A surpresa deixou-me paralisado durante alguns segundos. Senti-me particularmente embaraçado por ter de intervir e consequentemente mudar o campo de observação numa discussão altamente política, cheia de não-ditos que o meu conhecimento de política da favela nessa altura já me deixava identificar.

Um tanto titubeantemente respondi: "Bem, em qualquer assembleia há duas partes, a 'ordem do dia' e o que se chama 'antes da ordem do dia'. Talvez não se devesse alterar a ordem do dia, mas achava bem que se dessem uns 15

A estrutura normativa do Caso nº 1 é complexa, como se prova pela análise do objecto da transacção. Embora o objecto seja uma casa, o documento chama-lhe *benfeitoria*. Trata-se de uma expressão técnica usada pelo sistema jurídico oficial para referir melhoramentos em bens materiais (móveis ou imóveis). Esses melhoramentos podem ou não ser transferidos separadamente dos bens a que estão ligados. É importante explicar a importação desta expressão técnica, aliás, amplamente usada, uma vez que parece ir contra a minha hipótese de que a linguagem jurídica de Pasárgada estaria muito próxima da linguagem corrente.

No direito de Pasárgada o termo "benfeitoria" não se aplica a qualquer tipo de melhoramento, como acontece no sistema jurídico oficial, mas principalmente a casas ou a barracas, o que revela o carácter selectivo da importação. Além disso, o termo é utilizado em Pasárgada para assegurar que as partes não pretendem transaccionar o terreno em que a casa ou a barraca está construída, dado que ele pertence ao Estado. Incluir o terreno nessa transacção seria um crime, caso isso fosse feito intencionalmente. O emprego do termo "benfeitoria" visa impedir tal eventualidade. Para se entender o uso desta expressão, é necessário conceber o direito de Pasárgada, não como um sistema fechado que, apesar das importações, se mantém autónomo, mas como um sistema jurídico parcial que coexiste, num contexto de pluralismo jurídico, com outro sistema jurídico também parcial, mas dominante, o sistema jurídico oficial. O termo "benfeitoria" dirige-se menos aos habitantes de Pasárgada do que ao sistema jurídico oficial e seus funcionários. Para este último auditório o que interessa é a certificação de uma intenção jurídica específica. Uma vez essa intenção ritualmente certificada, o auditório interno, de Pasárgada, afirma-se em pleno: do ponto de vista do direito de Pasárgada, a transacção real envolve a casa ou a barraca e o terreno onde está construída.

Pode parecer à primeira vista que, relativamente às casas e às barracas, o direito de Pasárgada importou o direito oficial respei-

a 20 minutos para discutir quaisquer problemas levantados não só pelo sr. I.R., como por qualquer outro director".

O presidente ficou nitidamente contrariado com a minha resposta. O sr. IR apressou-se a comentar: "Se o meu parecer não vale nada, ao menos o do Doutor devia valer". Ao que o presidente atalhou: "Eu respeito a opinião do Doutor e ela está certa em geral. Mas não pode valer no nosso caso porque não está de acordo com os Estatutos".

O burburinho foi então geral com acusações mútuas entre os directores. Até que o presidente deu um murro na mesa e anunciou em altos berros: "Está aberta a reunião. O tema a tratar é o abastecimento de água. Quem quer usar da palavra? Cada um tem 5 minutos".

Logo o sr. I.R. pediu a palavra: "Eu achava que a diretoria devia convocar uma assembleia geral para democraticamente informar o povo de que a água vai chegar e que isso é obra da Associação. É bom que o povo saiba disso. E também era ocasião para motivar o povo em volta da Associação".

O presidente, com um sorriso irónico, deu sinal da sua desaprovação. Interveio então o sr. V.I., que até então pouco falara, para dizer que achava prematuro convocar-se uma assembleia geral, pois havia ainda dificulda-des a vencer e nem sequer se sabia "se a água vai realmente vir agora". Se a Associação se comprometer totalmente pode ficar "em má situação se a água não vier". Em seu entender, devia-se esperar que as obras começassem.

tante às benfeitorias. A verdade, porém, é que, enquanto no sistema jurídico oficial, as construções permanentes são o exemplo típico de benfeitorias que não podem ser transferidas separadamente do terreno em que estão implantadas – salvo em situações específicas e regulamentadas (propriedade horizontal) –, em Pasárgada vigora o oposto. Assim, o direito de Pasárgada importou, não a norma oficial, mas apenas a noção da separabilidade lógica de coisas que estão fisicamente ligadas. Esta noção foi depois adaptada às necessidades de Pasárgada, e de tal forma que a norma daí resultante é a antítese da norma oficial. Esta contradição não assenta numa clivagem profunda entre os postulados culturais subjacentes ao direito de Pasárgada e ao direito oficial. Decorre da dependência do direito de Pasárgada relativamente ao direito estatal para a determinação do estatuto jurídico do terreno. A autonomia das normas de Pasárgada sobre benfeitorias é, assim, adaptativa e instrumental, direccionada para minimizar o conflito com o sistema jurídico oficial. O conflito fundamental sobre o estatuto jurídico do terreno é transformado num conflito superficial entre normas sobre benfeitorias.

Tendo em conta que a minimização do conflito em situações de mudança tem sido, muitas vezes, conseguida através de ficções jurídicas, sugiro que as normas de Pasárgada sobre benfeitorias representam um artifício jurídico através do qual se ficciona que o terreno não está incluído na transacção. Esta ficção é usada recorrentemente e sob diferentes formas, uma vez que exprime um conflito entre as normas fundamentais do direito de Pasárgada e as do direito oficial.[19] Nos termos da norma fundamental

---

[19] Importei a expressão "norma fundamental" (*Grundnorm*) de Kelsen (1962: 2 e ss.), embora a utilize no sentido mais amplo de norma ou conjunto de normas que estabelecem o fundamento jurídico geral da regulação de áreas específicas da vida social, e não no sentido de Kelsen, de norma constitucional entendida como pressuposto lógico-transcendental da pirâmide jurídica.

Esta intervenção foi secundada por outro director, o sr. A. D. Falaram então o sr. L.V. e o sr. A.N. e ambos se manifestaram a favor da convocação da assembleia.

Presidente: Eu sou contra a assembleia porque há dificuldades a vencer que ainda não foram vencidas, nem se sabe ao certo quando o serão. Claro que tudo é obra da Associação, mas não fica bem à Associação se comprometer neste momento quanto tudo ainda pode falhar. A melhor solução seria mandarmos uma circular a todos os moradores informando da próxima vinda da água. [Ante os sorrisos e apartes dos senhores I.R., L.V. e A.N., o presidente reagiu violentamente]. Pois é. Eu sei quem vocês são. Vocês a mim não me enganam. Vocês querem a Assembleia Geral apenas para criar dificuldades, para destruir tudo o que tem sido feito e para permitir que os vossos políticos façam propaganda contra nós.

A partir deste momento a reunião foi ainda mais tumultuosa com trocas de insultos de "desonesto", "oportunista", "imaturo". A certa altura, o sr. L.V. conseguiu fazer-se ouvir.

Sr. L.V.: A água já podia estar aqui se não fosse a política. Nós não somos políticos. Queremos o bem do povo e não queremos que

do "direito do asfalto",[20] a posse do terreno, em Pasárgada, é ilegal ou precária e o terreno pertence ao Estado. Esta norma fundamental e as suas implicações são conhecidas em Pasárgada, não só através da experiência repetida – por exemplo, o Estado invoca a ilegalidade da posse do terreno para justificar a não prestação de serviços públicos –, mas também através dos contactos que os moradores de Pasárgada têm com os funcionários do sistema jurídico oficial. De facto, tal norma subjaz a todas as atitudes dos moradores de Pasárgada relativamente aos organismos estatais, em geral, e aos que se encarregam do "problema das favelas", em particular. Até o próprio movimento, no princípio dos anos sessenta, para uma legalização progressiva da posse e propriedade dos terrenos da favela, partiu da aceitação dessa mesma norma fundamental.

Em Pasárgada, porém, esta norma fundamental é invertida por meio da ficção, atrás mencionada, que legaliza a posse do terreno. A norma fundamental de Pasárgada proporciona o fundamento da legitimidade para as transacções, entre os moradores da favela, que envolvam casas e barracas consideradas como objectos reais, e não como benfeitorias em sentido técnico. Embora essas transacções não sejam oficialmente válidas, porque, salvo situações específicas, uma casa não pode ser legalmente transaccionada sem o terreno em que está construída, e porque os terrenos da favela não são privados, o rótulo oficial de invalidade não tem qualquer efeito para os moradores de Pasárgada, enquanto essas transacções

---

[20] Os documentos de Pasárgada contêm referências às "leis em vigor", uma expressão técnica que designa as "leis oficiais". No discurso oral mais informal, os moradores de Pasárgada referem-se às leis oficiais e ao sistema jurídico oficial como o "direito do asfalto" ou a "lei do asfalto", por ser o tipo de direito que rege as relações sociais em áreas urbanizadas que, ao contrário de Pasárgada, têm ruas e estradas asfaltadas. Conforme as circunstâncias, esta categoria popular é utilizada para conotar que o direito do asfalto também é aplicável em Pasárgada ou que, pelo contrário, pelo facto de Pasárgada não estar na zona do asfalto, o direito oficial não se lhe aplica.

ele seja enganado. Afinal, o senhor (dirigindo-se ao presidente) tem feito toda a cobertura eleitoral ao Dr. Edson Kahir. Ainda hoje andou aí num carro com ele e com a reportagem de O Dia. Isso não é política?

As palavras do sr. L.V. foram apoiadas tanto pelo sr. I.R. como pelo sr. A.N. com vários apartes.

Presidente: Você é estúpido em estar contra uma pessoa que já lhe salvou a vida.

Sr. L.V.: Talvez eu seja mais amigo dele que o senhor. E vocês andam a estragar o Edson. Ele já perdeu por causa de vocês e vai voltar a perder.

Neste momento a reunião voltou a ser tumultuosa. O presidente proibia os apartes dos senhores I.R., A.N. e L.V., cortava-lhes a palavra sempre que ultrapassavam os cinco minutos, alterava em desfavor deles a ordem das intervenções e fazia que não via os seus pedidos de intervenção. Pelo contrário, deixava cordatamente que os restantes directores falassem pelo tempo que quisessem e no fim das suas intervenções agradecia-lhes por tudo o que tinham feito pela Associação.

e as relações sociais por elas criadas se circunscreverem a Pasárgada e à jurisdição das suas instituições e mecanismos jurídicos. Portanto, a ficção jurídica fundamental permite que coexistam, sem interferência, duas ideias mutuamente contraditórias de legalidade, desde que as respectivas jurisdições se mantenham separadas.

Esta dinâmica normativa, a que voltarei a referir-me, é reveladora da estrutura das importações no direito de Pasárgada. A importação é inovadora e selectiva a fim de, em primeiro lugar, garantir a sobrevivência normativa do direito de Pasárgada numa situação de pluralismo jurídico em que o direito oficial tem poder para definir problemas normativos, ainda que não para os resolver na prática; e, em segundo lugar, responder às condições sociais e aos recursos institucionais da comunidade que diferem daqueles que, na sociedade mais vasta, deram origem ao direito oficial.

O Caso nº 1 envolve um contrato de venda sem outras condições para além das prestações de pagamento. No entanto, em Pasárgada, as vendas incluem frequentemente cláusulas adicionais.

Caso nº 2

Recebi de A.M. a importância de oitocentos cruzeiros novos, referente à venda que lhe fiz de (1) um quarto que pertencia à minha casa situada na Rua do Rio [nº]. Outrossim, combinámos para quando ela Dona A.M. quiser vender o referido quarto eu sou o primeiro pretendente.[21] Sem mais assino o presente documento em presença de duas testemunhas, ficou uma via deste na sede da

---

[21] O direito de opção surge nos documentos de Pasárgada de modo quase idêntico ao dos documentos legais do sistema oficial, porque os seus habitantes foram socializados na cultura jurídica oficial, mas nem as condições de Pasárgada, nem as relações entre o direito de Pasárgada e o sistema jurídico oficial obrigam, neste caso, à autonomia normativa de Pasárgada. Esta questão será resolvida adiante.

Sr. V.A.: Não acho bem o que o L.V. fez. Não devia criticar o sr. J.A. (o presidente) por política sem olhar para ele mesmo. Afinal o L.V. anda muito entrosado com as assistentes sociais da Fundação Leão XIII e vai acompanhá-las até à saída da favela.

Sr. L.V. (colérico): O senhor nada tem a ver com a minha vida particular. Posso acompanhar com as pessoas que quero. Elas não são candidatos políticos. Isso é um ataque injusto.

A discussão continuou neste tom com todos a falarem ao mesmo tempo e com apelos à calma por parte dos senhores V.A., V.I., A.D. e S.E. (que chegara atrasado) que não eram atendidos.

A dada altura, o presidente, virando-se para mim: Eles sabem que estão a ser injustos comigos. Eles estão por dentro. Mas o senhor está por fora e merece uma explicação.

Sr. I.R., protestando em tom conciliatório: A explicação deve ser dada para todos e não apenas para o Doutor.

Presidente: Eu vou explicar. O Governador Negrão de Lima quando foi candidato a Governador prometeu dar-nos água. A partir de então nada se fez até agora, mas houve sempre um homem que nos acompanhou desde a primeira hora, o Doutor Edson. Foi ele que marcou uma audiência com o Governador. O Governador

Associação de Moradores do Jacarezinho, situada na Rua Senhor do Bonfim, nº 35, Jacarezinho.[22]

Data

Assinatura

Testemunhas

Caso nº 3

Eu, E.D., brasileiro, casado, com carteira de identidade [nº], recebi do sr. J.M. a importância de 6.300,00 correspondente ao sinal da venda que fiz de uma casa situada na Rua de Jerusalém [nº] pelo preço de 8.500,00. O sr. J.M. fica na obrigação de recuar a 3ª parede deixando no nível da 2ª parede. A casa com 4 cômodos de 2 metros e 40 de largura e 6 metros e 40 de comprimento. Sobrado de 7 metros de comprimento e 2 metros de largura.

Assinatura

Testemunhas

Data

No Caso nº 2, o objecto da venda é um quarto de uma casa. Uma venda deste tipo suscitaria problemas técnicos no sistema jurídico oficial (por exemplo, a questão da quota ideal de *terra firma*). Em Pasárgada, porém, a venda de quartos individuais não só é frequente, como não levanta quaisquer problemas jurídicos. Dada a inexistência de terreno para novas construções e o constante aumento das rendas, há muita gente sem abrigo que, não tendo posses para comprar uma casa ou barraca, compra apenas uma divisão. Além disso, há também proprietários de casas para quem a venda de um quarto é a solução ideal para problemas financeiros urgentes, porque mantêm a sua própria habitação, e obtêm uma

---

[22] Pelas razões já referidas a identificação da favela não constava dos documentos na versão original da tese.

foi muito atencioso e à saída disse: "Edson, agora é a si que compete não deixar o assunto morrer. Toque para a frente. E quando houver dificuldades, venha falar comigo." Quer isto tudo dizer que o Governador foi quem incumbiu o Doutor Edson de trabalhar para nós. Isso é entre ele e o Governador. Ele não é um político. (Sorrisos). Acontece que ele vai ser candidato a deputado mas não é um político. Tem sido um amigo desinteressado desta favela. Foi ele que marcou uma audiência da Associação com a autoridade máxima da CEDAG. Deveríamos então recusar e dizer: "não, nós não vamos com o senhor porque o senhor é político"? Acha que devíamos fazer isso, Dr. Ventura?

Eu: Acho que não. A gente tem de aproveitar todas as boas vontades em prol da comunidade.

O presidente quis então encerrar a reunião, mas foi interrompido pelo sr. I.R.

Sr. I.R.: Mas eu tinha pedido uns minutos para tratar de outros assuntos.

Presidente: Está bem, se for breve.

Sr. I.R.: A Associação terá dinheiro para me pagar 1.300 contos que me deve? Diziam que iam tratar disso e não fizeram nada.

quantia de dinheiro superior à de que um simples arrendamento. Dado que estas transacções não prejudicam os interesses mais gerais da comunidade, não há motivo para que o direito de Pasárgada as não legitime.

No Caso nº 3, o sr. E.D. pretende que o sr. J.M. reconstrua uma das paredes, porque a casa contígua lhe pertence e ele quer assegurar o acesso à rua. Dado que essas obras implicam demolição e reconstrução, o sr. E.D. fornece uma descrição completa da casa com as respectivas dimensões. No direito do asfalto exige-se sempre uma descrição completa da casa, mas o direito de Pasárgada não insiste rigorosamente neste ponto, e muitos documentos limitam-se a indicar a localização da casa. Geralmente, as transacções, em Pasárgada, estão confinadas às casas e jardins que, evidentemente, têm limites bem definidos e inequívocos. No Caso nº 3, contudo, as obrigações criadas pelo contrato justificam e exigem uma descrição da casa, o que constitui outro indício revelador do carácter instrumental das formalidades no direito de Pasárgada.

Em todos estes casos são criadas relações sociais por via contratual. O teor das relações criadas é, por vezes, bastante complexo como atestam os casos 4 e 5.

Caso nº 4

Eu, M.F., brasileira, viúva, residente na Rua Joaquim Silva [nº]. De comum acordo entre eu e o sr. J.L., brasileiro, casado, residente na Rua Joaquim Silva [número contíguo ao anterior]. Entramos em um acordo dividir a casa no centro, que venha dar um resultado em partes iguais, será feita esta divisão baseada pela cuminheira da casa, mais que o referido senhor fica na obrigação de fazer todo o serviço tanto no material como na mão de obra, fica ao critério do sr. J.L., cabendo à D. M.F. receber sua casa na parte que for feita a divisão em ordem, com todo acabamento necessário, inclusivé pintura.

Presidente: Ó amigo I.R., companheiro, eu não tenho dinheiro. Como é que a Associação pode arranjar dinheiro para amanhã? Não pode ser.

Sr. I.R.: Veja então quando pode. Outro assunto é que quero demitir-me de director por incompatibilidade administrativa com o sr. J.A. O senhor me decepcionou. O senhor não sabe dirigir uma Associação.

Presidente: Aceito a sua demissão. Mas não aceito o motivo. Como é que você pode dizer que não gosta da minha administração se fui empossado há tão pouco tempo? Estou informado que você disse a alguém que ia se demitir por motivos particulares. É isso que deve ficar na ata . Aliás, vocês a mim nunca me decepcionaram, pois eu sei quem vocês são. Quanto pior, melhor.

Sr. I.R.: O senhor não respeita os Estatutos. Nunca vi tomar uma atitude estatutária. Se o senhor quiser, eu não indico o motivo na ata, mas o motivo é incompatibilidade administrativa. Sou seu amigo. Mas vejo que estou a estorvar e talvez sem mim a Associação vá melhor.

Presidente: Então fica tudo isso na ata .

Sr. L.V.: Em face do que foi dito contra o meu entrosamento com a Leão XIII, eu também me demito. Vejo que a Associação sem mim ficará melhor e só desejo que continuem a trabalhar bem.

Sem mais nada a tratar, assino este termo de responsabilidade perante duas testemunhas.
Data
De acordo (impressão digital)
De acordo (assinatura)
Testemunhas

Caso nº 5
Eu, A.F., brasileiro, casado, operário, residente à Rua Vieira Fazenda [nº] declaro que: residindo em um cômodo feito de estuque, no endereço acima citado, benfeitoria esta de minha propriedade por herança de meus falecidos pais, estando o mesmo em precário estado de conservação, não tendo eu posses para fazer os reparos necessários, assim sendo, de comum acordo com minha irmã, E.L., brasileira, casada, doméstica, residente [na mesma barraca] autorizo-a a construir o referido cômodo, fazendo em cima um segundo pavimento que será de sua inteira propriedade como de minha posse o primeiro pavimento.

Sendo eu o beneficiado com a transação acima exposta, será esta declaração de real valor quanto à posse do segundo pavimento conforme citação anterior.

Assino a presente declaração na presença de duas testemunhas em duas vias, uma das quais ficará em poder da Associação de Moradores para os fins que convier.
Data
Declarante
Declarada
Testemunhas

Os cómodos, as casas ou as barracas são objecto de múltiplas relações e a todos o direito de Pasárgada acomoda com grande flexibilidade. Para além de compras e vendas e de reparações, são frequentes as permutas entre habitações situadas em Pasárgada

Presidente: Aceito. Obrigado.

Sr. A.N.: Também em virtude das dificuldades postas no desempenho do meu cargo demito-me de secretário.

Presidente: Aceito. Está encerrada a reunião.

No final da reunião os senhores L.V., I.R. e A.N. convidaram-me para assistir às reuniões que eles faziam e comentaram: "Sabe?, nós continuamos a vir por aqui e a colaborar. Somos todos amigos e continuamos amigos". Entretanto, o presidente dirigiu-se a mim, já de saída:

Presidente: Espero que esta reunião tenha sido do maior proveito para a sua pesquisa.

Eu: Muito, sr. J.A. Eu até queria pedir ao senhor para assistir às próximas reuniões.

Presidente: Pois não. Venha sempre. E traga papel e lápis.

Esta reunião foi muito importante para a minha compreensão da política comunitária nas favelas do Rio de Janeiro no início da década de setenta. Nela colapsou uma coligação frágil que tinha servido de base à lista que ganhara as eleições para Associação. Tratava-se de uma coligação pró-MDB onde se juntavam tendências centristas (lideradas pelo presidente) e tendências esquerdistas, (os senhores I.R., L.V. e A.N.). Estes

ou fora (Caso n° 6), entre habitações e automóveis (Caso n° 7) e entre habitações e terrenos (Caso n° 8).

Caso n° 6

Ele, J.B., brasileiro, casado, actualmente residindo à Av. Guanabara [n°], Jacarezinho;

Ela, O.M., brasileira, casada, actualmente residindo à Rua Visconde de Niteroi [n°], Mangueira;

Declaram que entre si fizeram uma permuta de residências. O sr. J.B. residia à Rua Visconde de Niteroi [n°] de sua propriedade livre e desembaraçada de qualquer ónus.

A sr.ª O.M., residia à Av. Guanabara [n°] de sua propriedade livre e desembaraçada de qualquer ónus.

Esta declaração torna-se válida após esta data dando total e pleno direito aos permutadores a responsabilidade das respectivas benfeitorias.

Data

Assinaturas

Caso n° 7

Eu, J.M., brasileiro, casado, residente na Av. Guanabara, declaro que recebi do sr. A.M. um carro de marca Volkswagen no valor de 4.500 na ato do negócio quando fica um restante de 4.500 que será pago parcelamente em letras promissórias sendo:

7 de 200,00
9 de 300,00
1 de 400,00

que venho a somar um total de 9000 correspondente ao justo valor de uma benfeitoria que lhe vendi. A mesma fica situada no Beco dos Caboclos [n°]. Negócio feito lícito e livre de qualquer embaraço quando assino esta declaração de venda na presença

últimos, eram conhecidos na favela por serem "vermelhos" ou "puxarem para o vermelho". Nesta época, ser apelidado de vermelho ou de comunista era uma acusação muito grave na medida em que a sua denúncia significava prisão e muito provavelmente tortura. Isto explica a retórica de estigmatização e de intimidação usada pelo presidente da AM para contrariar e desvalorizar as posições dos seus adversários, uma retórica assente em recorrentes insinuações e subentendidos ("Eu sei quem vocês são", "a mim não me decepcionaram", "eu sei o que vocês querem", "quanto pior, melhor"). A manipulação dos estereotipos anti-comunistas exacerbada pelo contexto ideológico da ditadura, não podia ser abertamente combatida pelos visados. Daí que eles se refugiassem no respeito pelos Estatutos, no apelo ao jogo democrático e na reivindicação da primazia do interesse da comunidade.

Acresce que a ameaça da repressão política obrigava os "vermelhos" a estratégias de protecção que, de algum modo, os punham na dependência de adversários políticos. Foi isto mesmo que lhes lembrou o presidente quando invectivou o sr. L.V. pela sua ingratidão para com "quem o salvara". Referia--se ao facto de o candidato a deputado ter intercedido a favor do sr. L.V. numa situação em que ele esteve para ser preso por suposto involvimento em actividades subversivas. Daí também que os directores desavindos com o presidente no preciso momento em que polarizam o conflito com ele, ao demitirem-se, tentam despolarizá-lo, auto-responsabilizando-se pelas

de duas testemunhas e em duas vias, uma das quais ficará no arquivo da Associação de Moradores do Jacarezinho para os fins que convierem.

Outrossim: o terreno é do Estado e não entra na transação.

Data

Assinaturas

Caso nº 8

Eu, E.S., brasileiro, casado, comerciário, residente à Rua Joaquim Silva [nº].

Declaro que de comum acordo entre eu e o sr. E.O., brasileiro, casado, funcionário público, residente na Rua Dias da Rocha [nº], nesta cidade e estado, fizemos uma troca da minha benfeitoria situada em Jacarezinho, no endereço acima citado, por dois terrenos do referido senhor, sendo que um terreno fica localizado em Tribobó e outro em São Pedro da Aldeia, todos no estado do Rio.

Troca esta feita lícita e livre de qualquer embaraço, assinado por ambos na presença de duas testemunhas, outrossim nesta transação foi apenas a benfeitoria, o terreno é do Estado e não entra na transação

Data

Declarantes

Testemunhas

As relações de propriedade em Pasárgada são muito complexas e os acidentes por que passam fazem que, por vezes, lhes seja necessário pôr termo (Caso nº 9). Outro tipo de relações muito frequentes, tendo por objecto as "benfeitorias" são os arrendamentos. As relações de arrendamento são de resto particularmente reveladoras da ductilidade formal do direito de Pasárgada (casos nº 10 e 11) e também aqui a extinção das relações sócio-jurídicas é tão importante quanto a sua constituição (casos nº 12 e 13).

dificuldades ("vejo que estou a estorvar", "sem mim a Associação ficará melhor"), pondo o interesse da Associação acima dos interesses pessoais ("só desejo que continuem a trabalhar bem"), e preservando a continuidade das relações multiplexas contra perturbações que, são tão dramáticas, quanto pontuais (da troca de insultos graves a "somos todos amigos e continuamos amigos"). Embora o contexto político fosse, no caso, determinante, a dialéctica de polarização/despolarização obedecia a padrões globais de socialização na comunidade. Enquanto as sociedades de massas, dominadas por relações uniplexas, garantem a sua sustentabilidade pela dramatização do trivial, as sociedades face-a-face, dominadas por relações multiplexas, fazem-no pela trivialização do dramático.

Como já referi, as clivagens políticas no interior das comunidades agravavam-se em períodos eleitorais. Esta reunião foi muito elucidativa do modo como o clientelismo e o cabo-eleitoralismo minavam as solidariedades internas. Este facto era bem conhecido dos líderes do Jacarezinho. Assisti a várias reuniões promovidas pelo padre da Igreja Católica, um conservador bastante activo mas bastante autoritário, no sentido de a favela seleccionar entre os seus líderes um candidato às eleições estaduais. Se a favela "valia 20.000 votos", isso era suficiente para eleger um deputado desde que se conseguisse unidade à sua volta. Seria um deputado que, por estar eleitoralmente dependente da favela, não deixaria de lutar pelos interesses desta, quanto mais não seja por ter os olhos postos nas próximas eleições e

Caso nº 9

Eu, M.J., brasileira, viúva, doméstica, residente em Jacarezinho, em uma benfeitoria de minha propriedade, constando de três cômodos com água e luz, de comum acordo entre eu, M.J., com meu irmão, J.N., para fazer em cima da laje da minha benfeitoria dois cômodos que de fato foi feito onde morou dois anos, mas diante de uma crise de discordância entre as duas famílias, tanto minha como dele, passamos a não mais se entender, entramos novamente em comum acordo que a partir desta data, 13 de Fevereiro de 1969, tendo 30 dias para mudar, recebendo a quantia de NCr$ 1,074, o que foi o total que gastou para fazer os dois cômodos para me entregar a casa livre de qualquer embaraço e em perfeito estado de conservação, sem mais nada a tratar assino esta declaração perante duas testemunhas e em três vias, uma das quais ficará na Associação de Moradores do Jacarezinho, para o fim que convier.

Data
Declarante
Declarado
Testemunhas

Como se pode verificar pelas relações jurídicas já documentadas, a linguagem do direito de Pasárgada é muito flexível, reflexo da flexibilidade do formalismo jurídico adiante analisado. A linguagem corrente, popular, oral coexiste com expressões "eruditas" ou mesmo formulaicas, importadas da linguagem técnica oficial. Os dois "contratos" de locação, reproduzidos a seguir, são reveladores da ductilidade linguística do direito pasargadiano. O Caso nº 10, domina a linguagem corrente, oral, enquanto no Caso nº 11 domina a linguagem técnica oficial certamente importada pelos contratantes e sancionada, tal como a anterior, pela Associação de Moradores.

AS RELAÇÕES PESSOAIS COM O MUNDO A QUE CHAMAMOS IDENTIDADE   221

querer ser reeleito. Um dos líderes mais entusiastas da ideia do "candidato da favela" era, sem surpresa, um dos que se via com mais possibilidades de concitar à sua volta o consenso da favela. Esta presunção era, no entanto, auto-destrutiva dado que quanto mais era afirmada, maiores rivalidades suscitava e, com isso, mais impossível tornava o consenso de que necessitava para se materializar numa candidatura. Para dar uma ideia dessa impossibilidade basta dizer que para os "vermelhos", que tinham algum poder político no interior da comunidade, o líder em causa, apesar de respeitado, era informador do DOPS e, como tal, a pessoa menos indicada para representar a favela. Independentemente disso, porém, tornava-se claro para mim que, nem ele, nem qualquer outro líder teria a possibilidade de ser assumido como candidato da favela dentro do sistema clientelista que então dominava. O clientelismo é a ordem política da desigualdade e só funciona numa sociedade em que as desigualdades sociais, de tão fortes e duradouras, desacreditam por inteiro a ideia da igualdade formal dos cidadãos. Ainda que todos os líderes da favela estivessem disponíveis para serem cabos-eleitorais de "candidatos do asfalto", não passaria pela cabeça de nenhum deles ser cabo-eleitoral de alguém igual a eles.

E, de facto, à medida que se aproximavam as eleições, a motivação para "desta vez" eleger um candidato da favela foi-se desvanecendo. Um a um todos os líderes se foram comprometendo com diferentes candidatos do asfalto. O líder que antes se entusiasmara com a ideia de ser o candidato da

Caso nº 10

Locatário: V.S., brasileiro, casado, aluga um quarto pertencente a casa de propriedade do locador: J.E., residente à Rua Travessa Santo António [nº] pelo preço de 40.00 mensais, com prazo de 7 meses a contar do dia primeiro de Junho ao primeiro de Janeiro de 1971. Atenção, PAGAMENTO DE ALUGUEL: Deve ser efetuado no primeiro dia de cada mês. Findo o prazo deste contrato, podemos ou não reformar, dependendo de se satisfazermos de ambas as partes.

Data
Locatário
Locador
Duas Testemunhas

Caso nº 11

Por este instrumento particular de locação ajustam e contratam, de um lado como locadora a sr.ª R.V., brasileira, solteira, doméstica, residente em Jacarezinho. Como locatário, o sr. P.M., brasileiro, casado, operário, residente no Jacarezinho, quando passa a residir na benfeitoria situada na Rua Vila Jardim [nº] da referida senhora no endereço acima citado nas seguintes cláusulas:

1. O prazo de locação é de 12 meses a contar da presente data, ou seja, 15 de Junho de 1969.
2. O locatário compromete-se a pagar respectivamente a quantia de NCr$ 60,00 mensais.
3. As partes acordam em evitar discussões e ofensas, tratando-se com respeito e cortesia.
4. Este contrato foi assinado pelas partes na presença de duas testemunhas.
5. O inquilino e locador comprometem-se a respeitar o estabelecido neste contrato.

favela tornou-se em breve o cabo-eleitoral principal de um dos candidatos da ARENA. Foi neste contexto político que a reunião da direcção da Associação de Moradores teve lugar, numa altura em que o grupo de directores se tinha dividido no apoio político a diferentes candidatos. Como faz parte do sistema clientelista pôr as comunidades e os seus recursos organizativos (associações, clubes, etc.) ao serviço de um dado projecto eleitoral, a divisão entre os directores transformou-se numa luta pelo controlo do poder eleitoral da Associação.

Dentro deste sistema, o poder eleitoral da Associação seria tanto maior quanto maior fosse a dependência e, portanto, a gratidão da Associação e, através dela, da comunidade em relação aos "serviços prestados" pelo candidato seleccionado. Daí a luta entre os líderes para desenharem cenários alternativos de dedicação à favela por parte dos candidatos. Enquanto o presidente e alguns dos directores tinham decidido trabalhar para um dos candidatos, os senhores I.R., L.V. e A.N. tinham decidido trabalhar para outro, ainda que nunca o tivessem mencionado na reunião. O presidente, que se recusava a ser chamado de cabo-eleitoral – função que considerava indigna do seu posto, tanto na Associação como na Igreja Metodista – apoiava, de facto, um dos candidatos e eu próprio testemunhei acções de angariação de votos. Talvez por isso, dias mais tarde, ele quis comentar comigo a reunião nos seguintes termos:

6. Outrossim as partes acordam em renovar o referido contrato dentro das normas das leis em vigor.

Data
Locadora
Locatário
Testemunhas

As relações de arrendamento podem terminar de comum acordo (Caso nº 12) ou unilateralmente (Caso nº 13).

Caso nº 12

Eu, B.S., brasileiro, casado, operário, residente em uma benfeitoria do Sr. F.M., brasileiro, casado, pintor, residente no mesmo endereço acima citado, de comum acordo com o referido senhor que a partir desta data, ou seja, 20 de Maio de 1969, terei 60 dias sem pagar aluguel para desocupar a referida benfeitoria, livre de qualquer embaraço e em perfeito estado de conservação. Esta declaração está assinada por ambos na presença de testemunhas.

Data
Assinaturas
Testemunhas

Caso nº 13

O Sr. H.S. declarou, tendo como inquilino o sr. A.B., que ocupava um cômodo de sua benfeitoria com um contrato feito na Associação de Moradores do mesmo local em 1 de Setembro de 1969, pagando aluguel de NCr $50.00 que pagou apenas o primeiro mês, quando o referido senhor viajou no dia 20 de Setembro e retornou no dia 15 de Outubro de 1969 quando o mesmo não efetuou o pagamento do aluguel e em segunda abandonou o referido cômodo, deixando a chave na porta e dentro do mesmo um copo e uma esteira. Quando o referido proprietário da benfeitoria

"Ainda não comentámos a reunião de quinta-feira passada. Sabe, tanto o L.V. como o I.R. puxam para o vermelho. São agitadores. E têm filiação partidária. Eu já sabia que eles iam pedir uma assembleia] geral porque isso seria a ocasião para introduzir o sr. Wilson que é o candidato deles. Eles reunem-se e estão organizados. Quando tudo está correndo bem então eles tentam desmanchar.

Tudo andou em volta do negócio da água. Como sabe, o Governador encarregou o Dr. Edson para tratar da água. Ele marcou um encontro nosso com o presidente da CEDAG. Pois bem, há muito tempo que o sr. Wilson andava em volta de mim para irmos com uma comissão à CEDAG, sendo ele o encaminhador. Muitas vezes me trazia na "rural" dele. Eu sempre me recusei. Aproveitando uma ausência minha, ele conseguiu enganar o vice-presidente da Associação e marcou para segunda-feira] uma reunião com o presidente da CEDAG. Lá foram. Quando lá chegaram ele perguntou pelo presidente da Associação. "Não está. Anda viajando", foi a resposta. Aí ele disse que não podia receber a comissão porque no dia seguinte tinha já uma reunião marcada para receber uma comissão do Jacarezinho em que o presidente da Associação estaria presente. Aí eles ficaram encabulados. Foi por isso que eles durante a reunião já não queriam discutir o negócio da água".

na presença de duas testemunhas tomou conhecimento abrindo-a em seguida para limpeza, ficando assim à disposição do seu dono.
Data
Declarante
Testemunhas

Para além destas relações, muitas outras ocorrem tendo por objecto casas, quartos ou barracas. Por exemplo, doações e testamentos. Vejamos o Caso nº 14 que suscita uma análise mais detalhada.

Caso nº 14

Eu, J.G., brasileiro, viúvo, com 81 anos de idade, portador da carteira [nº], residente à Rua São José [nº]. Em uma benfeitoria, feita de tijolo, coberta com telhas francesas, com água e luz, constando de 4 cômodos de minha propriedade. A mesma tem uma pequena área em frente. Em minha companhia mora um casal há 10 anos, sr. e sr.ª G.M., recebendo desta família todo apoio moral e sempre me trataram com respeito e amor e carinho há um ano que vivo em cima de uma cama com o lado direito paralizado, me virando pelas mãos dos mesmos deste casal, tenho recebido toda a assistência necessária, não tenho eu recursos para pagar tanta dedicação em todo o meu sofrimento que tenho recebido e continuo recebendo para pagar tantos bens, eu J.G. dentro da minha lucidez e consciência resolvi que, após a minha morte, que a benfeitoria em que resido, sendo de minha propriedade, pertencerá ao casal acima citado. Prestando assim um ato de alta gratidão por tudo quanto recebi, passo todo o meu direito de posse, assinado por mim, por ser analfabeto ponho as minhas impressões digitais perante duas testemunhas, outrossim o terreno é do Estado e não entra na transação
Data
Declarante (impressão digital)

A interpelação que me foi feita pelo presidente durante a reunião foi uma das primeiras em que me vi na contingência de "mudar o campo de observação". Seguiram-se muitas outras como adiante referirei. Neste caso, a interpelação tinha um risco acrescido para mim. Por um lado, ocorria na Associação, que era o centro privilegiado da minha observação sobre a resolução de litígios. Qualquer passo mal dado podia pôr em risco a minha pesquisa. Por outro lado, dizia respeito a uma contenda política de alta conflitualidade e com grande dramatização retórica. Tomar partido nela podia equivaler a perder a confiança de quem se sentisse injustiçado pela minha posição. Ora a pesquisa exigia que eu mantivesse a confiança de todos os directores da Associação. De qualquer modo, foi de imediato claro para mim que eu não podia responder à solicitação pela recusa em dar a opinião e muito menos justificar tal recusa com os imperativos metodológicos da minha observação científica. A relação pessoal que eu tinha vindo a desenvolver com a Associação e seus directores, combinada com a coincidência da minha pessoa e da minha presença com o estereótipo do sociólogo norte-americano, tornava impossível a fuga para uma qualquer zona isenta de contaminação interaccional. Fosse interpretada como arrogância ou como cobardia, a minha recusa seria sempre um acto de distanciação ou de não-pertença que, por certo, teria, como troca, um desinvestimento na confiança que os directores vinham a construir a meu respeito.

Declarado

Esposa

Testemunhas

O caso nº 14 envolve uma acção que expressa atitudes ao mesmo tempo que pretende produzir efeitos jurídicos. O discurso moral tende a dominar o discurso jurídico, e a sua orientação tópico-retórica visa criar um argumento persuasivo a favor da legalidade da acção empreendida, realçando, desse modo, a segurança da relação daí resultante. A necessidade de uma retórica intensa provém do facto de a legalidade da acção poder ser duvidosa e de, muito provavelmente, poder vir a ser contestada por terceiros. Os outros casos até agora analisados eram determinados por razões de ordem material. Aqui, porém, o doador sofre uma clara perda material. O seu ganho é apenas afectivo e intransmissível. É por isso que as partes, estão, neste caso, apostadas em neutralizar futuras pretensões legais dos herdeiros, o que as leva a acentuar a íntima ligação entre os imperativos éticos e os efeitos jurídicos da doação, no intuito de evitar que uma norma contraditória possa futuramente invalidar o acto.

Esta estratégia retórica é patente a diferentes níveis. Em primeiro lugar, o *topos* da repetição é amplamente usado. A mesma expressão de gratidão pelo amor, o carinho, a ternura e o respeito, aparece repetidamente. Longe de ser produto de uma redacção jurídica desajeitada, trata-se claramente de uma intenção de sublinhar as normas que criam o efeito jurídico pretendido. Ao mesmo tempo, este argumento moral sugere um argumento jurídico paralelo, impedindo, assim, a tentativa de isolar a transacção relativamente ao discurso jurídico. A retórica do argumento moral emprega o *topos* da retribuição e da restituição, através do qual o futuro e o passado são ligados. Sublinha a necessidade de compensar os donatários pelos serviços prestados ao doador, apresentando uma descrição pormenorizada e dramática da doença, o

A resposta que dei apontava para uma mediação entre os directores em conflito. Ao invocar uma estrutura organizativa dual (o período de antes da ordem do dia e o período da ordem do dia), pretendia transformar a incompatibilidade substancial numa acomodação temporal. Senti-me, por momentos, na posição em que já várias vezes tinha observado o presidente e até outros directores, na posição de terceira parte na resolução de litígios. E, de algum modo, usei um dispositivo simbólico e interaccional familiar a todos os presentes, o dispositivo da mediação. Tratava-se, obviamente, de uma falsa mediação na medida em que permitia aos directores dissidentes realizar por inteiro o seu objectivo, o de suscitar a discussão de questões políticas gerais muito mais amplas que a questão da água. De algum modo, pus-me numa situação estruturalmente semelhante à do presidente na resolução do Caso nº 24 (o caso da falsa mediação). Com uma diferença muito importante: é que a falsidade da minha mediação foi óbvia para ambas as partes. Foi por isso que os directores dissidentes exultaram com a minha posição, enquanto o presidente procurou neutralizá-la aceitando-a em geral, mas considerando-a inaplicável no caso concreto. Ou seja, à minha falsa mediação do conflito, o presidente respondeu com outra falsa mediação sobre a justeza ou a injusteza da minha posição. Economizou a recusa da minha posição até ao estritamente necessária para fazer prevalecer a sua.

A estrutura da minha posição era, no entanto, mais complexa que a de uma falsa mediação. Era falsa enquanto mediação entre posições

que enaltece e valoriza esses serviços. A prestação desses serviços criou um direito a uma indemnização. O discurso moral visa, pois, transformar a doação num contrato bilateral em que os serviços são pagos com o imóvel. Mediante a sua ambiguidade, o discurso moral pode responder a um ataque jurídico no seu próprio terreno: os donatários não são beneficiados pela generosidade arbitrária do doador; eles não são, de facto, donatários, porque lhes assiste o direito de exigirem pagamento pelos seus serviços.

Outro caso, este de doação (Caso nº 15), pode ter igualmente na sua base um potencial conflito entre imperativos éticos e imperativos jurídicos. Daí também que seja construído com base numa densa retórica de justificação.

Caso nº 15

Eu, Z.M., brasileiro, casado, separado da minha esposa, vivendo maritalmente com F.M., que tem sido ótima companheira, que sempre soube cumprir com o dever de uma dona de casa, dando respeito, amor e carinho, nas horas difíceis e sempre soube cumprir com o seu dever na saúde, na alegria, na dor, dentro do meu resto de vida, a única fortuna que desfruto é este pequeno barraco e achei por direito passar em seu nome por motivo de gratidão e retribuindo assim o respeito, amor e o carinho que sempre tive, uma dádiva que faço livre e desembaraçada e que fica reconhecida por duas testemunhas.

Impressão digital

Testemunhas

Os casos nº 16 e 17 envolvem igualmente transmissões por morte.

Caso nº 16

Eu, S.I., nascido a 26 de Julho de 1921, venho por meio desta declarar a Associação de Moradores do Jacarezinho, para fim de

contrárias, mas era genuína enquanto mediação entre pessoas detentoras de posições contrárias. A minha posição permitia salvar a face ao presidente, não só porque respeitava a ordem do dia, como colocava os temas propostos pelos directores dissidentes numa posição retórica inferior, tanto no plano substantivo (o preliminar, "antes da ordem do dia"), como no plano temporal (uma limitação temporal de 15 ou 20 minutos em contraste com o tempo ilimitado para a discussão do tema do presidente). Foi esta complexidade que me permitiu sair da "zona de contaminação" relativamente ileso, com o meu capital de confiança intacto no que respeita ao presidente e muito aumentado no que respeita aos directores dissidentes.

Mas talvez o mais importante para mim foi que a minha resposta, apesar de estratégica, não foi insincera. Pelo contrário, achei genuinamente que os directores dissidentes deviam ter a oportunidade para ventilar as questões que pretendiam ver discutidas. Sabia que "os assuntos gerais ou correntes" não eram assuntos de detalhe administrativo, mas, ao contrário, assuntos que envolviam a posição política da Associação no seio da comunidade e achava importante que eles fossem discutidos. Importantes para quê ou para quem? Apercebi-me nessa altura que concebia o interesse colectivo da favela a partir de uma perspectiva politicamente muito próxima da dos directores "vermelhos". Esta percepção foi recíproca e assim passei o primeiro teste de confiança.

registro, que a casa da Rua Senhor do Bonfim [nº], em Jacarezinho, onde moro é de minha inteira propriedade, a qual à minha morte passará a pertencer ao meu legítimo neto, L.C., nascido a 23 de Junho de 1969 com meu desejo. Outro sim, se meu neto acima citado perecer antes do que eu, este documento ficará sem valor para qualquer fim jurídico.

Ao fazer esta declaração estou no mais perfeito gozo da minha sanidade física e mental.

Data

Assinatura

Testemunhas

Caso nº 17

Eu, M.B., brasileira, viúva, doméstica, residente na Travessa Dr. Leal [nº], em benfeitoria onde resido a 15 anos, vivendo sozinha com o amparo de Deus.

Sendo de minha propriedade, sendo eu membra da Igreja Congregação Cristã do Brasil. E vivendo da caridade da mesma, quando não tenho herdeiro venho de comum acordo com toda a minha sanidade mental em perfeito estado passar a minha pequena benfeitoria com todos os direitos para a Igreja Congregação Cristã no Brasil. Ficando eu fazendo usos e frutos da mesma até ao fim de meus dias que após a minha morte a Igreja Congregação Cristã no Brasil venha a tomar conta da referida benfeitoria com todos os direitos para fazer da mesma o que bem lhe convier quando esta declaração fica devidamente assinada por mim na presença de duas testemunhas e em duas vias uma das quais ficará na Associação de Moradores do local para os fins que convierem.

Data

Declarante

Declarado

Testemunhas

Dias depois do convite feito, em geral, no final da reunião para assistir às reuniões deles, os senhores I.R., L.V. e A.N. convidaram-me para uma "reunião informal" à noite, em casa de um deles. Além deles, estavam presentes várias pessoas que eu não conhecia. Estranhamente para mim, a reunião consistiu numa bateria de perguntas sobre a actualidade política que cada um deles me foi fazendo ao longo de três horas. Entre muitas outras, perguntas sobre a situação política em Portugal, a posição a tomar a respeito do socialismo de Allende no Chile, a pobreza nos EUA, a situação política e económica na União Soviética, nos países socialistas, na Suécia e na Holanda, o marxismo e as diferentes posições políticas que se têm reivindicado dele, o futuro do sindicalismo, o futuro da ditadura militar no Brasil.

Respondi a todas as perguntas como podia e sabia. Dei a minha opinião sincera e sem reservas sobre cada um dos temas. Em nenhum momento me ocorreu que podia ser perigoso estar a tratar de temas que eram tabu perante pessoas que não conhecia. Assumi que tinha sido convidado por amigos e que a confiança que eles depositavam em mim ao abordarem comigo esses temas não podia ser diferente da que eu depositava neles. Saí da reunião com a sensação estranha de ter estado a ser entrevistado ou interrogado durante três horas sem que ninguém tivesse assumido perante mim que a reunião tinha sido isso mesmo, uma entrevista ou um interrogatório.

Os contratos em Pasárgada estão notavelmente bem adaptados às necessidades e aos interesses das partes. Manifestam claramente as intenções das partes de obter as vantagens mútuas que pretendem. Estes contratos também revelam a relação dialéctica entre prevenção e criação de litígios. Ao alargarem os termos do contrato a zonas de prováveis conflitos e ao redigirem cláusulas que contemplem esses casos, as partes reforçam o papel do contrato na prevenção de conflitos. A dialéctica da prevenção e da criação de litígios revela-se aqui em pleno: ao multiplicarem os termos do acordo, as partes aumentam as probabilidades de violação do contrato e, portanto, de criação de litígios. Do ponto de vista do direito do asfalto, estes contratos são muito "complexos". Se tivessem de se harmonizar com todos os requisitos desse direito, seria necessária uma intrincada preparação jurídica. No direito de Pasárgada os contratos são extremamente flexíveis e, contudo, a sua preparação não requer grande tempo nem grande perícia.

Formas e procedimentos para a legalização das relações

Na secção anterior analisei as normas substantivas do direito de Pasárgada. Volto-me agora para o estudo das estruturas normativas formais. No direito de Pasárgada, o carácter instrumental das suas formas torna altamente problemática a distinção entre forma e substância. No entanto, essa distinção permanece útil, quer como estratégia descritiva, quer como categoria analítica.

As formas jurídicas podem ser não-verbais ou verbais. Estas últimas são expressas em linguagem técnico-jurídica. Tentarei mostrar, nesta secção, que as formas jurídicas de Pasárgada são consistentemente instrumentais, orientadas para as finalidades substantivas que pretendem servir. O direito de Pasárgada é flexível em relação ao formalismo e rígido em relação à ética. Sempre que importa formas jurídicas do direito do asfalto, o padrão da importação é semelhante ao que é observado para as normas substantivas.

AS RELAÇÕES PESSOAIS COM O MUNDO A QUE CHAMAMOS IDENTIDADE   235

No dia seguinte, encontrei o sr. I.R. na agência da "Loteria Esportiva". Viemos até casa dele. Aí ele desvendou o enigma que me perseguia desde a véspera: "Gostámos muito de conversar com você. Você é muito diferente dos americanos que aqui estiveram. Eles, afinal, também eram sociólogos e também estavam fazendo pesquisa. E também não se pode dizer que a diferença esteja na língua porque alguns deles falavam bem o português. Mas eram muito diferentes de você. É que a sua simplicidade cativa a gente. Você dá a sua opinião e a gente gosta de bater um papo com o senhor. Já com eles a coisa era muito diferente. Eles me procuravam muito, mas eu procurava evitar, falava sempre agoniado e não dava gosto. Eles não se aproximavam da gente como você. Eram distantes e a gente também não sabia quais as opiniões deles e para que lado é que tendiam. Depois o brasileiro não gosta do americano. Tem sido muito explorado por ele.

A gente gosta de bater um papo com você porque o senhor é imparcial, conhece muito do mundo e conhece os pontos fracos de todas as políticas e sistemas. Aqui no Brasil o político só apresenta uma perspectiva e nunca mostra os pontos válidos da outra. É por tudo isto que eu converso com você coisas que nunca conversei com ninguém. Você já é nosso. Você na conversa de ontem disse coisas que se fosse brasileiro tinha ido em cana. Sabe, estivemos a conversar que se ganhássemos a Loteria Esportiva íamos montar um colégio para você dirigir. Era um modo de lhe dar dinheiro e impedir que voltasse

A relativa autonomia do formalismo de Pasárgada, nesta situação de pluralidade jurídica, sugere que estamos perante um sistema de formalismo popular e uma linguagem técnica popular.

O processo de ratificação já mencionado – que mostra como as formas podem ser usadas para criar ou reforçar a normatividade – centra-se no documento escrito que certifica a transacção jurídica. No direito do asfalto, pode-se identificar dois tipos principais de documentos legais: particulares e públicos. Os segundos são redigidos por um notário, de acordo com procedimentos especiais e são, sobretudo, destinados a certificar a transferência do título legal de propriedade de imóveis, ficando depois arquivados na competente conservatória do registo. Tanto os documentos particulares, como os públicos, são habitualmente assinados pelas partes e por testemunhas. Os documentos em Pasárgada são estruturalmente semelhantes aos documentos particulares do asfalto, e são assinados pelas partes e por duas testemunhas. Mas o direito de Pasárgada utiliza esses documentos para certificar transacções jurídicas (transferência do título de propriedade de imóveis) que, no direito do asfalto, exigiriam um documento público.[23] Portanto, o direito de Pasárgada importa, do direito estatal, apenas o contorno geral da forma jurídica. Considera necessário um documento escrito para certificar as intenções e os factos contratuais, mas a garantia

---

[23] Nos termos do direito oficial vigente ao tempo do trabalho de campo, os habitantes de Pasárgada nunca poderiam ter as suas transacções legais certificadas pelos documentos públicos do asfalto, não só porque a sua posse do terreno é ilegal ou precária, mas também porque as suas casas violam os regulamentos de habitabilidade (não lhes foi dada a licença de habitação). Do ponto de vista do direito do asfalto, os documentos usados em Pasárgada podem, quando muito, ser encarados como meios de transferência de direitos de posse, mas não de propriedade. Contudo, os habitantes de Pasárgada só fazem esta distinção quando se referem ao sistema jurídico oficial. De acordo com o direito de Pasárgada, essas transacções transferem a propriedade e, de facto, os direitos transferidos ultrapassam os simples direitos de posse tal como são concebidos pelo direito do asfalto.

para Portugal. Afinal a sociologia também está a nascer aqui e você podia
se tornar famoso aqui dentro..."

Ficou então claro para mim que eu tinha sido submetido a um segundo
teste de confiança, um rito de passagem, e que o tinha passado com êxito.
A minha excentricidade em relação ao estereótipo do sociólogo norte-
-americano, que no início da minha estadia na favela tinha afectado
negativamente a minha credibilidade, tinha-se transformado numa mina
cuja riqueza potencial me causava vertigens. O facto de eu ter assumido essa
excentricidade, e ter feito dela a minha justificação para violar as regras
da metodologia convencional, tinha aumentado enormemente a minha
"capacidade extractiva", permitindo-me enriquecer os meus ficheiros e diá-
rios com informação que ninguém sonharia dar ao sociólogo estereotipado.
Essa informação era-me dada na base de uma relação de confiança e até de
amizade.

Como se verá adiante, a preocupação de não violar essa relação veio a
tornar-se mais tarde numa autêntica obsessão quando fui forçado a vestir
o colete de forças da ciência moderna enquanto escrevia a minha tese de
doutoramento. A única consolação foi pensar que o conhecimento que
teria de guardar em segredo, pelo menos, enquanto durasse a ditadura,
fora extremamente importante para a construção do conhecimento que
eu me permitia divulgar. De todo o modo, na altura em que realizava o
trabalho de campo, a paixão política, e afinal bem humana, pela metodo-

assim obtida não depende da subordinação às distinções técnicas e aos procedimentos prescritos pelo direito do asfalto. Recorre-se às testemunhas porque são símbolos importantes, não acarretam despesas e não provocam atrasos.

As formas são flexíveis e adaptadas às circunstâncias. Um bom exemplo é a assinatura do documento pelas partes. Atendendo a que estas podem ser analfabetas, tanto o direito de Pasárgada, como o do asfalto, aceitam a impressão digital dos analfabetos. Mas, enquanto que, no direito do asfalto, a impressão digital tem de ser efectuada na presença de um funcionário ou representante do Estado, segundo os procedimentos formais que estabelecem a sua autenticidade, no direito de Pasárgada apenas se exige que ela seja aposta no papel da mesma forma que uma assinatura. Estas não são meras diferenças de forma, mas de concepção funcional. Enquanto que, no direito do asfalto, a impressão digital pode *substituir* a assinatura, no direito de Pasárgada *assina-se* com a impressão digital, e, por isso, a mesma expressão é utilizada para assinatura e a impressão digital. O que se importou do direito do asfalto foi a estrutura lógica da impressão digital, a possibilidade de um sinal material alternativo para expressar a identificação com um compromisso jurídico.

Outras contingências podem afectar a forma do contrato. No caso que se segue, o filho da vendedora exprimiu as suas apreensões quanto à venda, e o comprador, preocupado com a eventualidade de aquele usar o analfabetismo da mãe como um pretexto para frustrar a venda, recusou-se a comprar a barraca, a menos que a vendedora convencesse o filho a assinar como testemunha.

Caso nº 18

Eu, O.F., brasileira, solteira, doméstica, residente na Av. Guanabara [nº].

Declaro que recebi do sr. M.M., brasileiro, solteiro, operário, a quantia de NCr$ 550,00 correspondente ao justo valor de um

logia transgressiva cegava-me ao ponto de não reconhecer que a riqueza do material de investigação que reunia era afinal uma prova de que a Hidra da ciência moderna podia reconstituir-se a partir das feridas que a tinham mutilado.

Na conversa com o sr. I.R. apercebi-me que a troca mutualista faz tanto parte da sociabilidade humana como a troca competitiva, ao contrário do proposto pelos individualismos metodológicos que inundaram a epistemologia e a teoria política na década seguinte. Ao dar abertamente a minha opinião ante estranhos sobre temas considerados na altura politicamente subversivos, eu dera uma prova muito forte de confiança naqueles que conhecia e me tinham convidado ("se você fosse brasileiro já tinha ido em cana"). Esta prova de confiança merecia ser trocada por outra do mesmo calibre. Foi por isso que a certa altura o sr. I.R. me confidenciou:

> *"Você sabe que aí no morro me chamam de vermelho. Mas eu não sou comunista. Eu acredito sim no socialismo mas não no comunismo da Rússia. Mas aqui no Brasil se tem a ideia que ser pelo socialismo é o mesmo que ser pelo comunismo. Mas eu não sou. Aqui se opõe-se o comunismo ao capitalismo e os políticos nunca nos falam da Suécia, da Holanda ou da Dinamarca – aquilo que você nos falou...*

cômodo que lhe vendi de minha benfeitoria. O mesmo mede 3m de frente com 4m de fundos que venha a dar 12,00m², é feito de madeira coberta com telhas francesas, com água e luz, quando passo todo o meu direito de posse deste cômodo para que o referido comprador faça do mesmo o que bem lhe convier.

Quando o mesmo use seus direitos cabíveis de construir, trocar ou vender, negócio feito lícito e livre de qualquer embaraço. Como eu sendo analfabeta, apresento o meu filho mais velho que venha responder por esta venda assinando como testemunha de vista no negócio. Esta declaração de venda é extraída em duas vias, uma das quais ficará na Associação para o fim que convier.

Data

Assinatura do comprador

Testemunhas (uma das quais é o filho da sr.ª O.F.)

O filho da sr.ª O.F. assina como mais do que uma simples testemunha do contrato, pois é seu herdeiro legítimo e, portanto, uma parte cujo consentimento é relevante no direito de Pasárgada para caucionar a transacção. De facto, essa preocupação de segurança está também patente na descrição pormenorizada das dimensões da barraca e dos direitos que o comprador adquire. Este caso indica que as partes de uma transacção, sob o direito de Pasárgada, não se limitam aos que compram e vendem, mas podem incluir pessoas cujo consentimento é considerado relevante. Essas pessoas não são representantes das partes, porque o seu consentimento é autónomo e esse consentimento pode substituir, reforçar ou contrariar o consentimento da pessoa com quem têm uma relação relevante. Os casos que a seguir se referem ilustram o que acabo de afirmar.

Caso nº 19

O sr. N.T. entra na Associação e expõe o seu caso ao presidente. O diálogo entre eles é o seguinte:

AS RELAÇÕES PESSOAIS COM O MUNDO A QUE CHAMAMOS IDENTIDADE   241

Como já lhe disse, aqui dentro chamam a gente vermelhos. Aqui dentro as pessoas criticam-se muito e esses nomes servem para vexar. Mas isto é entre nós. Porque lá fora ninguém vai dizer. É impossível. Se o fizesse, toda a comunidade se viraria contra a pessoa. Até no crime a cagoetagem é censurada e pode criar muitos problemas a quem cagoeta. Veja, eu, por exemplo, estive interessado nos Grupos dos Onze e até fui nomeado vice-presidente da Acção Popular do Brizola. Apesar disso, estou aqui e nada me aconteceu. As prisões que houve aqui dentro foi da polícia ter encontrado lá fora nomes e endereços de pessoas daqui. Por denúncia ninguém. Aliás, o brasileiro em geral não é muito amigo da delação.

Com esta troca estava celebrado um pacto e estava também selada uma amizade entre nós. Embora as nossas posições não fossem simétricas, estávamos, de algum modo, nas mãos um do outro. No contexto político que então se vivia aquela troca pressupunha uma grande confiança recíproca e investia a relação de um elevado nível de responsabilidade. Pelo meu lado e reduzindo-me à condição de jovem sociólogo, a informação recebida tinha um "prazo de validade" muito curto, o tempo da escrita da tese de doutoramento. Com toda a probabilidade, esse tempo seria ainda tempo de ditadura no Brasil. O dilema era, pois, o de a informação ser tanto mais preciosa quanto impossível de usar. No entanto, o dilema não era meu, pessoalmente. Era o dilema da própria informação e do cientista social que a recolhera. Pessoalmente, nunca hesitei na posição a tomar e, aliás, como

Sr. N.T.: Comprei o barraco de S.D., ele disse que me passaria o recibo daí a seis meses e já lá vão três anos e ainda não mo deu. Agora vendi o barraco a C.A. e ela quer o documento de venda.

Presidente: Pois é moço. Tu não tens prova de que compraste o barraco. Tens de trazer cá S.D. para ele assinar o documento como te vendeu o barraco. Depois tu já podes dar o documento à dona.

Sr. N.T.: Mas S.D. mora longe. Aqui só moram os filhos e eles sabem de tudo e até assistiram.

Presidente: Pois bem. Tu vais tentar trazer S.D. Se ele não puder, traz os filhos para eles testemunharem a venda.

O Caso nº 19 exemplifica de duas formas diferentes a importância do documento escrito na certificação das transacções jurídicas em Pasárgada. Quando o sr. N.T. comprou a barraca ao sr. S.D., ambos acordaram que o pagamento fosse feito em prestações. O sr. S.D. não confiou no sr. N.T., e só se comprometeu a assinar o documento de venda depois de todas as prestações terem sido pagas, porque, sem isso, o sr. N.T. não poderia provar a compra e, portanto, não poderia afirmar os seus direitos sobre a barraca. Mas como o sr. N.T. nunca precisou do documento, também nunca forçou o sr. S.D. a assiná-lo. Agora, porém, quer vender a barraca e o comprador quer ver primeiro o documento. O sr. N.T. dirige-se à AM porque sabe que ela tem competência para resolver este tipo de questões. O presidente toma conhecimento do problema, reproduzindo-o duma forma que, embora mais precisa e mais técnica, é rapidamente entendida pelo sr. N.T.: "Pois é moço. Tu não tens prova de que compraste o barraco". Os conhecimentos jurídicos do presidente, apesar de superiores aos do sr. N.T., não são expressos em linguagem esotérica. O problema não é a existência dos direitos do sr. N.T., mas a prova deles. É, pois, moral e juridicamente imperativo prestar-lhe auxílio, porque as questões de forma devem subordinar-se à substância normativa.

se verá adiante, cheguei mesmo a quase-neurotizar o medo dos riscos que a divulgação da informação podia criar "aos meus informadores". Afastei-o recorrendo a autênticos rituais, criando buracos escuros na escrita da tese, temas que só podiam estar presentes pela ausência. Esta cautela exagerada tinha o seu quê de arrogância: impunha uma aura de importância à volta da informação que, por transferência, era a aura que eu queria impor a mim mesmo, transformado por vias subterrâneas e transgressivas, num super-sociólogo.

No contexto em que operava, não tinha qualquer hipótese de submeter a informação a um teste de importância. Nem sequer a um teste de genuinidade. Aliás, para mim, a informação não tinha vida própria. Não existia senão como confidências de um amigo. A competência informativa da informação era secundária em relação à competência interrelacional (a relação de confiança e de amizade) de que era apenas um sinal eloquente. Assim, o modo como processei interiormente a informação que considerei politicamente delicada acabou por sabotar a própria natureza da informação. A sua importância não residia nela, mas no que estava a montante dela, a relação que a tornara possível. Daí, talvez a ritualização da sua ocultação enquanto material narrativo, a evidência que, pelo menos enquanto durasse a ditadura, tal informação não viria à luz do dia. Afinal, foram necessários mais de quarenta anos para que tal ocorresse.

Procura-se chegar à solução através de passos lógicos. A melhor solução seria que o sr. S.D. assinasse um documento, mas o sr. N.T. tenta convencer o presidente de que isso seria muito dispendioso, e propõe uma alternativa. Se os filhos maiores do sr. S.D. testemunhassem a venda, o consentimento deles substituiria o do pai. Eles não são apenas testemunhas, mas partes substitutas, porque se supõe que os seus interesses materiais são idênticos aos do pai. Este raciocínio jurídico é partilhado pelo presidente, mas existem algumas diferenças subtis. O presidente pretende sublinhar a ordem lógica das soluções. Primeiro, o sr. N.T. deverá tentar trazer o sr. S.D., e só se tal não for possível (não uma impossibilidade absoluta, mas talvez uma impossibilidade para o sr. N.T.) é que a segunda alternativa será aceite. A solução adoptada em última instância é a mais exequível entre várias outras que podiam conduzir ao mesmo objectivo substantivo.

Este caso mostra que pode existir negociação relativamente às formas, tal como eu tinha previsto que ela existia relativamente ao objecto do litígio. O sr. N.T. participa activamente na criação da forma que será adoptada para o seu caso. Isto é possível porque as formas, em Pasárgada, não são aplicadas automaticamente. Há uma estrutura básica (a necessidade de um documento assinado) a partir da qual se pode optar por diferentes caminhos. O facto de um deles ser o mais lógico não é suficiente, pois tem de ser sopesado em função dos encargos que impõe. Não seria justo forçar o sr. N.T., que é, sem dúvida alguma, o dono da barraca, a despender parte do dinheiro que obterá com a venda para trazer o sr. S.D. à presença da AM. Isto é mais um exemplo de como o direito de Pasárgada é rigoroso em questões de ordem ética e flexível em questões formais.

O Caso nº 19 mostra como as partes substitutas reforçam o presumível consentimento de uma parte ausente. Mas as partes substitutas podem também ser usadas para substituir ou anular a vontade de uma pessoa que recuse dar o seu consentimento.

A relevância científica ou o mundo da vida

Uma das mais decisivas virtualidades da ciência moderna reside na sua capacidade para concentrar os seus instrumentos analíticos num objecto de investigação bem definido, construído a partir de uma teia de variáveis independentes e de variáveis dependentes, devidamente identificadas e em número muito limitado cujas hipotéticas relações recíprocas funcionam como perspectiva ou fio condutor da investigação. O outro lado deste processo de concentração analítica é a exclusão, sob a forma de perturbação irrelevante, de tudo o que não é seleccionado como sendo objecto. Para além de objecto, há dejectos. É assim a ciência em corte sincrónico. Em corte diacrónico, entre o objecto e os dejectos existem duas categorias intermédias que designo por desobjectos e reobjectos.

Os desobjectos são objectos em desuso, temas e variáveis que vão perdendo interesse analítico e que, apesar de permanecerem no horizonte de concentração analítica, raramente são chamados à actividade, ou seja, aos projectos de investigação dos investigadores em actividade. Quando são chamados à investigação tendem a sê-lo por investigadores fora de moda, marginais ou radicais. Este estado de latência não tem de ser definitivo. É costume, aliás, que os desobjectos reapareçam mais tarde ou mais cedo, quase sempre sob novas roupagens discursivas e analíticas.

É este reaparecimento que transforma os desobjectos em reobjectos. São reobjectos precisamente porque nunca reaparecem intactos,

Caso nº 20

O sr. G.M. vai à AM com o sr. B.T. e expõe o problema dele ao presidente.

Sr. G.M.: Como sabe, sou dono da benfeitoria situada na Rua Darcy Vargas [nº]. Quero vendê-la ao sr. B.T., mas o problema é que não consigo obter o consentimento da minha mulher. Saiu de casa há nove meses e nunca mais voltou.

Presidente: Onde é que ela está, agora?

Sr. G.M.: Não sei. Aliás, não me parece que o consentimento dela seja muito importante porque, afinal de contas, toda a casa foi construída à minha custa. Para além disso, não há recibos de compras de materiais de construção assinados por ela.

Presidente (depois de um silêncio): Bem, sei que o senhor é uma pessoa honesta e que a sua mulher se portou muito mal. (Silêncio) Há quanto tempo é que ela se foi embora?

Sr. G.M.: Há nove meses.

Presidente: Pois é, é pouco tempo. (Silêncio) Parece-me que o seu filho mais velho deve concordar com a venda da benfeitoria e assinar o documento como terceira testemunha.

Srs. G.M. e B.T.: Nós concordamos.

Sr. G.M. para o sr. B.T.: Podiamos redigir já o documento...

O documento é, em seguida, redigido nos seguintes termos:

Eu, G.M., brasileiro, casado, separado de minha esposa, a qual desapareceu sem dar notícias, vivendo filialmente com meus 6 filhos, declaro que vendi uma benfeitoria de minha propriedade sita à Rua Darcy Vargas [nº] ao Sr. B.T., brasileiro, casado, residente à Rua Grenalgh [nº], Rio Comprido, no valor de 7.000,00 (sete mil cruzeiros), sendo que será dado de entrada a importância de 6.000,00 (seis mil cruzeiros) e o restante será pago no valor de 200,00 mensais. Declaramos que não havendo documentos em nome da minha esposa e no meu nome, vendo-a sem nenhum

trazem sempre a marca da desobjectualização porque passaram. São objectos reciclados. Por exemplo, as classes sociais, que durante muito tempo foram um objecto central da sociologia, passaram na década de oitenta à categoria de desobjectos e estão hoje a reaparecer sob a forma de reobjectos.

O mundo da ciência é assim constituído por objectos, desobjectos e reobjectos enquanto os objectos fazem parte do mundo da vida. Claro que os dejectos só o são do ponto de vista do mundo da ciência. Do ponto de vista do mundo da vida, eles são a substância, a vida do mundo da vida. Claro que os objectos só o são do ponto de vista do mundo da ciência. Do ponto de vista do mundo da vida, eles são a susbstância, a vida do mundo da vida. Parafraseando Hayek, pode dizer-se que o mundo da vida forma-se, enquanto o mundo da ciência é feito. O mundo da ciência vê-se como um pequeno arquipélago de ordem num vasto mar de caos, o mundo da vida. Não surpreende que o cientista, que habita simultaneamente o mundo da ciência e o mundo da vida, experiencie o seu objecto de investigação como algo muito limitado no conjunto das suas experiências quotidianas. A estreiteza dos critérios de relevância científica que presidem à construção dos objectos de investigação obriga a deixar de fora e a considerar sem interesse a esmagadora maioria dos temas, ambientes, sensações, experiências que o cientista, enquanto pessoa humana e cidadão, vive diariamente e, por vezes, com grande intensidade e envolvimento. A justificação para tal "desperdício"

embaraço, pois a mesma foi construída com todos esforços meus.

Negócio feito lícito e livre de qualquer embaraço, quando assino esta declaração de venda na presença de duas testemunhas e em 2 vias, uma das quais ficará na Associação de Moradores do Jacarezinho para os fins que convierem.

Data

Assinaturas

Assinaturas de três testemunhas

(uma delas é a do filho mais velho do sr. G.M.)

Sabe-se, em Pasárgada, que o direito do asfalto exige o consentimento do cônjuge para que um contrato de transferência de propriedade de um imóvel seja válido. Contudo, em Pasárgada há muitos casais que não estão legalmente casados. Casados legalmente ou não, presume-se que a mulher dá o seu consentimento se, na altura da transacção, viver com o marido. Mas os senhores G.M. e B.T. estão preocupados porque o sr. G.M. está legalmente casado, e, no entanto, a mulher não vive com ele, pelo que o seu consentimento não pode ser presumido. Temem que ela possa tentar impedir a venda, especialmente porque a casa é razoavelmente boa e o sr. B.T. irá pagar uma quantia apreciável. Recorrem à AM por duas razões. Por um lado, querem assegurar-se de que, no caso de a sr.ª G.M. se dirigir à AM para tentar anular a venda, os seus esforços sairão frustrados. Por outro lado, querem ter a certeza de que, se ela recorrer às instâncias jurídicas do direito do asfalto, a decisão da AM será respeitada.[24]

---

[24] Pode perguntar-se por que razão as partes estariam preocupadas com um recurso da sr.ª G.M. ao direito do asfalto, já que este não reconhece os direitos concedidos nem as transacções efectuadas ao abrigo do direito de Pasárgada. No entanto, não se deve esquecer que, nesta situação de pluralismo jurídico, o sistema jurídico informal é dominado pelo sistema jurídico oficial e representa o comportamento jurídico das classes dominadas dentro da sociedade capitalista. Os moradores de

está na aura e na eficácia dos propósitos do empreendimento científico que se alimenta dele. Mas nenhum cientista escapa à sensação que viver a ciência é uma forma muito limitada de viver a vida.

Como já referi atrás, quando cheguei ao Jacarezinho tinha um duplo objecto de investigação, talvez formulado de forma menos límpida que esta: por um lado, analisar o consumo da justiça oficial por parte dos moradores, nomeadamente o recurso aos diferentes serviços (estatais e paraestatais) de assistência judiciária (a "justiça gratuita"); por outro lado, analisar os mecanismos internos de resolução de litígios já que era conhecido que o consumo de justiça oficial era muito selectivo. Embora continuasse por algum tempo a observar o funcionamento dos serviços de justiça gratuita, rapidamente me concentrei na análise da resolução interna de litígios. Fi-lo não só porque me apercebi da riqueza potencial dos dados a recolher, como porque este era o objecto que me permitia testar a hipótese do pluralismo jurídico, uma hipótese que eu queria "extrair" do seu habitat original – os estudos antropológicos do direito colonial em África (sobretudo do que assentara no sistema de "indirect rule" britânico) e do direito das comunidades indígenas na América Latina – e aplicá-la em sociedades modernas e em contexto urbano. A diversidade dos mecanismos de resolução de litígios no interior da favela levou-me a concentrar a minha observação num dos mecanismos que na altura se afigurava como um dos mais importantes, a Associação de Moradores.

A pergunta do presidente sobre o paradeiro da sr.ª G.M. dá a entender que a solução ideal seria tentar obter o seu consentimento. O sr. G.M. responde imediatamente que não sabe onde ela está, embora provavelmente saiba. Mas o presidente não força muito a questão, pois é do conhecimento geral que ela fugiu com outro homem e que tinha sido infiel ao marido quando ainda vivia com ele. Segundo os pressupostos sexistas de uma AM dominada por homens, seria humilhante para o sr. G.M. ter de a contactar agora, uma linha de acção que não é de esperar de um "cornudo honrado".

Em todo o caso, o sr. G.M. tenta eliminar essa possibilidade, procurando convencer o presidente de que, neste caso, não é muito importante cumprir essa formalidade, "porque, afinal de contas, toda a casa foi construída à minha custa". Este argumento encarna o *topos* da equidade, através do qual a norma formal que requer o consentimento da esposa é reinterpretada à luz das circunstâncias concretas do caso. Este é um argumento convincente, porque, no direito de Pasárgada, as formas não são aplicadas mecanicamente. O consentimento da mulher é reconhecido *como* uma forma que deve ser respeitada, mas o que confere conteúdo a essa forma é a justificação substantiva que lhe está subjacente. Habitualmente, é justo exigir o consentimento da mulher, pois ela participou activamente na criação da riqueza do casal, mas, se for possível demonstrar que tal participação não ocorreu, a forma deixa de ter conteúdo. Por ainda não ter sido cortado o cordão umbilical que

Pasárgada experienciam essa discriminação no dia-a-dia e sabem que a autonomia jurídica de Pasárgada, pode ser facilmente destruída sempre que o Estado nisso estiver interessado, sob o pretexto de qualquer um desses "slogans" através dos quais ele reproduz a dominação de classe, como, por exemplo, "desenvolvimento urbano", "luta contra o crime", "ordem e direito", "abaixo as favelas insalubres" (John Steinbeck descreve, em *As Vinhas da Ira,* como, nos Estados Unidos durante a depressão, se queimaram Hoovervilles em nome do direito, da ordem e da dignidade humana).

Tratava-se de um objecto de investigação complexo, sobretudo em virtude da escala a que eu decidira investigá-lo, a grande escala do estudo de casos individuais de litígio entre os moradores. No entanto, visto da perspectiva do mundo da vida, era um objecto minúsculo e demasiadamente circunscrito para mexer com as minhas emoções. Chegar ao Rio fora para mim um deslumbramento. Depois de um ano de desterro em New Haven, roído de saudades do meu país, chegar ao Rio era simultaneamente o encontro com o inesperado e o regresso a casa. Tudo me era estranho e familiar ao mesmo tempo. E as minhas percepções partilhavam da mesma ambiguidade: era estranho que eu representasse como familiar o que nunca vira ou vivera e que pouca semelhança tinha com o que eu até então vira ou vivera, tal como era estranho que eu representasse como estranho o que afinal sempre vira e vivera (a língua, a comida, etc.) apenas porque agora o via e vivia fora do lugar. A minha curiosidade era assim imensa e os meus sentidos viviam em estado de turbulência permanente. As paisagens, as mulheres, a comida, o sol, o mar, a música, as favelas, o futebol (cheguei ao Rio a 23 de Junho, no dia em que o Brasil festejava a vitória no campeonato mundial), os portugueses, o burburinho urbano, etc., etc., tudo me fazia sentir as minhas raízes arrancando-me delas.

Cercado por um tão intenso mundo da vida, o mundo da ciência a custo conseguia impor-se e nunca inteiramente. Acresce que o próprio mundo da ciência em que eu então me inseria era bastante mais amplo que a resolução

liga a forma à sua justificação moral, a submissão à forma pode admitir gradações.

No Caso nº 20 há indícios de que o *topos* da equidade como justificação moral pode, só por si, não bastar para determinar se a norma formal foi ou não cumprida, porque os intervenientes estão conscientes de que estão a operar numa situação de pluralismo jurídico e que o direito do asfalto atribui um peso considerável à formalidade do consentimento (ou seja, é mais legalista ou formalista). Por isso, o sr. G.M. sente a necessidade de reforçar o seu discurso moral com um argumento jurídico: a sua mulher não pode provar legalmente que contribuiu para a construção da casa, porque não há quaisquer recibos de compra de materiais de construção passados em seu nome. Ao contrário do Caso nº 14, o discurso jurídico e o discurso moral mantêm-se separados, e, apesar de retroagirem um sobre o outro, o discurso jurídico permanece subsidiário. O presidente aceita o argumento jurídico, mas não o considera conclusivo. No fim de contas, a sr.ª G.M. pode encontrar outras formas de provar a sua comparticipação na construção da casa.

O presidente considera que este caso é muito complicado, e os seus silêncios são, não só indícios da sua perplexidade, mas também um dispositivo retórico para comunicar essas complexidades às partes e as convencer de que elas não devem esperar que o contrato seja perfeitamente seguro. O presidente tenta a única saída possível: dispensar o consentimento. E, para isso, pergunta há quanto tempo a sr.ª G.M. está ausente. Estruturalmente, o raciocínio jurídico aqui implícito é muito semelhante ao da prescrição dos prazos no direito oficial. Se a sr.ª G.M. estivesse ausente há bastante tempo, qualquer objecção ao contrato teria pouca credibilidade. Se o sr. G.M. estivesse a viver há muito tempo separado da mulher, poderia, provavelmente, efectuar um contrato como se não fosse casado, mas o facto é que só se separaram há nove meses e esse é um período considerado demasiado curto.

de litígios. Em face da minha formação anterior, interessava-me estudar a criminalidade, a polícia e as prisões. Desde os tempos em que abandonara a religião, interessava-me pela sociologia da religião e pelas religiões orientais, enquanto as muitas leituras no domínio da antropologia me haviam despertado para a importância do conhecimento popular e da sociologia do conhecimento. Interessava-me particularmente pela medicina popular e pelas medicinas orientais.

O método de investigação que havia escolhido, a observação participante, tornava difícil o controlo por parte do objecto de investigação e facilitava a dispersão e mesmo diletantismo. Era de regra neste método não conduzir entrevistas e antes deixar fluir as interacções e as conversas submetendo--as apenas a orientações, tanto quanto possíveis subtis, que permitissem ir preenchendo a "check list". Era uma regra que eu seguia com gosto, não só porque me constrangia impor o tema da minha investigação em conversas interessantes sobre outros temas, como também porque entretanto me apercebera da natureza repressiva e da função de controlo social das interacções verbais privilegiadas pela sociologia (as entrevistas estruturadas e os inquéritos por questionário). Partindo de permissas estruturalmente idênticas às da produção capitalista de bens e serviços – a propriedade privada, organização não-participativa da produção, produtividade orientada para a criação de excedentes não colectivizados –, a produção de investigação científica expropria os discursos e os conhecimentos autónomos

O presidente acha que o sr. G.M. merece, e necessita, efectuar a transacção com todas as garantias possíveis. Em primeiro lugar, o senso comum masculino do presidente leva-o a concluir que, enquanto o sr. G.M. foi sempre um homem honesto, respeitado na comunidade, a sua mulher granjeara má reputação muito antes de o abandonar, carecendo de fundamento moral para insistir nas formalidades do consentimento. Em segundo lugar, o presidente sabe que a principal razão para o sr. G.M. estar ansioso em vender a casa é o facto de ele se sentir vexado por tudo o que aconteceu e querer sair de Pasárgada o mais depressa possível. Perante isto, o presidente concebe uma solução que permite às partes contrata-rem sem o consentimento da sr.ª G.M., mas com alguma garantia de que a transacção não será perturbada. Se o filho mais velho do casal (já maior) consentir a venda, isso representa um obstáculo adicional à interferência da sr.ª G.M. Se ela tentar interferir, estará a agir contra os filhos e contra o marido. Assim, a participação do filho pode dissuadi-la de reclamar judicialmente ou, no caso de o fazer, pode contribuir para uma decisão desfavorável à sua pretensão. Por consequência, o filho mais velho não é uma mera testemunha. De facto, no documento, o sr. G.M. declara que assina na presença de duas testemunhas; mas, na verdade, o filho é uma parte substituta. Mesmo assim, o seu consentimento não substitui efectivamente o da sr.ª G.M., e é por isso que o documento acentua mais a irrelevância desta do que a presença do primeiro. Nota-se aqui uma inversão interessante: enquanto que, no diálogo com o presidente, o argumento moral era dominante e o argumento jurídico era subsidiário, no documento dá-se precisamente o inverso. A benfeitoria é vendida sem quaisquer encargos ou emba-raços porque não há documentos assinados em nome da mulher. O argumento moral ("foi construída à minha custa") é um mero reforço. O documento, enquanto instrumento legal, transforma a mensagem normativa e induz o argumento jurídico a assumir o comando.

dos entrevistados e inquiridos e transforma-os em matéria prima com base na qual constrói um conhecimento superior com grande poder de controlo social.[13]

Por tudo isto, debati-me ao longo da investigação com a permanente questão de saber se a informação que registara era registada pela sua relevância científica ou pelo interesse intrínseco ou geral que eu tinha nela. Em princípio, a informação cientificamente relevante devia ser registada nas fichas de observação, enquanto outras informações de interesse pessoal deviam ser registadas no diário de campo. De facto, a distinção entre os dois registos nunca foi muito clara e tornou-se menos à medida que a investigação avançou. É que a ciência se tornava tanto mais convincente quanto mais se tornava pessoal. O diário passou então a registar sobretudo assuntos burocráticos ou de família. Perante isto, decidi adoptar um critério de relevância o mais amplo possível, o que fiz com algum sacrifício pessoal na medida em que isso me obrigava a longas horas de redacção de fichas, quase sempre pela noite dentro. E, mesmo assim, para além do que era relevante, registei muito testemunho pessoal daquilo que apenas me interessava por interessar, e muitos outros testemunhos ficaram apenas registados mental e emocionalmente e foram, se calhar, esses que ficaram mais profundamente

---

[13] Sobre a questão do conhecimento como mecanismo de controlo social ver Santos, Meneses e Nunes, 2005 e Santos, 2000 e 2008.

A resolução de litígios em Pasárgada
O processo

Na secção anterior, analisei a estrutura interna da argumentação jurídica em Pasárgada, focando a discussão no contexto da prevenção de litígios. Passo agora a abordar a resolução de litígios.

Sempre que a AM é chamada para resolver litígios, o procedimento típico é o seguinte: o queixoso dirige-se à Associação e explica o seu problema ao presidente ou, na ausência deste, a um dos directores. Se ainda não for sócio da AM, é muito provável que seja convidado a tornar-se sócio nesse momento, mediante o pagamento da jóia e da quota relativa ao primeiro mês. O funcionário procede, então, a uma audição preliminar do caso, indagando, em primeiro lugar, a localização exacta da benfeitoria para se certificar se pertence a Pasárgada e se está, portanto, dentro da jurisdição territorial da AM. As suas perguntas serão então orientadas no sentido de averiguar se o litígio está dentro da competência da AM (direitos de propriedade e habitação). Finalmente, conforme o conhecimento pessoal que tiver dos litigantes e do próprio litígio, o funcionário aprofunda o interrogatório sobre o conteúdo do litígio e sobre a razoabilidade *prima facie* da queixa. Pode chegar à conclusão de que o queixoso está a agir de má fé, que não pretende dar sequência à queixa ou que nem sequer está envolvido num verdadeiro litígio.[25]

---

[25] Um dia, estava eu a conversar com o presidente, quando entrou na AM uma rapariga de 16 anos com a filha de quatro meses ao colo. Contou que vivia com a mãe na casa do padrasto, que este a tinha violado, que ela fugira e agora não tinha para onde ir. O presidente respondeu-lhe: "Em que é que eu posso ajudar?. Quer que peça à sua mãe e ao seu padrasto para virem aqui discutir o caso? A meu ver, o que aconteceu com o seu padrasto e consigo é uma questão criminal. Não pode ser resolvido pela AM. É assunto de polícia". A rapariga respondeu: "Não. Não quero nada com a polícia. Nem sequer quero falar com eles. Pensei que a Associação soubesse de alguma casa ou de algum quarto para alugar". Apanhada entre a inacessibilidade da justiça criminal e uma AM impotente e insensível, a

inscritos na minha personalidade de investigador, de cidadão e de pessoa humana. É uma tarefa sisífica agrupar esses registos em temas estanques, já que tudo tinha a ver com tudo. No entanto, com risco de cientificizar o que nunca quis ser cientificizado, proponho-me dar conta dos seguintes grupos de registos: polícias e marginais; os portugueses; o racismo; mulheres, homens, donos e médicos; o jeito, o samba e a vida e morte severina.

Polícias e marginais

Os polícias e os marginais eram duas presenças muito fortes na comunidade e eram tema frequente de conversa. Eu próprio convivia de perto com polícias. A Dona Maria, – conhecida no morro como a buceta d'aço – da pensão onde eu comia era amantizada com um polícia, que aparecia frequentemente às refeições, e, na casa onde eu vivia, a senhoria, a Dona N.A., irmã da Dona Maria, arrendava dois quartos, um a mim e outro a um jovem polícia militar. Enquanto a polícia era na comunidade uma categoria monolítica, já no que respeita aos marginais havia muitas distinções. Marginais propriamente ditos eram os criminosos profissionais, assaltantes, homicidas, traficantes de droga, "puxadores" de automóveis e mesmo esses só eram assim designados pela gente honesta da comunidade que vivia nas zonas boas da favela. Eram muito poucos e viviam nas zonas más, o Morro Azul e a Beira do Rio. Para além deles, havia muita gente que "devia à justiça" ou que "tinha tido problemas com a justiça", gente honesta que, no auge de

Quando a Associação aceita o caso, o funcionário regista o nome e endereço do morador contra quem é apresentada a queixa e envia-lhe um convite escrito, pedindo-lhe que compareça na AM na data e hora indicadas "para tratar de assunto do seu interesse". O queixoso é informado de que também deve estar presente. Entretanto, o presidente, ou um director, pode inspeccionar o local. Se o arguido responder que não pode comparecer no dia aprazado, marca-se nova data. Se não disser nada e não comparecer, e se o queixoso reafirmar o seu descontentamento com a situação, envia-se segundo convite. Se, mesmo assim, não se obtiver resposta, podem-se utilizar outros meios, como a intervenção pessoal do presidente, de um amigo do demandado ou até da polícia.

Por vezes, o demandado contacta o presidente antes da audiência para dar a sua versão do caso e apresentar as suas próprias queixas. As partes podem fazer-se acompanhar na audiência por amigos, parentes ou vizinhos, embora estes possam não intervir na discussão. O presidente conduz as partes para a sala das traseiras ou para o andar de cima onde, à porta fechada, irá decorrer a audiência. Geralmente, o queixoso é o primeiro a falar, seguindo-se-lhe o arguido. Depois disso, o presidente interroga as partes, as quais podem entrar em aceso diálogo. Por fim, o presidente toma uma decisão.

Pretendo mostrar que as diferentes fases processuais que antecedem a audiência criam um clima de interacção e uma atmosfera de avaliação que se vão reflectir na fase final do processo e contribuir para o seu resultado. O processo não só reflecte a jurisdição da AM, como também recria e reforça essa jurisdição e, ao fazê-lo, dá mais força à autoridade da decisão final, isto é, à probabilidade de ela ser aceite pelas partes. Dado que a AM não promove activamente a angariação de litígios para resolver, nem possui qualquer

rapariga ficou sem possibilidade de resolver a situação ou de compensar os danos sofridos.

uma paixão ou apertado por uma necessidade, "cometera uma falta" pela qual "pagara" ou estava disposto a pagar.

Conhecer as práticas da polícia e dos marginais na comunidade e as representações que sobre eles construiam os moradores era importante para compreender os tipos de litígios que ocorriam e os mecanismos da sua resolução. Refiro no Capítulo 2 a distância calculada que a AM procurava manter em relação à polícia que actuava na comunidade e a proto--polícia judicial adoptada pela AM, no sentido de não intervir em casos criminais ou em casos em que estivessem envolvidos polícias ou marginais. Analisei também vários casos (por exemplo, Caso nº 22) em que o objecto de litígio, não sendo criminal, estava relacionado com uma actividade criminal. No entanto, à medida que o tema da polícia e da criminalidade ia marcando presença nas conversas, os meus registos dele adquiriam vida própria e deixavam de estar limitados ao que era relevante para o objecto de investigação.

Sobre a polícia, as conversas incidiam basicamente sobre dois temas: a corrupção e a violência. No imaginário dos moradores, a corrupção da polícia não tinha limites. Era apenas uma questão de preço. As ligações entre a polícia e "os maconheiros e os bicheiros" eram as mais referidas, mas todos tinham experiências pessoais ou de amigos.

jurisdição oficial, um morador que recorra ao seu auxílio está publicamente a reconhecer essa jurisdição. Há um intercâmbio entre o morador que pretende ver o seu problema resolvido e a AM que pretende ver a sua jurisdição reconhecida. No entanto, isto não implica que a AM fique dependente da queixa do morador, e isto por várias razões. Em primeiro lugar, o acto de reconhecimento só pode ser honrado se a AM se mantiver isenta no sentido de conseguir ser o fiel da balança entre as duas partes. Caso contrário, a sua capacidade para funcionar como terceira parte e, portanto, para resolver o problema, seria destruída. Em segundo lugar, como já referi, o demandado pode dirigir-se à AM antes da audiência para apresentar as suas próprias queixas. Ao fazê-lo, está a executar um acto autónomo de reconhecimento. A jurisdição da AM fica assim reforçada e alargada a todas as eventualidades da situação. Finalmente, como também já foi dito, a AM conseguiu rodear a sua jurisdição de uma ambiência de oficialismo, o que faz parecer que essa jurisdição não está em causa e que, portanto, o acto de reconhecimento não é necessário: o morador que apresenta o seu caso à AM *submete-se* a uma jurisdição pré-existente.

Por vezes, quando o demandante ou o demandado contactam, pela primeira vez, o presidente sobre a questão, este pergunta-lhes se sabem que a AM tem "qualidade jurídica". A resposta é, geralmente, afirmativa. O objectivo da pergunta não é, porém, saber até que ponto é conhecido o estatuto jurídico da AM, mas sim estabelecer a prerrogativa indiscutível da AM para resolver os casos que caem sob a alçada da sua jurisdição. Dado que o direito do asfalto não concedeu à AM jurisdição oficial, não há outra maneira de a criar senão afirmando-a, de uma forma ritualista, em contextos onde a asserção seja particularmente persuasiva e significativa. Esta afirmação da "qualidade jurídica", logo na fase preliminar do processo, está intimamente ligada ao problema da execução da decisão final. Devido à fraqueza dos poderes sancionatórios da AM, o cumprimento da decisão depende da sua aceitação pelas

Flash nº 1

Dona A.D., portuguesa, proprietária da sorveteria: Tratamos o mínimo com polícias. "Quando tínhamos o botequim, o nosso alvará dava só para estar aberto até às 10 horas da noite, mas era a essa hora que o movimento começava. Então vinham os polícias muito grossos mandar fechar. Claro que a grosseria era só para puxar ao dinheiro. Mas o meu marido sempre se negou a dar e preferiu fechar o botequim. É que eles não se contentam com pouco. Querem 20 ou 30 contos. E se eles sabem que um comerciante dá logo, passam a notícia aos outros e então cada dia vem um diferente receber o dinheiro. Todo o lucro se vai nisso."

Flash nº 2

Subia o morro com um amigo. Estávamos a chegar à rua Darcy Ribeiro. Era meia noite. Ouvimos um estampido para os lados da beira do rio. Dois polícias saem do posto a correr. Comentário do meu amigo: "Sabe o que foi? Foi um tiro de baixo calibre. Por incrível que pareça, os polícias vão correndo para apanhar a arma e vendê-la e receber dinheiro de quem atirou sem licença. Se você ficasse aqui durante a noite junto ao posto, via um cortejo de moços entrando para o xadrez.

partes sem coerção externa. Embora o poder se possa desenvolver súbita e dramaticamente, o tipo de autoridade que induz à obediência voluntária é sempre criado gradualmente e sem drama. O presidente pretende frisá-lo logo no início para que no final possa ser eficaz.

A determinação da jurisdição territorial também reforça a autoridade da AM. A mensagem não é tanto que, se a barraca estiver localizada fora de Pasárgada, a AM não tem jurisdição, mas antes que, se ela se situar em Pasárgada, a sua jurisdição é incontestável. A mesma análise se aplica à determinação da jurisdição em razão da matéria: ao frisar os limites da sua autoridade, a AM atenua as dúvidas quanto à sua autoridade dentro desses limites. As perguntas iniciais relativas à substância da queixa apresentada permitem que o presidente obtenha uma pré-compreensão do caso antes que o processamento do litígio chegue à sua fase final. Essa pré-compreensão é também influenciada por qualquer conhecimento pessoal que o presidente possa ter acerca do litígio, pelo comparecimento *ex parte* do demandado para expor a sua versão do caso e exprimir as suas queixas, e também pelo exame *in loco* da base material do litígio. Nesta fase, os *topoi* da resolução de litígios são aplicados de modo muito vago e desarticulado, mas é quanto basta para dar ao presidente uma primeira impressão dos aspectos relevantes do caso e das normas que a ele se podem aplicar.

Quando acontece que o presidente encontra o demandado durante a inspecção do local, convida-o pessoalmente a comparecer na audiência; caso contrário, fá-lo por escrito. A escolha deste último meio revela a gravidade da situação e o empenhamento da AM em afirmar a sua jurisdição sobre o caso. A mensagem contém um convite para comparecer na Associação "a fim de tratar de assunto do seu interesse", o que simboliza a ambiguidade deste processo de convite. Na medida em que a ordem emana de um centro com fracos poderes, ela só pode ser afirmada através de uma espécie de auto-renúncia sob a forma de convite. A unidade

Passado algum tempo são soltos. Se tiverem dinheiro é questão de minutos".

Flash nº 3

Dona M.A., dona da pensão: "Eu já tenho dito que, se acabasse a polícia, acabava o marginal. É que o policial vive à custa dos marginais. Eles ganham pouco e não têm outra solução senão explorar. Por exemplo, o 'rapa' é a secção da polícia encarregada de prender os vendedores ambulantes sem licença. O que eles fazem é chegar ao pé do cara e pedir a licença. Se não tem, 'rapam' tudo o que ele tem para vender e o que levam é distribuído entre eles".

Flash nº 4

Sr. C.L., sapateiro: "Sabe, eles costumam combinar com as piranhas. Vais na rua e uma te diz: 'Vem cá amor, vamos foder atrás daquele carro'. Quando você está a meter aparece o policial e diz: 'já não te safas de cana'. E só não vai em cana se você pagar".

da mensagem explícita é dividida em duas mensagens implícitas: a promessa velada de que os interesses do morador serão favorecidos ou defendidos se ele aceitar o convite, e a ameaça igualmente velada de que os mesmos serão sacrificados se ele o recusar.[26] Se esta estratégia falhar, a AM irá intensificar a pressão sobre o acusado apenas quando o queixoso reafirma o seu interesse no caso, ao renovar a sua reclamação. Emissários persuasivos – como um amigo do demandado, o presidente ou um director – podem sugerir uma provável intervenção da polícia, quer para o fazer comparecer perante a AM, quer para o fazer cumprir a decisão que a AM tomar na sua ausência. Nunca me foi dado ver pessoalmente essas actuações da polícia, embora a tenha visto entregar convites quando a AM pretendia embargar a construção de uma casa ou barraca (por exemplo, no Caso nº 21).

Caso nº 21

A Associação de Moradores do Jacarezinho nesta cidade do Rio de Janeiro, estado de Guanabara.

Vem mui respeitosamente solicitar a vossa presença em nossa sede para tratarmos de assunto de seu interesse, enquanto não entrarmos em um entendimento sua obra fica parada, peço a que o Senhor Construtor deste endereço sito Travessa Dutra, aguardamos sua presença hoje a partir das 20 horas, ficamos gratos pela atenção.

---

[26] O recurso ao convite como um *ersatz* da convocatória não é exclusivo do direito de Pasárgada. É também utilizado, em geral, por advogados que operam dentro do sistema jurídico estatal. Os advogados dos gabinetes de assistência jurídica do Rio de Janeiro, por exemplo, que também não têm poder para convocar, convidam os demandados a encontrarem-se com eles para tentarem chegar a um acordo extra-judicial. Pensam que o facto de o convite ser impresso em papel timbrado do Ministério Público, e às vezes entregue por um funcionário judicial, possa levar o destinatário a pensar que se trata de uma convocatória. Não tenho provas de que o direito de Pasárgada tenha importado esta estratégia do direito do asfalto. É mais provável que sejam respostas independentes a condições semelhantes.

Flash nº 5

Sr. J.D., trabalha no açougue: "Há duas coisas que ninguém acaba neste país: putas e jogo do bicho. É bobagem pensar porque dão dinheiro aos polícias. Há aqui um ponto do bicho que é do capitão da polícia. Os talões até trazem o carimbo 'Capitão'. Toda a polícia é contra a legalização do jogo do bicho. Era melhor ser legalizado tirando o Estado uma percentagem por talão para obras sociais. No estado em que está fica mais caro. Cada bicheiro tem de dar um tanto por semana aos policiais da vizinhança. E fora a mesada que os banqueiros mandam para os chefes".

Flash nº 6

Sr. J.P., português, dono do botequim: "Eu tinha um botequim em Caxias. Botequim pobre, de tábuas e caixas de sabão. Um escuro envolveu-se lá numa briga e eu fechei-o com o revólver. Aí eu fugi. Andei fugido um tempo até que fui preso. Na polícia o escrivão escreveu o meu depoimento. Aí dei 30 contos: 10 para o perito, 10 para o escrivão e 10 para o comissário, para abafarem o caso. Então me disseram que para eu não ser preso (negócio de habeas corpus) era preciso arrumar um advogado. E logo me indicaram um que era capitão da PM. Aí eu fui falar com ele e ele me deu um habeas

O presidente reconhece que a absoluta falta de cooperação constituiria um problema muito grave, mas também afirma que uma situação dessas raramente ocorre. Não pude certificar-me até que ponto isto é verdade.

Na maioria dos casos observados, a fase final do processo de resolução do litígio tem lugar à porta fechada, proporcionando uma atmosfera de privacidade e intimidade que desempenha várias funções. Em primeiro lugar, as partes podem expor as suas preocupações sem serem perturbadas pela presença de estranhos. Em segundo lugar, dado que se torna muito mais difícil para outros moradores chegarem junto do presidente enquanto ele está na sala das traseiras, o discurso jurídico-retórico em que está empenhado não será interrompido. Se se pretende que esse discurso seja persuasivo, as partes devem entregar-se a uma contínua troca de pontos de vista, através da qual se desenvolve, gradual e precariamente, uma orientação normativa. Como em retórica a acumulação da persuasão nunca é irreversível, qualquer interrupção pode significar um retorno à "estaca zero".

Finalmente, a deslocação das partes, da sala aberta da frente para a sala fechada das traseiras, é acompanhada pela transferência do litígio, do cenário natural onde ocorreu para o cenário jurídico em que irá ser discutido e eventualmente resolvido. As inúmeras circunstâncias e implicações, inerentes ao primeiro cenário, transformam-se em questões relevantes no segundo. O litígio não perde totalmente o contacto com o cenário natural porque, tal como as partes agora na sala das traseiras, continua a estar localizado em Pasárgada e a ser socializado nos moldes de Pasárgada. Mas, da mesma maneira que a sala fechada proporciona, aos participantes, um local privilegiado para se discutir o litígio, também o cenário jurídico confere uma perspectiva condensada ao litígio.

A partir do momento em que as partes compareçam na AM e se dá início à audiência, chegou-se à fase final do processamento do litígio.

corpus. Entrentanto, me foi pedindo dinheiro para arquivar, dizia ele. Ainda tive que pagar para não sair fotografia no jornal. Só saiu a notícia sem malharem muito. Ali em Caxias isto acontecia a cada passo. O dono do botequim ou matava ou era morto. Me vi aflito para arrumar o dinheiro. Disse que não tinha. Ele me mandou pedir emprestado ou vender o negócio. Entretanto, eu ia voltando a Caxias para não ter a casa fechada, ninguém compra negócio fechado. Um dia apareceram lá uns polícias à minha procura. Não me reconheceram e eu disse que quem eles procuravam estava lá em baixo. Aí eles foram. Eu corri para um patrício que tinha um açougue e um carro. Me levou logo até Nova Iguaçu. Me disseram então que os policiais vinham mandados do advogado para me meter medo uma vez que o dinheiro ainda não tinha entrado. Aí voltei ao advogado. Ele pediu mais para obter o arquivamento. Tinha de dar um tanto ao escrivão que escreveu outro depoimento dizendo que a arma caíra no chão e disparara acidentalmente. Passei fome para pagar ao advogado mas desde aí não me apoquentaram mais".

A tentativa de corrupção nem sempre era consumada e as histórias de êxito em enfrentar a polícia eram motivo de orgulho pessoal.

Os *topoi* da resolução de litígios
O topos *da equidade*

Nos litígios que tenham origem em conflitos entre interesses individuais, este *topos* incita a um equilíbrio real ou fictício entre direitos e deveres, um resultado que se aproxima do modelo de mediação. Tem sido sugerido que, na prática, nunca encontramos nem adjudicação pura nem mediação pura, e que talvez seja preferível utilizar as categorias de adjudicação mista e mediação mista. Parece-me acima de tudo necessário considerar também uma terceira categoria: a falsa mediação. Diz respeito aos casos em que as necessidades retóricas da argumentação conduzem o resolutor do litígio a apresentar a decisão como um compromisso, quando, na realidade, ela apenas contempla as pretensões de uma das partes.

Começarei por analisar o Caso nº 22.

Caso nº 22

O sr. S.B. vendeu a sua barraca ao sr. J.Q. por mil cruzeiros. O comprador pagou imediatamente metade do preço e comprometeu-se a pagar o restante em prestações. Na data aprazada, pagou a primeira prestação (50 cruzeiros). A segunda prestação de 200 cruzeiros foi também paga a tempo. No entanto, em vez de entregar o dinheiro ao próprio vendedor, o sr. J.Q. entregou-o à mulher do vendedor. Ela ficou com o dinheiro e gastou-o. Acresce que ela era infiel ao marido e tinha dormido com o irmão do vendedor. Ao ter conhecimento disso, o vendedor, o sr. S.B., matou a mulher e pediu a devolução da barraca. O comprador queixou-se de que já tinha pago as prestações e que tencionava pagar o remanescente. Pagara a segunda prestação à senhora, na convicção de que ela entregaria o dinheiro ao marido. A irmã do vendedor foi chamada à Associação para representar o irmão que não podia estar presente, pois era procurado pela polícia. O presidente declarou que não seria justo revogar a venda, posto que o comprador agira de boa fé. Por outro lado, o vendedor não devia ser prejudi-

Flash nº 7

Sr. C.L., sapateiro: "Uma vez eu estava aqui e entra o policial e começa: 'Você tem licença?'. Eu falei: 'Não, senhor'. 'Pois é', disse ele, 'você sabe que há aí uma lei nova que obriga a ter licença. Você está em infração'. Eu olhei ele de frente. Fui buscar a minha carteira profissional. 'Trabalho na 2ª Região Administrativa'. E lhe disse: 'Olhe, amigo, eu sei o que você quer. Do que você gosta também eu gosto, até ao caroço. É para isso que eu aqui estou. Mas eu ganho dinheiro trabalhando e você quer ganhar ele fácil'. Aí ele mudou de tom e ficou aflito. 'Já lhe disse' – falei eu – se você quiser vá ter com o Director da 2ª Região Administrativa e bata um papo com ele. Ele sabe quem eu sou'. Foi-se embora, nem disse mais nada. Hoje é um freguês meu e paga como os outros. Veja lá se ele passou o boato de que eu não tenho licença e se os outros do posto vieram aqui? No outro dia, o Antônio, chefe do posto, recebeu, aí à minha porta, meia dúzia de garrafas de limonada. Passado um pouco eu já aqui tinha uma.

A violência, em suas múltiplas formas, fazia parte do quotidiano dos moradores das favelas. A violência policial era, na altura, uma das mais virulentas devido aos blitz que a cada passo a polícia fazia nas

cado pelo facto de o comprador não lhe ter entregue directamente o dinheiro: por isso, a prestação em causa não devia ser deduzida do montante ainda em dívida. Por fim, o presidente decidiu, e as partes concordaram, que o comprador pagaria o remanescente em seis prestações, três de 100 cruzeiros e três de 50 cruzeiros.

Dado que o presidente sabia das circunstâncias dramáticas deste caso, antes de o sr. J.Q. ter apresentado a sua queixa à AM, ele possuía uma pré-compreensão dos factos e das normas envolvidos no litígio. Ao exigir a restituição da barraca, o sr. S.B. estava a usar o sr. J.Q. como bode expiatório da sua ira contra o irmão deste. Mas não havia dúvida de que o sr. J.Q. não tinha estado envolvido nos assuntos do irmão e sempre tinha agido de boa fé. Depois de as partes terem apresentado os seus casos, o presidente invocou a norma que exige boa fé nas relações contratuais (*pacta servanda sunt*). Utilizou também o *topos* da equidade para eliminar soluções extremas, criando, assim, um fundamento normativo na base do qual se pudesse moldar, gradualmente, uma decisão intermédia.

O sr. J.Q. sempre se comportara como um comprador honrado. Tinha pago a tempo todas as prestações. O facto de ter feito um dos pagamentos à sr.ª S.B. não pode ser entendido como violação do contrato. Dado que o sr. e a sr.ª S.B. estavam legalmente casados, a barraca pertencia a ambos e, portanto, o sr. J.Q. fez o pagamento a um dos vendedores, com a presunção razoável de que a sr.ª S.B. entregaria o dinheiro ao marido. No fim de contas, o recurso a partes substitutas é reconhecido pelo direito de Pasárgada e, de facto, foi usado neste mesmo caso, visto que a irmã do sr. S.B. foi autorizada a representar o irmão na audiência, a fim de evitar demoras. Por conseguinte, seria injusto não atender aos interresses legítimos do sr. J.Q. e anular a venda. Por outro lado, o sr. S.B. tinha feito o contrato com o sr. J.Q. na presunção de que todas as prestações lhe seriam sempre entregues, já que ele não confiava na mulher. Nada recebeu da prestação a que legitimamente tinha direito e já não é possível recebê-la da sr.ª S.B. Seria injusto não ter

favelas.[14] Nesta altura, a violência dos marginais era menos sentida e sobretudo mais previsível. Dizia o F.U.: "Eu não tenho medo do marginal. O marginal pede dinheiro mas não bate. A polícia pode levar o dinheiro e bater."

Flash nº 8

I.V., jovem, no botequim: "A polícia aqui não é sopa não. Se um cara tem o azar de não trazer documento, já sabe que apanha cacete. E a identificação não chega. É preciso carteira profissional para mostrar que está trabalhando. Entra logo no cacete. Está entrando no camburrão e já está apanhando. Depois fica em cana durante 3 dias. Então a polícia averigua pelo teletipo se ele deve alguma coisa à justiça. Se deve, fica preso. Se não deve, é solto".

Flash nº 9

O sr. A.V., o do caso da criação dos porcos (Caso nº 35), no final da reunião sobre o litígio da rede de água da rua de Jerusalém, muito

---

[14] Nos nossos dias a violência policial continua bem presente na vida dos moradores das favelas. A cada passo na imprensa diária brasileira nos deparamos com relatos dos mais variados tipos de comportamentos arbitrários por parte dos agentes da polícia militar sobre os moradores.

em atenção o interesse legítimo do sr. S.B. em obter o pagamento total da barraca (de acordo com a ética masculina da AM, a reputação moral do sr. S.B. não tinha sido afectada por ele ter morto a sua mulher infiel). Ao excluir duas alternativas que sacrificariam totalmente os interesses de uma das partes, o presidente legitimou a decisão que "estabeleceria o equilíbrio": o sr. J.Q. podia ficar com a barraca, mas tinha de pagar de novo a segunda prestação; o sr. S.B. não podia entrar de novo na posse da barraca, mas teria de receber o dinheiro da prestação originalmente paga à sua mulher.

É interessante notar que o presidente evita qualquer envolvimento nas questões criminais que deram origem ao litígio. O objecto do litígio é estritamente mantido dentro dos limites do direito dos contratos, apesar de o presidente saber que o sr. S.B. estava a usar J.Q. como bode expiatório do irmão. Na verdade, a decisão conciliatória que, à superfície do discurso jurídico, surgiu como o resultado normativo da exclusão das alternativas extremas, foi motivada pela táctica do presidente de evitar qualquer envolvimento com o comportamento criminal. É natural que o presidente estivesse especialmente preocupado em persuadir as partes a aceitarem a mediação como uma solução justa para o litígio que estava a ser tratado, porque isso resolveria o verdadeiro litígio sem uma argumentação explícita. Assim, o litígio processado e o real litígio foram mantidos separados um do outro para permitir uma resolução "económica" de ambos.[27]

---

[27] Uma noite, algum tempo depois de este caso ter sido decidido, consegui falar com o sr. S.B. Andava sempre com uma pistola carregada (a "máquina"), embrulhada num jornal velho, e tencionava usá-la, não para resistir à prisão, mas para matar o irmão do sr. J.Q. (este tinha fugido de Pasárgada e estava escondido no interior do estado do Rio de Janeiro; a mulher, a quem sempre maltratara, estava hesitante quanto a revelar ou não o paradeiro dele ao sr. S.B., mas nunca chegou a fazê-lo). Falámos sobre o caso. Disse concordar com a decisão "porque, no final de contas, o sr. J.Q. não tinha que pagar pelo que o irmão fizera". Só estava aborrecido por não poder voltar a vender a casa, pois precisava desesperadamente de dinheiro. Isto mostra

agressivamente dirigiu-se a mim e perguntou à queima-roupa: "Você é espião?" Disse-lhe calmamente que não. Que era português e que estava a fazer pesquisa. Ao que ele comentou: "Ah, é português? Eu sou neto de português. É que, sabe, andam por aí uns americanos...". Convidou-me para casa dele. Passamo-nos a encontrar frequentemente e ficámos amigos. Um dia pediu-me para eu interceder junto do presidente da AM no sentido de decidir a favor de um amigo um caso de litígio sobre a propriedade de um barraco. Era um caso muito especial. O amigo estava escondido no Morro Azul fugido da polícia. Estivera para ser morto pelo Esquadrão da Morte, mas dessa vez os amigos salvaram-no. Quanto ao futuro, nada se podia saber. Subimos o morro. Entrámos num beco estreito, depois noutro e noutro ainda. Batemos à porta do barraco. Abriu o J.O., mulato, alto, forte, que nos mandou entrar. Começámos por discutir o caso do barraco: "Este barraco era um antro de maconha, jogo e piranhas. Era um escândalo para os vizinhos. Então eu vim morar para aqui e reformei todo o barraco. Pintei, arranjei o telhado e o banheiro. Pus tudo direitinho e os vizinhos gostaram muito porque acabou a vergonha e a polícia. Agora a dona do barraco que vive aí no morro numa boa casa quer me tirar daqui para fora. Ela foi-se queixar ao sr. J.A. (presidente da AM) e ele me convidou. Eu fui lá e tivemos um encontro com a dona. Eu aceitei sair quando arranjasse casa

No Caso nº 23, o problema dos limites do objecto do litígio surge de novo, mas o *topos* da equidade é utilizado de modo um pouco diferente.

Caso nº 23

A queixosa, a sr.ª B.W., veio à AM com a irmã e os três filhos desta. A acusada, a sr.ª M.A., veio acompanhada da filha mais velha (com cerca de 5 anos). Todos subiram à sala do 1.º andar, onde foram ouvidos pelo presidente.

Sr.ª B.W.: O terreno pertence à sr.ª O.L. que me deu autorização para lá construir o meu barraco. Construí, mobilei e vivi lá uns tempos. Depois fiquei com outro barraco perto e mudei-me para lá. Nessa altura, a M.A. (a demandada) veio ter comigo, levando dois filhos, e disse-me que não tinha onde viver e que dormia na rua com os filhos. Ela tinha sabido que o barraco estava desocupado e pediu-me para se mudar para lá.

Tive pena, disse que sim e até lhe emprestei toda a mobília do barraco. Nunca lhe pedi aluguel nenhum. Agora preciso do barraco para esta minha irmã que está vindo do interior com os filhos e não tem onde viver. Mas a M.A. recusa-se a sair.

Presidente: O que é que a Dona M.A. tem a dizer?

Srª M.A.: Sei muito bem que o barraco pertence a B.W., mas sei que não posso sair de lá porque não tenho para onde ir. Não tenho dinheiro para pagar o aluguel. Tenho três filhos. Ninguém me alugaria um quarto.

Srª B.W. (interrompendo): Ela pode pagar o aluguel. O que ela é é uma piranha. Está sempre cheia de cachaça e de maconha e o barraco está sempre cheio de marginais.

Srª M.A.: Isso não é verdade. E você? Viveu onze anos com um cara que era doido e a enchia de porrada. Tanto roubou que

---

claramente a discrepância entre o litígio processado e o litígio real e como, de facto, a resolução do primeiro pode ter afectado o último.

para morar. Mas fui ficando e já lá fui várias vezes. Agora é no dia 30 o fim do prazo. Eu não tenho para onde ir". O meu amigo A.V.: "Ó doutor você é amigo do J.A., dê lá um jeito. O rapaz limpou a casa de vagabundagem e fez benfeitorias". Prometi falar no caso ao presidente da AM. Em breve a conversa tinha virado para a polícia e o Esquadrão da Morte.

J.O.: Não gosto de policial, não senhor. O senhor está vendo isto [tirou o sapato e mostrou uma cicatriz enorme de queimadura no peito do pé]? Está vendo? Isto foi o meu pé queimado pela polícia. E aqui, vê? Apalpe [tirou o chapéu e levou a minha mão à cabeça para tocar uma enorme protuberância no crâneo]. Vê? Isto é uma cicatriz da pancada... É por isso que eu fico feliz sempre que um policial morre. Toda a gente sabe que eu gosto de usar revólver e entrar em briga. Já dei muito tiro e muita facada. Mas roubo não (disse-me mais tarde o A.V. que ele estava a mentir, pois tinha cometido muitos assaltos à mão armada). Eles não podem fazer isso. Dessa vez bateram todo o meu corpo. Me deitaram no chão e dez homens saltaram em cima de mim. Eles me bateram para eu confessar que roubos tinha cometido, os meus amigos e os lugares onde escondia o que roubava... A maior parte dos policiais que me torturaram já foram mortos por amigos meus.

A.V.: Conta aquela do purgante.

entrou em cana. Agora está no hospital, mas você diz que o recebe quando ele sair.

Sr.ª B.W.: Isso é uma covardia. Sou muito feliz com o homem com quem vivo. Trabalho na casa de um advogado e ele me disse que eu tinha direito ao barraco.

Sr.ª M.A.: E eu quero saber disso? Para mais o que você é...

Presidente (interrompendo): Não. Toda essa discussão não é para aqui chamada. Se o barraco não é da Dona B.W. também não é seu, Dona M.A.. E, afinal de contas, a Dona B.W. foi muito generosa permitindo que vivesse no barraco e até que usasse a mobília.

Sr.ª M.A. (conciliadora): Está certo. Foi simpática da primeira vez. Mas a questão é que não consigo encontrar um lugar. Até saía do barraco se arrumasse um quarto. Mas também não tinha dinheiro para o aluguel.Presidente: Vejamos. Não é impossível arrumar um quarto com um aluguel baratinho. Afinal, você ainda não procurou. Tem de fazer por isso. Você tem de cooperar. A irmã da Dona B.W. está cá com os filhos e também não têm lugar para viver. Não é justo. Têm um problema. Estão chegando do nordeste. Não têm dinheiro. É justo que a Dona B.W. queira ajudar a irmã e os sobrinhos. Tem mais obrigação de os ajudar a eles do que a si.

Sr.ª M.A.: Eu sei. Eu sei. Mas como é que vou arrumar um quarto?

Presidente: Ouça, você ainda não procurou. Dou-lhe trinta dias para arrumar um quarto e deixar o barraco da sr.ª B.W. Concorda, sr.ª B.W.?

Sr.ª B.W.: Concordo. Não quero que ela fique na rua.

Presidente: Concorda Dona M.A.?

Sr.ª M.A.: Concordo, mas não sei se vou conseguir arrumar um quarto. Vou tentar.

Presidente: Então, tente. Há-de arrumar.

Este caso caracteriza-se pelo consenso normativo entre as partes relativamente à aplicação das normas do direito de propriedade. A sr.ª B.W. foi autorizada a construir no terreno da sr.ª O.L.,

J.O.: É verdade, essa até é engraçada. Um dia a polícia apareceu no trem durante a noite. A gente costumava dormir no trem. Pediram documentos. Quem não tinha foi encostado à parede da estação e de lá fomos para o distrito. No distrito o policial meteu todo o mundo numa sala de cimento. Deu pra gente um purgante e obrigou todos a cantar a jardineira. A certa altura tudo começou com vontade de ir ao banheiro. O purgante era para provocar uma terrível diarréia. Aí o policial proibiu de ir ao banheiro e de sujarmos o chão e obrigou a cantar mais alto a jardineira. É uma cantiga que obriga a gente a fazer mais força com a barriga e daí mais vontade de cagar. Foi um suplício. Acabámos por sujar a roupa toda e o chão.

A.V.: Aqui o J.O. já esteve para ser morto pelo Esquadrão da Morte. Fomos nós que o salvámos no último minuto.

J.O.: Eu estava no presídio, lá no Estado do Rio. A certa altura eles me tiraram de lá e me levaram para a roça num sítio deserto. Estive lá 12 dias sem comer nem beber. Só de vez em quando outro preso arrumava pão ou bananas. Eu sabia que dali era para ser morto. Isto foi antes do Cara de Cavalo ter matado o Lecoq. Mas a polícia já matava. E de certeza seria no rio com um negócio qualquer atado aos pés como faziam com os mendigos. Enquanto estive na roça me davam banho todos os dias com água e sal para curar as cicatrizes das torturas. Então eu tive a sorte dos meus amigos darem por falta

tornando-se, assim, a legítima proprietária do barraco. Posterior-mente, concedeu à sr.ª M.A. autorização para ocupar o barraco. Assiste à sr.ª B.W. o direito de reaver o barraco. Nenhuma destas condições legais é contestada pela sr.ª M.A. Isto explica por que falta à argumentação o tom jurídico que se pode detectar noutros casos. O discurso é predominantemente moral: as partes aceitam o mesmo princípio normativo – necessidade de alojamento –, mas usam-no para defender pretensões opostas. As pessoas que cada litigante leva consigo à audiência (a irmã da sr.ª B.W. e os seus filhos; a filha da sr.ª M.A.) são utilizadas como argumentos não verbais, como reforços simbólicos das pretensões das partes, como sublinhados humanos.

Cada uma das partes tenta descrever os factos de forma que a sua reivindicação pareça moralmente superior à da sua oponente. A sr.ª B.W. acentua a rectidão moral da sua conduta: a *compaixão* que demonstrou quando cedeu o barraco, com *toda* a mobília, à sr.ª M.A., sem exigir *qualquer* renda; só as circunstâncias constrangedo-ras a forçam a pedir a sua devolução; não gostaria de "ver a Dona M.A. na rua", mas a sua irmã e os seus três filhos, fugindo à situação de desespero e fome do interior, não têm onde viver e precisam do seu auxílio. Por seu lado, a sr.ª M.A., tenta demonstrar que não são razões egoístas que a levam a recusar sair, mas unicamente a sua situação desesperada: *não tem* para onde ir; *não pode* pagar uma renda e, como tem três filhos, *ninguém* lhe vai alugar um quarto. Ela leva o argumento da necessidade até ao extremo, de tal modo que a sr.ª B.W., temendo o seu poder de persuasão, a interrompe abruptamente e tenta neutralizá-lo. Para isso, apresenta factos com uma tal carga de opróbrio moral que não só eliminam a base factual da pretensão da sr.ª M.A., como lançam também sérias dúvidas quanto aos seus motivos e quanto ao seu carácter moral. Se a sr.ª M.A. é uma prostituta, tem dinheiro e pode pagar renda. Além disso, ela também uum comportamento desviante, caracterização reforçada pelo seu alcoolismo, abuso de drogas e convivênvia com

de mim no presídio. É que eu tenho parentes na polícia e depois aqui
o A.V. E todos se puseram à minha procura. Arrumaram um advo-
gado e até um deputado. Tanto andaram que me foram encontrar
na roça.

Uma das observações que na altura me despertou mais curiosidade era a simetria entre os estereótipos dos polícias sobre marginais e os estereótipos dos marginais sobre os policiais. Os comportamentos de uns e outros estavam minuciosamente codificados e era em função disso que se atribuiam intenções, que se definiam estratégias de fuga ou de enfrentamento e se criavam expectativas de reacções. Os dois flashes seguintes ilustram essa simetria.

Flash nº 10

Sr. V.A., polícia, amante da Dona M.A.: Infelizmente, sr. Boaventura, nós no Brasil temos a lei e a justiça. A lei manda pôr os marginais na cadeia. A justiça tira eles de lá para fora. É o negócio dos habeas corpus. Agora está melhor (referia-se ao facto de a providência de habeas corpus ter sido suspensa pela ditadura). Mas até agora era horrível. Assim a polícia tem de se defender.

marginais. O argumento da sr.ª B.W. consiste, em suma, no seguinte: a reivindicação de uma pessoa sem mérito é, ela própria, uma reivindicação sem mérito.

A sr.ª M.A. replica, tentando derrubar a sr.ª B.W. do seu pedestal de moralidade. Embora negue as acusações que lhe são feitas, não frisa muito esse ponto, provavelmente porque admite que os factos são tão conhecidos que negá-los só iria prejudicar ainda mais a sua credibilidade. De facto, a sua pergunta retórica – "E você?" – é uma confissão: "Sou má, mas você não é melhor". A sr.ª M.A. tenta estigmatizar a sr.ª B.W. tanto quanto ela a estigmatizou a si: se a sr.ª M.A. convive com marginais, a sr.ª B.W. viveu durante onze anos com um homem que, para além de ser marginal, era doido (dupla estigmatização). Portanto, ela não é a pessoa moralmente digna que alega ser e a sua reivindicação não tem mais mérito do que a da sr.ª M.A. A sr.ª B.W. tenta defender-se, mas percebe que não pode vencer numa base moral e rapidamente muda de um argumento moral para um argumento jurídico. Invoca o direito oficial e o advogado do asfalto, a fim de intimidar tanto a sr.ª M.A. como o presidente. É neste momento que o presidente quebra o seu silêncio e assume o controlo da discussão. O diálogo acalorado entre as senhoras B.W. e M.A. mostrou ao presidente que o litígio sobre o barraco é apenas parte do conflito entre elas. Por razões que adiante analisarei, o presidente não quer alargar o contexto da resolução para além da questão do barraco e, portanto, vai organizar a sua estratégia argumentativa à volta dessa questão. Ao nível do argumento moral, as reivindicações dos litigantes parecem conduzir a um empate: o princípio da necessidade de alojamento aplica-se igualmente a ambas. Ao nível do argumento jurídico, a sr.ª B.W. está em vantagem, dado que a sr.ª M.A. reconhece que a sr.ª B.W. é a proprietária do barraco.

É claro que o presidente decide este caso, para si, numa base jurídica, mas não pode apresentar a sua decisão nesses termos, porque o facto de ambas as partes terem escolhido uma argumentação

Estes marginais atiram sobre a polícia e só não matam quando não podem. O Esquadrão visa eliminar estes maus elementos que nos tiram a tranquilidade. E a gente sempre que pode mete eles em cana Sobretudo o maconheiro e o batedor de carteira. O bicheiro, não. O bicheiro é um homem honesto que tem o seu negócio. Não prejudica ninguém. Eu, pelo menos, nunca me interesso em prender bicheiro. Já o maconheiro é um viciado. A gente para apanhar eles não precisa de os ver fumando. Basta o cheiro. A gente já conhece. Revista eles e vai ao bolso pequeno das calças. Normalmente é lá que encontra. O batedor de carteira a gente conhece também. Estão nos pontos de onibus de braços cruzados. Quando vem o ônibus eles mandam parar o ônibus, não com a mão aberta mas só com os dois dedos (o indicador e o maior). É a força do hábito. É que esses são os dois dedos para abafar as carteiras. Têm artes desenvolvidas. Às vezes são dois. Um dá um empurrão na pessoa enquanto o outro rouba. Logo que a gente note um cara desses, não precisa de esperar que ele roube para prender. A gente já conhece eles pelos gestos. Então levamos eles. E às vezes ficam no presídio durante três meses para averiguações. Depois são soltos. Enquanto lá estão não roubam. E se eles tiverem dinheiro podem ter uma vida regalada. Inclusive podem ter relações com mulheres. Pagam aos guardas e eles escoltam até ao lugar da foda.

moral torna essa apresentação não persuasiva. Por isso, o presidente inverte o seu raciocínio jurídico e transforma a vantagem jurídica num empate – "Se o barraco não é da Dona B.W., também não é seu" – e, em seguida, cria uma vantagem moral para a sr.ª B.W. Começa por sublinhar a bondade da sr.ª B.W. em ter consentido que a sr.ª M.A. se instalasse no barraco "e até que usasse a mobília". O objectivo desta retórica moral é induzir a sr.ª M.A. a abandonar a sua posição inflexível, fazendo-a sentir-se grata à sr.ª B.W. e concilatória. O seu êxito não é total porque, embora ela concorde que a sr.ª B.W. "foi simpática da primeira vez", continua a insistir no argumento da necessidade. É aqui que o presidente invoca o *topos* da equidade para excluir uma solução alternativa obviamente injusta. Mas enquanto que, no Caso nº 22, o traço dominante do *topos* é o equilíbrio entre os interesses, neste caso é o conflito dos deveres morais. O presidente afirma que, embora a sr.ª B.W. estivesse a cumprir o dever moral de ajudar os necessitados quando permitiu que a sr.ª M.A. vivesse no barraco, ela tinha agora o dever moral ainda maior de ajudar a sua própria família. Não seria justo que ela deixasse na rua a irmã e os sobrinhos para ajudar a sr.ª M.A. Esta é sensível a este argumento e mostra alguma alteração de posição quando transforma a sua asserção anterior numa pergunta retórica: "Mas como é que vou arrumar um quarto?". O presidente destrói, imediatamente, o valor retórico da pergunta, ao responder que ela há-de encontrar um quarto se efectivamente tentar procurá-lo, e concede-lhe um mês para o fazer. Apesar de saber que a sr.ª B.W. concordará, pede-lhe, no entanto, o seu consentimento para sublinhar a conciliação das partes, dado que a sr.ª M.A. ainda se mostra relutante.

Na parte inicial da discussão, o presidente manteve-se em silêncio porque pretendia conhecer o máximo possível sobre o caso. As partes puderam, à vontade, expor o objecto do litígio e levantar todas as questões que considerassem relevantes. Puderam também mostrar as suas preocupações e libertar as tensões emocionais

Flash nº 11

I.V., mulato, já esteve preso: O importante é um cara não dar ar de suspeito e passar de cara levantada sem temor e sem olhar para um lado ou para outro. Uma vez eu estava na zona (bairro de prostituição) e apareceu a polícia de metralhadora na mão. Toda a gente com a mão aos bolsos para tirar documentos. Eu não tinha. Me pus a assobiar de mãos nos bolsos e ninguém me pediu nada. Raramente a polícia me pergunta por documentos. E sabe porquê? Por causa destas duas canetinhas (duas esferográficas no bolso da camisa). Noutro dia eu estava no ponto do ônibus. Estavam mais dois caras. A polícia aproximou-se. Logo que a vi, eu pus o peito para a frente para mostrar bem as canetas. Pediram os documentos aos outros dois. A mim não. Depois ainda olharam para trás para ver se eu estava a rir ou a conversar com os outros, mas eu estava sereno. É por isso que estas canetinhas andam sempre aqui. É que eles assim pensam que somos estudantes.

Os portugueses

Verdadeiramente só me comecei a interessar pelos portugueses, ou seja, por mim, enquanto parte integrante de uma categoria social depois da minha chegada aos EUA. Antes, eu não soubera, ou não me preocupara, em saber

que impediam uma conciliação. Isto não significa, porém, que as partes exercessem controlo absoluto sobre o objecto do litígio. Pelo contrário, o presidente interrompeu a sr.ª M.A. quando ela ia dizer uma coisa que considerava "muito importante". Nessa altura, ele já tinha uma compreensão suficiente do caso e entendeu que nenhuma nova questão deveria ser levantada. Na argumentação que fez, teve o cuidado de se concentrar no problema do barraco, omitindo os outros factos referidos pelas partes. Porque é que actuou desta maneira? Em primeiro lugar, pressentiu que o litígio sobre o barraco era secundário e que tinha sido desencadeado por outro litígio real entre as litigantes B.W. e M.A. Provavelmente, elas estavam a lutar por um homem. Ele não sabia qual era o verdadeiro litígio, porque as partes nunca o revelaram, mas o carácter emocional da discussão entre as duas mulheres, e o seu uso de estigma e contra-estigma não poderiam ser entendidos de outro modo. Contudo, o presidente não mostrou qualquer interesse em conhecer o verdadeiro litígio. Esse caso "cheirava mal". Sabia que ambas eram prostitutas profundamente envolvidas com marginais e polícias. O papel da AM, num caso como este, deve reduzir-se ao mínimo. Além disso, ele não tinha a certeza de que o terreno onde estava construída o barraco estivesse ainda sob a jurisdição territorial da AM. E o seu senso comum machista dizia-lhe que os sentimentos das prostitutas são "muito instáveis": "hoje são inimigas, mas amanhã podem ser amigas". O resultado do acordo dependia menos daquilo que acontecesse na AM do que daquilo que pudesse vir a acontecer lá fora, no local onde se travava o verdadeiro litígio. O presidente estava consciente dos limites das suas funções em casos como este.[28]

[28] A pertinência das suas dúvidas foi confirmada numa conversa que, mais tarde, nesse mesmo dia, tive com a acusada. Estava completamente embriagada, mas conseguia articular as suas ideias bastante bem: "Não vou deixar o barraco. Falei com um amigo meu, que é sargento da PM (Polícia Militar), e ele disse-me que ninguém me pode obrigar a sair. Além disso, a Associação de Moradores não tem

o que eram "os portugueses". É certo que em Berlim me senti ocasionalmente português. Recordo de me ter sentido ofendido e humilhado quando um colega meu da Freie Universität me perguntou em que parte do Norte de África ficava Portugal. Na juventude, embalado por algum nacionalismo reaccionário, tinha-me interessado por Portugal, mas nunca me preocupei em saber se Portugal era feito de portugueses. Vi portugueses pela primeira vez em Providence, Rhode Island, trabalhadores na Universidade de Brown, onde fiz um curso de verão tipo brain washing em instituições e cultura norte-americana no verão de 1969. Convivi depois muito com eles nos clubes e nas associações em New Haven e nas cidades vizinhas do Estado de Connecticut. A pouco e pouco, fui-me dando conta que eles eram eu. Aprendi então a gostar do que eles gostavam (fado, chouriças, Amália, futebol, ranchos, Casal Garcia) para me sentir parte de algo mais forte e consistente que eu, onde encontrasse forças para sobreviver na selva Ivy League em que me encontrava.

À medida que me apercebia da existência de uma categoria de pessoas chamada "os portugueses", apercebia-me das diferenças dessa categoria em relação a outras com quem também lidava de perto, nomeadamente "os americanos". Mas desde cedo me apercebi também que era difícil falar de "portugueses" no mesmo sentido em que se falava de "americanos" ou de "ingleses". Talvez por efeito da perspectiva com que eu os observava, talvez apenas por eu ser um deles e me sentir tão diferente deles, pareceu-me que

No Caso nº 22, o *topos* da equidade foi usado para se chegar a uma mediação. No Caso nº 23, não houve mediação: a sr.ª M.A. perdeu a causa, embora tivesse sido autorizada a permanecer no barraco por mais um mês. No Caso nº 24, veremos como o mesmo *topos* pode ser usado para se chegar a um resultado de falsa mediação, ou seja, a uma decisão que é apresentada como mediação, mas que é, de facto, uma adjudicação (ganhador/perdedor).

Caso nº 24

A queixosa, a sr.ª C.T., e a acusada, a sr.ª S.N., foram convidadas a comparecer na Associação para resolver a questão que existe entre ambas. A sr.ª S.N. é muito idosa e é uma pessoa doente. O filho, o sr. C.N., veio representá-la. As partes foram conduzidas para a sala das traseiras e o caso foi ouvido pelo presidente.

Sra. C.T.: Quando a minha irmã veio do interior não tinha onde viver. Foi viver para os fundos da casa deles e eu comprei os fundos por 100 contos. Está vivendo lá há dezanove meses. Agora eles querem vender a casa toda, mas os fundos são meus.

Sr. C.N.: Não houve venda nenhuma, nem nenhuns 100 contos. A minha mãe aceitou a irmã dela porque ela não tinha lugar para se abrigar.

Sra. C.T.: Eu tenho testemunhas da venda.

Presidente: Vamos ver. A senhora tem documento de venda?

Sra. C.T.: Não senhor porque ela não quis passar, mas eu comprei os fundos.

Presidente: Pois é. Mas isso não vale. A Associação só aceita documentos. Testemunhas não chegam. Tem de ser documento com o nosso carimbo. Só assim é oficializado e tem valor, pois a Associação é um órgão jurídico oficial.

Sra. C.T.: Mas eu tenho testemunhas.

nada a ver com o meu caso porque o terreno onde o barraco está construído não pertence ao Jacarezinho".

"os portugueses" era uma categoria muito mais heterogénea que as outras. Os portugueses eram mesmo portugueses, no plural, ou seja, cada um era uma maneira específica de ser português, enquanto "os americanos" e "os ingleses" me pareciam uma categoria muito mais homogénea, constituída por indivíduos fungíveis, sem individualidade. Só muito mais tarde cheguei à conclusão que esta diferença não era apenas um efeito da minha perspectiva ou da minha auto-reflexividade, mas tinha, pelo contrário, razões sociológicas mais fundas[15].

Quando cheguei ao Brasil esta heterogeneidade interna de "os portugueses" foi profundamente abalada. Desde os primeiros contactos, a categoria me pareceu muito mais sólida e espessa. E curiosamente a solidez e a densidade da categoria transbordou para mim. Senti-me mais português do que alguma vez me sentira nos EUA. Quanto mais a categoria me parecia internamente homogénea, mais eu me sentia parte dela. Havia, no entanto, uma diferença crucial entre a minha maneira de me sentir e ser português e a maneira dos "patrícios" que fui conhecendo ao longo da estada no Brasil. É que, enquanto para eles a sua identidade como portugueses era o espelho invertido da identidade que atribuíam aos brasileiros, para mim, vindo dos EUA, a minha identidade portuguesa englobava os portugueses e os brasileiros. Esta assimetria foi-se avolumando ao longo da estada.

---

[15] Ver Santos, 2013: 69-96.

Presidente: Não chega, é preciso ver o documento. Vamos lá estudar o caso pela lógica. Eu não vou dizer que a senhora não tem razão. Eu não conheço nenhum de vocês. Eu só quero encontrar uma solução justa. Suponhamos que a senhora deu 100 contos. Se a mãe dele devolver os 100 contos e a senhora tiver de pagar a renda talvez a senhora ainda fique a dever. Dezanove meses a 10 cruzeiros por mês dá 190 cruzeiros. Não seria melhor a senhora esquecer isso? Eles também esquecem os 90 cruzeiros. A senhora pode ter dado o dinheiro, mas a sua irmã também viveu ali durante dezanove meses sem pagar nada. Acho melhor que a senhora esqueça tudo.

Sra. C.T.: Não, não. Eu vou vender a minha casa e vou viver nos fundos que são meus.

Presidente: A senhora seja prudente. O seu caso não dá pé. Se a senhora quer briga vá para o advogado e eu mesmo posso encaminhá-la.

Sr. C.N.: Que vá para o advogado que nós também.

Presidente: Pois é. Se a senhora quiser vá. Mas desde já lhe digo que vai perder porque não tem nenhuma prova de que comprou o porão. Acho que a senhora devia entregar a chave dos fundos à proprietária da benfeitoria.

Sra. C.T.: Está bem.

As normas jurídicas implicadas neste caso são a regra formal da exigência de um documento escrito para comprovar a venda do barraco e as regras substantivas da propriedade. O litígio fundamental incide sobre o direito ao barraco. O sr. C.N. defende que a sua mãe é proprietária de todo o barraco e que tem direito a vendê-lo porque a irmã da sr.ª C.T. e o amante tinham utilizado o porão como ocupantes precários. A sr.ª C.T. defende que comprou o porão à sr.ª S.N. Ambas as partes usam o mesmo argumento moral – a necessidade de alojamento – para validar as suas alegações jurídicas. A irmã da sr.ª C.T. veio do interior e não tem onde

No início da década de setenta, não havia identidades enquanto conceito sociológico. Estávamos muito longe da fúria identitária dos anos oitenta e noventa. Nessa altura, apercebi-me que a solidez da categoria "os portugueses" era a contraparte da solidez da categoria "os brasileiros" e que, de facto, as categorias só existiam no jogo entre elas, nas trocas simbólicas e referências recíprocas entre portugueses e brasileiros. Usando conceitos supervenientes, era evidente o carácter relacional dos processos identitários. Quanto mais espessa a relação entre identidades, mais sólidas as entidades na relação.[16]

A minha "observação" dos portugueses nunca foi sistemática uma vez que não fazia parte do meu objecto. E, para além disso, foi muito parcelar na medida em que eu, ao viver na favela, só contactei com os portugueses que tinham falhado no sonho do Brasil, não tendo ido além de um emprego por conta de outrém ou de um pequeno negócio nas favelas. A maior parte não tinha sequer esperança, por falta de dinheiro, de um dia voltar a Portugal, de visita ou definitivamente. Um dos meus primeiros contactos no Jacarezinho foi o Padre E.F. que, ao saber que eu era português, me deu uma lista de portugueses que viviam na favela. A maior parte deles era comerciante: mercearias, botequins, sorvetaria, lavandaria. Fui-os contactando um a um.

---

[16] Sobre a questão da construção da identidade e ver Santos (2006, 2008), Santos e Meneses (2006).

viver nem meios para se sustentar. Dado que a sr.ª C.T. não a pode alojar na sua própria casa, a única maneira razoável e moralmente recomendável de ajudar a irmã é arranjar-lhe um quarto. Por outro lado, o sr. C.N. defende que a sua mãe ficou tão profundamente comovida com o estado de desamparo da irmã da sr.ª C.T. que a sua compaixão a levou a ceder-lhe um quarto nas traseiras e que, nessas circunstâncias, ela não podia, de maneira alguma, aceitar dinheiro.

A sr.ª C.T. tenta reforçar a sua posição com um argumento formal: tem testemunhas que poderão comprovar a ocorrência da venda. É nesta altura que o presidente decide intervir e responde ao argumento da sr.ª C.T., apoiando-se na questão do formalismo. A sr.ª C.T. tinha afirmado não possuir um documento de venda porque a sr.ª S.N. se recusara a dar-lho, mas ela tem testemunhas, sugerindo que elas são uma prova tão boa como um documento escrito. O presidente apercebe-se do alcance dessa afirmação e mostra o seu desacordo o mais veementemente possível. A AM é por ele apresentada como uma instituição jurídica que tem, por isso, de manter um elevado padrão de formalismo: as testemunhas não bastam, assim como não basta qualquer tipo de documento – só um documento com o carimbo da Associação. O dispositivo retórico de que o presidente se serve para tornar persuasiva esta norma formal consiste em elevar os padrões de formalismo através da elevação do estatuto jurídico da AM.

Mas a sr.ª C.T. não parece convencida e o presidente reconhece que o argumento formalista é, de facto, retoricamente frouxo. Opta então por discutir as questões substantivas. Propõe-se discutir o caso "de acordo com a lógica", que é a lógica da equidade. Contudo, antes de o fazer, ele tem de resolver duas questões preliminares. O presidente, quando argumentou em termos jurídicos, avisara a sr.ª C.T. que o caso seria decidido a seu desfavor. Agora, tem de recuar relativamente a esta conclusão ou de a suspender retoricamente,

Apesar de alguma reserva inicial, não tive grande dificuldade em estabelecer os contactos. Pressenti mesmo nalguns o orgulho de terem um patrício professor da Universidade de Coimbra, mesmo que não descortinassem o tipo de interesse que uma pessoa nessa posição tivesse pela vida nas favelas. Os contactos com os portugueses foram, de resto, muito importantes para me "entrosar" na favela. Foi a Dona A.D., da sorvetaria, que me indicou a casa onde eu poderia arrendar um quarto. Foi o A.N. da mercearia que me apresentou ao presidente da AM. E por aí adiante.

Como ficou já dito atrás, a minha entrada no trabalho de campo esteve semeada de armadilhas montadas pelos estereótipos brasileiros sobre os portugueses e sobre os sociólogos. A minha progressão na investigação ilustra bem até que ponto os estereótipos funcionam tanto como obstáculos, como como motores de sociabilidade. Seria um exercício absurdo tentar avaliar em que medida o estereótipo sobre os portugueses prejudicou ou ajudou a minha investigação. Com segurança, é, no entanto, possível afirmar que a minha investigação, com o mesmo objecto e o mesmo quadro teórico e analítico e a mesma metodologia teria sido totalmente distinta se, nas condições então prevalecentes, eu tivesse sido reconhecido na comunidade como um "sociólogo americano".

A simetria e o jogo de espelhos entre as identidades é bem visível nos flashes que se seguem.

porque, caso contrário, a sua argumentação na base da equidade não terá credibilidade nem poder de persuasão. E a sr.ª C.T. nem sequer lhe dará atenção se souber que o caso já está decidido contra ela. Há que vencer a sua resistência e criar uma atmosfera aberta de cooperação e de avaliação despreconceituada. O presidente receia que o seu argumento formalista tenha causado demasiados estragos e quase chega a afirmar que, afinal de contas, a sr.ª C.T. pode muito bem vir a ganhar a questão: "Eu não vou dizer que a senhora não tem razão".

A segunda questão preliminar é a seguinte: as exigências argumentativas do discurso jurídico-formal exigiram uma retórica institucional que acentuou a autoridade jurídica da AM. No entanto, esse tom não se coaduna, de modo nenhum, com uma argumentação que se baseia na equidade e na cooperação, e não na intimidação. Neste ponto, é fundamental frisar a autoridade moral de alguém que está acima do litígio e que pode, assim, avaliar imparcialmente o verso e o reverso da situação: "Eu não conheço nenhuma de vocês. Eu só quero encontrar uma solução justa".

Tendo resolvido estas questões preliminares, o presidente envereda por uma argumentação engenhosa, na qual ele quer apresentar uma decisão contra uma das partes, de tal forma que pareça um compromisso entre ambas. Para isso, o presidente começa por alterar o objecto do litígio através de manipulações imaginárias da realidade ("suponhamos que..."), e transforma um litígio sobre a transferência de propriedade (venda) num litígio sobre o montante da renda (arrendamento). O Diagrama 1 representa a estrutura do argumento.

Flash nº 12

R.S., brasileiro, advogado de Galpão (presídio): o português é uma raça pouco instruída e desconfiada. Não se abre ao progresso e ao desenvolvimento.

Flash nº 13

F.A., português, empregado de hotel: os brasileiros são burros, não sabem organizar. O Governo não altera nada. É a infelicidade do povo. Veja, os deputados. Em Portugal é gente de gabarito. Aqui é gente estúpida. Nem sabem usar o telefone.

Flash nº 14

M.A., brasileira, assistente social a trabalhar na favela na Fundação Leão XIII: o português é mais romântico e mais macho. Já amei um português, mas os meus pais desmancharam o casamento.

Flash nº 15

Dona D.A., portuguesa, proprietária da sorvetaria: a vida dos portugueses dá-me raiva. Muitos amantizados com pretas, vivendo

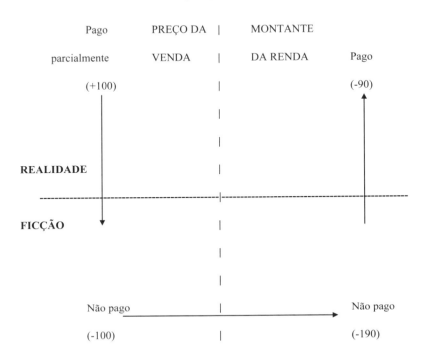

Diagrama 1

Com este argumento, o presidente transforma o queixoso (a sr.ª C.T.) em réu. A realidade é reconstruída de forma a fazer crer à sr.ª C.T. que a melhor situação jurídica para ela é dever à sr.ª S.N. noventa cruzeiros e, mesmo assim, isto só é possível porque ele aceita, sem mais provas, que os cem cruzeiros foram efectivamente pagos. O raciocínio do presidente utiliza um artifício engenhoso: ele consegue, no decurso do argumento, separar o pagamento dos cem cruzeiros da situação jurídica que o exigiu, transformando o pagamento total do preço de uma venda no pagamento parcial de uma renda. Com base nisso, conclui: "A senhora pode ter dado o dinheiro, mas a sua irmã também ali viveu durante dezenove meses sem pagar nada". Isto não teria qualquer sentido se essa quantia

em barracos. A mulher brasileira é doida e até se oferece. Aqui, o homem é que tem de ter juízo.

Flash nº 16

Sr. V.I., português, dono do botequim: sabe, é do clima. Estas mulheres gostam daquilo. Até parece que têm doença na bicha. E gostam de sacanagem.

Flash nº 17

Padre N.E.: os portugueses aqui só pensam no negócio. E aproveitam-se da ignorância do povo. Olhe o A.N., merceeiro, é único que se dedica à comunidade.

Flash nº 18

Sr. J.O., português, dono de um botequim: o Jacarezinho é merda. Isto aqui só é bom para ganhar dinheiro porque não há fiscalização. De resto, não vale nada. Lá fora é que é bacana. Aqui a mulher é fogo. Mas o dinheiro no Brasil faz tudo. Eu tenho um amigo que matou um cara que lhe tinha feito uma sacanagem. Gastou 3

tivesse sido paga como preço da venda, mas, após a manipulação exercida pelo presidente, o cenário está pronto para o compromisso que ele propõe: a sr.ª C.T. esquece o pagamento que fez e a sr.ª S.N. esquece o resto da renda.

O principal objectivo da estratégia do presidente foi mostrar à sr.ª C.T. que a quantia que ela afirmava ter pago era tão irrisória que não podia ser razoavelmente considerada como preço da venda de um porão: dezanove meses de renda barata eram quase o dobro dessa quantia. Esta estratégia permitiu que o presidente propusesse uma decisão que ele considerava justa, sem ter de apurar os factos da questão.

A argumentação é, provavelmente, demasiado artificial para convencer a sr.ª C.T. e ela insiste na sua versão: "Não, não. Eu vou vender a minha casa e vou viver nos fundos que são meus". Neste ponto, o presidente conclui que não é possível obter uma cooperação espontânea, e abandona o *topos* da equidade para regressar a um argumento jurídico-formal. Procura intimidar a sr.ª C.T., avisando-a de que, se ela não aceitar a decisão da AM, não terá outra alternativa senão pagar a um advogado e tratar a questão no asfalto. Mas previne-a: "A senhora seja prudente". E, embora se ofereça para a recomendar aos serviços de assistência jurídica, isso é menos uma oferta de serviços do que uma ameaça. A imagem popular do sistema jurídico oficial é imediatamente reconstruída no discurso implícito dos intervenientes: custos financeiros (mesmo na caso da assistência jurídica), demoras e ineficácia total. Além disso, o presidente prevê a decisão do direito do asfalto: "O seu caso não dá pé" (é um caso perdido). O argumento jurídico formal, que ele considerava fraco dentro do direito de Pasárgada, adquire nova força quando é directamente relacionado com o direito oficial: visto que a sr.ª C.T. não tem um documento da compra, a sua pretensão será rejeitada pelo direito oficial.

É interessante notar que o documento escrito, como forma jurídica, constitui a base comum ao direito de Pasárgada e ao direito

milhões com o advogado mas nem sequer foi preso. Isto aqui é muito diferente de Portugal. A minha lei aqui é roubar. Os outros que se fodam.

O racismo

Havendo lido o Florestan Fernandes e o Gilberto Freyre, eu estava de algum modo preparado para a complexidade do tema do racismo na pátria da democracia racial. Preparado e simultaneamente temeroso uma vez que o tema era um dos temas tabus da época. Previa que o racismo surgisse predominantemente sob a forma de desigualdades sociais profundas. Uma previsão fácil de verificar no Jacarezinho. Bastava comparar a cor da pele dominante na Beira do Rio e no Morro Azul, as zonas piores da favela, com a dominante nas ruas Darcy Vargas, Amaro Rangel, Comandante Gracindo de Sá do Cruzeiro, por exemplo. A segregação das zonas miseráveis cria uma forma de apartheid social dentro da favela. Dizia-me o sr. J.F., dono da Voz Sonora do Jacarezinho: "Lá a barra é pesada. É zona de marginais. Passam o dia na jogatina, na cachaça, na maconha e na máquina de discos. É um mundo diferente do nosso aqui".

Fui-me apercebendo, porém, de que a ideia de que o racismo existia sob a forma de profundas desigualdades sociais era afinal uma ideia racista, usada por quem se permitia beneficiar do capital social rácico sem ter de se

do asfalto. Em contrapartida, o argumento da equidade mantém-se como exclusivo do direito de Pasárgada (ver Diagrama 2).

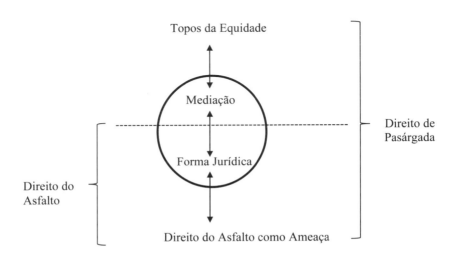

DIAGRAMA 2

O sistema jurídico oficial é apresentado, não como uma instância para a qual o litigante pode apelar de uma decisão desfavorável do direito de Pasárgada, mas como uma ameaça para reforçar a decisão da AM nesse mesmo direito. A preponderância do direito oficial só em parte explica a referência recorrente, neste caso, à forma jurídica do documento escrito, pois não explica a sua invocação na fase inicial, quando a discussão se limita ao âmbito do direito de Pasárgada. Ao longo da secção sobre a prevenção de litígios, demonstrei a flexibilidade do direito de Pasárgada em questões de formalismo. De facto, no Caso nº 19, as testemunhas bastaram para certificar a existência do contrato. No entanto, o presente caso parece vir infirmar a minha hipótese de que, devido ao facto de o

assumir como racista. Dada a pouca importância política da questão das desigualdades sociais, sobretudo no Brasil de 1970, a ideia do racismo de classe era uma forma de desclassificar o racismo enquanto fenómeno social presente e importante.

O racismo na favela tinha algo de desconcertantemente virulento e trivial. Evocava uma ordem hierárquica rígida e natural que podia lucidamente ou filantropicamente auto-subverter-se desde que isso não pusesse em causa a sua óbvia justificação. Era um racismo consentido no interior do qual negros e brancos podiam brincar em pé de igualdade. O facto de, no final do jogo, os vencedores serem sempre os mesmos, não colidia com a genuinidade do jogo. Havia naturalmente queixas e ressentimentos perante tão estranha desigualdade na igualdade, mas eles assumiam eles próprios a forma jocosa ou expressavam-se subliminarmente ou ainda através de formas de resistência não assumida. Os portugueses eram particularmente loquazes no discurso racista, mas também eles brincavam e também, no caso de alguns deles, "alguns dos seus melhores amigos eram pretos".

Flash nº 19

No botequim do sr. J.P. Entra um homem negro de meia idade, mais velho que o sr. J.P.: "Oi crioulo", saúda-o o sr. J.P. O homem sorri e encosta-se ao balcão. O sr.. J.P. dirigindo-se a mim: "Ele

direito de Pasárgada ser flexível no formalismo e rigoroso na ética, ninguém perderia um litígio por causa de um detalhe técnico. Esta contradição, porém, é apenas aparente e desaparece se analisarmos em profundidade a estrutura do raciocínio jurídico neste caso.

Após as partes terem apresentado as suas queixas, o presidente apercebeu-se que seria muito difícil averiguar o que, de facto, se tinha passado. Era a palavra de uma contra a da outra: se a sr.ª C.T. trouxesse testemunhas, a sr.ª S.N. também traria. Assim, ele tentou uma solução com base nos dados espontaneamente fornecidos pelas partes. Em primeiro lugar, parecia altamente suspeito que a sr.ª S.N. se tivesse recusado a passar um recibo do pagamento. Se o preço da venda tinha sido integralmente pago no momento da venda, não havia explicação razoável para a recusa da sr.ª S.N. Além disso, não parecia plausível que a sr.ª C.T., que se mostrava tão eloquente e tão zelosa na defesa dos seus interesses, aceitasse essa recusa sem reagir. Acresce que o presidente também duvidava que a sr.ª S.N. tivesse vendido os fundos pelos cem cruzeiros que a sr.ª C.T. afirmava ter pago. Isso era um preço muito baixo, atendendo à localização da casa e à desvalorização que a venda de um dos seus quartos acarretava. A sr.ª S.N. só por ignorância, ou por ser ludibriada, poderia ter concordado com tal venda e, dado que a prova dessa venda não era irrefutável, os interesses dela deviam prevalecer. Para cúmulo, a sr.ª C.T. não necessita, efectivamente, do quarto nem para si nem para a irmã. Pretende vendê-lo e obter um lucro à custa da sr.ª S.N. Consequentemente, ela tem de perder a causa.

Tudo isto demonstra que o presidente decidiu contra a sr.ª C.T. com fundamentos substantivos, socorrendo-se de conjecturas sobre comportamento razoável e preços aceitáveis. A formulação dos seus argumentos reflecte, numa forma invertida, o processo que seguiu para chegar à decisão. Ele utiliza a forma jurídica do documento escrito (retoricamente reforçado por detalhes como a exigência de um carimbo oficial) enquanto meio de persuasão

não gosta que lhe chamem crioulo. Mas ele também goza com os portugueses. O sr. pode falar com este cara. É crioulo mas é de confiança".

Flash nº 20

No botequim do sr. A.D. Uma roda de gente, uns brancos, outros mulatos, outros negros. O sr. A.D., branco, comentava a torcida do Flamengo: "a torcida do Flamengo é tudo gente suja e a cor facilita". Logo o sr. C.A., sapateiro, mulato escuro, retorquiu: "Ó rapaz, no Brasil não há isso de racismo. Há é muita miséria". Entretanto, chegou um jovem negro, serralheiro mecânico, "com grande aceitação" na favela. Ouviu. A certa altura: "E eu? Digam lá em que é que eu sou preto". Logo o sr. A.D., muito solicito: "Tu só é preto na cor da pele. A alma é branca".

Um dos presentes, um jovem branco, tirou dos bolsos um papel e anunciou que ia ler uns versos:

Preto é igual a cachimbo
só leva fumo.
Casa de branco é palácio,
casa de preto é maloca.

para uma decisão que, em última instância, se baseia em princípios de equidade.

O Caso nº 25 é o caso de um litígio de baixa intensidade em que o *topos* da equidade é usado para confirmar e sublinhar a vontade das partes em resolver, por mútuo acordo, um diferendo, doutro modo difícil de resolver. A baixa intensidade do litígio deve-se em grande medida à antecipação por uma das partes dos limites das instâncias de resolução de litígios em Pasárgada. Ilustra assim a retroacção entre resolução, criação e prevenção de litígios.

Caso nº 25

O casal T.T., senhorios, apresentou queixa contra o casal J.J., seus inquilinos de parte da casa onde todos habitam. Foram chamados à AM:. Vieram o casal T.T. e o sr. J.J.

Presidente: (dirigindo-se ao sr. J.J.): Sabe que a AM tem qualidade jurídica?

Sr. J.J.: Sei e quero começar aqui e acabar aqui. Não quero ir para o departamento jurídico.

Presidente: (dirigindo-se ao casal T.T.): Esclareçam a situação.

Sra. T.T.: Eu não me dou bem com a mulher do Sr. J.J. Ela me faz a vida impossível e eu não posso dizer nada. Passa o dia a cantar para me humilhar. Além disso, o meu filho foi despejado da casa onde vivia. Eu arrumei um quarto para ele no vizinho, mas logo que o Sr. J.J. saia ele vem viver para casa.

Sr. J.J.: Ela não quer o quarto para o filho. Eles nem se falam.

Presidente: Você é o inquilino, a casa é deles. Quando se dão bem, tudo é bom. Se não, é sempre um problema. É leão contra leão. Ela para sair não dá bem porque é proprietária. Você é que tem que sair. Qual o prazo que precisa?

Sr. J.J.: Eu saio mas preciso de prazo. Só posso dar 50 a 60 cruzeiros. Não arranjo. Não sei. Talvez um mês.

Presidente: Muito válido. Damos até 30 de Setembro. (Dirigindo-se à sra. T.T.) Até lá a senhora é surda e ela também. Às

Passarinho de branco é canário,
passarinho de preto é urubu.
Cigarro de branco é charuto,
cigarro de preto é palha.
Comida de branco é banquete,
comida de preto é mexido.
Música de branco é twist,
música de preto é macumba.

Seriam versos racistas ou de protesto contra o racismo? Lidos por um branco a resposta parecia óbvia. Houve risos sem entusiasmo. Um dos presentes, negro, conhecido por Zé Crioulo, pegou no papel e disse: "Eu vou responder". Estava bêbado. De parte, alguém me confidenciou: "Era um grande jogador de futebol, mas a cachaça matou-o". Entra um velho branco, o José Português. Logo um velho negro exclamou, virando-se para mim: "Olhe este é dos nossos. Bebe cachaça como nós".

Entretanto o José Crioulo disse-me que já tinha a resposta. Não podia escrever, mas ditava se eu escrevesse. Eram dedicados a mim. Foi ditando, cantando em ritmo de samba:

vezes há canções com letras que se referem ao nosso drama. Não ligar é o melhor.

O presidente começou por recorrer ao reforço ritual da AM sobre o litígio. Por isso, a pergunta sobre o conhecimento a respeito da "qualidade jurídica" da AM funcionou como um *topos* implícito de intimidação. A reacção do sr. J.J. confirmou o êxito pleno do ritual. Não só ele aceitou a jurisdição da AM, como reconheceu a sua exclusividade, renunciando, à partida, o recurso ao atendimento da justiça gratuita do departamento jurídico da Fundação Leão XIII[29], a funcionar no Centro do Rio de Janeiro. Esta confirmação reforçada funcionou como indício da disponibilidade do sr. J.J. para aceitar a decisão da AM. Esta disponibilidade foi decisiva para a pre-compreensão do caso por parte do presidente e para o desenho de uma decisão económica em relação aos detalhes complexos do litígio.

O casal T.T. não tinha, em princípio, o direito de despejar o casal J.J. porque afinal este vinha pagando regularmente a renda. Daí o duplo registo moral da queixa. Por um lado, as ofensas por parte da inquilina. Recorrendo a uma forma típica de insulto em Pasárgada, a inquilina cantava repetidamente uma canção então em moda cuja letra falava de uma mulher casada com um homem que a atraiçoava com muitas amantes sem que ela tivesse disso conhecimento. O comportamento do sr. T.T. (que esteve silencioso durante toda a reunião) era conhecido pela vizinha e a srª. T.T., apesar de estar ciente dele, sentia que era ofensivo, tanto para ela como para ele, que a inquilina "fizesse gozação" com isso.

---

[29] Fundada em 8 de Fevereiro de 1947, com o propósito de prestar assistência à população residente em comunidades carenciadas. Sediada no Rio de Janeiro e vinculada à Secretaria de Assistência Social e Direitos Humanos, a Fundação Leão XIII funciona como órgão operacional de execução de acções directas de prevenção, inserção e promoção social nas comunidades carentes e bolsões de pobreza em todo o estado.

AS RELAÇÕES PESSOAIS COM O MUNDO A QUE CHAMAMOS IDENTIDADE   305

O que eu sinto
é porque na presença de vocês
eu não minto.
Eu não quero que tenha esse enrolo
quem está dizendo é o Zé Crioulo.
Eu quero que todos sejam felizes
doutor, isso não é imperatriz.
Diga agora o que você quer de mim
quero que termine assim.
Eu peço para o humilde menino
que dê cobertura ao meu filho chumbinho.
Eu não sei do excesso
eu moro na travessa do comércio.
Quero que veja com muita atenção
para mim será meu doutor meu irmão.

[parte final do que me ditou escrito por mim num envelope usado:]

Este argumento não era muito forte tanto mais que toda a gente sabia na vizinhança (incluindo o presidente) que as ofensas e os insultos eram recíprocos. Daí que a srª. T.T. tenha recorrido a um segundo argumento moral: o da necessidade de dar abrigo ao filho. Potencialmente mais forte à luz dos princípios do direito de Pasárgada, o demandado neutralizou-o de imediato denunciando a falsidade dos factos. O modo como o fez convenceu o presidente que nenhum dos argumentos era suficientemente forte para servir de base retórica para a construção de uma solução. Aliás, "era um problema entre mulheres" (o casal T.T. "não tinha nada contra o sr. J.J.") e a srª. J.J. não estava sequer presente.

Daí que o presidente, encorajado pelos indícios da disponibilidade do sr. J.J., tenha decidido avançar para uma solução que não tivesse de decidir sobre a substância do litígio. Fê-lo invocando princípios gerais do direito de Pasárgada: o princípio da propriedade privada e o princípio da primazia dos senhorios sobre os inquilinos. Este último princípio, porque mais problemático, foi apresentado de forma subtil e complexa. Começou por ser retoricamente negado através de uma imagem de igualdade: "é leão contra leão". Mas esta imagem foi invocada apenas para mostrar a implausibilidade da igualdade numa situação destas. Ou seja, a igualdade só foi invocada como dilema de igualdade do qual só se poderia sair pelo reconhecimento da desigualdade dos iguais. Afinal, os leões em presença não tinham a mesma força. O leão-inquilino pisava o território do leão-senhorio e estava por isso sujeito à lei deste: "Ela para sair não dá porque é proprietária".

O sr. J.J. que já mostrara a sua disponibilidade para ceder ao indicar o desejo de resolver a questão ali, sabia que a situação de hostilidade entre as mulheres era insustentável. Estava apenas interessado em negociar um prazo razoável para encontrar "outro cômodo". Tendo o sr. J.J. cedido no principal, o presidente estava retoricamente capacitado para legitimar inteiramente a sua pretensão quanto ao secundário. Como se tratava de um prazo relativa-

Eu tenho o nome da favela
Na luxuosa academia

Mas a favela que dantes
É morada de malandro
E não tem nenhum valor

Não tem doutores na favela
Mas na favela tem doutores
Um professor que chama [maumba]
E daquela ne maumba
Que num dia lá é sabe

mente longo e as agressões verbais entre as mulheres eram diárias, a recomendação de surdez pareceu ao presidente a mais adequada para a decisão poder seguir todo o seu curso.

O topos do morador razoável

Este *topos* é invocado quando um morador contrapõe os seus interesses individuais aos interesses da comunidade. A sua aplicação é muito mais difícil do que a das normas que regulam os conflitos entre interesses individuais e a sua aceitação em Pasárgada é discutível. Em todos os casos aqui reunidos relativos ao *topos* do morador razoável, há dois ou mais moradores que apresentam a mesma queixa contra a mesma pessoa. Em alguns desses casos, a AM representa os interesses da comunidade ou da vizinhança numa espécie de processo administrativo.

Caso nº 26

Quando fez obras na casa, o sr. K.S. avançou uma das paredes de tal forma que a rua, já de si muito estreita, ficou quase totalmente obstruída. Alguns vizinhos queixaram-se na Associação de Moradores. O presidente e um dos directores foram inspeccionar o local e concluíram que a rua tinha ficado praticamente bloqueada pela construção. Foram ter com o sr. K.S. e expuseram-lhe a situação. Ele mostrou-se muito relutante em fazer qualquer coisa, mas a atitude do presidente e do director foi muito dura e inflexível. E o argumento que usaram foi: "Olha que se alguém morre, o caixão não passa na rua. Nem sequer o carro de mão da limpeza".

Perante a recusa do sr. K.S., o presidente afirmou: "Não está a ser razoável. O senhor sabe que a Associação tem poderes para demolir construções ilegais em Pasárgada. Tenho aqui a legislação e posso mostrar. E a polícia está ansiosa por ajudar a garantir o respeito dos poderes da Associação". O presidente e o director vieram embora sem qualquer compromisso por parte do sr. K.S.

Flash nº 21

Sr. A.J., aposentado, filho e neto de português: "Essa raça de preto é fogo. Tem maldade no coração. A gente tem de andar sempre com o olho neles. São malandros e traiçoeiros. A gente deve tratar eles bem para cangá-los. Mas sempre com o olho neles. Lá na roça, o meu avô e o meu pai não gostavam de pretos. Os pretos tinham um medo deles que se cagavam. O meu avô tinha a roda com 15 tranças de couro. Punha dois pretos a tocar a roda e outro por baixo, de costas. À medida que a roda ia rodando a trança caía nas costas do negro. A gente chamava à trança o 'bacalhau'. Preto que fosse atrevido já sabia o que levava. Tinha de confessar tudo".

Mulheres e homens, donos e médicos

Como se pode ler no Capítulo 2, alguns dos litígos resolvidos pela AM tinham na sua base relações entre homens e mulheres. Casais desavindos, homens com várias mulheres em casa, acusações recíprocas de feitiçaria, lutas entre mulheres pela posse de um homem, lutas entre homens pela posse de uma mulher, mulheres com duas vidas, uma diurna, de família, outra nocturna, de prostituição, estas e muitas outras situações ocorriam muito frequentemente e eram motivo constante de conversa nos botequins, na pensão da dona M.A., na agência de Loteria Esportiva,

Pouco tempo depois desta discussão, o sr. K.S. decidiu demolir, ele próprio, a parede e voltar a construí-la de acordo com as dimensões originais.

Os dirigentes de Pasárgada, incluindo o presidente e os directores, partilham a opinião de que os habitantes de Pasárgada são individualistas. Um dos seus dirigentes afirma textualmente: "O povo aqui é muito individualista e só quer saber dos seus interesses. Eles podem ver alguém a fazer qualquer coisa que prejudique os interesses da comunidade, mas se isso não os afectar directamente não mexem uma palha". Verdade ou não, isto constitui um pressuposto para a avaliação de comportamentos. Quando alguns moradores se dirigiram à AM para se queixarem das obras do sr. K.S., o presidente concluiu imediatamente que eles deviam ter sido significativamente afectados, pois, caso contrário, não teriam actuado. O estereótipo do individualismo egoísta ajudou a construir as expectativas do presidente sobre os factos e as questões envolvidos.

Suspeitando que a obra já devia estar a ser feita, senão mesmo concluída, o presidente previu que o acusado resistisse, dado que os moradores de Pasárgada são muito intransigentes quanto à protecção dos seus interesses e dos seus bens. Pediu a um director para o acompanhar na inspecção do local, por estar preocupado com a reacção do sr. K.S. e por ter pensado que a presença de dois dirigentes teria um peso maior e dissuadiria qualquer tentativa de violência. No local, o presidente e o director rapidamente concluíram que estavam perante uma flagrante violação da norma de Pasárgada que proíbe construções privadas feitas em detrimento dos interesses colectivos. A rua estava praticamente obstruída pela construção do sr. K.S., o que impedia o acesso dos outros moradores à rua principal. As exigências normativas da situação eram tão evidentes que o presidente pensou que uma discussão, na AM, entre os queixosos e o acusado seria desnecessária. A AM chamou a si a

no sapateiro, na Casa do Picolé, nas mercearias, à volta da "sinuca" (snooker).

Na própria casa onde eu morava vivia-se um drama. O marido da senhoria, dona M.A., estava fugido. Amantizara-se com a mulher do seu melhor amigo. Este descobrira e jurara matá-lo a ele primeiro e depois a ela. O sr. A.S. fugiu então "para a roça, para a casa da mãe". O drama maior para a dona M.A. é que, por essa razão, ele tinha sido forçado a abandonar o trabalho e, não ganhando, não havia como "comprar o arroz e o feijão" para os filhos. Entre a gente mais velha, havia a ideia de que a estabilidade das relações entre homem e mulher era cada vez mais precária. Dizia-me o sr. Z.U.: "Antes, casava-se mais. Era raro sábado que não houvesse uns 5 casamentos. Hoje casa-se menos. Quando alguém se casa a gente até diz: 'é puta na zona e corno no morro'". Por sua vez, o sr. F.I. falava-me de um jovem no Jacarezinho que se formara há dois anos em medicina e já estava milionário: "Sabe fazendo o quê? A coser bucetas. As moças começam a foder muito cedo. Depois quando aparece um moço com intenções de casar elas se fazem de inocentes para os conquistar. Claro que isto só as moças das classes mais altas podem fazer. Ele cobra 300 contos por cada. E fulano [outro médico com consultório no Jacarezinho] está milionário fazendo aborto. E não leva mais de 100 a 150 contos por cada".

De todos os temas de conversa sobre as relações entre homem e mulher, o mais frequente eram as paixões, os ciúmes e a violência na luta pela posse de

função de representar os interesses da vizinhança contra o morador irrazoável. Tal como o *kuta lozi*, analisado por Gluckman, também a AM é uma instituição flexível que, conforme as circunstâncias, pode funcionar como órgão judicial ou como órgão administrativo.

O sr. K.S. apresentou a sua defesa em cada um dos dois níveis do discurso: a rua sempre tinha sido estreita e ele não tinha ultrapassado as dimensões primitivas da casa (discurso jurídico); tinha investido dinheiro na construção da parede e não tinha nem tempo nem dinheiro para a demolir e voltar a construir (discurso moral ou discurso da necessidade). Visto que o sr. K.S. mostrou não respeitar a norma de Pasárgada que violou, o presidente recorreu ao *topos* do morador razoável. Ao desconsiderar os interesses dos seus vizinhos, ele estava a comportar-se irrazoavelmente, e se todos os moradores se comportassem como ele, em breve seria impossível viver em Pasárgada. Pediu-se-lhe que colaborasse, e, nessas circunstâncias, a ênfase na cooperação foi transformada num *topos* retórico adequado, o *topos* do morador razoável: um morador razoável, não só não lesa os interesses colectivos, como colabora para os restabelecer sempre que eles são lesados.

No decurso da sua argumentação, o presidente conseguiu exagerar a irrazoabilidade do comportamento do sr. K.S., ampliando retoricamente o objecto do litígio. O conflito do sr. K.S. não se dava só com os que vivem na sua rua, mas também com os que morrem em Pasárgada e cujos caixões têm de passar nessa rua a caminho do cemitério. O sr. K.S. estava a violar os interesses dos vivos *e* dos mortos, e desrespeitar os mortos é uma falta moral particularmente reprovável em Pasárgada. A sua transgressão transcende a vizinhança ainda de outra forma: prejudica os interesses sanitários da comunidade porque impede que o varredor da rua, contratado pela AM, transporte o lixo num carrinho de mão até à entrada de Pasárgada.

mulheres ou pela posse de homens. Em conversa mais privada, uma vertente importante do tema era a questão do desejo e da potência sexuais, muitas vezes ligada à feitiçaria.

Flash nº 22

Sr. J.R., carpinteiro: Me juntei aí com uma mulher que podia ser minha avó. Nunca tive nada com ela, mas cuidava muito bem de mim. Eu, entretanto, ia comendo as mulheres todas. Uma vez tranquei uma que já tinha sido minha e depois passara para outro. Eu pensei que ela estava só. Me aparece o cara que andava com ela e mais dois. Eu conhecia ele. Eu tinha mandado ela buscar uma cerveja. Mas que trouxesse fechada. É que tinha medo que ela deitasse lá dentro um despacho qualquer. Apareceram e ameaçaram. Eu puxei da máquina. Estávamos na boite. Fiz eles andar na minha frente. Disse para os dois: "Vocês têm mulher? Têm filhos? Então se têm não se metam aqui que eu não me importo de morrer, mas também hei-de matar. Vocês não deviam andar com um mau elemento como este. Antes dele andar com a mulher já eu tinha andado. Ele foi comer os meus restos. Agora eu peguei na mulher porque pensei que ela estava só. Se eu soubesse que ela estava com ele não pegava" E convenci eles.

O sr. K.S. gastou muito dinheiro com a parede para se deixar persuadir pelo *topos* da cooperação. Quando o presidente se apercebeu disso, socorreu-se do *topos* da intimidação. O direito de Pasárgada desenvolveu uma dialéctica característica entre estes dois *topoi*. A intimidação do presidente só se torna razoável após a irrazoável recusa do morador em cooperar ter sido verificada (mesmo que esta não tenha sido explicitamente admitida). Assim que este *topos* foi introduzido, o discurso jurídico mudou de direcção. A conduta do sr. K.S. violou, simultaneamente, a norma de Pasárgada sobre os interesses da comunidade e o direito do asfalto que proíbe o aumento horizontal ou vertical das construções nas favelas, impondo a sua demolição. Enquanto o *topos* da cooperação dominou a argumentação jurídica, o presidente acentuou a norma de Pasárgada, mas, quando se voltou para o *topos* da intimidação, invocou também as leis do asfalto. O facto de estas últimas serem estatais torna-as mais eficazes na insinuação dos poderes sancionatórios, que o *topos* da intimidação manipula de modo a conseguir aquilo a que eu chamaria cooperação imperfeita, isto é, uma aquiescência em que o acto de cooperação é negado pelo próprio morador, persuadido a aderir *por meio* da intimidação.

Mas as leis do asfalto não dominam completamente esta segunda fase da argumentação jurídica. O presidente afirma o poder da Associação para demolir as construções ilegais e, dado que esses poderes lhe são conferidos pelo direito oficial, pode parecer que os critérios que determinam a ilegalidade das construções estão também contidos nesse direito. No entanto, isso não é assim, como o provam as inúmeras construções recentes que violam a proibição de ampliação horizontal e vertical, mas que a AM não tenciona mandar demolir. A construção do sr. K.S. é ilegal, não por violar o interesse do Estado em acabar ou controlar o crescimento das favelas, mas por violar o interesse da comunidade de livre circulação pelas ruas. Portanto, como referi na secção anterior, o direito oficial

Flash nº 23

No botequim do sr. A. D. conheci uma mulata belíssima, a S.O. Senti-me atraído por ela e pareceu-me que a atracção era recíproca. Encontrei-a várias vezes na Escola de Samba. Ensinou--me a dançar o samba. Um dia, depois de uma das sessões no terreiro da macumba descritas adiante, trocámos intimidades avulsas. No dia seguinte, fui procurado pelo meu amigo A.V. Era um recado importante. O sr. F.O., presidente da Escola de Samba, era "dono da S.O." Mandava dizer que se eu queria continuar a ir à Escola de Samba e viver no Jacarezinho teria de não voltar a falar com a S.O. Se ela aparecesse num lugar, eu teria de sumir. Assim fiz.

Nas conversas mais íntimas entre homens, a questão da potência sexual era tema frequente. O fantasma da impotência avassalava os homens, mesmo os mais novos. Vimos no Caso nº 31, analisado no Capítulo 2, como o director da AM tentou resolver o litígio entre o jovem casal indo ao que, em sua opinião, era a raíz do problema: a falta de interesse sexual pela mulher não tinha outra causa senão a exaustão física de um jovem que se levantava às 3 horas da manhã para chegar ao emprego às 5, passava o dia a trabalhar no meio da poluição da cidade, mal alimentado e chegava a

é invocado selectivamente para proteger um interesse reconhecido da comunidade. A ameaça das sanções impostas pelo Estado e da intervenção da polícia é posta ao serviço das normas substantivas do direito de Pasárgada. Este caso também exemplifica como a ameaça da intervenção da polícia é invocada de par com o direito oficial.

Dada a pressão sobre o espaço e a densidade da construção são recorrentes os conflitos entre os interesses individuais dos moradores e os interesses da comunidade que a AM se sente investida em defender. A actuação da AM varia consoante a gravidade dos casos. No Caso nº 25, a AM ordenou a demolição da construção que obstruía a rua. No Caso nº 26, procurou-se uma solução que garantisse a primazia do interesse da comunidade sem inutilizar o investimento feito pelo morador.

Caso nº 26

S.F., ao reconstruir a sua casa fê-lo em contravenção da lei que proíbe a ampliação horizontal e vertical das habitações nas favelas. Construiu uma escada, assente sobre a rua. Chamado à Associação defendeu-se com a necessidade absoluta da escada para o piso que tinha acrescentado (construção ilegal pelas mesmas razões) e com o facto de a escada, apesar de "atrapalhar um pouco a rua", não impedir o movimento de pessoas ou carros.

A Associação, tendo em conta esse facto e também o elevado custo das obras, contentou-se com o reconhecimento por parte do morador de que a construção era ilegal e com a sua disponibilidade para a demolir quando tal se julgasse necessário. Foi-lhe proposta uma declaração que ele aceitou assinar sem hesitação já que o seu objectivo era evitar a demolição.

Declaração

Eu, S.F., brasileiro, casado, residente na Rua 15 de Agosto [nº]. Em uma benfeitoria em reconstrução, de minha propriedade,

casa tarde depois de mais de duas horas batido num onibus pejado de gente. O que ele precisava era de vitaminas.

A atribuição da impotência ao cansaço ou a outras causas físicas era, no entanto, muito rara. Além de ofender a auto-estima de macho havia sempre à mão a prova do contrário, em situações onde, apesar dos factores físicos, o macho tinha desempenhado hiperbolicamente bem a sua função. Muito mais convincentes eram as causas atribuíveis à relação e ao parceiro ou parceira. Quase sempre a parceira. A mulher era a grande causa da impotência do homem, quer porque não era suficientemente atraente, quer porque, por vingança ou ciúme, fizera um feitiço ao homem para o reduzir à inanição. Havia mil meios de fazer feitiços, disponíveis nos curandeiros, nos terreiros de macumba, nas mulheres mais velhas e mais experientes, tal como havia mil meios para "desmanchar" ou "desamarrar" os feitiços igualmente disponíveis nas mesmas pessoas e lugares.

Vimos atrás, no Flash n.º 22, como o sr. J.R. se rodeou de cuidados para defender a sua potência de uma mulher em que não confiava. Mandou-a buscar uma cerveja, mas que a trouxesse fechada com medo que ela lhe metesse um despacho lá dentro. Os feitiços eram feitos através da preparação de despachos que "amarravam" o homem e podiam ser de dois tipos: os mais radicais eliminavam de todo a potência sexual; os menos radicais, eliminavam a potência para relações sexuais com outras mulheres que não

quando não respeitando as normas da Associação de Moradores, estando sem autorização da mesma e fazendo uma escada um pouco avançada para a rua Armando Sobré, quando a mesma está atrapalhando a rua, é verdade e dou fé do meu erro, quando assim eu, de comum acordo, assino esta declaração que a qualquer tempo que seja preciso alargar a rua fico na obrigação de retirar a referida escada sem qualquer objeção e a qualquer tempo que seja necessário.

Esta declaração fica assinada por mim na presença de duas testemunhas e em duas vias, uma das quais ficará na Associação para o fim que convier.

Data
Declarante
Testemunhas

As redes de água e as comissões de luz estão na origem de recorrentes litígios entre vizinhos em que se confrontam interesses individuais e interesses transindividuais. São disso exemplo os casos que se seguem.

Caso nº 27

Os 48 sócios de rede de água que abrange as ruas Jerusalém e D. Jaime Câmara pediram ao presidente da AM uma reunião para resolver um conflito grave entre eles e o manobreiro da rede, o sr. D.D. A reunião foi marcada para as 8 horas da noite e compareceram 41 dos 48 sócios.

A rede foi de iniciativa do sr. D.D. Foi ele quem fez a canalização tendo cobrado 15 contos a cada sócio no início e, depois, 4 contos mensais. Acontece que o sr. D.D. foi preso e a rede não está a funcionar bem. Aliás, já mesmo antes disso, a rede não funcionava e havia muitas suspeitas de que ele roubava os moradores. Por exemplo, o sr. D.D., apesar de ter recebido o dinheiro dos moradores, não pagou à Comissão da luz e a rede está em débito.

a autora do feitiço. Havia feitiços mais fortes que outros. A dificuldade em desmanchá-los era proporcional à força do feitiço.

Flash nº 24

Sr. M.R., curandeiro: Há gente aí que come amendoim para ter tesão. É bom, mas faz mal ao fígado. O amendoim também é bom para a mulher sem tesão. E quando o homem ou a mulher têm tesão a mais e querem estar sempre a foder então põe-se pólvora fina no café. É amargo mas a pessoa nem nota. É remédio santo. O cara cai que não mais se levanta. Nem da mãe se lembra. Olhe que o saco quase encolhe para dentro da barriga. Aqui no Jacarezinho há muito homem sem tesão, gente da sua idade que nunca fodeu por doença ou por macumba. Eu sei desmanchar. A macumba pode ser feita de vários modos. Beber é sempre pior. Então tem de tomar outra bebida para tirar. É muito difícil de desamarrar. Muitas fazem a macumba para o homem só ter tesão para elas e não para outras. Por exemplo. Depois de foder, ela limpa a piroca com as calças dela e depois limpa a buceta dela. Quando for mijar, ensopa as calças na urina. Põe as calças a meio da cama, debaixo do colchão. Você fica amarrado nela e não tem tesão para mais nenhuma. Outra é com maçãs. A mulher esfrega três maçãs no corpo dela, desde a cabeça até os pés,

O presidente agradece a presença de todos e propõe como "ordem do dia":

– Organizar nova diretoria
– Assunto financeiro: pagamento atrasado devido à Comissão de luz

Um dos líderes da zona:
"A situação é um caos. Além de desfalques, há canos quebrados. Há gente que não sabe mexer na bomba e nas caixas e mexe; água que se perde; gente que tem água e gente que não tem; água que nunca se sabe quando vem; perigo constante da bomba queimar por estar a trabalhar em seco".

Pedindo silêncio no meio da vozearia de comentários de indignação ao estado da rede, o presidente pede aos presentes que indiquem 6 pessoas como candidatos à nova Comissão da água para serem votados pelos presentes. Exorta a que sejam indicadas pessoas que disponham de tempo para dedicar à rede. Alguns dos presentes salientam que a Comissão tem de incluir alguém que saiba manobrar com a bomba.

Dois líderes da zona apresentam 6 nomes. O presidente põe-os à votação e são aprovados por unanimidade. Uma mulher insiste na má administração, nos desfalques e no facto de todos mexerem nas caixas de água. O presidente: "Tudo isso compete à Comissão que agora está incumbida de toda a responsabilidade. Só haverá um manobrador. A diretoria deve ser respeitada por todos".

Um dos novos directores passa a explicar, com conhecimentos técnicos, as obras que devem fazer-se: mudar o esquema de canalização e de bombeamento de água. Outro director intervém para dizer que "o povo tem de acatar as ordens da diretoria e o esquema proposto". Vão-se estabelecer vários ramais, a funcionar em dias alternativos; "o sistema vai ser rotativo e ninguém pode vir mexer e abrir os ramais fechados".

passando pela buceta, bunda e covas dos braços. Embrulha elas e põe no banheiro. Depois dá uma para você comer. Mesmo que você limpe, descasque ou só coma um bocado, você está amarrado e não tem mais tesão para outra.

Você foda sem compromisso e nunca aceite nada delas. É difícil de desamarrar. Olhe, havia aí o Antônio Carioca que não tinha tesão há muito tempo. Eu curei ele com um remédio que só eu conheço: suor de quati. O quati é um bicho que parece cachorro e tem uma piroca que na cabeça é osso duro e está sempre duro. Há um remédio que se usa por aí que é piroca de quati. Raspa-se o osso e mistura-se na cachaça da manhã. Mas o Antônio Carioca bebeu 12 pirocas e não deu resultado. Eu conheço a piroca de quati. Há muito malandro que anda por aí a vender piroca de porco e de cachorro dizendo que é de quati. Mas o remédio mais eficaz é suor de quati. Tem de ser um animal novo, forte, não estar aguado e resistir. Então a gente cansa ele até ele suar e até o suor pingar. Então se apanha três colheres de suor e se dá ao almoço e ao jantar durante três dias. A pessoa fica logo de pau feito. Claro que depois de foder ele cai. Mas volta a levantar.

Passa-se então ao segundo item da ordem do dia. A dívida à Comissão de luz é de 122 cruzeiros novos, ou seja, NCr$ 2,55 por cada um dos 48 sócios. Enquanto o secretário vai conferindo a divisão, o presidente anuncia com ênfase a grande novidade: "Dentro em breve vai haver água oficial no Jacarezinho. As pessoas irão pagar à CEDAG. Tudo isto é obra da Associação. Para se identificarem como utentes, é preciso ter carteira de sócio da Associação. Foi a Associação que tirou os planos da gaveta da Fundação Leão XIII e foi junto do Governador obter este melhoramento. As obras vão começar no próximo mês."

Conferida a divisão da dívida, o presidente para os presentes: "Quem não quer pagar levante o braço". Levantam-no 6 mulheres. Não pagam porque há muito tempo que não têm água. Lavam a roupa no rio de manhã à noite, chegam a casa mortas de cansaço, têm de cuidar dos filhos e ainda têm de ir buscar água.

O presidente: "Esqueçam o passado e olhem o futuro. Se não pagarem, o fardo vai ficar mais pesado para os outros e pode ser que alguém não possa pagar. Tenho a certeza que nenhum de vocês ia levantar o braço outra vez. A Comissão irá visitar vocês e vocês vão cooperar".

Uma moradora sugere que a mensalidade de NCr$ 4,00 não suba: "Chega e sobra". Os directores defendem-se dizendo que as obras custam dinheiro. O presidente ainda tenta fazer subir a mensalidade para NCr$ 5,00, mas aceita a proposta de um dos directores: "Por enquanto não. As pessoas já estão sobrecarregadas com o pagamento da dívida à Comissão de luz".

Por último, o presidente da AM propõe que se eleja o presidente da comissão da rede de água. Vários directores indicam o nome do sr. L.L. Alguns presentes opõem-se por ele ser "crente". O presidente da AM põe o nome à votação. Aprovado sem votos contra.

Este caso é revelador de alguns dos traços característicos da vida social e política de Pasárgada. Antes de mais, a instabilidade

O jeito, o samba e a vida e morte severina

A esmagadora maioria da população do Jacarezinho ocupava cada dia com a tarefa dura de sobreviver no dia seguinte. Era unânime a opinião de que a situação piorara depois de 1964, ainda que alguns continuassem a acreditar na propaganda da ditadura de que a situação ia melhorar em breve. Dizia-me o sr. Paulista: "O Presidente da República disse há pouco que a 'economia vai bem mas o povo vai mal'. Pois é. Quer dizer que só favorece os patrões. Sabe, o brasileiro é um operário mal alimentado e por isso também não trabalha muito. Dantes o operário tomava o café da manhã: um café ou um Toddy, pão com presunto, maço de cigarros e jornal. Hoje ele não pode fazer nada disso. Ao sábado a gente passava pelos botequins. As mesas era tudo cheio de brahma. Hoje numa mesa de 6 você vê 3 brahmas. O quilo da carne boa está a NCr\$ 6,00; o feijão, a 2,40; o arroz a 3,00. Como é que ele se pode alimentar bem? Compra arroz e feijão e corta na carne". Foi também a subida do custo de vida que levou a Dona Maria da pensão a aumentar o preço da refeição: não podia continuar a cobrar apenas NCr\$ 2,40.

Para além das dificuldades económicas, ocorriam frequentemente situações – doenças, crimes, desemprego, inundações, feitiços – que punham em causa a já frágil estabilidade da sobrevivência, situações para as quais não existia nenhuma rede de segurança e que, portanto, faziam colapsar, de um momento para o outro, qualquer expectativa que, por muito ténue,

estrutural dos equipamentos colectivos, dependentes de soluções precárias e de pessoas nem sempre fiáveis. O sr. D.D. era uma pessoa polémica e popular em Pasárgada. As opiniões a respeito dele divergiam. Nas palavras de um dos moradores, depois da reunião: "O sr. D.D. é mesmo ruim. A mulher abandonou-o ou ele a ela. O certo é que ela foi à assistência gratuita e deram-lhe o direito a alimentos. Ele não queria pagar e até se desempregou. O juiz mandou chamar ele e ele não foi. Chamou segunda vez e ele não foi. Chamou terceira vez e ele foi. Disse que estava desempregado, que comia dos amigos e que não tinha por onde pagar. Mas o juiz sabia que ele tinha dinheiro e até tinha feito a canalização. Mandou-o embora e ele até pagou cachaça a nós para festejar dizendo que o juiz era bobo. Alguns dias depois apareceram os detetives que levaram ele para o Galpão.O juiz aplicou 60 dias por vadiagem para não ser esperto. Sabe, se ele fosse sabido tinha evitado. Como no Brasil ninguém, com mais de 35 anos, se consegue emprego, ele podia ter obtido comprovantes de que procurou emprego e não conseguiu".[30]

O litígio entre os sócios da rede e o sr. D.D., decorrente dos prejuízos sofridos, não tinha por agora solução. Tratava-se apenas de repor um serviço colectivo básico. A revolta das mulheres foi particularmente significativa já que são elas quem mais sofre com o colapso dos serviços de que depende a sobrevivência das famílias. A intervenção da AM visou acima de tudo legitimar e ratificar a solução que as lideranças da zona já tinham encontrado, oferecendo um forum onde fosse possível eleger a nova direcção e criar consenso a respeito das novas condições de gestão da rede de

---

[30] Dias mais tarde, outro morador dizia-me: "O DD vem aí 6ª feira. Mas parece que a pensão é pesada demais: 110 contos. Sabe, hoje as mulheres têm mais cartaz que os homens. Mas ele também não devia ter feito o que fez. Não devia ter deixado o emprego só para não pagar a pensão. Alguém caquetou. Ele tratava muito mal a mulher. Dizem os vizinhos, que ele um dia a ameaçou de morte. Depois ela trabalhava aí fora para gente graúda que a aconselhou a vir à justiça e a fazer tudo direitinho."

ainda sobrevivesse. A título de exemplo, mencionei acima como as "aventuras" do sr. A.S. puseram em risco a sobrevivência da família da minha senhoria, a dona M.A. Uma vida totalmente vulnerável ao imprevisível tinha de ser vivida de improviso, sem código nem partitura, com recurso a expedientes, a oportunidades, em suma, ao jeito. Se do ponto de vista da economia do asfalto toda a economia da favela era uma economia informal, dentro da favela havia o formal e o informal, e mil e uma nuances de legalidade.

E tudo isto se aplicava por inteiro tanto a comerciantes, como ao comum dos moradores. Já vimos como para o sr. J.P., dono do botequim, o roubo era a lei da favela. Também o merceeiro podia vender os sacos de arroz à Paróquia a preço sem concorrência porque, como não havia balanças fora das mercearias, tirava 10kg pelo fundo de cada saco de 60kg. O sr. Paulista, que atrás falava da carestia de vida, tinha o seu negócio ilegal: criava galos de combate. Tinha o quintal cheio deles e a casa cheia de alimentação e medicamentos para os galos. O sr. A.N., que criava porcos e era meu companheiro de rondas pelos botequins, tinha desenvolvido uma aptidão que lhe rendia algum dinheiro: dava lições de imitação de comportamento típico de doente mental às pessoas que queriam forjar uma doença mental junto das comissões médicas que decidiam sobre a concessão da pensão de invalidez pelo Instituto Nacional de Previdência Social. Era, aliás, fascinante vê-lo treinar as pessoas, não só nos gestos descontrolados "de louco"

água. A lista da nova direcção tinha sido acordada previamente e a votação serviu apenas para neutralizar possíveis opiniões discordantes. O *topos* da cooperação foi usado para estabelecer e vincar uma ruptura entre o passado e o futuro. Dado que o passado, o conflito entre os moradores e o sr. D.D., teria de ficar em suspenso, pelo menos até este último sair da prisão, a AM, apesar de convocada para resolver um conflito, actuou segundo uma lógica de prevenção de conflitos, os conflitos que poderiam voltar a surgir dada a situação precária da rede de água. Apesar de considerado muito grave, o comportamento do sr. D.D. quase não foi abordado. O *topos* da cooperação foi direccionado por uma nova organização, mais legítima porque eleita, a nova Comissão de água. A reinstitucionalização operada pela ratificação incidiu neste caso na consagração pública de uma acção colectiva democrática. A ratificação pôde assim retroagir directamente sobre a AM. Ao reinstitucionalizar uma decisão democrática e uma organização comunitária, a AM reforçava a sua própria institucionalidade democrática e comunitária.

Este caso ilustra também os processos políticos no interior de Pasárgada e nas relações desta com a sociedade envolvente. Estava-se a entrar num perído de campanha eleitoral – eleições estaduais e federais nos limites estreitos consentidos pela ditadura militar – e Pasárgada era de novo dominada por intenso clientelismo e cabo-eleitoralismo. A favela, segundo cálculos de alguns líderes experientes, "valia" cerca de 20 mil votos e a luta por eles era renhida. É à luz desta luta que se deve entender a ênfase dada pelo presidente da AM – que, segundo os seus inimigos, era o cabo-eleitoral de um dos candidatos a deputado – à rede oficial de água e ao papel da AM nesse melhoramento. Tal ênfase estava ainda relacionada com um outro processo político, mais interno e muito mais importante do ponto de vista da AM: a luta pelo poder no interior da favela entre uma associação comunitária (a AM) e um órgão para-estatal (a Fundação Leão XIII) encarregado de contro-

a fazer durante a entrevista, como também nas respostas desconexas a dar às perguntas da praxe.

O J. Baiano, que era parceiro habitual nas conversas em casa do sr. C.L., sapateiro, tinha uma experiência muito rica. Eis o seu flash.

Flash nº 25

Eu vim da Bahia e não tinha nada. Só a roupa que trazia vestida: uma camisa e uma bermuda. Um dia resolvi ir para a Marinha. Fui à Ilha do Governador. Eu não tinha documento. Vim ao Meier. Eu vinha de bermuda. Era uma fila filha da puta. Fazia frio pra burro. Pedi ao chefe para ser atendido porque não podia esperar. Fui atendido. Na Marinha não me queriam deixar fazer exame por estar de bermuda. Mas eu não tinha mais nada que vestir. As sandálias apanhei na lixeira. Depois fiquei à espera. Sem dinheiro, sem nada. Comecei a ir até à Zona Sul. Falei com um vendedor e comecei a vender refresco. Logo no primeiro dia vendi 10 bujões. O patrão estava admirado: "Tu não tem pé inchado, rapaz!" Depois comecei a ver que os outros vendedores traziam copo sem marca. Os de marca eram fornecidos pelo patrão. Contados. Era um bom negócio. À medida que ia vendendo, ia enchendo o bujão de água. Aí eu vendia 4 ou 5 bujões e só pagava 1 ao patrão. Depois descobri a sanduiche que dá

lar a comunidade. Não surpreende, por isso, que o protagonismo da AM na obtenção da rede de água fosse veementemente negado pelos dirigentes da Fundação Leão XIII (aliás, um deles também candidato a deputado) e que esta tentasse afastar a AM de qualquer intervenção na gestão da instalação da água.

O Caso nº 28 ilustra um outro tipo recorrente de litígio entre interesses individuais e colectivos em redor das redes de água.

Caso nº 28

Nesta zona, como em várias outras zonas de Pasárgada, há uma rede de abastecimento de água cujas canalizações e bombas foram instaladas pelos moradores. O sr. T.H., um dos moradores dessa zona, comprou uma bomba para aumentar o caudal de água na sua casa. No entanto, instalou-a em plena rua e por cima dos canos da rede de abastecimento. Alguns vizinhos queixaram-se na AM, argumentando que tal instalação danificava os canos e tornava as reparações mais difíceis e dispendiosas. O presidente inspeccionou o local, no dia seguinte, e chegou à conclusão de que os moradores que apresentaram a queixa tinham razão. Como o acusado não estava em casa nesse momento, a AM enviou-lhe um "convite". Ele apresentou-se antes do dia marcado para a discussão do caso, e foi ouvido pelo presidente na sala das traseiras.

Presidente: O senhor sabe que a Associação de Moradores o convidou a vir aqui, não sabe?

Sr. T.H.: Sei, mas não entendo o que é que a Associação de Moradores tem a ver com o meu caso.

Presidente: Espere um momento, por favor. [O presidente dirigiu-se à secretária da sala da frente e voltou com uma pasta que continha cópias da legislação oficial sobre construções em bairros clandestinos]. Vou-lhe ler as leis que conferem poderes à Associação de Moradores para ordenar a demolição de construções não autorizadas.

[Lê a disposição legal aplicável]

mais e é mais leve. Na arquibancada no Carnaval cheguei a facturar 600 contos de sanduiche. Porque lá é concorrência. A Secretaria de Turismo dá o exclusivo a quem pagar mais. Então eu às vezes trazia, além de sanduiche, brahma, cigarros, que vendia pelo dobro do preço.

Flash nº 26

No botequim do sr. V.I. Estavam vários clientes. Entre eles o sr. U.R., 38 anos, da casa de móveis. Cheio de anéis nos dedos. Emblema do Esquadrão da Morte nas calças. Conhecido por ser um "grande puntanheiro". Usa pistola.

Entra o bicheiro, sr. V.S., negro, aspecto de pobre diabo. O U.R. dirige-se a ele: "Paga a leitoa ou te mato!". Alguém tinha comprado a rifa fiado e não entregou o dinheiro. Calhou naquele número e ele teria direito à leitoa se tivesse pago. Então os amigos foram dizer ao bicheiro que ele só não tinha pago porque entregara o dinheiro a um deles e este esqueceu-se de o entregar dentro do prazo. O bicheiro sabia que estava a ser ludibriado e não quis aceitar a história. Foram falar com U.R.

V.S.: "Ó sr. U.R., o senhor me pode matar, mas eu não dou leitoa. Eu sei que o senhor se quiser me mata, mas eu não dou a leitoa".

Sr. T.H.: O meu problema é que a bomba de água me custou muito dinheiro e eu não tenho outro sítio para instalar. Além disso, parece-me que a forma como fiz a instalação não vai danificar a canalização da água.

Presidente: Eu já fui ver a obra e a situação não é assim tão clara para mim. Vou marcar uma data para vir discutir o assunto, aqui na Associação, com os seus vizinhos.

Quando o sr. T.H. saíu, o presidente comentou para mim: "Tenho a certeza de que vai ser obrigado a remover a bomba. Os vizinhos vão pressioná-lo muito". Este caso ilustra várias coisas: as circunstâncias em que o morador demandado se apresenta na AM antes da audiência para dar a sua versão do caso; a flexibilidade processual em Pasárgada (primeiro, o presidente foi ver a obra e tentou falar com o acusado no local e só posteriormente o convidou para uma audiência); e o âmbito da argumentação jurídica antes mesmo do conflito atingir a fase final.

Neste caso – como nos anteriores – a fase fundamental do processo é a inspecção do local. Dado que a base factual do litígio é visível, o presidente assume funções de perito e de testemunha ocular e o conhecimento e a autoridade que adquire nessa qualidade são um recurso para as fases seguintes do processo. Além disso, os problemas em causa e as normas aplicáveis parecem, às vezes, tão inequívocas nesta fase que o presidente não só adquire uma pré-compreensão do caso como, de facto, por uma espécie de curto-circuito, chega imediatamente a uma decisão. As exigências da argumentação jurídica podem, contudo, levar o presidente a suspender a sua decisão de maneira a criar o espaço retórico necessário a uma articulação persuasiva do discurso jurídico. É por isso que o presidente diz, ambiguamente, para o acusado: "Eu já fui ver a obra e a situação não é assim tão clara para mim", apesar de estar convencido de que a queixa dos vizinhos é razoável e de que o sr. T.H., pela sua falta de cooperação, mostrou ser um morador irra-

AS RELAÇÕES PESSOAIS COM O MUNDO A QUE CHAMAMOS IDENTIDADE

U.R: "Eu não quero-te matar, mas conheço todos os pontos de bicho no morro e vou cagoetar tudo à polícia. Vem cá".

O U.R. chamou o V.S. de parte e saíram por uns momentos. Regressaram amigos. O bicheiro ia pagar a leitoa.

O quotidiano de dificuldades, de imprevistos, de ameaças, de perigos abissais que de tão recorrentes se trivializavam era também um quotidiano de conversas amenas sem tempo, de música difundida todo o dia nas ruas principais pela Voz Sonora do Jacarezinho, de actividades dos clubes, de preparação do Carnaval, tanto no Bloco Carnavalesco Não Tem Mosquito, como no Gremio Recreativo Escola de Samba Unidos do Jacarezinho[17], de festas organizadas pelas associações, igrejas e terreiro de macumba.

As Festas Juninas nos dias 27 e 28 de Junho, organizadas pelo Centro Social Carmela Dutra da Fundação Leão XIII incluiram: barracas diversas, quadrilha infanto-juvenil, celebração da Palavra, baile à caipira, casamento à caipira, ornamentação da rua, etc. E entre os grupos participantes contavam-se: Associação de Moradores, Comissão de Luz,

---

[17] Campeã da categoria C em 2008 com o enredo *A visita do Jacarezinho ao reino encantado de Maria Clara Machado.*

zoável. A ambiguidade do presidente manifesta-se na tensão entre os elementos contraditórios do seu discurso. O primeiro – "Eu já fui ver a obra" – informa o sr. T.H. de que o presidente possui, em primeira mão, um conhecimento preciso do caso. Os signos linguísticos desta frase reflectem e criam certeza e precisão em cada elemento semântico: o agente ("eu"), a dimensão temporal ("já"), a acção ("fui ver") e o objecto ("obra"). Na segunda frase, pelo contrário, o presidente confessa ter dúvidas e, consequentemente, adopta a voz passiva, emprega um referente vago ("a situação") e descreve-o apenas pela ausência de uma qualidade ("não é assim tão clara para mim").

As redes de abastecimento de água envolvem um investimento inicial de dinheiro e exigem uma gestão diária e uma manutenção constante, podendo estas requerer competências técnicas que nem sempre são acessíveis. A situação é ainda mais complexa nas zonas do topo do morro, onde a falta de cooperação de um morador pode criar sérios transtornos aos vizinhos, dada a maior dificuldade no bombeamento da água. Os vizinhos do sr. T.H. estavam alarmados com os efeitos potencialmente prejudiciais da obra que ele fez em cima da canalização comum. Com a aquisição da bomba, o sr. T.H. deixou de estar dependente da rede de abastecimento. Além disso, não mostrou preocupar-se com o bem-estar dos vizinhos, ao não construir uma base de betão armado que teria protegido a canalização comum de eventuais danos. Foi a dureza dos termos da queixa dos moradores que levou o presidente a inspeccionar o local no dia seguinte. Quando o sr. T.H. teve conhecimento do facto, ficou preocupado com o que podia acontecer ao seu investimento que já tinha feito, e decidiu dirigir-se à Associação para prevenir qualquer outra diligência sem a sua participação. Começou por contestar a competência jurídica da AM e foi esta objecção processual que o tornou duplamente irrazoável aos olhos do presidente: a um nível substantivo (por ter feito obras em cima da rede de abastecimento) e a um nível processual

Santa Rita Futebol Clube, comerciantes da Praça 15 de Agosto e Rua José Maria Bello, comerciantes da Rua Amaro Rangel, comerciantes da Rua Darcy Vargas, comerciantes da Rua da Esperança, comerciantes do Largo do Cruzeiro, comerciantes da Rua Comandante Gracindo de Sá, Leopoldo Martinho Leal e Família, Bloco Carnavalesco Não Tem Mosquito, Bonfim Futebol Clube, Cursos de Torneiro e Ajustador Mecânico, Santa Luzia Futebol Clube, Santos Futebol Clube, Moradores da Rua Gaiás, Ana Brasita e Família, Guanabara Futebol Clube, 11 Unidos Brasil Futebol Clube, Gremio Recreativo Escola de Samba Unidos do Jacarezinho, Cariocas Futebol Clube, Obra Santa Rita de Cassia, Paróquia D. Bosco, Grupo Gente Nova e a participação especial da dupla Mineiro e Mineirinho.

Por sua vez, o Programa de Instalação da Paróquia da Nossa Senhora Auxiliadora e Visita Pastoral, com a presença de D. Jaime de Barros Câmara, Cardeal Arcebispo do Rio de Janeiro, decorreu durante uma semana, de 4 a 10 de Outubro e incluiu entre outras actividades: missas comunitárias, catecismo às crianças, visita do Cardeal à CISPER, Companhia Industrial São Paulo e Rio, "num gesto de admiração e gratidão por muito que essa Companhia fez pelas Obras da Igreja", visita à Fundação Leão XIII, palestras às mães da família e senhoras, visita ao Instituto Educacional Imaculada Conceição, "que mantém uma notável Escola Primária e um Ginásio educando a maioria das crianças do Morro do Jacarezinho",

(por se recusar a reconhecer a jurisdição da AM em matéria de obras).

O primeiro passo do presidente foi, assim, o de afirmar a jurisdição da AM, o que só poderia ser feito através do *topos* da intimidação. O emprego desse *topos* neste caso é muito complexo e requer uma análise detalhada. O recurso a este *topos* requer, em geral, a criação de uma atmosfera de estrita legalidade, de precisão e de impessoalidade. Quando o presidente sai da sala das traseiras para ir buscar os documentos, a interacção é suspensa e o sr. T.H. fica encurralado no seu próprio argumento, sem saber se o seu tiro tinha acertado no alvo ou se, por ricochete, não iria antes atingir o autor do disparo. Ao abandonar a sala para ir buscar a pasta dos documentos, o presidente mostra ao sr. T.H. que, não só tem poder para controlar o tempo e impor silêncio, como também dispõe de recursos a que o sr. T.H. não tem acesso. Deste modo, o presidente cria uma distância entre ele e o sr. T.H. Esta criação ritualista de distância é prolongada quando o presidente volta a entrar. A pasta e as cópias da legislação são utilizadas como *clichés* não-verbais ou fetiches jurídicos, cuja aparição pouco frequente, por entre a parafernália da vida quotidiana, comunica uma clara nota de impessoalidade. O abrir silencioso da pasta é como que a ameaça de uma caixa de Pandora. Seguidamente, o presidente anuncia que vai ler a legislação, exactamente no mesmo tom em que as trombetas dos arautos do rei anunciavam aos burgueses a proclamação dos decretos reais. Em vez de explicar as leis por palavras suas, o presidente prefere ler o texto oficial, o que é mais um artifício retórico destinado a intensificar a impessoalidade da argumentação jurídica. O Estado fala pela boca do presidente e, assim, a leitura, enquanto ritual, evoca o mito do Estado todo-poderoso enquanto fetiche fundador. Tal como nos oráculos, também aqui não é importante que o sr. T.H. compreenda efectivamente o conteúdo da lei – a fórmula oficial é um mau presságio vindo de uma fonte impenetrável, o Estado.

palestra aos homens, visita à Comissão de Luz e à Associação de Moradores, administração do Sacramento do Crisma, palestra aos moços, premiação de crianças do catecismo, palestra às moças, missa de encerramento, romaria à Aparecida do Norte.

Entretanto, à medida que se aproximavam as eleições, em 15 de Novembro, as visitas dos candidatos também animavam as ruas do Jacarezinho com carros de som e distribuição de panfletos. Eis uma lista parcial de candidatos que faziam campanha na comunidade, elaborada a partir dos panfletos de propaganda distribuídos. Para Senador: Gama Filho; para Deputado Federal: Apparicio Castrioto, Lysaneas Maciel; para Deputado Estadual: Edson Khair, Delio Santos, Wilmar Palis, David Malta, Rubem Dourado, Duclerc Dias. Todos dos MDB, excepto o Wilmar Palis.

No entanto, a actividade lúdica mais importante, sobretudo a partir de Setembro, era a preparação do carnaval no Bloco e na Escola de Samba.[18] Nesta última, fez-se o concurso para o Samba de Enredo do Carnaval de 1971 que tinha por tema Bahia de Ontem, de Hoje e de Sempre[19]. Concorreram vários compositores: Vaninho, Expedito e França, Marcos e Sarabanda, Nonô e Zé Dedão, Monarco Escoteiro, Isaurinho

---

[18] Informação detalhada sobre esta escola de samba disponível em http://www. sambariocarnaval.com/index.php?sambando=jacarezinho
[19] Classificado no 8º lugar do grupo 2.

O sr. T.H. não aceitou nem rejeitou o argumento. De facto, não se tratava de aceitar ou rejeitar, mas sim de estar ou não suficientemente rendido. A falta de reacção foi interpretada pelo presidente como indício do êxito do *topos* da intimidação. E podia ter razão, visto que o sr. T.H. não interrompeu o discurso jurídico e adoptou antes uma linha de argumentação diferente que pressupunha o reconhecimento da jurisdição da AM relativamente ao seu caso: o argumento moral e a defesa da necessidade. O presidente concluíu que, a partir daí, o *topos* do morador razoável e o *topos* da cooperação podiam actuar conjuntamente e, por isso, decidiu criar o espaço de manobra para a argumentação que atrás referi. Mesmo assim, não estava convencido de que o *topos* da cooperação fosse, por si só, persuasivo e apoiou-se nas sanções informais impostas pelos vizinhos, os quais tinham mostrado grande preocupação ao levantar, pela primeira vez, a questão. Dada a fraqueza da própria autoridade da AM e a sua relutância em recorrer à coerção policial, este desempenho de funções jurídicas por conta própria é uma prática aceite em Pasárgada.

Do ponto de vista do direito do asfalto, o título legal de propriedade das casas e barracas em Pasárgada é precário: a ocupação dos terrenos é ilegal; as construções não obedecem às normas estabelecidas para habitação; não existe registo oficial de propriedade e muitos dos edifícios infringem a legislação oficial especial sobre as construções em bairros clandestinos. Todas estas fontes de precaridade legal são irrelevantes para o estatuto dos títulos de propriedade no direito de Pasárgada. No entanto, há casos em que este recusa o reconhecimento de determinados títulos por comprometerem o interesse colectivo. Nesses casos, a queixa dos vizinhos pode nem sequer ser necessária, porque a AM toma a seu cargo a representação do interesse colectivo e procede como um órgão administrativo. Em Pasárgada, a distinção entre procedimentos judiciais e administrativos é extremamente vaga, visto que, em ambos, a AM assume a defesa da comunidade e adopta

*de J., Sereno. Ganhou o Sereno com um samba belíssimo cuja letra era a
seguinte:*

I

*"Bahia é um berço de glória
Que não foge da memória
Deste povo varonil
Na era colonial
Foi a primeira capital do Brasil
Vultos imortais
Suas histórias
Não esqueceremos jamais
É um primor   BIS
A pureza da Bahia de São Salvador*

a mesma relação dialéctica entre os *topoi* da cooperação e da intimidação.

O Caso nº 29 ilustra como o interesse colectivo prevalece sobre a reivindicação de um direito individual.

Caso nº 29

Eu, B.C., brasileiro, casado, portador da carteira profissional [nº], residente à rua do Rosário [nº], Jacarezinho, Guanabara, declaro: a área que está ocupada com manilhas no endereço onde eu resido, qualquer tempo que a Directoria da Associação de Moradores do Jacarezinho precisar da respectiva área será entregue livre e espontaneamente desobrigados de qualquer despesa. A Directoria da Associação declara: não podem vender o barraco ou área no endereço, rua do Rosário [nº] sem que o recibo seja feito na sede da Associação. Se o primeiro, por faltar ao respeito e vender sem fazer recibo na sede, o comprador perderá direito ao respectivo barraco ou área. O sr. B.C., por estar de acordo com as declarações da AMJ, assina.

Data

Assinatura

O sr. B.C. construiu uma barraca num local que a AM reservara para armazenar canos e manilhas destinados à rede pública de distribuição de água, cujas obras entretanto tinham começado. O sr. B.C. não danificou os canos, limitando-se a arrumá-los de forma a obter um espaço que lhe permitisse construir a sua habitação. A AM considerou este acto uma violação do interesse colectivo (para mais, a respeito de um recurso tão crucial quanto a água), mas, dado que os canos não foram danificados, o princípio da necessidade de alojamento prevaleceu, e o sr. B.C. foi autorizado a permanecer no local. No entanto, a AM achou por bem acautelar a eventualidade de colisão efectiva com o interesse colectivo (por exemplo, a necessidade de armazenar mais canos).

II

Igreja do Senhor do Bonfim
Devotos pregam orações
Festas brilhantes
Fantasias e tradições
Mercado, negra baiana e feira
Berimbau e capoeira
Linda atração no Candomblé

Salve a sereia Iemanjá!
É a rainha do mar   BIS

Ó Bahia

Supremacia da observação ou mudança de campo

O terceiro dilema com que me debati e de que resultou a metodologia trans-gressiva é o dilema mais corrente na observação participante. Ele é intrín-seco a este tipo de metodologia uma vez que esta assenta numa tensão entre observação e participação. A participação quase sempre envolve a mudança do campo e quando isso ocorre a observação participante transforma-se em auto-observação da participação. A análise precedente dos outros dois

A solução adoptada não pondera explicitamente os interesses da comunidade contra os do sr. B.C.; remete antes para a ilegalidade da ocupação inicial. Por conseguinte, o estatuto jurídico do direito do sr. B.C. sobre a barraca é declarado precário: sairá quando tal lhe for solicitado, não podendo vender a barraca sem autorização da AM.

Estas restrições revelam algumas das complexidades características do direito de Pasárgada. A AM reconhece que, em princípio, as pessoas podem transferir a propriedade sem a consultarem, mas, como o sr. B.C. construiu ilegalmente numa área destinada a servir os fins da comunidade, ele é considerado clandestino pelo direito de Pasárgada. A tolerância para com ele decorre da sua necessidade de alojamento; se ele decide vender a barraca é porque essa necessidade já não existe e, nesse caso, a AM reserva-se o direito de determinar o destino a dar à barraca. A Associação pode decidir que precisa do local e então a barraca será demolida. Pode também permitir que ela seja vendida, porque não vai necessitar imediatamente desse local, mas, nesse caso, a precaridade do título legal será transmitida ao ocupante seguinte. É por este motivo que a AM não só proíbe a venda sem a sua autorização, como também declara que um tal contrato será nulo e, portanto, nem mesmo um comprador de boa fé obterá quaisquer direitos. O direito de Pasárgada trata as construções clandestinas no interior da favela de uma forma bastante idêntica ao modo como o direito oficial trata a própria Pasárgada. Esta semelhança ocorre mediante a inversão da norma fundamental sobre os direitos ao terreno, a que me referi anteriormente. Uma vez feita essa inversão, é possível aplicar as mesmas categorias e soluções jurídicas dentro e fora da favela (ver Diagrama 3).

dilemas contém várias situações em que eu interferi com a minha opinião nas acções e interacções sob observação. As motivações de tais interferências foram apresentadas e não tenho de as repetir aqui.

Para além delas, houve muitas outras situações em que me envolvi no apoio, sobretudo jurídico, a pessoas que conheci aquando da observação de algum litígio resolvido pela AM ou a amigos dos meus amigos no Jacarezi-nho. Tratava-se, sobretudo, de garantir assistência judiciária a presos em prisão preventiva, muitos deles ilegalmente presos por ter expirado o prazo máximo de detenção.

Flash nº 27

Entrada no diário de 9 de Agosto, domingo, dia do Pai: "Levantei--me às 8 e quando desci o morro já era tarde. Tencionava chegar ao Galpão cedo para visitar presos amigos no dia do pai. Afinal, iria chegar tarde. No Jacaré tomei o café: laranjas, bolo, café. Comprei jornais, revistas e tabaco e apanhei o táxi para o Galpão. O A.V. estava a chegar. Lá estivemos a confraternizar com o C.I. (o estu-fador maconheiro) e com a mulher. Depois apresentou-me a mais dois presos: pai e filho e ambos têm problemas que me pediram para resolver. Terei de ir à Assistência Gratuita. Às vezes temo que o meu método de participant observation está a abusar da participação.

Diagrama 3

DIREITO DO ASFALTO		DIREITO DE PASÁRGADA	
Posse legítima do terreno	Posse ilegítima do terreno	Posse legítima do terreno	Posse ilegítima do terreno

a. Os dois direitos considerados isoladamente

DIREITO DO ASFALTO		
Posse legítima do terreno	Posse ilegítima do terreno	
	DIREITO DE PASÁRGADA	
	Posse legítima do terreno	Posse ilegítima do terreno

b. Os dois direitos considerados numa relação de pluralismo jurídico (norma fundamental invertida)

A inversão da norma fundamental permite que o direito de Pasárgada e o direito do asfalto forneçam soluções normativas similares para problemas semelhantes, razão pela qual o direito de Pasárgada, no dizer do presidente da AM, "é como o direito do asfalto". Numa conversa com alguns moradores, o presidente afirmou: "Se os moradores alugarem os seus barracos e os inquilinos deixarem de lhes pagar o aluguel, os senhorios têm direito a receber de volta os barracos. Ou os inquilinos saem ou são despejados. É como no direito do asfalto".

Tenho vindo a afirmar que esta semelhança não envolve os pormenores técnicos e apenas se mantém ao nível do perfil normativo geral. Além disso, mesmo a esse nível, o direito de Pasárgada pode ter alguma autonomia normativa. Por exemplo, já aludi à forma

Mas acho que aprendo algo ajudando os indivíduos. O filho, o C.C., foi condenado a uma multa e é completamente insolvente (caso de maconha). O pai, o O.C., é caso de briga em que ele foi a vítima mas devido à sua doença mental acabou em agressor. Bebemos café. Conversámos. Presenciámos uma tentativa de fuga por parte de um preso. Ao meio dia foi a saída".

Flash nº 28

Caso do C.I. contado pela mulher: "Eu não sabia que o juiz nomeava um advogado no caso de eu não arrumar um. Logo que eu soube que o meu homem estava preso, fiquei aflita e procurei ajuda da minha comadre. Foi ela quem me indicou o advogado. Eu fui falar com ele e ele aceitou. Pouco depois eu soube que ele era amigo do detective que estava ligado ao caso do meu homem e aí eu comecei a temer que ele não fizesse tudo para salvar o meu homem. Mas já era tarde para voltar atrás. Ele também falou com o patrão do meu homem e recebeu logo uma quantia. Afinal foi o que se viu. Em vez de ajudar o meu homem, acabou por enterrá-lo mais. A minha comadre indicou porque ele conseguiu tirar o homem dela do presídio lá no Estado do Rio. Lá ele é uma pessoa de peso. Mas não aqui na Guanabara. Bem nos trumbicámos. Mas o pior foi a

como a norma fundamental que regula as relações entre senhorio e inquilino é modificada pelo princípio da necessidade de alojamento. Pressupõe-se que, nas relações entre si, os moradores devem ignorar o que o direito do asfalto diz sobre o estatuto jurídico dessas relações, por elas ocorrerem num bairro clandestino, e aceitar as soluções normativas propostas pelo direito de Pasárgada, as quais são estruturalmente semelhantes às que o direito do asfalto propõe para o mesmo tipo de relações quando ocorrem no asfalto. Se um morador tentar aproveitar-se do direito do asfalto e, consequentemente, viver em Pasárgada de acordo com os juízos normativos do direito do asfalto sobre os bairros clandestinos e as relações sociais neles existentes, esse morador é tido por irrazoável, até mesmo desviante, porque coloca o seu interesse individual acima do interesse da comunidade, sob o pretexto de os seus interesses coincidirem com os do Estado. O seu comportamento é desviante e irrazoável por preterir a comunidade que lhe garante a possibilidade de uma vida social pacífica em favor de um Estado que lhe nega tal possibilidade.

Fragmentação dos poderes-saberes, interlegalidade e hibridização

São muitas as instâncias de resolução de litígios em Pasárgada. Para além da AM, podem contar-se padres católicos, pastores protestantes, líderes comunitários, pais de santo da umbanda, cabos eleitorais, comerciantes, advogados, a polícia, a Fundação Leão XIII, etc. Esta proliferação não significa que todas as instâncias estejam disponíveis para todos os moradores em todas as situações. Pelo contrário, é grande a segmentação segundo o estrato social, a natureza dos litígios, o local de residência, a filiação religiosa, a simpatia política. Mesmo assim é frequente que para um dado litígio os moradores tenham à sua disposição várias instâncias, podendo escolher entre elas. E também é possível o recurso sequencial a várias instâncias até que seja possível uma

desonestidade dele. Depois da audiência, eu fui falar com ele e ele disse para mim que o meu homem tinha sido absolvido e pediu-me o restante do dinheiro (honorários), mais o dinheiro para o alvará da soltura. Eu fiquei muito feliz. Fomos ao patrão do meu homem e ele deu o dinheiro pedido. Passaram-se dias e meu homem não aparecia. Aflita, resolvi eu mesma ir ao tribunal procurar o processo do meu homem. Encontrei lá o advogado. Ofereceu-se para ver o processo no meu lugar. Mas eu recusei. E então vi que o meu homem tinha sido condenado. O advogado fez uma triste figura que eu lhe perguntei porque mentiu. Não soube dizer nada. Eu é que sei que ele falou em absolvição com medo de não receber o resto do dinheiro".

Flash nº 29

O caso do O.C., e do C.C., filho. O O.C. teve grandes dificuldades em comunicar o que se passava com ele. Estava muito perturbado mentalmente. A mulher ajudava, mas aparentemente não sabia muito. Já o filho, C.C., explicou com grande detalhe a sua situação: "Tenho 25 anos. Sou viciado na maconha desde os 13. Via os meus colegas e não quis ficar atrás. Mas o vício nunca me impediu de trabalhar. Fui preso no dia 3 de Agosto de 1969 perto da Central do Brasil. Há ali perto uma boca de fumo. A polícia me revistou e

resolução satisfatória ou o litígio se dissolva por si. A AM é, assim, uma ilha maior, num enorme arquipélago de instâncias de resolução de litígios. Nem mesmo nas áreas que considera serem da sua jurisdição e competência específicas – os litígios sobre terrenos e habitação – detém o monopólio do direito de Pasárgada. E este, sendo um direito comunitário, é internamente muito heterogéneo e, além disso, vigora frequentemente em conjunção ou em sequência com o direito oficial ou a ameaça do recurso ao direito oficial. Isto significa que Pasárgada é, em termos sócio-jurídicos, uma constelação de direitos que varia de composição, de caso para caso segundo uma multiplicidade de factores. Para a construção jurídica das suas relações e interacções, os moradores recorrem a vários direitos e a várias constelações de direitos. Vivem uma situação de interlegalidade e, como tal, são refractários à lealdade exclusiva a uma dada normatividade. Usam o direito de Pasárgada e/ou o direito oficial consoante as conveniências e as disponibilidades. Não há sequências determinadas para o recurso a um ou a outro. É possível iniciar o processo de resolução do litígio com recurso ao direito de Pasárgada e, perante a ineficácia deste, tentar o recurso ao direito oficial. Como penso ter mostrado, o recurso a este último é quase sempre virtual, como ameaça ou como esperança. A sua eficácia é, em grande medida, simbólica.

Isto não significa, de modo nenhum, que haja em Pasárgada uma sobreposição ou uma sobreoferta de direito. Pelo contrário, em certas áreas de litígio ou locais de residência, para certos estratos sociais ou níveis de capital social, pode haver enormes vazios jurídicos donde não há outra saída senão pela acção directa ou pela resignação. Aí o recurso à AM pode ser tão frustre quanto qualquer outro. Como dizia um dos directores: "Muitas vezes não podemos fazer nada. Limitamo-nos a chorar na rampa". E entre a cobertura jurídica e a ausência total dela, há zonas intermédias, de semi-cobertura ou de cobertura muito difusa. Estas são as zonas onde as soluções dos litígios são menos eficazes, mais protraídas ou

encontrou maconha. Eu tinha comprado cinco contos. Tinha fumado um baseado e tinha guardado o resto para fumar em casa. Também não tinha documentos. Eu trabalhava na construção, mas não tinha carteira profissional. A minha mãe bem me dizia para eu tirar mas eu fui sempre adiando para não perder o dia de trabalho para tirar a carteira. Fiquei na delegacia 26 dias e no PP 3 meses e quatro dias. O meu processo foi julgado na 4ª vara criminal talvez em Novembro. Fui condenado a um ano de prisão e à multa de 10 salários mínimos. Como contam a pena desde a captura eu já terminei o tempo de pena no passado dia 3. Agora tenho a multa. Eles já dizem que terei de ficar mais um ano porque não tenho dinheiro para pagar. O que eu queria é que o senhor me visse se eu podia sair e pagar a multa a prestações. O meu patrão aceita".

No dia seguinte fui falar com o advogado Heleno Fragoso, grande amigo e grande advogado (fora ele que defendera o Prof. Caio Prado Junior). Ele disse-me que a multa só é convertida em prisão quando o réu se recusa a pagar. Se ele é insolvente então a multa extingue-se. Com esta afirmação fui no dia 12 de Agosto à 7ª vara criminal falar com a defensora pública, a Dra. A.S., que me foi apresentada pela Dra. V.E. Refutou a opinião do Dr. Heleno Fragoso. A multa seria necessariamente convertida

hesitantes, progredindo por sucessivas aproximações ou esperando que "o caso apodreça" ou "as pessoas se acomodem".

Este encadeamento de legalidades, ilegalidades e alegalidades, por vezes complementares, por vezes contraditórias, faz com que os diferentes direitos e as diferentes instâncias de resolução de litígios em presença sejam profundamente interpenetrados uns pelos outros de tal modo que cada um deles não exista senão na forma de híbrido jurídico. Trata-se de entidades compósitas, de contornos indefenidos ou porosos, sem que seja possível determinar até que ponto a presença de um dado elemento ou estilo normativo exclui, permite ou pressupõe a presença de outro, em abstracto, muito diferente. O direito oficial pode estar presente no direito não-oficial e vice-versa do mesmo modo que o direito informal pode estar presente no direito formal e vice-versa. A interlegalidade e a hibridização são as duas faces da mesma constelação jurídica. A análise dos casos que se segue pretende dar conta de algumas destas constelações vistas da perspectiva da AM.

Afirmei no início deste capítulo que, no caso da AM, a argumentação jurídica do direito de Pasárgada está balizada por proto-políticas judiciais, decisões estratégicas sobre a conveniência ou inconveniência de abordar certo tipo de litígios ou de litigantes. Dado o carácter informal do direito de Pasárgada e a predominância das relações face-a-face, sempre que a discrepância entre o litígio processado e o litígio real é mantida ao longo do processo de resolução é sinal de que a AM pretendeu com isso salvaguardar a vigência de uma qualquer proto-política judicial. O Caso nº 23 ilustra bem a preocupação da AM em não se envolver nos meandros do litígio real subjacente ao litígio apresentado pelas partes para resolução pela AM. O caso seguinte, narrado pelo presidente, ilustra a preocupação oposta, de passar o litígio processado ao litígio real como única via de garantir um bom desempenho da instância de resolução do litígio. Para isso, no entanto, a própria instância hibridiza-se com outras que, no caso, se afiguram complementares.

em pena de um ano de prisão. Mais me informou que o processo já tinha saído da vara e estava no juíz de execução de penas. Lá é outro o defensor público e seria a ele que me devia dirigir. Fui, expliquei o caso e deixei todos os dados.

Nunca mais soube o seguimento dado ao caso. Senti-me revoltado com a injustiça de um sistema que liquidava a vida de um jovem operário, fechando-o numa prisão durante dois anos por ter sido apanhado a fumar marijuana.

As intervenções ocasionais na resolução de litígios na AM, o apoio jurídico, as intervenções políticas e o aconselhamento político de líderes comunitários foram ditadas por imperativos de interacções onde não cabia a distinção sujeito/objecto sob pena de quebra grave de confiança, de solidariedade e até de perda de auto-estima. Verdadeiramente eu não mudava o campo de observação. Mudava antes o que no campo merecia ser observado. Por outras palavras, através da minha interferência eu transformava o método de observação participante numa interacção social dual de observação, por um lado, e de participação, por outro. Eram critérios pessoais, de ordem moral ou política, que decidiam o que pertencia à observação e o que pertencia à participação. Quanto mais exigentes os critérios morais e políticos, maior a probabilidade que a observação cedesse à participação.

Mas não foi assim em todas as circunstâncias. Circunstâncias houve em que, pelo contrário, as exigências políticas ditaram a precedência da

Caso nº 30

Um casal jovem se dá mal. Ele não cumpre com os deveres conjugais. Ela começa a usar minisaia e ele desconfia. Se separam. A mulher e a mãe vêm à Associação para vender o barraco. Mas o barraco é de ambos e ele não está presente. Me dizem que ele deve estar no Paraná, mas que podem encontrar o pai. Aparece depois o pai. Eu disse a elas que, se o filho não aparecesse, o pai podia representar o filho na venda. Pouco tempo depois aparece o próprio filho e também ele queria que o barraco fosse vendido e que cada um fosse para seu lado. Eu convidei então toda a gente. Veio o casal, a mãe dela e os pais dele. Eu comecei por dizer que, como presidente da AM, pouco posso fazer senão certificar o documento de venda e da divisão do dinheiro. E acrescentei: "Portanto, daqui em diante quem vai falar não é o presidente mas o pastor". Nenhum era metodista, com exceção da mãe dela. Então falei com os textos bíblicos sobre a necessidade de nos compreendermos e de os casais se reconciliarem. Afinal têm dois filhos que não vão ter pais. O mal que isso vai fazer às crianças. A certa altura estavam todos a chorar, impressionados com as minhas palavras. Então eu mandei levantar. Impus as mãos sobre as cabeças deles e orei. Ficaram reconciliados e foram para a sua casinha. Isto já foi há uns seis meses e continuam felizes. Eu falo com eles a cada passo.

O litígio para que o casal recorreu à AM era um litígio de baixíssima intensidade. Estavam de acordo em vender o barraco e distribuir o dinheiro e apenas não confiavam suficientemente um no outro para realizarem a transacção por si sós, sem recorrer a uma terceira parte, no caso a AM. Acontece que o presidente conhecia o casal (sobretudo a mãe da mulher) e sabia das razões que o levavam a vender o barraco. O litígio real entre eles não incidia sobre a propriedade e sim sobre o casamento. Baseado num conjunto de preceitos religiosos, juízos morais e postulados comportamentais, o presidente entendeu que o litígio real podia e devia ser resol-

observação. Para a ditadura militar, as favelas eram na altura um objectivo de controlo social. Toda a política social que incidia sobre as favelas, ou "comunidades faveladas" no discurso oficial, tinha por objectivo exercer controlo social e político sobre as comunidades, as suas lideranças e as organizações comunitárias que ainda detinham alguma autonomia. Em algumas das favelas esta política de controlo social era executada pela Fundação Leão XIII e os seus centros sociais em operação nas favelas. Em 29 de Julho de 1969, a Fundação tinha jurisdição sob as seguintes favelas: Barreira do Vasco, Morro de São Carlos, Jacarezinho, Morro do Telégrafo, Morro do Salgueiro, Rocinha, Morro do Cantagalo, Tuinti, Ferreira de Araújo, Marechal Jardim, Azevedo Lima, Pavão, Pavãozinho, Santo António (Portaria "E"-CFL-nº 8 de 29 de Julho de 1969).

O Centro Social da Fundação no Jacarezinho chamava-se Centro Social Carmela Dutra e nas suas actividades incluia: "Plantão Social" ("atendimento diário para encaminhamento aos recursos comunitários e orientações individuais"), Setor de Saúde (clínica geral, ginecologia, odontologia, ambulatório, lactárico e farmácia), Setor de Capacitação Profissional (curso de corte e costura, curso de manicure e cabeleireiro, curso de tornearia e ajustagem) e Setor de Organização Social (assessoria técnica de Serviço Social aos programas e orientação às actividades comunitárias, junto à Associação de Moradores, recreação, quadra desportiva e jogos de salão).

vido e que a resolução não era a separação e sim a reconciliação. O casamento é uma "instituição sagrada" a que não se pode pôr termo levianamente e se há filho um esforço adicional deve ser feito para o preservar. Aliás, ao casar legalmente, os jovens mostraram respeito pela instituição, princípios morais e firmeza de propósitos. Os desentendimentos que se seguiram tiveram certamente motivos fúteis e foram, sobretudo, produto da inexperiência e da falta de humildade e de bom senso. Leva tempo a que o marido e mulher se adaptem um ou outro e os jovens são muitas vezes impacientes, agindo mais por precipitação do que por más intenções. Enquanto "as almas não estiverem envenenadas" é sempre possível e mesmo obrigatório salvar o casamento. Aliás, o comportamento do casal indica que a decisão da separação não foi ainda firmemente interiorizada por eles. Tal firmeza poderia ser assumida se, por exemplo, o jovem tivesse desaparecido para sempre. Mas a verdade é que ele voltou e certamente não o fez para vender o barraco, pois o pai poderia tê-lo representado na venda. O mais provável é que tenha regressado porque tinha saudades dos filhos e da mulher. Está talvez ansioso pela reconciliação, mas o seu orgulho de homem não o deixa dar o primeiro passo. A mãe da jovem, que é crente, está particularmente ansiosa para que o casal se reconcilie e confia nos bons ofícios do presidente, que aliás conhece bem e sabe que tem conciliado muitos casais no seio da igreja a que ambos pertencem. É certo que os jovens não são crentes, mas o facto de terem recorrido à AM dá alguma legitimidade ao presidente para intervir.

Para intervir e para tentar resolver o litígio real entre os jovens, o presidente tinha paradoxalmente de começar por recriar o litígio, suspender a resolução por eles encontrada (a separação) e abrir o espaço para outras soluções mais condizentes com os valores em jogo. Para isso, o presidente começou por tomar duas medidas processuais que, em seu entender, eram fundamentais para criar a atmosfera de interpretação e de avalição propícia ao desenrolar da argumentação retórica. Em primeiro lugar, o presidente convidou

A luta entre a Fundação Leão XIII e a Associação de Moradores era uma luta tenaz apesar de surda. O Governo do Estado de Guanabara tinha promulgado uma bateria de leis cujo objectivo era eliminar a autonomia das Associações de Moradores e pondo-as ao serviço da política de controlo social do Estado. O decreto "E" n° 3.330 de 3 de Novembro de 1969 estabelecia condições ao reconhecimento oficial das associações e atribuia--lhes inequívocas funções de controlo social: montar cadastro completo dos moradores e remetê-lo à Secretaria de Serviços Sociais; solicitar ao Serviço Social Regional da Secretaria de Serviços Sociais "em caso de necessidade devidamente comprovada, autorizações para reforma e conserto de barra-cos"; não permitir a construção de novas moradias; comunicar ao Serviço Social Regional as desocupações de moradias que ser verificarem. Por sua vez, a Portaria "E"-CFL-n° 8 de 29 de Julho de 1969, da Fundação Leão XIII, dispunha que nas favelas sob sua jurisdição competia à Fundação conceder autorizações para reformas e consertos de barracos. Os pedidos de autorização deviam ser feitos através da Associação de Moradores. Não podiam ser autorizados consertos ou reformas que envolvessem "o aumento da benfeitoria, quer no sentido vertical, quer no horizontal" e o material empregado na reforma ou conserto teria de ser "de tal espécie que não modi-fique a constituição anterior".

Tratava-se de uma legislação fortemente repressiva que punha as Associações de Moradores sob a tutela da Secretaria de Serviços Sociais

a mãe da jovem (o pai já falecera) e os pais do jovem para estarem presentes. O casamento é um assunto de família e a família tanto pode contribuir para o salvar como para o destruir. O facto de o presidente saber que os pais querem a reconciliação, contribuirá para reforçar o consenso normativo que o presidente pretende criar e funcionará como pressão adicional a que o casal se comporte "de modo razoável". Aliás, a mera presença dos familiares sublinha a solenidade da reunião e a dignidade e seriedade dos temas a serem discutidos. Em segundo lugar, o presidente dissocia a AM, enquanto instituição, do litígio e da resolução que pretende promover. Enquanto presidente da AM ele não poderá fazer muito mais do que ratificar a venda do barraco e a divisão do dinheiro. Mas a diferenciação deste papel não é tão grande que lhe impeça de ter outros papéis na comunidade, no caso, o papel do crente e de pastor. É nesta última capacidade que se propõe resolver o litígio. Aliás, a diferenciação de papéis é dramatizada retoricamente para reforçar a posição da terceira parte: a ênfase na importância da terceira parte enquanto *presidente* da AM serve para reforçar, por contraste, o poder da terceira parte enquanto pastor. Esta dramatização é acompanhada pelo anúncio formal do segundo papel, feito, aliás, na terceira pessoa para sublinhar a distância e a solenidade: "daqui em diante quem vai falar não é o presidente mas o pastor". O pastor não se auto-anuncia; é anunciado por uma terceira pessoa, a mesma que, desincorporada do presidente empírico da AM, manda este último abandonar a reunião. Aliás, esta dramaturgia de papéis é ainda sublinhada pelo excesso de capacitação que o presidente entende por bem adoptar. É que, apesar de se anunciar como pastor, ele não é "propriamente pastor". Como me dissera noutra ocasião: "pertenço à Igreja Metodista do Brasil. Sou evangelista da minha Igreja. Quer dizer que assessoro o pastor. Posso pregar. Só não posso fazer baptizados e casamentos".

O anúncio formal e o excesso do que é anunciado serve para preparar o auditório para a lógica argumentativa a desenvolver.

e da Fundação Leão XIII. As Associações de Moradores rejeitavam vigorosamente as premissas desta legislação, mas, nas condições políticas da época, a resistência era sobretudo passiva. Era o que se passava no Jacarezinho. Como vimos no Capítulo 2, a Associação considerava que uma das suas atribuições fundamentais era autorizar as construções na favela. Por outro lado, o interesse no desenvolvimento da comunidade, que a Associação considerava representar, exigia a recusa de todas as condições postas a autorização por parte da Fundação. Em suma, não aceitava ser tutelada por esta e rejeitava a filosofia legislativa em que ela se apoiava.

Na época do trabalho de campo, o conflito entre a Fundação e a Associação estava no auge: a Fundação exigia ser ela e não a Associação a autorizar "a reforma ou o conserto de barracos" enquanto a Associação recusava a oferta de uma assessora técnica de Serviço Social que a Fundação disponibilizara para estar em permanência na Associação; a Fundação e a Associação degladiavam-se sobre quem devia ter a primazia na "mobilização do povo para a rede de abastecimento de água" com acusações mútuas de aproveitamento político.

De repente, eu vi-me envolvido neste conflito devido à insistência com que as assistentes sociais da Fundação solicitavam a minha intervenção no sentido de a Associação acatar as directivas da Fundação e submeter-se à legislação. Como me dizia a directora do Centro Social: "No caso dos bar-

A retórica religiosa passa a dominar. As obrigações entre humanos são reflexos das relações entre estes e Deus. A imanência (uma união com filhos) e a transcendência (o casamento sagrado) combinam-se até se confundirem em injunções de alta-voltagem. Toda a lógica argumentativa é vertical, tanto descendente como ascendente: para mergulhar fundo nas emoções e nos compromissos entre pessoas a argumentação tem de subir ao píncaro da transcendência onde o homem está só perante Deus. A Bíblia é usada como elevador retórico: o argumento verbal que contém circula no interior de um argumento não-verbal, ritualístico que faz subir o homem a Deus e descer Deus à terra.

É característico da retórica religiosa pretender mais do que a convicção, a conversão, mais do que persuasão, a rendição. No limite, a comoção e o êxtase emocional criam o auto-abandono e a auto-perdição que favorecem o perdão e o recomeço. À medida que as resistências das partes vão sendo ultrapassadas, o papel da terceira parte intensifica-se e requalifica-se para que a intervenção ritual possa irromper. O pastor que existe no presidente é gradualmente desincorporado e reincorporado na representação de Deus. O presidente é então o instrumento social nas mãos de Deus. São essas as mãos que se impõem sobre a cabeça dos jovens. A reconciliação não é um feito do pastor; é uma benção de Deus. As partes não são chamadas a argumentar ou contra-argumentar. Apenas se espera que sejam esmagadas pelas forças sobrenaturais que nelas convergem por intermediação do pastor. As mãos elevam-se sobre eles para que o peso delas seja insusceptível de ser afastado. O peso é insuportável precisamente porque as mãos levitam e não tocam as cabeças.

A estrutura desta argumentação ritualística é semelhante à da argumentação da resolução de litígios em que há recurso ao *topos* de intimidação, nomeadamente através da invocação do direito oficial como ameaça. Deus é um *topos* de intimidação transcendental. É um equivalente funcional do direito oficial.

AS RELAÇÕES PESSOAIS COM O MUNDO A QUE CHAMAMOS IDENTIDADE   357

racos, a Associação de Moradores tem feito todas as tropelias. A maioria dos casos de autorização de reforma de barracos é dada por eles sem consultar a Fundação. E nunca fiscalizam a obra depois de autorizada. A questão toda é que as Associações de Moradores nasceram numa época de idealismo e agora o Estado quer controlar e dominar quando até aqui queria dar liberdades. Agora nós somos governo aqui".

Talvez por eu ser estranho à comunidade e até por supostas lealdades profissionais (elas, assistentes sociais e eu, sociólogo), as assistentes sociais convenceram-se que tinham em mim um aliado e exerceram forte pressão para que eu levasse a Associação a cumprir a nova legalidade. Acontece que a minha lealdade era para com a Associação com cujos objectivos e estratégia eu estava politicamente solidário. E, neste caso, ser solidário significava não intervir, e assim ser cúmplice da resistência passiva da Associação. Pensei então em justificar a minha passividade com um argumento que as minhas interlocutoras, também elas treinadas em ciências sociais, haveriam de compreender: eu, como sociólogo, não podia intervir sob pena de modificar o campo de observação; tinha, pois, de me remeter a uma posição de observador neutro. Daí que, neste caso, a primazia da observação tenha sido invocada para permitir o tipo correcto de participação.

Outras experiências, de uma natureza mais pessoal – as quais dificilmente poderiam ser concebidas como "mudanças do campo" –, reflectiam, ao nível mais profundo, a ambiguidade da minha atitude em relação ao

A nível institucional e normativo este caso ilustra bem os processos de hibridização possíveis em contextos de baixa diferenciação funcional e estrutural. A AM actua como um híbrido institucional que combina a associação cívica comunitária com a instituição religiosa. A reconciliação do casal contribui para o bem-estar da comunidade que é o objectivo cívico da AM. Mas para o atingir, a AM tem de se deixar completar – e na aparência (e só na aparência) substituir – por uma instituição de cariz totalmente distinto e muitas vezes sua rival na gestão dos litígios em Pasárgada. O casal e sua família estiveram, pois, simultaneamente na AM e na igreja e resolveram o litígio pela rendição e evidência de que nunca houvera litígio.

Actuando em rede com outras instâncias de resolução de litígios as fronteiras institucionais e funcionais da associação são muito porosas. Em alguns litígios a AM pode estar presente sem que tenha havido sequer qualquer recurso a ela. É este o caso de litígios que os directores são chamados a resolver no âmbito de outras funções comunitárias e sem sequer utilizar o espaço físico da AM. Por exemplo, o director F.J. é evangélico e desde há dois anos pertence a uma comissão de igreja destinada a resolver problemas de família entre os crentes: "se há uma rixa, um problema, nós vamos a casa com a Bíblia. Lemos os textos e depois falamos sobre eles, sempre a mensagem de compreensão e de amor. As pessoas acalmam-se e quase sempre seguem o nosso conselho". Outro director, o sr. R.R., que pertence também à Comissão da luz, resolve em sua casa litígios de família e comerciais entre moradores que nele depositam confiança pessoal.

Caso nº 31

Um jovem casal, o sr. O.M. com 25 anos e a sr.ª A.M., com 22, estão desavindos. A relação entre eles tem vindo a deteriorar-se. Há um mês que o marido não mostra qualquer interesse sexual pela esposa. A sr.ª AM suspeita que ele tem uma amante e vem

"campo". Por outras palavras, traíam o cientista social convencional que, de modo residual, vivia em mim, e a natureza classista da minha presença na comunidade. O melhor exemplo disso foram as minhas experiências religiosas e, especialmente, a minha participação nas sessões de Umbanda.[20] *O ritual, mais do que a natureza de classe da religião, era determinante para revelar a contradição interna da minha presença no círculo religioso. Nas sessões de Umbanda, a solidariedade comunitária era mediada pela identificação religiosa, e o meio adequado para esta não era o discurso verbal a que eu estava habituado, mas antes um "discurso total", uma espécie de experiência apocalíptica que envolvia a personalidade individual como um todo e a fundia com a personalidade colectiva do ritual, enquanto processo vivo e contínuo. O recuo para o refúgio da observação, isto é, para a ciência, era um mecanismo de defesa contra o meu medo de perder o controlo de mim mesmo. Mas eu estava suficientemente lúcido para notar que os esforços por manter o controlo eram entendidos pelos crentes precisamente como perda de controlo, pois só uma pessoa fora de si podia recusar o convite do Pai-de-Santo para se juntar ao grupo no louvor colectivo a Deus e aos seus Santos. Não havia, portanto, lugar para um envolvimento incompleto ou para uma participação parcial. Ou ficava paralisado na minha*

---

[20] Para o leitor menos familiarizado com este tipo de fenómeno religioso, trata-se de um culto afro-católico largamente praticado nas favelas do Rio de Janeiro que, em certo sentido, pode ser considerado como uma "religião dos oprimidos".

pedir ao sr. R.R. que o chame e o convença a abandonar a amante. O sr. R.R. chama o sr. O.M. e este confessa que não tem tido relações sexuais com a esposa, mas que não é por ter amante. Simplesmente sente-se cansado e não consegue ter uma erecção. Pensa que alguém lhe fez um feitiço para matar o desejo. O sr. R.R. que conhece bem o casal, diz-lhe que o problema não é certamente feitiço. Com a vida que leva e com as condições em casa não admira que não tenha desejo sexual. Anda exausto. Receita-lhe vitamina B12, vitamina C e cálcio e um banho à noite antes de deitar. Dias depois, a sr.ª A.M. passa por casa do sr. R.R. para lhe agradecer: "Deu tudo certo".

O sr. R.R. é muito consultado em casos de impotência que são muito frequentes na favela. Ele tem as suas ideias sobre as causas do fenómeno. Embora não descarte os feitiços e as "psicoses", o problema é muitas vezes físico. Por exemplo, o sr. O.M. é "motorista de ónibus", levanta-se todos os dias às 3 horas da manhã para chegar ao trabalho às 5 horas. Regressa a casa às 6 horas da tarde. Durante o dia come feijão e arroz e uma cerveja. Chega a casa exausto e cai na cama "como um homem morto". "É o que dá mais nas favelas". No entanto, nem o sr. O.M. nem a sr.ª A.M. puderam identificar por si as causas do problema. Por exemplo, o sr. O.M. só depois de falar com o sr. R.R. é que admitiu que a presença de dois filhos a dormirem na mesma cama com eles "acaba por atrapalhar". Também não sabia que o cheiro do corpo suado afasta a mulher e que um banho é fundamental nesses casos. O sr. R.R. mobiliza assim os seus conhecimentos e o seu senso comum sobre o comportamento sexual. Por experiência sabe que na maioria dos casos "não há amigas nem despachos", "há muita ignorância". Receita vitaminas que normalmente dão resultado. Para o sr. R.R. este caso não é sequer um caso jurídico: "Aí eu sou médico".

A fragmentação do trabalho comunitário de resolução de litígios faz com que a AM actue frequentemente em rede com outras

arrogância ou me ajoelhava pedindo clemência. Numa situação como esta, a mistificação estrutural em que a observação participante assenta não podia deixar de revelar o seu dilema com toda a clareza: se se observa, não se vê; se se participa, não se recorda. Na verdade, este dilema foi uma parte integrante da minha experiência religiosa, e, assim, houve algumas sessões de Umbanda em que me acorrentei ao poste da observação e houve outras em que queimei o poste, o cientista e as correntes e deixei que as cinzas se espalhassem numa orgia colectiva de harmonia. Neste último caso, a metodologia transgressiva não estava nos meus planos: aconteceu e eu "aconteci" com ela.

Nas sessões em que "observei", a intimidade do grupo e a autenticidade do acontecimento religioso foram quebradas pela intrusão do sociólogo. Eu não era um observador neutro, era um polícia – e era-o ainda mais quando pretendia acentuar a minha "neutralidade". A minha presença física, a minha maneira de vestir, a minha maneira de estar, etc., faziam de mim um estranho e um espião, um dissidente e um agitador, e só era tolerado por pertencer à classe hegemónica. Às vezes, sentia-me um turista com um fato de banho ousado a visitar uma igreja de aldeia durante a missa. De facto, tudo o que eu fazia conotava a presença de um intruso: o meu lugar dentro da sala, a minha relativa imobilidade, a minha distância em momentos particularmente cruciais, a minha recusa em participar em determinados actos do ritual. Toda a minha postura era uma espécie

instâncias. O recurso a múltiplas instâncias é muitas vezes sinal da complexidade do caso e redunda frequentemente no arrastamento do litígio ("o caso apodrece") e na impossibilidade de resolução. Os casos seguintes estavam ainda em curso ao tempo em que terminou o trabalho de campo.

Caso nº 32

Há cerca de um ano a sr.ª L.L. e o sr. O.O. vieram à AM fazer a declaração de um contrato que a AM ratificou. O teor da declaração era o seguinte:

Eu, L.L., solteira, doméstica, residente em uma benfeitoria de sua propriedade, sem parente, passando privação devido à sua idade que já é bastante avançada está com 45 anos, vivendo por caridade dos outros, sua benfeitoria está para cair, não podendo reconstruir. Declaro que de comum acordo entre mim e o sr. O.O., brasileiro, casado, operário, para reconstruir minha benfeitoria deixando para mim dois cômodos, todos independentes, ocupando o restante da benfeitoria depois de reconstruída, mantendo a minha pessoa de vestir, calçado e comida que após a minha morte venha o referido senhor tomar posse gozando de todo o direito como legítimo dono mais que seja depois de cumprida a missão.

Outrossim, no caso de desaparecimento do referido senhor que sua esposa assuma toda responsabilidade como está escrito na declaração. A mesma fica assinada por ambos na presença de duas testemunhas e em três vias uma das quais ficará no arquivo da AM para os fins que convier.

Data
Declarante (polegar)
Declarado
Esposa
Testemunhas

de uniforme abstracto, tão inadequado como o hábito de um missionário que observa as celebrações religiosas nas "selvas" de África. E, com
efeito, simbolicamente, a minha postura era tão branca como o hábito
do missionário (ou a bata do médico). Representava, simultaneamente,
a posição asséptica de onde eu, como Pilatos, podia observar o sórdido
submundo, e a alvura mecânica da noiva agrilhoada, como Prometeu, à
sua virgindade arrogante. Era também uma brancura triunfalista, já que
eu, aparentemente, não vislumbrava qualquer perigo de ser contaminado.
Tal como o médico ou como o sacerdote hegemónico, eu estava ali para
curar ou, pelo menos, para recolher os dados que permitiriam planear
a cura.

Contudo, a "brancura" da minha postura e da minha presença nada
tinha que ver com os fatos brancos dos médios e da Mãe-de-Santo. A deles
era uma brancura oferecida em holocausto, pronta a deixar-se maculada
– o que acontecia literalmente durante as sessões. A minha brancura, pelo
contrário, ocultava a sua fraqueza por detrás do seu direito hegemónico
de ditar regras do jogo, e de o fazer de uma forma tal que nunca perdesse.
O conflito radical entre as duas maneiras de ser branco era uma espécie de
cisma religioso que mal disfarçava o conflito de classes subjacente. O facto de
me tolerarem, apesar de ser um intruso e uma absoluta minoria no grupo, é
prova de que a religião a que pertencia era também a da classe hegemónica.
Por isso, embora a observação fosse recíproca, eu observava o grupo arrogan-

Recentemente a sr.ª L.L. que, a julgar pela aparência física, deve ter perto de 70 anos e não 45 como indicou na declaração, veio à AM solicitar a anulação do contrato, alegando falta de cumprimento por parte do sr. O.O. Disse ainda estar convencida que o casal a queria envenenar para ficar com a casa mais rapidamente. Por isso se recusava a comer a comida que eles lhe davam.

O presidente conhece bem o casal O.O. e acha que as suspeitas da sr.ª L.L. são infundadas. Segundo ele, ela está talvez senil. O sr. O.O. já fez muitas benfeitorias e "tudo isto é prejuízo". Como o caso já fora objecto de um documento da AM e não havia razões para a sua anulação, o presidente resolveu encaminhar o caso para o departamento jurídico da Fundação Leão XIII. Pouco tempo depois, o sr. M.B., conhecido cabo-eleitoral na favela, veio à AM exigir a anulação do contrato dizendo fazê-lo na sua qualidade de procurador "da velha". Disse também que tencionava ir viver com ela para o barraco logo que o casal O.O. saísse.

Entretanto, as partes e o presidente foram convidados a ir à Fundação Leão XIII. Antes da "conferência", o advogado do departamento jurídico da Fundação, chamou de parte o presidente para lhe pedir ajuda. Precisava que o presidente recebesse em Pasárgada o candidato Y às eleições e o acompanhasse na visita à favela já que o candidato não conhecia lá ninguém. O presidente sentiu-se num dilema: sabia que se recusasse a sua recusa afectaria a decisão do caso, sobretudo tendo em vista as já muito tensas relações entre a AM e a Fundação; se aceitasse isso acabaria por destruir a sua credibilidade como cabo-eleitoral uma vez que estava há muito comprometido com outro candidato. Procurou então uma saída "habilidosa" que, no entanto, logo depois verificou ter sido um erro fatal. Disse ao advogado que dados os seus compromissos eleitorais não poderia receber pessoalmente o candidato do advogado, mas sugeria que falassem com o sr. M.B., o "procurador da velha", presente na reunião. O sr. M.B. tem sempre ajudado a angariar votos para o candidato do presidente, mas neste caso o presidente pro-

temente (imperialisticamente), ao passo que o grupo me observava impotentemente.

Tudo isto mostra que a minha observação só aparentemente era neutra. Em termos reais, era uma observação hostil. E eu interpreto, como prova evidente disto, o facto de, durante as sessões, e independentemente do lugar que ocupava na sala, eu estar quase sempre rodeado pelos elementos mais ou menos marginais no grupo religioso: jovens sempre prontos a troçar do ritual; pessoas menos motivadas, que estavam ali levadas pela curiosidade; recém-convertidos ainda receosos de se envolverem demasiado. Pode também ter-se dado o caso de ser eu, e não eles, quem tomou a iniciativa de se colocar perto dos elementos que ofereciam mais possibilidades de desacreditar e desafiar a religião "sob observação". Seja como for, a minha observação ligava-se ao elo mais fraco do processo social que estava a ser observado. Por outras palavras, a minha observação "neutral" era disruptiva e sabia como maximizar a disrupção. A neutralidade do sociólogo era uma maneira de neutralizar a realidade social.

O trágico em tudo isto era que, no fim das sessões de "observação", eu conseguia preencher, muito esmeradamente, a minha lista de observação (a famosa check list), mas dificilmente via a relação entre as minhas notas e o que realmente tinha acontecido na sessão. Mais trágico ainda era eu não ficar nada surpreendido com o facto. Durante as sessões a obser-

punha que "a coisa se dividisse ao meio": o presidente ficava com o seu candidato mas o sr. M.B. receberia o advogado e o candidato deste. A proposta foi aceite.

Foram então para a "conferência". As partes foram convidadas a apresentar as suas posições. Falou então o advogado. Começou logo por dizer que aquele documento "não valia nada" e que o sr. O.O. tem de devolver o barraco à sr.ª L.L., havendo apenas que decidir qual o prazo razoável. O sr. O.O. "pôs-se a tremer", disse que tinha 5 filhos e não tinha para onde ir. Além disso, tinha já feito benfeitorias que tinham custado muito dinheiro. Ainda recentemente, quando o pedreiro estava a construir uma parede, a sr.ª L.L., "em estado de nervos", derrubou-a. O pedreiro apanhou com tijolos na perna e o sr. O.O. teve de pagar 80 contos de curativo. Sempre ríspido e hostil, o advogado perguntou-lhe se ele tinha documentos de compra de materiais ao que o sr. O.O. respondeu que não. O advogado deu de imediato a decisão: o sr. O.O. comprometia-se a levar ao departamento jurídico da Fundação, dentro de uma semana, os documentos de compra de materiais para ser reembolsado. Se não cumprisse ou não devolvesse a casa o processo seria encaminhado para a "Justiça Gratuita".

No final da reunião, o sr. O.O., nitidamente perturbado, mostrava-se totalmente surpreso. É que esta era a segunda vez que era chamado à Fundação. Da primeira vez tinha sido atendido por outro advogado que "tinha dado outra decisão". O sr. O.O. obrigava-se a construir um barraco totalmente independente para a sr.ª L.L. ("sala, quarto e banheiro") e continuaria a dar-lhe assistência.

A atitude brusca e desabida do advogado ("que está sempre a dizer que é filho de general") para com o sr. O.O. fez o presidente "cair em si": ao ter promovido o compromisso político entre o advogado e o "procurador da velha", tinha induzido a resolução do litígio já que o advogado não podia deixar de decidir em favor da sr.ª L.L. e do seu procurador para poder receber, em troca, a colaboração deste na campanha eleitoral. Talvez por isso o presi-

vação era recíproca, não só porque o grupo me observava, mas também porque eu mesmo observava a minha própria observação. E, ao fazê-lo, estava a sabotá-la. A minha observação era impotente face à sua própria arrogância.

Em contrapartida, nas sessões de Umbanda em que participei, acabei por ser um membro mais ou menos indistinto do grupo. Havia alguns factores de classe perturbadores como, por exemplo, a minha roupa e a cor de pele. Mas esses elementos, que, nas sessões que eu "observei", eram parte integrante de um todo coerente e não eram perceptíveis individualmente, tornavam-se, nas sessões em que "participei", apêndices incómodos, acessórios anacrónicos, que vagueavam na busca frenética de uma identidade perdida. Tinha de esquecê-los antes que os outros membros do grupo o fizessem. Umas vezes conseguia, outras não. Reificado como estava pela divisão de trabalho característica da ciência moderna, tinha tendência para me sentir nessas sessões como se estivesse em férias, a fazer terapia ou, simplesmente, a presenciar uma celebração da minha religião, mas nunca consegui sentir-me como se estivesse a trabalhar ou a estudar.

Devo confessar que considerei as sessões em que "participei" como tendo ficado perdidas para a minha investigação. Na verdade, quando, a seguir a uma dessas sessões, tentava utilizar a minha check list, o esforço parecia-me ridículo e até macabro. Era ridículo porque não conseguia lembrar-me, de modo algum, (ou só vagamente) dos tópicos que devia conferir. Quanto

dente declarou-se disposto a defender o sr. O.O. "se o caso fosse para a Justiça".

Dias depois, o sr. O.O. veio à AM acompanhado do seu cunhado (muito mais articulado que o sr. O.O.). O sr. O.O. começou por dizer: "Não sei o que fazer. Um advogado diz uma coisa e o outro diz outra". Mas o seu cunhado foi peremptório: "Eu acho que ele tem de sair. Alguém tem de pagar o que ele gastou. A velha está doida e faz a vida dele impossível". O presidente concordou que esta era a melhor solução.

O fenómeno da interlegalidade está bem demonstrado neste caso. Na resolução do litígio que opõe a sr.ª L.L. e o sr. O.O. sucedem-se três ordens jurídicas: o direito de Pasárgada, tal como é aplicado pela AM; o direito semi-oficial da Fundação Leão XIII, uma instituição para-estatal, cujo departamento jurídico, para além de consulta jurídica, resolve litígios; e o direito oficial propriamente dito, cuja intervenção terá lugar no momento em que o caso entrar na "Justiça Gratuita". A competição entre as duas primeiras ordens jurídicas é clara: a AM decide em favor do sr. O.O. já que não vê qualquer razão para anular o documento que antes ratificara, enquanto o advogado da Fundação decide em favor da sr.ª L.L. Qualquer destas instâncias de resolução de litígios é, no entanto, precária na medida em que a efectividade das suas decisões depende da cooperação das partes. É por isso que o direito oficial é invocado como última instância. Tal precaridade resulta ainda da permeabilidade destas instâncias a factores estranhos ao litígio que influenciam a decisão de modo não mediado, ao contrário do que ocorre com as proto-políticas judiciais. De facto a competição entre a AM e a Fundação Leão XIII transcende em muito este caso e decorre da luta entre elas pelo controlo político e administrativo da favela, na altura exacerbada pela campanha eleitoral e pela instalação da rede de água. Mas neste caso, e paradoxalmente, a competição resulta acima de tudo de uma cumplicidade

mais *"importante" era o tópico, mais completo era o esquecimento. Mas o esforço era também macabro: depois de participar numa experiência amorosa, eu estava a dissecar cadáveres no teatro anatómico. A riqueza da experiência nada tinha que ver com as palavras rígidas e mortas da lista de observação. De facto, cheguei à conclusão de que o critério de observação, implícito na maior parte das check lists que consultei, tendia a orientar a atenção do investigador para a dimensão técnica da vida social e para o dispositivo externo, com o qual as coisas confrontam outras coisas e estes eram os aspectos que se tornavam menos importantes logo que a participação assumia a sua dinâmica própria. As check lists eram mecanicistas na sua construção, e tendiam a impor uma visão mecanicista da realidade social. A busca de neutralidade e de detenção do controlo, por parte do sociólogo, era o equivalente estrutural da dimensão técnica e do dispositivo externo da realidade social atrás referidos. E, tal como qualquer perpectiva mecanicista envolvia uma ideologia expansionista e uma vontade de dominar, também a neutralidade do investigador era um meio de neutralizar a realidade social analisada. Além disso, cheguei à conclusão de que o investigador só se conseguia controlar a si mesmo através do controlo que exercia sobre os outros.*

Os tipos de violação das regras que a metodologia transgressiva possibilitou mostraram que esta era, em última análise, uma tentativa de libertar o objecto da ciência libertando, para isso, o cientista da ilusão

política entre as lideranças comunitárias e as agências do Estado com actuação na comunidade. A disponibilidade das lideranças comunitárias para o cabo-eleitoralismo faz com que, neste caso, a resolução do litígio seja directamente convertida em moeda de troca de favores eleitorais.

No caso da AM, a precaridade é ainda revelada na própria decisão de encaminhar o litígio para a Fundação Leão XIII. A este nível foi activada uma proto-política judicial: a suspeita de envenenamento, mesmo infundada, conferia uma maior complexidade ao caso e potenciava o conflito muito para além do que aparentemente estava em jogo. Acresce que os participantes no litígio tornavam a intervenção da Associação particularmente difícil. Por um lado, o presidente era amigo do sr. O.O. e a sua pre-compreensão do caso indicava que claramente era este quem tinha razão. Por outro lado, a mobilização do conflito estava a ser protagonizada por um cabo-eleitoral, o sr. M.B., com relações políticas antigas com o presidente. Por todas estas razões, a estratégia foi de poupar a AM ao encargo de decidir. Por isso, a precaridade da AM não foi, em última instância, produzida pelas partes ou por mecanismos rivais de resolução de litígios, mas sim pelo próprio presidente ao sobrepor os seus interesses políticos aos interesses institucionais da AM.

Neste caso, o circuito interlegal do litígio foi direccionado no sentido de extrair progressivamente o litígio da comunidade: de uma organização comunitária, para uma organização externa com actuação na comunidade e desta para uma organização sem qualquer vinculação à comunidade (a "Justiça Gratuita" e o sistema judicial oficial). No caso que se segue o circuito interlegal segue um outro itinerário.

Caso nº 33

Os dois sócios do Talho, o sr. J.P. e o sr. F.L. estão em litígio sobre a sociedade. O sr. F.L. quis montar um talho na favela e convidou o sr. J.P. para sócio. Este não tinha dinheiro mas tinha a casa onde

de auto-controlo. Agora é bastante fácil falar em metodologia transgressiva, mas, quando eu estava a acabar a investigação de campo, as coisas pareciam muito menos simples. Perante a pressão (interna e externa) para demonstrar que tinha merecido o dinheiro investido na minha investigação, sentia-me muito angustiado e desorientado. O material extremamente rico que tinha recolhido afigurava-se suficiente, e até susceptível de abrir novos caminhos, para quase qualquer tópico de tese de doutoramento, excepto para aquele sobre o qual era suposto que eu escrevesse.

Quando saí do Brasil duvidava fortemente que tivesse recolhido os dados suficientes para escrever um artigo aceitável, muito menos a tese de doutoramento que me havia proposto. Cheguei até a duvidar que tivesse sequer quaisquer dados. Só tinha a certeza de ter passado por uma importante experiência pessoal e política. Mas até isso tentei esquecer, de modo a conseguir adaptar-me novamente à vida e ao trabalho no quartel general da ciência moderna e, de entre todos os lugares, em Yale.

Sobre o trabalho

De volta aos EUA, e privado do contacto diário com a favela, o meu registo escrito transformou-se, gradualmente, na principal instância de controlo sobre a minha referência ao passado. Os "dados" começaram então a emergir daquilo que havia sido uma experiência total, irredutível à mera recolha de

o talho foi instalado. O talho foi montado pelo sr. F.L. A certa altura desentenderam-se e "meteu briga com eles". Discutiram e o sr. J.P. acabou por ficar com o talho. Inconformado, o sr. F.L. contactou um dos directores da AM para lhe dar a sua visão dos acontecimentos e pedir a sua intermediação. Tendo sabido desta diligência, o sr. J.F. fez o mesmo. O director viu de imediato que este era "um caso comercial" que extravasa da jurisdição da AM. Teve então a ideia de propor a criação de uma comissão de cinco comerciantes da favela, entre os quais ele próprio, para arbitrar o litígio: "averiguar a situação, os documentos e dar razão a quem a tivesse, devendo a decisão ser acatada por todos".

Os dois sócios aceitaram a ideia e o director nomeou a comissão. A primeira reunião "foi um tumulto" e com os sócios a insultar-se um ao outro. Concordaram, no entanto, pôr os documentos à disposição da comissão. Esta chegou à conclusão que o sr. F.L. é quem tinha razão e que o sr. J.P. estava em débito com ele. Na reunião seguinte o sr. J.P. não só não aceitou a decisão, como alegou que o filho tinha trabalhado sem ordenado e que isso não tinha sido contabilizado. Não se chegou a acordo. O sr. J.P. ameaçou "ir para a justiça" e, ante isto, a comissão decidiu abandonar o caso. Antes, porém, os membros reafirmaram que a razão estava com o sr. F.L. e que não aceitariam ser citados como testemunhas se o sr. J.P. fosse para a justiça. O sr. F.L. sentiu-se ameaçado e decidiu ele próprio "arranjar um advogado e pôr o caso na justiça". Entretanto, o sr. J.P., que não concretizara a sua ameaça, veio de novo falar com o director pedindo o seu conselho sobre o que devia fazer ante a notificação judicial.

Neste caso, a AM não intervém directamente no circuito inter-legal. Fá-lo através de um dos seus directores. O itinerário que se segue, ao contrário do caso anterior, não se orienta para extrair o caso da comunidade, mas sim para o inserir mais profundamente, localizando-o numa sub-comunidade adequada, a comunidade

informação. Como se a ciência, qual Fénix, renascesse das cinzas da paixão. Mas o espaço aberto, assim criado para o desenvolvimento científico, foi abalado até à raiz por um incidente bem preciso. Vim a saber, quase por acaso, que o Programa de Direito e Modernização, como muitos outros pelo país fora, era subsidiado pelo Departamento de Estado dos EUA. Isto foi um choque enorme para mim e para alguns dos outros estudantes estrangeiros. Nunca me tinha ocorrido indagar essa questão e, vistas as coisas hoje, sinto que fui ingénuo e estúpido por ter irreflectidamente admitido que um avultado financiamento como aquele pudesse surgir do nada. Essa ingenuidade e estupidez, porém, não eram características "inatas" da minha personalidade, mas antes o resultado da minha socialização científica num país (Portugal) onde as ciências sociais haviam sido banidas por muitos anos e onde qualquer genuíno processo científico levado a cabo parecia ser dominado por relações pré-capitalistas da produção científica, no seio das quais um cientista podia ser plausivelmente considerado como um produtor autónomo de ciência.

Pessoalmente, nunca tinha questionado essa ideologia e, em Portugal, antes da minha experiência nos EUA, sempre me sentira um produtor autónomo de ciência jurídica que era pago para ensinar, mas não para investigar. Efectivamente, a determinação de classe do meu processo de trabalho, enquanto "cientista do direito", era tão complexa e contraditória que a minha autonomia era uma aparência convincente e, como tal, uma

dos comerciantes. A instância escolhida, uma comissão de arbitragem, mais do que qualquer outra, depende, para ser eficaz, da cooperação das partes. Trata-se de uma instância pouco conhecida na favela, e de algum modo estranha ao espírito individualista dos comerciantes de Pasárgada. Daí o seu fracasso. Ante ele, o encontro interlegal orienta o litígio para fora da comunidade. Tal como no caso anterior, e em muitos outros já analisados neste capítulo o recurso ao direito oficial é invocado como ameaça e como indício de determinação. O *topos* da intimidação é usado não apenas pela AM, mas pelos moradores e basicamente com o mesmo objectivo de forçar a aceitação de uma decisão própria de baixa voltagem, através de uma comparação subliminar com decisões estranhas, de alta voltagem (a justiça oficial). Neste caso, a ameaça inicial foi menos séria do que a contra-ameaça que suscitou. A decisão de recorrer ao direito oficial acabou por ser unilateral, mas não por parte de quem primeiro anunciou a decisão. Ao recorrer de novo ao director, o sr. J.P. estava a tentar inflectir o circuito interlegal de novo no sentido comunitário, dando a entender que afinal talvez fosse preferível acatar a decisão da comissão. O director sentiu confirmada a justeza da sua iniciativa inicial e prometeu reactivar a comissão, comentando sem grande esperança: "agora vamos ver o que dá".

A pluralidade de instâncias de resolução de litígios não impede, como já afirmei, que muitos deles não sejam resolvidos. Acontece, por exemplo, em caso de litígios que, pela natureza da matéria, só poderiam ser adequadamente resolvidos pela AM, mas que esta se sente incapaz de resolver ou pensa tratar-se de litígios sem solução.

Caso nº 34

O sr. B.A. casou legalmente com a sr.ª A.A. que herdou do pai o barraco onde foram viver. Ao fim de alguns anos separaram-se e ela sai de casa. Ele fica a viver no barraco, "arruma" uma amante, a sr.ª V.F., vive com ela durante 8 anos tendo vários filhos dela. Separam-se mas ela não quer sair do barraco. Ele divide o barraco

experiência vivida. É possível que este facto tivesse também sido responsável pelo contraste entre a minha forte reacção de revolta e a de outros estudantes de esquerda vindos de países "mais desenvolvidos". Na verdade, eles estavam mais preparados para aceitar cinicamente os factos e para os explorar em seu proveito.

A minha experiência científica anterior e a minha socialização também explicam o facto de eu ter lidado com o problema como uma questão ética, deixando na penumbra a base material do processo científico em que estava envolvido. Por isso, a minha revolta moral era dirigida contra o paciente director do Programa. Criticava principalmente o facto de ele não nos ter elucidado, logo no início, sobre a estrutura de financiamento do Programa. O director, apesar de ser um bom amigo meu, ficou desconcertado e ofendido com a minha reacção. Em sua opinião, devia aceitar-se como um dado que, "nos tempos actuais, não se pode praticar ciência social a menos que haja subsídios". Portanto, o problema residia principalmente nas condições impostas pela instituição financiadora e tanto fazia que essa instituição fosse a Universidade de Yale (que obtém os seus fundos em operações de bolsa), a Fundação Ford ou o Departamento de Estado. E ele fez muita questão em mostrar-me que, neste caso, nenhum condicionamento fora exercido sobre os financiamentos ("no strings attached") e forneceu-me, até, uma cópia do protocolo que instituiu o Programa.

ao meio, metade para ele, metade para a ex-amante. Entretanto, passa a viver com outra mulher, a sr.ª L.M., na metade que reservou para si, mas ao fim de algum tempo "farta-se" dela. Vem à AM solicitar o despejo de ambas as mulheres já que o barraco é dele e elas sempre estiveram lá "por favor".

O presidente convidou a sr.ª V.F., a sr.ª L.M. e o sr. B.A. para uma reunião. Depois de uma longa discussão, o presidente conseguiu "levá-los" ao seguinte acordo: a sr.ª L.M. que vivia, por último, com ele, vai tentar arranjar casa no prazo de um mês; a sr.ª V.F. vai esperar até que o sr. B.A. arranje um barraco para ela.

Para o presidente, a sr.ª V.F., que tinha filhos do sr. B.A., tinha mais direitos sobre o barraco que a sr.ª L.M. e daí a diferença de tratamento das suas posições. Embora "por lei a razão estivesse com o sr. B.A.", a conduta deste era moralmente condenável e por isso a AM não estava disposta a investir demasiado na solução. Afinal, nas palavras do presidente, "ele quis as mulheres todas e agora quer-se ver livre delas". Era, aliás, duvidoso que as mulheres aceitassem a decisão, mas isso não parecia merecer grande censura da parte do presidente: "se elas não cumprirem, eu vou adiando, vou dando mais prazos até se acomodarem". Por outras palavras, aos olhos do presidente, o litígio ou não tinha solução ou resolvia-se por si.

São frequentes as situações em que a decisão da AM é, de facto, uma não-decisão, a criação de um espaço-tempo onde os poderes em conflito vão decidindo, por si, formas de acomodação, de subordinação ou de compromisso. Trata-se de situações em que, no dizer do presidente, "o caso vai apodrecendo". É disto exemplo o caso seguinte.

Caso nº 35

O sr. A.V. cria porcos no quintal, o que incomoda muito os seus vizinhos. Apresentaram queixa na AM. O presidente convidou o sr. A.V. para uma reunião e ele faltou. Voltou a convidar e ele

Não fiquei muito convencido e continuei a pensar que nos tinham escamoteado a origem do financiamento para evitar a nossa reacção. Seguiram-se grandes discussões, com o director e os professores de Yale envolvidos no Programa, por um lado, e com os estudantes estrangeiros, por outro. Foram estes últimos que acabaram por ter maior influência nas minhas reacções posteriores.

Formávamos um grupo muito heterogéneo em termos, quer dos países de origem, quer dos interesses intelectuais, embora a maioria partilhasse atitudes políticas de esquerda e uma visão crítica relativamente ao imperialismo norte-americano. Depois de muito discutirmos, estávamos em condições de clarificar os nossos pontos de vista sobre o uso imperialista das ciências sociais e de definir a nossa posição face ao Programa de Direito e Modernização. Em primeiro lugar, sustentámos que a sociologia nas sociedades capitalistas avançadas reproduz, de maneira muito específica, a estrutura de dominação de classe, tanto internamente como internacionalmente, e que o programa fazia parte desse processo. Em segundo lugar, essa reprodução, longe de se limitar à utilização política dos resultados científicos, envolvia o aparelho teórico da sociologia, os instrumentos metodológicos, a conceptualização da realidade social e, provavelmente, os próprios fundamentos epistemológicos. Em terceiro lugar, nessas circunstâncias, a questão dos condicionamentos ("strings attached") ao financiamento de projectos de investigação específicos era, pelo menos em parte, uma falsa questão, na

voltou a faltar. Visitei o sr. A.V. e ele deu-me a sua versão: "O sr. J.J. (o presidente da AM) anda-me a querendo-me perturbar por causa do negócio do porco. Ele não sabe a força que eu tenho aqui dentro. Eu fui ao Getúlio pedir o Jacarezinho para nós. Estou aqui há 27 anos. Eu conheço toda a gente. Se eu quizer movo toda a favela contra ele e ele vai embora. Eu já disse que ninguém mexe no meu porco. Eu nunca matei ninguém mas é agora a primeira vez. Compro revolver e quem tentar cai. Aliás, o S.E., vizinho, é um inimigo mortal. Construiu uma lage sobre o meu barraco e agora quer que eu tire o beirado. Eu já disse que não tiro. Quando ele começou a construir a casa dele eu já cá estava".

Em conversa com o presidente ele reconheceu que há mais gente a criar porcos em casa, mas que a AM só actua se os vizinhos se queixarem: "se eles se acomodarem, tudo bem".

Neste caso, a autoridade da AM é contestada e esta, ao contrário do que sucedeu noutras situações, remete-se a uma actuação de passividade, na esperança que as partes envolvidas não a obriguem a uma intervenção mais activa. A criação de porcos na favela é um problema complicado. São várias as pessoas que criam porcos e o conflito de valores que tal prática suscita revela-se quase dilemático: por um lado, as famílias criam o porco por necessidade e não por gosto e, quando o fazem, o porco tende a tornar-se numa peça importante da economia doméstica, sem a qual a sobrevivência da família pode ficar em risco; por outro lado, os perigos para a saúde pública são evidentes para além do mal-estar que o cheiro nauseabundo provoca nos vizinhos. A intervenção da AM num conflito deste tipo tende a suscitar reacções fortes por parte dos que se sentem injustiçados por ela. Não é, pois, uma situação onde a mediação, o modelo de decisão preferido, possa ter lugar e da decisão podem resultar alguns riscos pessoais para os directores. A ameaça proferida pelo sr. A.V. contra os vizinhos estendia-se subliminarmente à AM e, em particular, ao seu presidente.

medida em que confinava o problema da determinação política apenas ao domínio dos resultados científicos. Ela desempenhava, contudo, um papel importante, pois estabelecia as condições em que a ideologia liberal na ciência se torna credível dentro do modo dominante de produção científica. Em quarto lugar, a ideologia do liberalismo era internamente contraditória e era através dessas contradições que a ciência radical poderia estabelecer a sua prática em sociedades de classes. Por outras palavras, a autonomia residual que a ciência burguesa concedia ao cientista podia ser utilizada para construir uma alternativa radical à própria ciência moderna. Seria isto uma reavaliação racional ou uma racionalização desesperada?

Dado que nos tinham concedido autonomia científica liberal no âmbito do Programa de Direito e Modernização – tínhamos "escolhido" os nossos tópicos de investigação, embora dentro dos limites pré-anunciados do programa; havia quem tivesse alterado os projectos de investigação, uma ou duas vezes; e ninguém tinha controlado os nossos resultados científicos, nem exercido pressão para produzirmos recomendações políticas –, havia condições para transformarmos a nossa revolta moral contra o imperialismo científico numa energia, científica e política, reflectida e dotada de um propósito. Alguns de nós começaram a ler e a discutir Marx de forma mais sistemática, e organizou-se uma espécie de contra-curso sobre a análise marxista do imperialismo. Dois de nós seguiram o único curso "oficial"

A retórica da violência é uma das mais ricas nas intervenções verbais entre os moradores de Pasárgada e o sr. A.V. acciona-a da maneira mais convincente: pelo seu distanciamento em relação a ela como recurso quotidiano (nunca matou ninguém, nem tem revólver). Trata-se, no seu caso, de um recurso excepcional, à medida da excepção que a situação comporta.

Outro factor explicativo da relativa passividade da AM é o reconhecimento implícito que os moradores não são iguais perante o direito de Pasárgada. Os moradores mais antigos têm direitos especiais porque ajudaram a construir a própria favela, e alguns deles, como é supostamente o caso do sr. A.V., ajudaram a defendê-la dos especuladores imobiliários. Têm, pois, o direito a um tratamento privilegiado que os recompensa do serviço à comunidade por eles prestado. É essa superioridade que o sr. A.V. reclama contra a AM e contra o vizinho que, aliás, foi um dos que apresentou queixa na AM. A invocação do conflito com o vizinho é feita pelo sr. A.V. para desacreditar a própria queixa contra ele. A retórica da violência sublinha a seriedade do propósito.

Neste caso, o sr. A.V., precisamente por ser um morador antigo e conhecer bem a favela, usa com êxito o *topos* da intimidação contra os vizinhos e a AM. Sabe que a AM é um centro fraco de poder, desprovido de meios de coerção e contestado politicamente por várias lideranças. A AM não deixará de calcular os prós e os contras antes de decidir intervir contra ele. E aparentemente até ao momento em que terminou o trabalho de campo o *topos* da intimidação havia funcionado eficazmente.

Conclusão
A estrutura do pluralismo jurídico
O direito de Pasárgada é um exemplo de um sistema jurídico, informal e não oficial, criado por comunidades urbanas oprimidas, que vivem em guetos e bairros clandestinos, para preservar a sobrevivência da comunidade e um mínimo de estabilidade social

sobre marxismo oferecido pela Yale Graduate School, leccionado por Leon McBride. Como eu estava convencido que a lógica de Hegel era mais importante que tudo o resto para a compreensão das raízes do método dialéctico de Marx, frequentei também um seminário sobre a lógica de Hegel orientado por J. Finlay – um conhecido hegeliano que estava a dar o seu último curso antes de se jubilar – e passei grande parte do semestre a ler A Ciência da Lógica. Nos três anos seguintes, estudei sociologia e ciência política quase obsessivamente, frequentei tantos cursos quantos os que consegui compatibilizar com o tempo necessário para escrever a tese. E o resultado foi que dezasseis horas diárias de trabalho se tornaram numa espécie de rotina docemente monstruosa.

Com a passagem do tempo, o meu esclarecimento teórico tornou mais fácil, para mim, distinguir entre a organização institucional do programa e as pessoas que o dirigiam. Estas respeitaram os meus sentimentos, toleraram a minha arrogância ocasional e acabaram por se tornar os meus amigos mais próximos. Muito mais difícil foi integrar os novos desenvolvimentos teóricos com os dados empíricos da minha investigação no Brasil. Uma das dificuldades era de natureza directamente política e relacionava-se com o receio de que os dados da minha investigação, assim que estivessem fora do meu controlo, pudessem ser postos ao serviço de uma utilização imperialista. Agora, à distância, este receio quase obsessivo parece ter sido consideravelmente desproporcionado, tendo em conta a natureza desses mesmos dados.

numa sociedade injusta onde a solvência económica e a especulação imobiliária determinam o âmbito efectivo do direito à habitação. Sustentei, neste capítulo, que esta situação de pluralismo jurídico é estruturada por uma troca desigual, em que o direito de Pasárgada constitui a parte dominada. Estamos, portanto, na presença de um pluralismo jurídico interclassista. O conflito de classes é travado através de estratégias de resistência passiva, adaptação selectiva, confrontação latente e evitação mútua. O direito de Pasárgada não pretende regular a vida social fora de Pasárgada, nem questiona os critérios de legalidade prevalecentes na sociedade mais vasta. Por outro lado, os dois sistemas jurídicos assentam igualmente no respeito pelo princípio da propriedade privada. O direito de Pasárgada concretiza a sua informalidade e flexibilidade importando selectivamente elementos do sistema jurídico oficial. Assim, embora ocupando posições diferentes ao longo de um *continuum* de formalismo/informalismo, pode afirmar-se que partilham a mesma ideologia jurídica de base. Em termos gerais, Pasárgada pode ser considerada uma sociedade micro-capitalista cujo sistema jurídico é, em grande parte, ideologicamente compatível com o sistema jurídico oficial. Embora Pasárgada não esteja dividida por antagonismos de classes nos mesmos termos em que o está a sociedade que a rodeia, é inegável a existência de estratificação social e a separação entre zonas de boa e má vizinhança. A AM é controlada pelos estratos médios e superiores, que são os mais familiarizados com a sociedade oficial e mais desejosos de se integrarem nela. A AM defende os interesses dos estratos mais baixos de Pasárgada, mas fá-lo de uma forma paternalista.

A estratégia estatal de evitação mútua e de adaptação pode ser ilustrada pela relativa passividade do Estado para com Pasárgada. Apesar de ilegal e sujeito a um controlo repressivo, o bairro é tolerado, algumas das instituições comunitárias são oficialmente reconhecidas e alguns equipamentos infraestruturais são concedidos (sobretudo em períodos eleitorais). Esta tolerância continuada

Mas, na altura, só consegui apaziguar a minha angústia mudando os nomes, os números e os locais para impedir a identificação da comunidade e, depois, seleccionando cuidadosamente os dados cujo uso na análise eu iria permitir.

À luz da minha nova posição sobre a ciência moderna, como possível instrumento do imperialismo, o estatuto ou natureza política e científica dos meus dados alterou-se. Os dados mais interessantes, de acordo com os meus propósitos teóricos iniciais, tornaram-se os mais delicados politicamente e foram eliminados da análise. Por exemplo, embora eu estivesse a par das actividades comunistas e clandestinas, no interior da comunidade (e até dentro da Associação de Moradores), só os utilizaria na medida da sua relevância para a compreensão do funcionamento do sistema jurídico da comunidade, que era o tópico central da minha investigação. De facto, tinha de exercer um redobrado controlo sobre os meus dados, pois, como disse atrás, obtivera informações dos moradores da favela que eles teriam ocultado a alguém que correspondesse ao seu estereótipo de cientista social norte-americano.

A prioridade atribuída aos critérios políticos na selecção dos dados foi ambiciosamente concebida como parte da luta anti-imperialista ao nível da sociologia. Contudo, a execução dessa prioridade foi uma constante fonte de tensão psicológica que, às vezes, redundava em paralisia. De certo modo, eu sabia de mais para poder redigir uma tese publicável, e sabia de

confere à favela um estatuto sócio-jurídico peculiar, de algum modo *alegal* ou *extralegal*: uma comunidade ilegal cuja ilegalidade é neutralizada pela trivialidade da sua aceitação. A razão deste estatuto ambíguo pode estar no facto de Pasárgada e o seu direito, tal como hoje existem, serem provavelmente funcionais em relação aos interesses da estrutura de poder na sociedade brasileira. Ao ocupar-se dos conflitos entre as classes oprimidas, o direito de Pasárgada não só liberta os tribunais oficiais e os gabinetes de assistência jurídica do fardo de terem que atender os casos das favelas, mas também reforça a socialização dos habitantes de Pasárgada numa ideologia jurídica que legitima e consolida a dominação de classe. Ao fornecer aos moradores de Pasárgada uma forma pacífica de resolução e de prevenção dos litígios, o direito de Pasárgada neutraliza, em parte, a violência da sociedade capitalista. Ao tornar possível um quotidiano relativamente ordeiro fomenta um respeito pelo direito e pela ordem que os moradores transportam eventualmente para as interacções com a sociedade oficial. O Estado coopta a AM utilizando, simultaneamente, o pau e a cenoura: por um lado, concede à AM uma posição privilegiada enquanto representante da favela nas suas relações com os organismos estatais e, por outro, reprime, através de órgãos estatais ou paraestatais que actuam na favela (a Fundação Leão XIII, por exemplo), qualquer tentativa de maior autonomia por parte da favela. De outra perspectiva ainda, a funcionalidade das instituições comunitárias reside em estas facilitarem a angariação de votos e simultaneamente a reprodução das relações de clientelismo que têm caracterizado o sistema político brasileiro.

Contudo, seria errado enfatizar demasiado a integração e a adaptação entre os dois sistemas jurídicos. Tal excesso será sempre o vício de uma análise que encare estes fenómenos isoladamente em relação às condições sociais da sua produção e reprodução. A integração e a adaptação são estratégias utilizadas num determinado momento por classes com interesses antagónicos. Mas esta situação de pluralidade jurídica continua a ser um reflexo de

menos para poder publicar uma tese "redigível". Foi neste ponto dilemático que, quase casualmente, Max Gluckman veio em meu auxílio. Ao escrever sobre os problemas que surgem ao investigador de campo, salientava, num texto com que então me cruzei, que "[o antropólogo] tem, continuamente, de clarificar o seu próprio papel na sociedade que está a estudar, de maneira a nem ficar de fora numa ignorância completa, nem completamente prisioneiro do centro sobre o qual sabe tanta coisa que nada pode publicar" (1967: XVIII). Esta citação, bem como todo o texto de onde foi extraída, mostra que Gluckman, uma indiscutível autoridade no assunto, estava profundamente (embora impotentemente) consciente dos dilemas e das ambiguidades dos métodos estabelecidos de investigação de campo que discuti na secção sobre metodologia transgressiva. Ficar ou não ficar "prisioneiro do centro" não é apenas um dilema político, como a minha reflexão poderia sugerir. É também um dilema epistemológico, e, enquanto Gluckman se preocupava com o conhecimento que pode ser publicado, eu preocupava-me, ao mesmo tempo, com o conhecimento "redigível" e com o conhecimento "publicável". Este dilema parecia ter, pelo menos, três facetas distintas: a do tempo, a da ignorância e a da perspectiva.

A faceta do tempo: o conhecimento escrito é um conhecimento ruminado, ou melhor, diferido. Baseia-se numa distância temporal entre o sujeito cognoscente e o objecto conhecido e, portanto, carece da intensidade do conhecimento instantâneo (conhecimento prático tal como é praticado).

conflitos de classes e, portanto, uma estrutura de dominação e de troca desigual.

A juridicidade não oficial é um dos poucos instrumentos a que as classes oprimidas urbanas podem recorrer para organizar a vida comunitária, e conferir um mínimo de estabilidade a uma situação de estrutural precaridade. Por essa via, maximizam as possibilidades de resistência contra a intervenção do Estado ou das classes dominantes e fazem aumentar o custo político de tal intervenção. A avaliação política do direito não oficial depende das finalidades sociais que se propõe atingir. No contexto social e político em que foi realizada a investigação, a tentativa de fornecer uma alternativa normativa ao sistema vigente de propriedade da terra em bairros clandestinos deve ser vista como uma tarefa progressista. Aquilo que, à primeira vista, aparenta ser um conformismo ideológico não é, provavelmente, mais do que uma avaliação realista da constelação de forças e das possibilidades de luta num dado momento histórico.

A forma como o direito de Pasárgada se "desvia" do sistema jurídico oficial mostra bem que esse direito não oficial pode ser considerado, nas circunstâncias referidas, uma estratégia de resistência contra a opressão classista. Embora os dois sistemas partilhem a mesma ideologia jurídica de base, usam-na para fins muito diferentes. No plano substantivo, analisei aquilo a que chamo *inversão da norma* fundamental da propriedade de imóveis, através da qual o direito de Pasárgada estabelece a legalidade da posse e propriedade da terra, usando precisamente a mesma norma que o sistema jurídico oficial usa para a declarar ilegal. Vem a propósito a análise histórica do direito de propriedade, desenvolvida por Karl Renner (1949). Segundo ele, a função social do direito de propriedade alterou-se profundamente ao longo da história apesar de o seu conteúdo verbal se ter mantido inalterado: a sua função social passou de uma garantia da autonomia individual nas sociedades europeias pré-capitalistas para a legitimação da dominação de classe e da exploração nas sociedades capitalistas. O que

Quando se está no centro – e o centro é, simultaneamente, uma categoria espacial e temporal – de uma determinada prática, necessita-se do conhecimento instantâneo para orientar a acção em qualquer momento, e sente-se impaciência relativamente a toda a forma de conhecimento a posteriori que pretende conhecer tudo apenas depois de tudo se ter tornado nada em termos de acção social em curso. No entanto, estabelecer os limites do conhecimento ruminado não significa considerar que a "capacidade de ruminar" seja, de modo geral, inútil. Pelo contrário, poderá dizer-se da escrita o mesmo que Nietzsche disse, na Genealogia da Moral, sobre a leitura das suas obras: "É necessária uma capacidade – infelizmente, hoje perdida – para a prática da leitura como arte: a capacidade de ruminar, que as vacas possuem, mas que falta ao homem moderno. É por isso que as minhas obras continuarão, ainda por uns tempos, difíceis de digerir" (1956: 157).

A faceta da ignorância: Há um limiar crítico de ignorância abaixo do qual é impossível escrever. No entanto, e contraditoriamente, para se conseguir escrever sobre uma coisa há que desconhecê-la até um certo ponto. Escrever é objectualizar e isso simultaneamente pressupõe e gera ignorância acerca do objecto. "Estar no centro" significa, pelo contrário, suprema identificação (superação da distinção sujeito/objecto do conhecimento) e, assim, escrever a partir daí implica um processo de desvio, uma espécie de traição. Gilles Deleuze refere-se a esta problemática de modo muito mais radical (e numa perspectiva diferente), quando escreve:

Renner observou diacronicamente, observei eu sincronicamente numa situação de pluralismo jurídico interclassista. Contudo, a confirmação plena do paralelismo, exigiria uma análise em profundidade das relações sociais dominantes em Pasárgada. Pasárgada está completamente integrada na sociedade carioca. A maior parte da sua população activa trabalha fora de Pasárgada. Tem um sector comercial florescente, bem como alguma indústria.[31] Esta última (sobretudo, calçado, padarias e sorveterias) é constituída por pequenas empresas familiares que produzem para o mercado local (que, por vezes, se estende para fora de Pasárgada). Uma das características marcantes desta sociedade micro-capitalista é uma persistente, e até crescente, estratificação social.

Ao fornecer alojamento para as classes trabalhadoras pobres, Pasárgada contribui para as condições de reprodução da força de trabalho. Enquanto a sua qualidade jurídica oficial (externa), como bairro *clandestino*, é um reflexo das relações sociais capitalistas, a sua qualidade jurídica interna, como bairro, é uma tentativa para melhorar as condições de vida das classes populares e conquistar alguma liberdade de acção colectiva autónoma – uma tarefa progressista numa situação em que a existência de um enorme exército industrial de reserva torna a norma capitalista indiferente à reprodução da força de trabalho. Embora o direito de Pasárgada reflicta a ideologia jurídica capitalista de base, na realidade actua para organizar a acção social autónoma das classes populares contra as condições de reprodução impostas por um capitalismo voraz. Estamos, pois, perante o inverso da situação referida por Renner, na qual o conteúdo libertador da ideologia jurídica servia de disfarce ao funcionamento opressivo do sistema jurídico estatal.

A inversão da norma fundamental de propriedade não é o único "desvio" do direito de Pasárgada relativamente ao sistema jurídico estatal. Há a acrescentar aquilo a que chamei *importação selectiva*

---

[31] Ver Santos, 1974:74 e ss.

Como escrever a não ser sobre aquilo que não se conhece, ou que se conhece mal? É necessariamente sobre isso que se imagina ter alguma coisa para dizer. Não se escreve senão no limite do não-saber, nesse limite extremo que separa o nosso saber e a nossa ignorância, e que os faz passar um para o outro. É apenas dessa maneira que alguém se decide a escrever. Preencher a ignorância é adiar a escrita, ou antes, torná-la impossível. Talvez haja aí uma relação da escrita ainda mais ameaçadora do que aquela que é suposto ela manter com a morte, com o silêncio (1968: 4).

A faceta da perspectiva: escrever sobre uma coisa significa escrever da margem dela: nunca do centro dela. Por isso, a perspectiva é a essência da escrita. O centro, pelo contrário, não tem perspectiva, porque a evidência da totalidade subverte qualquer tentativa de definir perfis. Quem está no centro fica na posição do Capitão Sineiro de Lewis Carroll em Hunting of the Snark (A Caça ao Snark).[21]

---

21 Carroll, 1985. Para o texto original, Carroll, 1976: 760-61.
"He had brought a large map representing the sea,
without the least vestige of land:
And the crew were much pleased when they found it to be.
A map they could all understand."
'What's the good of Mercator's North Poles and Equators,
Tropics, Zones, and Meridian Lines?'

do formalismo jurídico, através da qual se desenvolve um sistema popular de formalismo. Embora a informalidade seja, em geral, função da ausência de profissionalização, da fraca diferenciação de papéis e do baixo grau de especialização, o funcionamento específico dessas regras informais – o modo como são criadas, afirmadas, recusadas, alteradas, adulteradas, descuradas ou esquecidas – é determinado pelos objectivos sociais, pelos postulados culturais gerais e, nomeadamente, pelas ideias de justiça e de legalidade. No direito de Pasárgada, a principal função do formalismo é assegurar a segurança e a certeza das relações jurídicas, sem violar o interesse primordial em criar uma forma de justiça acessível, barata, célere, inteligível e razoável, em suma, uma justiça que seja o oposto da justiça oficial. Por fim, é importante não esquecer que a estrutura do desvio do direito de Pasárgada não é rígida. Dentro de certos limites, está aberta à manipulação. O sistema jurídico oficial é excluído ou incorporado no direito de Pasárgada através da argumentação retórica, de acordo com a estratégia de resolução de cada caso. A estratégia retórica e a estrutura social explicam, conjuntamente, a dinâmica deste complexo processo social, sendo que nenhuma delas actua sem a outra.

Um olhar desde dentro

Uma compreensão profunda do direito de Pasárgada requer a análise, não só das suas relações jurídicas pluralistas, mas também da sua estrutura interna, a perspectiva interior, a partir de dentro. De facto, o principal objectivo deste trabalho foi captar o direito de Pasárgada em acção, e quer o método de investigação (observação participante), quer a perspectiva analítica (sociologia da retórica jurídica, argumentação jurídica), provaram ser adequados para esse propósito.

Apesar de o direito de Pasárgada reflectir a estratificação social da comunidade e de não transcender, na sua ideologia, a tradição liberal do capitalismo, creio que, enquanto mecanismo jurídico

"Trouxera para bordo uma carta do mar
Onde de terra nem cheiro havia.
Era um papel facílimo de interpretar
E os homens pularam de alegria.
'Abaixo Mercator, Pólo Norte e Equador,
Eixos, Meridianos, Linhas Tropicais.'
– Bradou o Capitão. E a tripulação:
'Simples símbolos são convencionais.'
'Mapas são o diabo! Tanta ilha e cabo!
Mas o nosso Sineiro, seja Deus louvado,
Com tal nada perfeito, faz-nos grande jeito!'
– Clamou o barco à uma, entusiasmado".

Estas diferentes facetas do dilema surgiram-me, pela primeira vez, como uma confrontação negativa entre os dados e a teoria. A questão era: como podia a teoria lutar contra os dados sem se tornar auto-destrutiva?

So the Bellman would cry: and the crew would reply
'They are merely conventional signs!' [...]
'Other maps are such shapes, with their islands and capes!
But we've got our brave Captain to thank'
(So the crew would protest) 'that he's brought us the best –
A perfect and absolute blank!'".

operativo, tem algumas características que, em circunstâncias sociais diferentes, seriam desejáveis como alternativa ao sistema jurídico estatal das sociedades capitalistas, um sistema excessivamente profissionalizado, corporativo, caro, inacessível, moroso, esotérico e discriminatório.

Seria, contudo, absurdo romantizar a vida comunitária nas sociedades capitalistas em geral, e muito menos em Pasárgada, um viez recorrente em certa ideologia comunitarista. Pasárgada não é uma comunidade idílica. Tal como a maioria dos bairros clandestinos do mundo, é um produto da expropriação dos camponeses, da industrialização selvagem e do crescimento urbano descontrolado. Como se trata de uma comunidade residencial aberta, bastante integrada na sociedade do asfalto, não é de estranhar que reproduza as características básicas da ideologia dominante e das suas estruturas sociais, económicas e políticas dominantes. A sua relativa autonomia (tal como se exprime no seu direito) decorre, quer da composição de classe que lhe é específica, quer da sua resposta colectiva às condições de habitação brutalizantes, impostas pelo desenvolvimento do capitalismo e traduzidas em políticas estatais como a ilegalidade da posse dos terrenos, o controlo social da comunidade através da polícia e de organismos de acção social, e a ausência de prestação de serviços públicos básicos. As características do direito de Pasárgada que a seguir enumero nunca serão completamente desenvolvidas dentro de uma favela, como também não proporcionam, em Pasárgada, garantia suficiente contra a injustiça, a manipulação e até a violência. O meu argumento é apenas que algumas dessas características deviam ser constitutivas de uma prática jurídica emancipatória numa sociedade radicalmente democrática e socialista.

Não profissionalizado – O presidente da AM é um comerciante que aprendeu a ler e a escrever já em adulto e que não tem qualquer formação jurídica. O seu dia-a-dia inclui outras actividades para além da prevenção e da resolução de litígios. Por conseguinte,

Devido à natureza do meu desenvolvimento teórico, depois de a minha investigação de campo ter sido concluída, os dados "sofreram" várias transformações desconstrutivas e reconstrutivas, as quais foram também possíveis graças à metodologia transgressiva que adoptara durante o trabalho de campo. Este processo envolveu, porém, uma dupla integração entre dados e teoria. Por um lado, a minha metodologia transgressiva tinha sido baseada numa teoria transgressiva "espontânea", oculta, incipiente e, em grande medida, "intuitiva". À medida que eu ia desenvolvendo esta última, tornou-se necessário reconstruir, não só os dados, mas também a metodologia através da qual eles tinham surgido. A metodologia transgressiva tinha de se encontrar com a teoria transgressiva num nível superior de coerência. A estrutura temporal deste processo foi muito complexa, visto que o desenvolvimento teórico realizado no presente apelava a uma continuação imaginária (mas não menos real) da investigação de campo orientada pelo registo escrito, de acordo com uma metodologia transgressiva esclarecida. Assim, o registo passou a ser o registo do passado (enquanto escrita) e do presente (enquanto reescrita).

Por outro lado, tendo em conta as limitações da reconstrução dos dados por este processo – os dados são recolhidos dentro de um determinado objecto teórico, neste caso, os padrões da resolução de litígios; as transformações no interior do mesmo objecto, apenas levam a transformações no interior dos mesmos dados –, a integração também ocorria entre os

desempenha as funções jurídicas de uma forma não profissional. O facto de as funções jurídicas não serem profissionalizadas prende-se com a fragilidade estrutural da AM como centro de poder político moderno e com o padrão geral de atomização do poder característico da comunidade. No entanto, vimos que a estratégia retórica do processo de resolução pode incluir uma ênfase sobre a natureza e a qualidade do conhecimento jurídico que o presidente e a AM têm do direito do asfalto e do direito de Pasárgada. Essa ênfase é ainda reforçada por referências ocasionais ao "carácter oficial" da AM. O efeito cumulativo desta dramatização do estatuto da AM consiste em criar a ideia de que ela é dotada de um conhecimento quase profissional ou quase oficial.

O recurso à dramatização é particularmente visível nas situações em que a AM pressente uma ameaça à sua posição de poder e julga, por isso, necessário adoptar uma estratégia para a restabelecer. Conferem-se atributos profissionais e oficiais ao conhecimento jurídico de Pasárgada sempre que se considera necessário reforçar o seu poder. A relação entre poder e conhecimento é assim transparente: o presidente sublinha o carácter oficial da AM (poder e, consequentemente, saber) e o seu conhecimento jurídico quase profissional (saber e, consequentemente, poder). Aquilo que as pessoas sabem *sobre* a AM alimenta-se do que as pessoas sabem *através* da AM. O conhecimento da sua qualidade oficial converte-se na qualidade oficial do seu conhecimento.

A transparência entre poder e saber não significa que a resolução de litígios proceda sempre por via da mesma equação entre ambos. Pelo contrário, há litígios resolvidos sob o registo dominante do saber e litígios resolvidos sob o registo dominante do poder, e, entre cada um destes pólos, há lugar a variações quase infinitas. Esta variedade é assegurada pela ductilidade da retórica jurídica. É ela que calibra as relações concretas entre poder e saber.

Acessível – O direito de Pasárgada é acessível, quer em termos de custos monetários e de tempo, quer em termos do padrão geral

diferentes níveis teóricos convocados pelos próprios dados. Mais especifica-mente, o problema era como integrar uma ampla teoria marxista com as teorias da resolução de litígios. Este problema foi gradualmente resolvido, embora só em parte, pelos dados que recolhera sobre o funcionamento do sistema jurídico do Estado relativamente às favelas – outro ponto em que a abertura ilimitada da investigação de campo se mostrou proveitosa. Foi então possível integrar o objecto estreito da resolução de litígios no objecto mais amplo do pluralismo jurídico e abrir, nesse terreno intermédio, um espaço teórico para uma análise marxista do direito numa sociedade capitalista.

No primeiro artigo que escrevi sobre a minha investigação havia uma justaposição, em vez de integração, dos diferentes objectos teóricos. Na primeira parte do artigo, tentei desenvolver uma teoria da evolução da legislação estatal sobre as favelas. Essa teoria destinava-se a explicar como a intervenção do Estado não procurara solucionar o problema estrutural dos bairros de lata urbanos, mas tinha, em vez disso, tentado controlar as tensões sociais causadas pela contínua não resolução desse problema. Tal teoria, a que presumidamente chamei dialéctica negativa do direito, foi a minha primeira tentativa para fornecer uma alternativa radical às teorias de direito e desenvolvimento: propus uma teorização do direito como obs-táculo à transformação social (1971). Posteriormente, nos rascunhos da minha tese de doutoramento, tentei uma integração mais completa entre

de interacção social. Os moradores de Pasárgada não pagam honorários aos advogados nem custas nos tribunais, embora lhes possa ser pedido que se façam sócios da AM e que paguem a respectiva quota. Não têm de pagar transportes nem de perder um dia de salário, como aconteceria se tivessem que consultar um advogado ou recorrer a um gabinete de assistência jurídica. Além disso, os casos são julgados sem grandes demoras. O presidente tem orgulho neste contraste com os tribunais oficiais: "Resolvemos a questão na hora. Os tribunais empatam. Mesmo para os casos mais simples, a decisão demora dois a três anos". As demoras não são compatíveis com as urgências que, habitualmente, são o estímulo para se recorrer à AM, e esta, por seu lado, procura responder a estas condições de urgência, apesar de a argumentação retórica necessária para se obter um compromisso pressupor um ritmo que não pode ser acelerado. Mas o tempo gasto em negociações não se compara às demoras nos tribunais oficiais.

Por fim, o modo de interacção social dentro da AM aproxima-se do que caracteriza a vida quotidiana. As pessoas não se vestem de uma forma diferente para ir à AM, nem se entregam a auto-apresentações ritualistas, e usam a linguagem corrente para transmitir os factos, as posições e os argumentos do caso.

Por outro lado, o desenvolvimento no direito de Pasárgada daquilo a que chamei linguagem técnica popular não é suficientemente forte para criar opacidade ou incomunicabilidade nas interacções. Isto não significa, porém, que o direito de Pasárgada seja igualmente acessível a todos. Nem todos os moradores estão bem informados sobre o processamento de litígios conduzido pela AM. Também nem todos sentem necessidade de recorrer à AM, já que alguns podem encontrar formas alternativas de resolver os litígios dentro da comunidade (através de amigos, vizinhos, líderes religiosos, etc.). Além disso, em certas "zonas más" de Pasárgada continua a praticar-se uma "justiça rude" e violenta (haverá pluralidade jurídica dentro de Pasárgada?). E, embora o direito de

os padrões de resolução de litígios, o pluralismo jurídico e o marxismo, sem nunca o ter totalmente conseguido. Esse fracasso era imputável a um complexo conjunto de razões.

Em primeiro lugar, não havia (na altura) uma teoria marxista coerente do direito em sociedade. As referências fragmentárias de Marx a este tópico relacionam-se exclusivamente com a legalidade do Estado nas sociedades capitalistas modernas. Quase não existia teorização marxista sobre a legalidade "informal", "não oficial", nas sociedades capitalistas, ou sobre o pluralismo jurídico, ou ainda sobre o direito nas formações sociais pré-capitalistas. Em segundo lugar, embora as teorias da antropologia jurídica sobre a resolução de litígios tivessem, entretanto, deixado de ser atractivas devido à sua incapacidade em situar as comunidades no seu contexto político mais amplo, eu continuava empenhado numa análise detalhada da legalidade das comunidades, pois sentia que essa análise me poderia levar a uma visão sociológica de alcance muito mais vasto. Tal estratégia, porém, colidia com a ênfase no pluralismo jurídico, a base sobre a qual decidira construir uma teoria marxista do direito de Pasárgada.

A pouco e pouco, e depois de muitas tentativas e erros, cheguei a um compromisso instável. Comecei por analisar os padrões de prevenção e de resolução de litígios, mediante o estudo da retórica jurídica – parecendo-me que esta era a estratégia mais adequada para desvendar a estrutura básica do direito de Pasárgada –, e recorrendo depois à análise do pluralismo

Pasárgada não seja uma justiça política, no sentido em que o direito do asfalto o é, o facto de o presidente e os directores da AM serem eleitos dentro da comunidade significa que os moradores têm incentivos específicos e diferenciados para recorrerem a ela, conforme os seus laços de amizade ou simpatias políticas. As sementes para a acessibilidade diferenciada e até para a segmentação existem no direito de Pasárgada, e certamente germinação, à medida que a estratificação social e as desigualdades forem aumentando na comunidade.

Participativo – Apesar de intimamente ligada à acessibilidade (sobretudo aferida pelo grau de homologia entre interacção jurídica e interacção social), a participação diz respeito especificamente aos papéis desempenhados pelos vários intervenientes no processamento do litígio. O nível de participação e a informalidade do processo jurídico estão intimamente relacionados e, em Pasárgada, ambos são elevados. O caso é apresentado pelas partes, às vezes com o auxílio de parentes ou vizinhos. Nunca são representadas por juristas profissionalizados. Não se sentem espartilhadas por regras formais e podem, em princípio, ventilar todas as preocupações e circunstâncias, já que o critério de relevância é muito amplo. Isto não significa que, no direito de Pasárgada, as partes tenham controlo total do processo, como acontece na negociação, onde a terceira parte fica reduzida ao papel de mensageiro ou intermediário. Pelo contrário, o presidente pode interromper as partes sempre que uma proto-política judicial ou a estratégia argumentativa adoptada assim o exijam e, nesses casos, o formalismo do processo tende a aumentar.

Acresce ainda que o processo de ratificação está impregnado de formalismo e rituais de alienação através dos quais as partes são confrontadas com um espaço jurídico (ainda que precário), entretanto criado, e avisadas de que não devem violá-lo. É como se, em última instância, a juridicidade devesse significar a construção de alienação, a transformação do familiar em estranho, do horizontal

jurídico sempre que isso ajudasse a esclarecer o funcionamento da retórica jurídica em Pasárgada. O recurso à retórica jurídica simbolizava também a minha vingança pessoal contra a formação elitista em filosofia do direito que tinha recebido em Portugal e na Alemanha. De facto, tentei aplicar as reconstruções filosóficas mais sofisticadas da dogmática jurídica e dos sistemas jurídicos continentais, altamente desenvolvidos, a um contexto sócio-jurídico que, dos seus pontos de vista, não passava de um aglomerado ilegal de grupos marginais e desviantes que viviam nas franjas da sociedade.

Por outro lado, a situação de pluralismo jurídico era concebida, em termos marxistas, como uma troca desigual entre um sistema jurídico dominante (oficial) e um sistema jurídico dominado (não oficial), a qual reproduzia, de modo específico, as relações e os conflitos de classes na sociedade brasileira. Mas eu não consegui teorizar o impacto deste pluralismo jurídico sobre o funcionamento da retórica jurídica do direito de Pasárgada.

Sobre o tráfego 2

Em 1972, fui convidado para leccionar um curso de sociologia do direito na Universidade Católica do Rio de Janeiro. Levava comigo um projecto secreto: voltar à favela e discutir com os moradores os resultados da minha investigação (talvez numa reunião pública na Associação de Morado-

em vertical, da oferta em fardo. Este processo, apesar de visível em Pasárgada, está muito longe dos extremos que caracterizam o sistema jurídico oficial do Estado moderno.

Consensual – A mediação é o modelo dominante da resolução de litígios no direito de Pasárgada, tanto assim que a adjudicação pode estar disfarçada de mediação, uma situação que designei por falsa mediação. Procura-se sempre chegar a um compromisso em que cada parte cede um pouco e recebe um pouco. Neste aspecto, o direito de Pasárgada difere do sistema jurídico oficial, no qual prevalece o modelo da adjudicação (decisões de "tudo ou nada"), embora o alcance das diferenças não deva ser exagerado. A predominância da mediação num determinado contexto institucional pode dever-se a vários factores. Pode ser reflexo de postulados culturais dominantes (o Japão é muitas vezes indicado como exemplo). Pode ter que ver com o tipo de relações sociais entre as partes envolvidas no litígio: se estão ligadas por relações, que envolvem diferentes sectores da vida, relações complexas, ou "multiplexas", como Gluckman as designou, a mediação destina-se a preservar o relacionamento. Por último, a mediação pode resultar do facto de o resolutor do litígio carecer de poder para impor uma decisão, situação que tende a prevalecer nas sociedades estruturadas sem rigidez, baseadas numa pluralidade de grupos, quase-grupos e redes, onde ou não há um centro de poder ou é este muito fraco.

O primeiro factor parece ser irrelevante em Pasárgada uma vez que esta está fortemente imbuída da ideologia jurídica ocidental. Os outros factores são, porém, importantes. Devido à grande densidade populacional e ao estilo de vida comunitário (extroversão, vivências de rua, relações face-a-face, mexericos, ofertas mútuas de valores de uso em conhecimentos e aptidões), os vizinhos interagem intensamente, em espaços públicos e privados, e em contextos de relacionamentos multi-intencionais, que são origem frequente de litígios. Por outro lado, a AM não tem poder sancionatório formal e não recorre ao auxílio da polícia por temer o impacto negativo

res). A ideia era devolver o estudo à comunidade – o maior sonho de qualquer sociólogo radical no final dos anos sessenta e princípio dos anos setenta.

Na minha primeira visita à favela encontrei a polícia logo à entrada que me pediu o passaporte e me fez uma série de perguntas. Disseram-me, mais tarde, que as rusgas policiais nas favelas se tinham tornado uma experiência diária. Não demorei muito a chegar à conclusão de que o meu sonho, se não impossível como qualquer sonho, era absurdo. As razões mais óbvias eram de ordem política. Desde 1970, e apesar da retórica oficial em contrário, a repressão política aumentara e as buscas nas favelas à procura de "comunistas" eram uma prática quotidiana e uma fonte de angústia para os perseguidos e suas famílias. As associações locais tinham-se convertido nos alvos preferidos das incursões policiais e da repressão política e, desse modo, o tópico da organização comunitária tornara-se altamente explosivo. Nessas condições, era totalmente impossível promover uma discussão pública sobre o tema da minha investigação.

Mas, mesmo que fosse possível, teria sido um exercício absurdo. No decurso das poucas discussões privadas que tive com amigos meus da favela, apercebi-me de que, para eles, as minhas descobertas ou eram óbvias ou eram irrelevantes. Por um lado, quando "expulsos" da sua caverna teórica e expostos à luz da linguagem corrente, os meus dados volatilizavam-se, dissolvidos na teia desinteressante das vivências, esperanças e frustrações

deste na legitimidade comunitária da Associação. As ameaças são usadas, frequentemente, como argumentos de intimidação, mas a sanção limita-se à mensagem.

Qual é o significado político da retórica jurídica de Pasárgada? Ao longo da história, a retórica (quer como estilo de argumentação jurídica, quer como disciplina académica) sempre floresceu nos períodos em que o poder social e político esteve distribuído, de forma relativamente ampla, pelos membros da comunidade relevante. A componente repressiva do direito, pelo contrário, começou por se impor em situações onde o sistema jurídico foi usado para pacificar países vencidos na guerra e ocupados pelo vencedor. Seria, contudo, absurdo avaliar, em abstracto, num vazio social, o significado da retórica de Pasárgada e da sua orientação para o consenso.

É sabido que os critérios de relevância usados para definir a "comunidade relevante" ou o "auditório relevante", reflectem e reproduzem relações de poder desiguais. Por muito amplamente partilhado que seja, o poder é sempre exercido contra alguém: a comunidade irrelevante. Na Atenas da Grécia Antiga, os escravos não faziam parte da comunidade relevante. Consequentemente, o direito da cidade-Estado, dominado pela retórica jurídica, não se lhes aplicava. Eram meros objectos de relações de propriedade entre os cidadãos livres. Isto significa que uma ordem jurídica verdadeiramente democrática, dentro da comunidade relevante, pode coexistir com a opressão tirânica da comunidade irrelevante e até basear-se nela.

Embora o direito tenha historicamente reflectido e reproduzido processos sociais de exclusão a partir dos quais se desenvolve a integração social, a atenção à retórica jurídica leva-nos a distinguir – e aí reside a sua importância para a análise sócio-histórica do direito – entre diferentes formas de exclusão social, e, sobretudo, entre exclusão externa e interna. A exclusão externa é um processo social pelo qual um grupo ou classe é excluído do poder *porque está*

quotidianas dos meus amigos. Por outro lado, as minhas teorias – apresentadas como minhas interpretações – eram completamente irrelevantes para as necessidades da comunidade e não iam ao encontro das condições difíceis em que, na altura, a estratégia de sobrevivência da comunidade estava a ser desenvolvida. Por outras palavras, as minhas teorias silenciavam a incontornável questão daquilo que seria necessário fazer. E os meus esforços para lhe dar uma resposta, na base dos meus compromissos políticos, eram acolhidos com cepticismo, já que o meu "radicalismo" pouco ou nada servia a quem lutava numa situação de repressão política fascista. Por outras palavras, eu não fazia parte dessa luta.

Ao tentar analisar o fracasso desta tentativa, assaz ingénua, de apagar o pecado original da ciência social moderna, cheguei a várias conclusões. Em primeiro lugar, tendo decidido evitar a análise política, pelo receio de que as minhas recomendações, tomadas fora do contexto, pudessem ser usadas contra os favelados, eu havia eliminado, com isso, a única base sobre a qual as descobertas da minha investigação poderiam ter sido compreendidas e discutidas, em termos concretos e práticos, no interior da favela. Em segundo lugar, o impacto que a comunidade teve em mim, durante a investigação de campo, atenuou-se quando voltei aos EUA e me refugiei no templo da ciência.

fora da comunidade relevante, como no caso dos escravos do direito ateniense. A exclusão interna é um processo social graças ao qual um grupo ou classe social é excluído do poder *porque está dentro* da comunidade relevante, como sucede com o direito estatal das sociedades capitalistas modernas e com as discriminações sociais que ele sanciona. Neste caso, o critério de relevância da comunidade relevante não é uniformemente aplicado em toda a comunidade. Relativamente a determinados grupos ou classes sociais, a relevância é tão ténue ou remota que podem ser considerados como excluídos dentro da comunidade. Pode também haver processos sociais mistos onde coexistem, em diferentes graus, elementos da exclusão externa e da exclusão interna. Como tenho vindo a sugerir, a sociologia da retórica jurídica é uma via privilegiada para determinar os processos sociais de exclusão e de inclusão dentro de um dado campo jurídico e entre diferentes campos jurídicos.

Em Pasárgada, o uso da retórica jurídica pela comunidade relevante reflecte um processo de exclusão externa que é, porém, o inverso do caso de Atenas. A comunidade irrelevante, neste caso, é a sociedade do asfalto, relativamente à qual Pasárgada é impotente. O direito de Pasárgada é um direito clandestino, o resultado de um processo de exclusão social. Mas, como o direito da comunidade excluída se encontra numa relação de pluralismo jurídico com o direito da comunidade excludente, obtém-se um processo social misto do tipo acima descrito. Os moradores de Pasárgada, por pertencerem às classes oprimidas numa sociedade capitalista, são internamente excluídos, como está patente, por exemplo, no facto de o direito estatal declarar ilegal a posse dos terrenos onde habitam. No entanto, a forma específica de marginalidade a que foram votados através desse processo de exclusão interna, tornou possível uma acção social alternativa – o direito de Pasárgada – que aponta para um processo de auto-exclusão externa, aliás, nunca consumado. Apesar disso, como já afirmei, a comunidade irrelevante do direito de Pasárgada talvez não seja só

Na medida em retrocedi para a ciência, a favela retrocedeu à condição de objecto da ciência; na medida em que passei a ser um cientista, os favelados passaram a ser objectos. Isto indicava claramente que o método utilizado na investigação de campo (a observação participante, acrescida da metodologia transgressiva) era, provavelmente, mais radical do que o meu subsequente desenvolvimento teórico, apesar das aparências em contrário. Tais aparências resultaram de ter confundido o verdadeiro radicalismo com o marxismo. De facto, embora o marxismo, como então pensava, tivesse potencialidades para construir uma alternativa verdadeiramente radical à ciência moderna, na realidade a ciência social marxista ficava sempre muito aquém disso. E isso não se devia às deficiências subjectivas dos cientistas sociais, mas às condições objectivas do processo científico. Ao compreender isto, estava a tornar-me apto, não só para desenredar o positivismo oculto do marxismo convencional, mas também para questionar a crise paradigmática da ciência moderna. Era, porém, tarde demais para o direito de Pasárgada.

a sociedade do asfalto, mas também algumas áreas ou grupos de moradores no interior de Pasárgada. E, como o direito de Pasárgada é impotente relativamente a essas duas comunidades, pode concluir-se que a retórica do direito de Pasárgada resulta mais de uma impotência amplamente partilhada do que de um poder amplamente partilhado.

Pasárgada não é uma comunidade idílica. Longe disso. Mas tal não impede que o seu direito interno sugira algumas das características de um processo jurídico emancipatório. Embora abundem os sinais de perversão, os instrumentos jurídicos de Pasárgada parecem adequados a uma utilização radicalmente democrática: ampla distribuição (não-monopolização) de conhecimentos jurídicos, patente na ausência de especialização profissionalizada; instituições manejáveis e autónomas, patentes na acessibilidade e na participação; justiça não coerciva, patente no predomínio da retórica e na orientação para o consenso.

ELADIR DOS SANTOS
BOAVENTURA DE SOUSA SANTOS

Irineu Guimarães: encontros e espelhos

ENTREVISTA DE ELADIR DOS SANTOS AO LÍDER COMUNITÁRIO IRINEU GUIMARÃES

(Parte 1, Rio de Janeiro: 21 de agosto de 2005)
Irineu Guimarães, 75 anos, liderança tradicional do movimento de favelas, presidente da Associação de Moradores do Jacarezinho nas décadas de 1970 e 1980, representante do Jacarezinho no II Congresso de Favelas de 1968, presidente da FAFERJ nas décadas de 1980 e 1990, por quatro mandatos, integrante do Movimento Revolucionário 8 de Outubro, até o final dos anos 1990, me concedeu essa entrevista em sua residência, no bairro do Jacaré, bem próximo da favela em que iniciou e desenvolveu um trabalho político que se expandiu para toda a cidade e para outros estados da federação. Comunista e favelado, pai de quatro filhos, avô de nove netos e bisavô de cinco. Casado com dona Rute por mais de cinquenta anos. Irineu na sua primeira narrativa conta boa parte de sua história e da história das lutas e vitórias da população favelada do Rio de Janeiro. Na sala de seu pequeno apartamento, esteve presente, durante toda a entrevista, dona Rute que acompanhou atentamente a narrativa de Irineu.

Eis a entrevista:

Eladir: Onde você nasceu?

Irineu: Nasci, há setenta e cinco anos atrás, em Minas Gerais, na cidade de Aimorés, sul de Minas, no vale do Rio Doce. Nasci na Vale Rio Doce. (risos)

Eladir: E quando você imigrou para o Rio?

REENCONTRO E CONVERSA COM O MEU AMIGO IRINEU GUIMARÃES, DONA RUTE E SUELI

Andei anos a fio para encontrar o Irineu Guimarães que nos capítulos 2 e 2-ao-espelho é referido como o Sr. I.R.. Fora um dos meus interlocutores mais próximos durante a minha estadia no Jacarezinho e ao longo dos meses tornara-se um dos meus melhores amigos. Foi um processo de aproximação recíproca através da descoberta de interesses comuns feita de muitos testes interacionais recíprocos para criar confiança, aprofundar inter-conhecimento, desenvolver solidariedade, cimentar cumplicidades. Ele tinha mais 10 anos do que eu e as condições para que esta aproximação recíproca se desse eram as mais hostis possíveis. Estava-se em plena ditadura militar com a repressão generalizada das lideranças comunitárias autónomas; as favelas viviam sob constante ameaça de remoção; qualquer pessoa estranha, sobretudo de classe mais alta, era vista com suspeição; o meu português e o meu sotaque acentuavam a estranheza; além disso, ser português, se não era amigo, era um comerciante à espreita de um bom negócio sem escrúpulos de maior.

Era, pois, um contexto que permitia, no máximo, interações superficiais, cerimoniais, que em nada comprometessem quem nelas participava. Desde as primeiras reuniões da direção da Associação de Moradores foi-me fácil concluir que o Irineu era um líder comunitário, pelas opiniões que dava sobre temas concretos da favela, pelo modo como apelava aos procedimentos democráticos internos, pelo seu conhecimento de proximidade dos problemas que marcavam a comunidade e, acima de tudo, pelo modo como manejava a polarização e a despolarização dos conflitos internos da direção. Era, pois, um excelente «informador privilegiado», como lhe chamavam os manuais que eu trazia comigo e ainda não deitara fora.

A minha primeira aproximação ao Irineu foi, por isso, extrativa. Dele poderia esperar informações consistentes e menos óbvias sobre a vida na favela e especificamente sobre os temas que eu tinha por definidos e que

Irineu: Cinqüenta (1950) Eu sai de casa com tinha 17 anos mais ou menos. 18 anos...Vim andando, passei numa cidade, morei no Espírito Santo em Colatina. Depois morei numa cidade chamada Governador Valadares, em Minas. Fui para Belo Horizonte, lá fiquei um pouco, uns dias. Depois fui para Acesita. O meu destino era o Rio. Estava em busca de trabalho, em busca de melhores condições de vida, igual a todos que vinham do interior. A minha parada no Rio foi, mais precisamente, em Barra do Piraí, onde estava a Ligth. Que levava luz elétrica para o Rio de Janeiro. Lá eu trabalhei numa companhia americana, mas só por dois meses. Fiz contato com o meu irmão que já morava aqui no Rio e daí há uns seis meses, vim pro o Rio de Janeiro e não saí mais.

Eladir: Você já trabalhava quando saiu de lá?

Irineu. Trabalhava. O meu primeiro emprego foi oleiro. Olaria de tijolo, telha. Eu entendia bastante de olaria. Fazia bastante trabalho. E, em Colatina no Espírito Santo, com 18 anos. Cheguei até a tomar conta de uma Cerâmica. Mas, aqui no Rio, eu não era um profissional. Meu amigo era marceneiro. Para ele era mais fácil. Eu aqui nunca fui profissional em nada, assim como mecânico, marceneiro... Mas trabalhei com tudo nessa minha vida!

Eladir: Dessa sua terra natal, muitos saíam em direção ao Rio?

ainda não começara a indefenir. A resposta do Irineu foi condizente. Deixou que eu extraísse a informação que para mim era nova, mas era trivial e bem conhecida de toda a comunidade. Eu ficava com a ilusão de ter sabido algo importante e ele com a certeza de que não dissera nada que o comprometesse. Por vezes, as minhas insistências irritavam-no e perguntava-me porque é que eu queria conhecer tantos detalhes. Eu era totalmente franco e, para o ser convicentemente, fui aprendendo a reformular mentalmente o meu projeto de pesquisa, a descrevê-lo em linguagem corrente e sobretudo a salientar o que nele poderia contribuir positivamente para beneficiar a comunidade. Eu queria estudar o modo como se resolviam os conflitos no Jacarezinho, de modo a mostrar que havia uma ordem interna, uma vida comunitária rica que seria destruída em caso de remoção ou de intervenção repressiva externa. Sem que eu me apercebesse, o meu objeto de pesquisa ia-se transformando. Era como se o texto de um só autor fosse, a pouco e pouco, sendo reescrito por outrém até passar a ser um texto em co-autoria. Tudo isto ocorria à margem da minha «missão oficial», de escrever a minha dissertação, um texto da minha exclusiva autoria, original, sobre um objeto bem definido, isto é, bem preso ao seu estatuto de não interferir com o modo de eu lhe dar vida num mundo onde ele nunca poderia entrar senão por minhas mãos, o mundo da ciência.

Devo dizer que, ao reinventar o meu projeto em conversa, não o fazia com nenhum propósito instrumental e nem esperava que ajudasse muito, pois vivia, cada vez mais intensa e angustiadamente, a irrelevância dos meus temas ante a gigantesca e imensamente injusta tarefa diária de sobreviver com dignidade nas condições mais indignas a que a população do Jacarezinho estava sujeita. Acima de tudo, inseguro como eu estava e, por feitio natural, um tanto fala-barato, eu não me coibia de falar de mim, do meu passado, da família operária donde vinha, das minhas posições políticas e sobretudo da minha visceral oposição ao imperialismo norteamericano. Naquela altura ainda não tinha lido o José Martí, mas já pensava, tal como ele, que viver nos EUA era viver nas entranhas do monstro.

Foram essas conversas políticas que nos aproximaram. Enquanto batia sola, seu ofício de sapateiro, à entrada do seu paupérrimo barraco junto ao

Irineu: Não, naquela época, poucos saíam. Estávamos nos anos cinquenta. Os que saíam eram os mais jovens, os menos preparados porque os mais preparados ficavam lá. Ficavam também os que trabalhavam na agricultura. A cidade não era agrícola, mas em volta da cidade havia agricultura. E ali tinham pequenos patrimônios.

Eladir: Você chegou a trabalhar na agricultura?

Irineu: Não, eu nunca trabalhei na agricultura O meu pai por exemplo foi proprietário de terras. Não lá. Não sei nem onde, mas depois vendeu as terras.

Eladir: Você tem algum irmão que ficou lá em Aimorés? Que trabalhou na área rural?

Irineu: Não, nenhum dos meus irmãos trabalhavam na área rural. A gente foi criado numa pequena cidade. Botamos a casa pra fechar. Ele, meu pai, perdeu tudo e ficou doido. Depois nunca mais se conformou. Aí houve até a separação dele com a minha mãe.

Eladir: Quando você chegou para o Rio onde você foi morar?

Irineu: A minha primeira estadia no estado do Rio foi em Nilópolis: Avenida Mirandela. Passei uns tempos. Depois encon-

rio, o Irineu iluminava-se de curiosidade e perguntava incessantemente sobre a política norteamericana e europeia. Eu ia respondendo, cada vez mais interessado nas nossas conversas do que no objeto inicial do meu projeto de pesquisa. De vez em quando aflorava uma mulher franzina e bonita, mais jovem que ele (dez anos?). Era a Dona Rute, esposa do Irineu. E sempre em volta dela a filha de ambos, talvez com 12 anos, a Sueli. As conversas foram muitas e por vezes alargadas ao grupo de amigos e correligionários políticos do Irineu e tinham lugar ou na casa do Irineu ou em frente à loja da Loteria Esportiva. Eram conversas, o contrário de entrevistas, sem roteiro, começando ao acaso da ocasião e terminando sempre que algo mais importante se impusesse, como, por exemplo, almoçar, afagar um cão vadio, pagar uma dívida ou simplesmente iniciar outra conversa com quem entretanto chegara. Numa ocasião, contudo, senti-me entrevistado. No capítulo 2-ao-espelho conto o momento qualitativo do rito de passagem a que fui sujeito pelo Irineu para que a partir daí eu pudesse ser um membro do grupo e partilhasse conversas e planos de ação que envolviam riscos para todos nós e que, por isso, criavam laços indeléveis.

A partir de então, e para minha própria surpresa, o projeto de pesquisa assumiu uma nova relevância, como se ressuscitasse da trivialidade por obra e graça de uma força que o transcendia, cuja existência ele, para ser coerente como projeto científico, tinha de recusar. O projeto tinha agora relevância política e dela retirava a sua relevância científica. Mas, na altura, não me passou pela cabeça que tudo isso era o produto de um processo coletivo, de uma co-autoria e que, por isso, o projeto era agora meu num sentido muito diferente do que o era quando chegara ao morro. Quase inconscientemente, eu tinha-o submetido ao que hoje chamo uma sociologia das emergências[1], mas sem a componente da ecologia dos saberes de que só adquiri consciência epistemológica muito depois de a ter praticado.

Toda esta vivência ajuda a entender porque saí do Jacarezinho com uma imensa sensação de perda e não de ganho como seria natural supor. Uma perda que ficou para sempre a roer o soalho dos palcos a que me habituei como

---

[1] Santos, 2006: 93-135.

trei com meu cunhado que já conhecia tudo aqui. Arranjou prá mim o meu primeiro emprego. Foi na Císper. E aí eu vim parar aqui no Jacarezinho. Trabalhava na Císper, fábrica de vidro, de garrafa. Era tudo manual naquela época. Havia emprego pra todo lado! Ficavam até me chamando na rua prá trabalhar. Aí eu trabalhei lá um ano. E isso foi o que fez eu me mudar pro Jacarezinho. Antes de morar no Jacarezinho, eu tinha que pegar um trem e um bonde prá chegar aqui. Era longe, naquela época. Aí eu acabei vindo pro Jacarezinho. Eu e meu amigo. Primeiro a gente veio morar no Engenho de Dentro, na Rua Dois de Fevereiro. Mas acabei me enturmando aqui no Jacaré. Quando vi, já tava morando no Jacaré. Era um quarto que aluguei, todo mobiliado, Naquela época, o pessoal alugava quarto assim, com móveis com cama com roupa de cama. Também, no Engenho de Dentro, foi a mesma coisa: alugamos um quarto com cama com tudo direitinho. E a gente só dormia.

Eladir: Naquele tempo como era o Jacarezinho?

Irineu: Naquele tempo, só tinha casa de pau à pique e tal. Mas, a favela estava se desenvolvendo. E eu arrumei outro emprego em uma fábrica, no Jacarezinho. Saí da Císper. depois fui servir o exército e quando dei baixa, trabalhei numa fábrica de escova Alfa que por sinal, tempos depois, passou a ser de propriedade do humorista Renato Aragão da Globo.

cientista social. Tentei minorá-la várias vezes com regressos ao Jacarezinho, mas o efeito foi o oposto. Nunca se regressa aos momentos originários até porque se isso sucedesse nem nós nem eles nos reconheceríamos. A volta do tempo é sempre uma outra ida e se não reconhecermos isso condenamo-nos a produzir cópias de um original que não existe.

Mas a amizade e saudade são outra coisa. As emoções não se deixam falar e muito menos teorizar pela teoria social ocidental. Daí, a minha procura persistente pelo Irineu. Em 2005, durante uma das minhas idas ao Rio, quase cheguei à fala com ele, combinámos encontro mas ele não apareceu. Pensei que não se queria encontrar comigo e isso entristeceu-me. Soube mais tarde que o motivo fora uma consulta médica de urgência. Finalmente, em 2012, e graças à minha colega Eladir Nascimento dos Santos, consegui encontrar-me com o Irineu. Foi uma longa conversa a transbordar de emoções. O Irineu estava doente, apesar de muito lúcido nos seus 82 anos. Morreria poucos meses depois sem podermos realizar o nosso novo projeto, uma apresentação pública deste livro com uma homenagem ao Irineu. Segue-se um pequeno extrato da conversa com ele, a Dona Rute, sua esposa, e Sueli, uma das filhas.

Dona Rute – Conhece o Irineu daqui mesmo?

Boaventura – Eu vivi no Jacarezinho!

Dona Rute – Ai viveu lá já?

Boaventura- Há mais de 40 anos! Então o Irineu era o meu grande amigo no Jacarezinho.

Dona Rute – Ele sempre fala no senhor!

Boaventura – Ficávamos a conversar horas a fio, e então...

Dona Rute – O senhor está passeando aqui?

Boaventura- Não. Tenho vindo muitas vezes ao Brasil em trabalho até que me disseram que o Irineu vivia agora aqui no Jacaré.

Dona Rute – Descobriram onde a gente estava!

Eladir: Como começou sua participação política?

Irineu: Eu comecei participando do movimento sindical. Ali eu comecei a participar do movimento sindical, porque tinha o Sindicato dos Vidreiros. Cheguei a participar e também entrei pro Partido em cinqüenta e sete ou cinqüenta e seis... Eu tinha participação política, mas lá eu nem conhecia o que era socialismo. Eu só entendia o que eles falavam. Reivindicações por melhor salário... Eu gostava da política, via aqueles deputados, os comícios, que eram muitos, e eu nem votava, mas gostava de participar. Isso daí foi nos anos cinqüenta. Eu participava, só gostava de participar. Eu era da UDN[1]. Participei da UDN. Foi meu partido de origem. Depois, aqui no Rio, eu fui recrutado pro Partido Comunista pelo meu cunhado o Benedito. Ele era do PTB. A gente vivia discutindo ali no Jacaré futebol. Ele era casado com a irmã da Rute, minha esposa. Aí ele falou comigo "Pára de discutir futebol, essas bobagens... Você tem que conhecer o partido do Stalín. Aí eu comecei a conversar com ele. Ele me falou, me contou como é que era e eu me entusiasmei. Comecei a participar do Partido. Aí fui evoluindo

---

[1] União Democrática Nacional (UDN) partido político (1945-1966), opositor de Getúlio Vargas e seu herdeiro político João Goulart. De orientação conservadora. Defendia o liberalismo clássico, fazia oposição ao populismo e defendia a abertura econômica para o capital estrangeiro. O partido detinha forte apoio das classes médias urbanas e de alguns setores da elite, porém também atraía alguns setores das classes populares.

Boaventura – Oh Irineu!

Irineu – Oh meu caro, Boaventura.

Irineu – Como é que vai?

Boaventura – Como é que vai o senhor?

Irineu – Tudo bem!

Boaventura – Que alegria vê-lo, grande companheiro!

Irineu – Senta aí!

Boaventura – Companheiro! Há tantos anos meu deus! Tantos anos que lá vão, tantos anos, foram anos bons!

Dona Rute – Não têm sítio melhor para conversar não! Senta aqui.

Irineu – Não, aqui está bom. Mas é não é preciso de me chamar de senhor não!

Boaventura – Pois claro e eu sou o Boaventura!

Irineu – Como é que vai a vida lá, em Portugal?

Boaventura – Olha a vida, aquilo está mau não é, aquilo está muito mau.

Irineu – Portugal está em crise não é?

Boaventura – Está, uma crise forte, muito brasileiro que foi viver para lá está a regressar. Mas aquilo está mal sabe porquê? Quando andava por cá aquilo ainda era uma ditadura, era o Salazar, 4 anos depois veio a Revolução dos Cravos, veio a democracia, depois foi um grande desenvolvimento, bom para o país. O país hoje é diferente, agora vem esta coisa da crise.

Irineu – Mas você é melhoraram muito em relação daquele tempo para agora?

Boaventura – Muito! Muito! Muita coisa foi uma grande melhoria isso não há dúvida. E o Brasil aqui também?

Irineu – Nada! Sabe como é que esse pessoal é, está bem porque eles falam que está bem, mas tem muita pobreza, Jacarezinho continua (vamos

a cada dia no movimento sindical. Eu passei por maus pedaços do movimento sindical. O cara lá era muito pelego, era ligado àquela área mais retrógrada dentro do movimento sindical e perseguia até os outros. Quase que seqüestraram um amigo... E, depois, eu fui buscar ajuda dentro do Sindicato dos Metalúrgicos e de Roberto Moreno que era do Sindicato dos Marceneiros. Roberto Moreno era o dirigente do Partido Comunista aqui. Tinha também os nossos candidatos: o Corrêa, o João Marcelo, o Roberto Ferreira que era do PTB. o partido do Getúlio. Aí eu fui morando aqui no Jacaré, me casei, em cinqüenta e sete. E, esse meu concunhado me recrutou. Eu fiquei, participando lá do movimento sindical, mas, também andava pelo morro pela Associação de Moradores Aí, em sessenta e um, mais ou menos, eu fui participar, como convidado de João Gomes, da Associação de Moradores. Era para o Serviço Social do Jacarezinho e eu saí candidato. Era, acho que, segundo secretário no Jacarezinho. Participava e tal, mas eu não tinha muita atuação não. Mas discutia com ele porque eu era simpatizante do Partido e ele era contra. Eu fui desenvolvendo o meu trabalho sindical tendo sempre muitos embates com esse pessoal de direita do sindicato Fiquei muito manjado lá com eles. E teve um cara lá que queria até punir, bulir comigo porque veio o Golpe Militar. Eu desenvolvi um trabalho antes do golpe. Discutia com eles mas não via um trabalho sindical deles. Eu então organizei lá um trabalho clandestino dentro da fábrica. Eu parava a fábrica. Parei muitas vezes para fazer reivindicação. Eu fazia isso porque contava

sentar aqui é melhor). Como é que você chegou logo assim direto aqui na casa?

Boaventura – *Olha, eu perguntei onde morava o Irineu, na Avenida Lino Teixeira. Vim de táxi mas enganei-me e disseram: 'aqui é o Jacarezinho, isso é no Jacaré, tem que passar ali por debaixo do viaduto'. Quando eu cheguei ali à esquina, vi a padaria que o Irineu tinha dito, que esperava na padaria. Até lá almocei, comi lá um pão, arroz com carne.*

Irineu – *Mas foi um prazer enorme, você vir aqui conversar comigo. Você veio para a conferência?*

Boaventura – *Venho! Venho para esta conferência do Rio+20. Depois da estadia no Jacarezinho tentei várias vezes voltar logo nos anos seguintes. Mas havia muita repressão e depois veio a revolução portuguesa e eu fiquei em Portugal. A partir daí fui muito convidado para voltar ao Brasil, sobretudo depois de 1980, com a transição democrática. Sempre gostei muito do Brasil de modo que comecei a vir, trabalhar aqui, palestras, tenho livros publicados. Na próxima vez tenho que trazer aqui os meus livros todos. Vou publicar também o texto da pesquisa no Jacarezinho, o texto daquele trabalho que cá andava a fazer. E até gostava que nesse trabalho tivesse uma entrevista sua, ou um depoimento seu. Eu vi aquela entrevista que deu à Eladir, está muito bem. Mas o que eu quero é conversar, porque acima de tudo eu quero saber dos amigos, o que se passou, aquele António, português que havia aqui...*

Irineu – *Pois é, sumiu! Desapareceu! A mulher é que tinha o comércio, tinha lá na rua. Mas acho que a mulher dele morreu. António era gente boa!*

Boaventura – *Era gente boa, pois! Era gente boa!*

Irineu – *Como é que vocês [eu a Eladir] conseguiram encontrar-se lá em Portugal, em Coimbra?*

Boaventura – *Olha, ela estava a trabalhar noutro departamento mas veio visitar-me a Coimbra e assistiu às minhas aulas. Eu dou as minhas aulas sexta-feira à tarde, e às oito vamos jantar a um restaurante popular, e eu*

com aquele tempo de estabilidade no trabalho. Eu pegava aqueles companheiros que eram estabilizados mas que ainda nem tinham uma idéia bastante progressista e levei para o Partido. Organizava junto com eles e parava a fábrica. Aí eles falavam com o patrão sobre responsabilidades. Fiz isso até vir o golpe. Depois do golpe, eu tive que andar fora uns dias. Depois pedi as contas na fábrica porque eu não podia ficar lá. (reticências). Comecei a trabalhar por minha conta própria. Desenvolvi uma série de trabalhos por aí e comecei a entrar no movimento. O Partido achou que eu deveria entrar no movimento comunitário. Foi aí que a minha vida...

Eladir: ...Foi determinada pelo Partido?

Irineu: É, pra eu ajudar a organizar o movimento. Aí entrei, comecei a fazer política aqui dentro no Jacarezinho. Aqui tinha uma base muito boa, o era o secretário político era o Bastião. Comecei a participar do movimento político e em pouco tempo fui eleito secretário político da base. Aí eu organizava. Eu fui membro do Jornal da Leopoldina . A gente fazia trabalhos na Leopoldina toda. Aí se desenvolveu... Em pleno golpe... Aí comecei a ter a minha vida toda voltada para o Jacarezinho. Aí organizamos um movimento do Jacarezinho.

Eladir: Quais eram as reivindicações da favela, naquela época?

convido todos os estudantes, e mesmo os que não sejam meus estudantes, mas assistam às aulas. Então a Eladir foi ao jantar e eu vou de mesa em mesa conversando com os estudantes até que cheguei à Eladir e ela disse: 'eu fiz uma tese de mestrado sobre as favelas do Rio', etc. e tal. Quando falam das favelas eu pergunto e qual? Aí ela disse, foi no Jacarezinho, espera aí mas no Jacarezinho trabalhei eu há muitos anos, pois eu conheço o trabalho do professor Boaventura sei que nunca foi todo publicado no Brasil mas saíram uns artigos que eu usei, muito bem e como é que foi, e tal. De repente diz: 'umas das pessoas mais importantes na favela é o senhor Irineu. E eu tenho entrevistas com ele'. 'É pá', exclamei eu, 'mas o Irineu era o meu melhor amigo no tempo em que eu estava no Jacarezinho. A gente conversava, a gente discutia, a gente falava sobre a associação de moradores e sobre política! Ficávamos ali, horas e horas a conversar. É o mesmo?' 'É esse mesmo, mas ele tem lá filhos, não sei se vivem lá no Jacarezinho mas ele tem filhos, e ele está vivo. É esse mesmo que estava lá, que era ativo também para a busca da questão da federação das favelas', e tudo isso e tal, pronto. E eu disse logo: 'só pode ser o Irineu'. E então eu disse: 'a Eladir tem de me ajudar a encontrá-lo' e assim foi e aqui estou, porque realmente queria muito vê-lo.

Irineu – Eladir também é gente muito boa. Ela está fazendo um trabalho lá não é?

Boaventura – Está fazer um trabalho, ela foi para fazer uma especialização e vai voltar e quando ela voltar que eu também quero cá vir com ela e conversar não é? Claro que o que ela retrata da favela e da FAFERJ[2], e já é muito depois do que eu vivi. A vida era então muito diferente. Lembra-se, eu aluguei um quarto ali perto do terreiro do pai de santo e da associação de moradores...

Irineu – Até me esqueci do nome do cara... Rute, como é que se chamava aquele pai de santo ali perto da igreja do padre Nélson, aquele pai de santo que era famoso?

---

[2] FAFERJ – Federação das Favelas do Estado do Rio de Janeiro.

Irineu: A reivindicação primeira era contra a remoção. Aqui também teve ameaça de remoção, mas, não foi do meu tempo. Tinha um pessoal aí que organizava um pessoal pra ir de bonde em caravana pra falar com o Getúlio. Ele usava a cavalaria para espantar o pessoal. Aí acabou que teve a intervenção da mulher do Getúlio. Acabou que não houve mais ameaça de remoção. Por isso a principal rua aí se chama Darci Vargas, nome da mulher do Getúlio Aí, ninguém veio mais tentar remover. Mas a luta, cada um queria fazer a sua luta, na sua rua, calçar a sua rua, prá ter um esgoto na sua rua. Começamos a organizar um movimento, começamos a entrar em contato com a Região Administrativa que era no Méier, reivindicamos as manilhas prá fazer esgoto, etc.

Eladir: E a luz? Havia luz?

Irineu: Não, a luz era de cabine. Os caras se organizavam com outros cem moradores e iam lá na Light e fazia a reivindicação de uma cabine e botavam 100 casas. Só que esses caras colocavam umas trezentas casas para usar essa luz que era para somente para 100. Aí a luz que chegava nas casas era igual a uma velinha. E isso dava uma brigalhada danada.

Eladir: E a Comissão de Luz, era uma entidade de luta?

Irineu: Não, lá só tratava da luz. Isso foi há muito tempo. Aí nós começamos a organizar o movimento mais amplo e lutar pelos

Dona Rute – Sei não... esqueci o nome dele agora, não me lembro não. Então o senhor esteve aí?

Boaventura – Eu vivi no morro, eu morei lá vários meses.

Dona Rute – Gostou de lá?

Boaventura – Gostei muito! Olha, senti mais seguro lá que em Copacabana quando às vezes lá ia. Por acaso na casa onde eu estava, era duma senhora que o marido andava fugido da polícia. Então ela alugava um quarto para mim e outro para um polícia militar, um PM. Mas o PM era um jovem simpático, conversávamos e tal e a favela naquele tempo era tranquila, porque dizem-me que agora está muito diferente...

Irineu – Não... mas foi diferente depois, não é? Naquele tempo que ele esteve aqui tinha boca de fumo e tal, mas não era como agora.

Boaventura – Era só maconha, mais nada!

Irineu – Agora não, eles mandam no Brasil aí.

Boaventura – Esse é que é o problema. A gente andava por ali, conversava, havia aquele sapateiro que tinha vindo de Minas Gerais, um homem alto que vivia ali na rua de Darcy Vargas. Como é que ele se chamava, um homem alto?

Dona Rute – Não é o senhor António, não é?

Boaventura – Era António sapateiro! Como os homens iam trabalhar para fora, eu ficava ali a conversar com ele. Depois, cá em baixo, quando a gente descia para a outra entrada do morro, havia um botequim de um português...

Dona Rute – Senhor Avelino!

Irineu – Foi um dos melhores amigos...

Boaventura – Já morreu?

Irineu – Morreu, ele era da minha idade. Depois ele mudou sabe para onde? Para Juiz de Fora! Lá ele adoeceu, deu aquele, igual ao que o cara fica em coma, ficou em coma mais de ano. E eu fui lá visitá-lo, entendeu?

direitos de urbanização da favela. Mas nesse tempo não se fazia isso. Porque o presidente era o Alcebíades. Eles estava sempre xeretando o Lacerda e tal... Era difícil prá caramba. O João Gomes, ele recrutava os pobres. Mas aí veio o golpe e esculhambou tudo, porque eles queriam nos cassar. Aí depois o Lacerda brigou com a ditadura e foi cassado também. A Associação, em 1964, fechou. Mas, em 1965, começou uma luta para reorganizar uma outra Associação. Ela foi novamente fundada em 1966 e isso foi o que salvou. Aí o Lacerda trouxe a Comissão de Luz, tinha até um capitão que tomava conta da luz. Nós criamos um grupo, teve muita luta política no Jacaré, surgiram quatro grupos dentro da Associação, o grupo da chapa azul, que era ligada ao Laércio Mauricio da Fonseca, o grupo da chapa rosa, que era ligado ao Miro Texeira, isso aconteceu em 1965, depois veio o grupo do Padre Nelson, que era a chapa verde, e a nossa chapa que era a amarela, a chapa dos comunistas. Então,no começo, nós organizávamos, lutávamos, reivindicávamos tudo que queríamos aprovar aqui no Jacaré. A gente aprovava nas assembléias. A gente organizava e ia para a assembléia. Foi uma luta bonita, muito grande.

Eladir: Nessa época, anos 60, quantos moradores viviam no Jacarezinho?

Irineu: Aproximadamente vinte mil moradores. Nós organizamos esse trabalho, e tinha algumas lideranças antigas como o Manuel Padeiro, o Joel...

Boaventura – O Lino era um homem muito bom. Eu chegava de manhã, bebia o café, bebia uma cachaça, conversava com ele e tal... Era ali mesmo na esquina, era realmente muito bom, eu gostava muito dele.

Irineu – Muito, mas muito bom mesmo. Eu morei perto dali quase 50 anos.

Irineu – Ainda conheceu ela [referindo-se à Dona Rute]?

Boaventura – Eu acho que sim. Quando ela abriu ali a porta, mas eu conheço esta cara, esta cara não me é estranha.

Dona Rute – Eu fui criada ali.

Boaventura – Pois então! Aquilo era uma comunidade linda. Olha, lembra-se de um... esse era um homem que a gente às vezes criticava, o Avrengy, um moço de cabelo rapado, e que talvez andasse na droga, na maconha ou coisa assim... Mas aparecia muito no António português, e íamos juntos às brigas de galo.

Irineu – E havia o João Gomes...

Boaventura – João Gomes! E aquele que tinha lá em baixo a loteria, também lá à entrada da favela, do outro lado...

Irineu – O Kleber?!

Boaventura – O Kleber, exatamente! O que é que aconteceu com ele?

Irineu – Morreu, coitado. O Avelino morreu, o Kleber morreu e o João Gomes também.

Boaventura – Bem eu também já tenho 71. Éramos todos quase da mesma geração.

Irineu – Você já tem 71?

Boaventura – 71.

Irineu – Eu estou com 82. Mas eu estou mal, estou doente. Fiquei mal, rapaz, que ninguém acreditava que eu ia viver, nada, até hoje! Emagreci pra caramba! Ontem foi meu aniversário, rapaz, eu quis falar com você.

Boaventura – Tive muita pena de não vir cá. Os filhos estavam aí?

Eladir: Durante os anos da ditadura vocês estavam lutando, faziam reivindicações aos órgãos públicos?

Irineu: Estávamos lutando bastante, e fazíamos reivindicações aos órgãos públicos e ao governo. Quando fizemos uma assembléia, o Jacarezinho se transformou em uma guerra, porque o pessoal da Igreja queria tomar conta, eles eram da chapa verde, e aí convocamos uma assembléia, pois o Padre queria mudar o nome do Jacarezinho para Dom Bosco, e nós fomos contra. E aí começou uma grande briga na FAFERJ, e eles queriam controlar a assembléia, e a gente foi bem organizado, com escola de samba. Foi a maior assembléia que teve aqui dentro. Conclusão, eu fui eleito presidente da assembléia, aí começamos a controlar a assembléia, e o pessoal da chapa verde pegou os documentos e tentaram fugir, porém, nós não deixamos. Eles chamaram a polícia. Aí fecharam tudo. Queriam saber quem era culpado, quem não era, prenderam um companheiro. Aí eu levantei, foi aí que eu fiquei famoso, levantei e disse: "quem deu permissão para vocês invadirem a nossa assembléia, isso aqui é a casa de todos os habitantes do Jacarezinho". Eles disseram que estavam ali a mando do comando militar. Aí eu disse que o companheiro preso só ia sair dali acompanhado com o presidente da Associação de Moradores e de todos nós. Aí o sargento concordou, enfim foi uma confusão generalizada. Nós suspendemos, temporariamente, a assembléia para acompanhá-lo até o Distrito, o sargento chegou lá gritando, e o delegado disse

Irineu – Os filhos é que vieram aqui e fizeram uma brincadeira aqui.

Dona Rute – Parecia até uma festa.

Irineu – Eu não posso reclamar da minha vida, porque você viu o que eu fazia né? Eu, apesar de brigar, lutar muito pelo povo, a gente acaba, eu acabei ficando razoavelmente bem. Tenho minha casa para morar, entendeu? Essa casa é minha mesmo, e eu vivo bem. Eu era sapateiro. Eu tive uma fábrica de calçado.

Boaventura – Eu lembro-me muito bem da sua casa, onde a gente tinha as nossas reuniões mais clandestinas. Bem lá dentro...

Irineu- Fica falando com minha mulher que eu vou no banheiro.

Boaventura – Pois eu vivi aqui em 1970. Era o pior período da ditadura.

Dona Rute – O senhor gostou daqui?

Irineu- Ele vinha aqui fazer trabalho político.

Boaventura – Era exatamente com ele, mas ele e os amigos comigo tiveram confiança porque eu também era contra a ditadura. E nessa altura apareciam aqui muitos gringos, muitos americanos, então os americanos é que eram os sociólogos, os que vinham estudar e tal. Então quando eu cheguei aqui até o Irineu, quando ele não me conhecia, eu dizia: 'quero fazer um estudo'. Não dizia política porque naquela altura, política não se podia falar. Dizia 'quero estar com vocês e tal', e então ele dizia: 'mas então qual é o teu negócio? O que é que tu vens vender?' Porque os portugueses que vinham para favela era para montar negócio.

Dona Rute – A maioria, não é?

Boaventura – É, maioria. E já havia dois com negócios: era este António e o Avelino lá em baixo, e não sei se outro. Até quero perguntar ao Irineu se ele se lembra do presidente da associação de moradores, era o senhor Jairo. Eu acho que ele era religioso, era pastor ou coisa assim.

Dona Rute – Eu não estou bem lembrada não porque eu era, sabe, eu ia muito na igreja, não era chegada muito politicamente.

para ele que ali não podia gritar, e que ele estava dispensado.Com isso, resolvemos essa situação e voltamos para o Jacaré para terminar a assembléia, e terminamos com a posição de que não iam mudar o nome do Jacarezinho, e decidimos que tudo teria que ser discutido em assembléia. Depois teve uma eleição com mais de dez mil votos, trouxemos o tribunal eleitoral, a chapa verde ganhou, nós tiramos em segundo lugar, e aí a Associação foi se desenvolvendo.

Eladir: E quando você começou a lutar por outras Associações?

Irineu: Isso aí foi o seguinte: Eu conheci o Vicente Mariano, ele sempre vinha aqui, pois ele era do Serviço Social, eu já tinha intimidade com ele, porque ele também era do partido. Nesse tempo eu ainda não tinha vontade de encabeçar a FAFERJ. Eu organizava politicamente, mas não tinha vontade de entrar para a Federação...

Eladir: Você não tinha interesse em entrar para a Federação?

Irineu: Como diretor não, nós ficávamos elegendo as chapas, a rosa, amarela... depois veio a eleição para a Comissão de Luz. Fizemos uma chapa para a Comissão de Luz e ganhamos. Depois veio a segunda eleição. Propomos unificar a Comissão de Luz para trabalhar de acordo com a Associação de Moradores, e aí começamos a trabalhar. Eu fui presidente da Associação e o Santinho era meu vice. Eu fui vice dele na Comissão de Luz. Nós começamos a

Boaventura – Mas a senhora estava mais na igreja católica ou nos pastores protestantes?

Dona Rute – Católica...

Boaventura – Que era o padre Nélson...

Dona Rute – Era o padre Nélson!

Boaventura – Que tinha lá muita atividade. Eu fui lá muitas vezes conversar com ele. O que é que a senhora pensava dele?

Dona Rute – Não sei, eu gostava dele, porque ele dava muito conselho para moças.

Boaventura – Mas ele tinha muito medo da política.

Dona Rute – Era uma pessoa responsável, ele.

Boaventura – Ele ficou cá muitos anos?

Dona Rute – Ele, ele morreu já bem de idade...

Boaventura – E morreu cá?

Dona Rute – Ele foi a Minas [Gerais] e faleceu em Minas.

Boaventura – E depois puseram cá outro padre?

Dona Rute – É, puseram outro, volta sempre outro. Quando chegar a hora, nós também temos que ir. Deus é que domina todos nós aqui...
Hoje a vida está mais pesada. A droga. Agora mesmo apareceu uma droga no Jacaré que eu nem sei! A maconha ainda cheguei a ir ver, mas essa que chegou agora, nem conheço. Graças a Deus meus filhos nenhum, foram criados tudo ali, e nenhum deu na droga.

Boaventura – É verdade, o que é que fazem os seus filhos?

Dona Rute – Os meus filhos trabalham em fábrica.

Boaventura – Todos em fábrica?

Dona Rute – Todos em fábrica.

Boaventura – Aqui à volta?

trabalhar. Asfaltamos as ruas, fizemos um monte coisas. Nós discutíamos, organizávamos e fazíamos.

Eladir: Você acha que durante esses anos, os moradores ficaram preocupados somente com as questões do Jacarezinho ou eles tinham uma ação política mais abrangente?

Irineu: O povo nunca teve essa consciência, até porque o nosso trabalho era mal feito. Hoje eu reconheço, pois nunca organizamos um debate político com esse objetivo. Não conscientizamos ninguém...

Eladir: Fale um pouco do papel da Igreja na Federação.

Irineu: Foi criada a Pastoral de Favelas, eu e muitos outros companheiros participamos...

Eladir: E a Fundação Leão XII...

Irineu: A Fundação Leão XII sempre controlou o desenvolvimento da favela, ela tinha o Decreto 3.330 através do qual controlava todo o desenvolvimento da favela. Se a casa foi feita de casca de madeira, teria que reformar com casca de madeira, se fosse de papelão, tinha que reformar com papelão. Era proibido fazer casa de alvenaria em qualquer favela, e por isso nós sempre brigamos

Dona Rute – É, companhia, um trabalha nesse negócio da [cerveja] Brahma. É, está para lá até hoje, graça a Deus, não deve demorar vai aposentar também, não é? Todos eles moram no morro, só um é que mora lá em S. João de Meriti. Nós, viveu mais eles no morro, é melhor morro para morar logo ali.

Boaventura – Então o morro foi onde eles nasceram, não é?

Dona Rute – Eu fui criada ali graças a Deus, eu e as minhas irmãs. Tudinho! Hoje só tenho eu e um irmão

Boaventura – Os seus pais vieram de onde? De onde é que eles vieram?

Dona Rute – De Campos

Irineu – Sabe, eu não vou muito lá agora porque não estou aguentando andar muito, sabe, não ando quase.

Dona Rute – Ele está com um problema na perna, no joelho.

Irineu – Não rapaz, eu fiquei fraco, não era gordinho eu estava mais gordinho. Está enxergando bem?

Boaventura – Sim, enxergo.

Irineu – Eu não...

Boaventura – Pois é Irineu e depois o que é que foi feito, quando eu me fui embora? Aquilo era um período político complicado, era 1970. O trabalho político não era nada fácil. Eu estou a tentar lembrar-me de um outro nosso companheiro nas discussões na política... ele era mais jovem, não me lembro dele.

Irineu – Tinha o Luís...

Boaventura – O Luís, exatamente! Ia lá muito estar connosco e conversar.

Irineu – O Luís está vivo, mas não mora aqui não, mora lá para cima. Era mais novo do que eu, não é, mas mais do que você não era não.

Boaventura – Era da minha idade talvez, devia ter 30 anos nessa altura. Eu tinha 30 anos. E o que é que foi feito do Jairo?

muito com a Fundação Leão XIII. Nós sentamos e discutimos essa questão, e resolvemos transformar tudo em alvenaria. Essa foi a nossa grande briga com a Fundação. Se eu não me engano, teve uma instituição, a Codesco[2], que foi criada para ajudar as favelas, pessoas pobres.Esse órgão promovia eventos na favela...a Igreja ajudava, o falecido bispo Dom Helder Câmara dirigiu um projeto. Eles fizeram um conjunto de apartamentos lá no Morro Azul...

Eladir: Qual era a opinião da Igreja sobre as remoções?

Irineu: A Igreja era contra as remoções e a favor da urbanização das favelas, e com a ajuda da Pastoral nós fizemos bastante coisa. Por exemplo, a primeira favela desapropriada foi o Morro da Baiana, com a ajuda da Pastoral levamos o povo todo para o Ministério da Justiça. A gente fez muitos movimentos em defesa do morador. As remoções começaram mais ou menos em 1963, lá pela zona sul, na Catacumba. Depois teve também lá em Niterói, no bairro Charitas...

Eladir: Fale sobre a recomposição da FAFERJ em 1979.

---

[2] Codesco – Companhia de Desenvolvimento de Comunidades. Através dela, foi viabilizado um projeto revolucionário e audacioso: a transformação da antiga favela de Brás de Pina (Zona Norte) em bairro, nos anos 60.

Irineu – O Senhor Jairo morreu. Foi presidente da associação [de moradores].

Boaventura – Pois, na altura era presidente, nós até nem gostávamos muito dele.

Irineu – Ele deixava muito furo, furo político, não é? Porque ele não tinha capacidade política que a gente tinha. Mas também a gente não podia brigar com ele.

Boaventura – Sim, porque seria suspeito. A polícia andava por aí, claro! Quando ele deixou, quem é que ficou? Já não foi no meu tempo...

Irineu – Depois teve vários. Teve o Ipitácio, o Israel, teve vários.

Boaventura – Mas já eram da nossa cor política, ou não?

Irineu – Não, depois é que eu entrei, eu entrei em [19]79.

Boaventura – 9 anos depois, só em 79.

Irineu – Aí fizemos uma administração brilhante!

Boaventura – Não me diga! Conte!

Irineu – Ah, é exato porque eu tinha um grupo político muito grande e aí nós começámos a reivindicar tudo o que tínhamos direito. Aterrámos um bocado de ruas, calçámos, entendeu? Fizemos muito trabalho aí. Era uma administração socialista. Eu fiquei muito conhecido aí rapaz, até hoje eu sou muito conhecido aí, fiquei muito conhecido, eu e meus companheiros.

Boaventura – Claro, quanto tempo é que ficou na direção?

Irineu – Fiquei de 79 a 82.

Boaventura – A 82 sim senhor, três anos. Mas depois também foi para a federação das favelas, das associações?

Irineu – Ainda fiquei na federação acumulando aqui no último ano, na associação, entendeu? Na federação fiquei 9 anos. Tirei um mandato de dois anos 82, 85 e até 90 eu fiquei na federação. Fizemos um trabalho político aqui no Rio de Janeiro danado. Eu fiquei muito conhecido, até no Brasil! A Eladir ajudava, era a nossa advogada.

Irineu: Aquela briga ali foi o seguinte, a FAFERJ ficava com o Jonas Rodrigues e o Souza que trabalhava na Fundação Leão XIII. Nós tivemos um desentendimento com eles, pois eles não queriam que a gente participasse e não faziam eleição. Nós entramos na Justiça, pois queríamos uma eleição. Com isso começou uma grande briga jurídica. Ficou FAFERJ 1 e FAFERJ 2. A primeira era nossa e a segunda era deles. A nossa tinha muita atuação, enquanto a deles se assegurava juridicamente. Aí a gente batalhou muito. Era noite e dia brigando pela causa, era a chamada Guerra Fria, essa guerra durou um tempo, e depois veio a unificação. A nossa direção do MR8 achou que deveríamos unificar. Aí a FAFERJ ganhou uma vida normal. Apesar de todas as divergências com o Jonas, ele era uma pessoa muito boa, depois nos tornamos amigos. Hoje eu tenho saudades da FAFERJ.

Eladir: Fale um pouco sobre os encontros de favelas que aconteciam.

Irineu: Realizamos três encontros, fizemos inúmeras pequenas passeatas por água, luz, contra a discriminação, contra remoção. Fazíamos em frente a prefeitura, em frente a porta do Palácio. Qualquer coisa era motivo para a gente fazer uma passeata. Fizemos o Primeiro Encontro Estadual de Favelas, foram treze mil pessoas, teve o grande IV Congresso, foi lá no Maracanã, foi muito marcante,

Boaventura – Ah, a Eladir era advogada vossa. Que bonito é uma mulher forte, mulher boa. Ela gosta de si que é uma maravilha, abraçou-me e disse: 'ó professor Boaventura, mas conhece o Irineu?' Respondi a ela que era o meu melhor amigo na favela, a gente conversava, discutia a política com confiança porque na altura a gente não podia falar muito porque tinha medo, só com muita confiança é que a gente falava e eu comecei a falar da minha história em Portugal e ele começou a ter confiança e pronto. Muitas das coisas que aprendi com ele nem pus na minha tese porque eu não quis prejudicar ninguém. Na minha tese nem se fala de Jacarezinho, chama-se Pasárgada, eu pus-lhe um nome falso, Pasárgada, que é um nome de um poema de Manuel Bandeira, para ninguém identificar...

Irineu – E a polícia perseguiu muito.

Boaventura – Claro! Ninguém sabia ao certo onde era. Uns diziam é na Rocinha, outros, é na Maré, quase ninguém dizia Jacarezinho. Até que há uns anos vim aqui ao Rio. Pedi a um moço que trabalha aqui numa coisa chamada balcão de direitos, o Pedro Strozenberg, o Pedrinho. Ele é filho de uma grande amiga minha que foi do partidão[3], torturada pela DOPS[4], a Flora Strozenberg.

Irineu – A Flora eu conheço. Ela me conhece muito também. Muito boa. Muito respeitada.

Boaventura – Claro, eu lembro-me muito bem de a gente falar de si. Ela é uma mulher muito boa, muito boa e grande amiga minha. E muito solidária. Foi minha aluna na PUC do Rio, três anos mais tarde. Foi levada pelo DOPS. Torturada.

Irineu – Fazia parte dos movimentos, não é? Tortura não é mole, não. Quem falava ficava desmoralizado... Salazar matou muita gente?

---

[3] Partido Comunista Brasileiro.
[4] DOPS – Departamento de Ordem Política e Social, a polícia política criada pela ditadura militar para reprimir a oposição ao regime.

fizemos um encontro no Maracanazinho, fizemos um encontro para a fundação da CONAN[3].

Eladir: O movimento de favelas se desenvolveu em nível nacional?

Irineu: Eu sempre fui muito grato às lutas por libertação, embora eu ache que meu trabalho teria sido muito melhor se naquela época eu tivesse a visão que tenho hoje. O trabalho na FAFERJ seria mais organizado politicamente e ideologicamente, pois nós não desenvolvemos nenhum trabalho ideológico, eu acho que isso foi uma grande falha. Nós organizamos um grande trabalho aqui no Rio de Janeiro, tanto que o estado é, em matéria de favela... As nossas favelas são melhores que as de outros estados, elas são quase bairros, o pessoal de São Paulo que teve aqui no Jacarezinho disse que aqui é a periferia adiantada de São Paulo. Eu acho que nós melhoramos um pouco as condições de vida dos moradores, mas em compensação esquecemos da parte ideológica. Eu achava que nós tínhamos que organizar o trabalho comunitário nacionalmente, tivemos pedidos de outros estados, no primeiro encontro de favelas, veio o pessoal de Pernambuco, Ceará, Belo Horizonte,

---

[3] A Confederação Nacional das Associações de Moradores fundada em 1982, com o objetivo de organizar as federações e associações de moradores de todo o país.

Boaventura – Bastante. Foram muitos anos. Então o filho dela veio aqui à favela e disse 'vamos lá!' E então vamos à rádio comunitária, fomos a rádio comunitária. Então o jovem que lá estava, que eu não sei se era o seu filho, era de certeza alguém que o conhecia. Aí me perguntou: 'mas o que é que o senhor fez aqui?' Eu expliquei – ' fiz aqui um trabalho durante muito tempo, conheci aqui muita gente', e depois falei de vários nomes, e contei a história: Sabe, era ditadura eu não identifiquei o Jacarezinho chamei-lhe Pasárgada. Ó pá, foi um grande alarido na rádio e ele diz-me: 'então o senhor é que inventou a palavra Pasárgada?' 'Sim, fui eu para disfarçar, para não identificarem a favela'. 'É que [disse ele] o senhor não imagina o número de estrangeiros que têm vindo aqui visitar a favela e que nos dizem: olhe lá isto aqui é a Pasárgada?' E a gente diz: 'não, aqui é o Jacarezinho'. Então foi o senhor que deu o nome o batismo?! Olha Irineu, foram muito simpáticos, anunciaram logo na rádio, e me levaram a visitar o morro.

Irineu – E aquele pessoal da rádio, eles não eram como nós, comunistas, mas eram de esquerda. Eram de esquerda e também gostava de bater papo com a gente. Eles ainda tão até por aí. Eles são tudo do PT[5]. O Jacarezinho, em matéria de estrutura arquitectónica, é a melhor favela.

Boaventura – Tenho que lá voltar um dia destes, ver se vou visitar com calma, ver se arranjo lá alguém. Pode ser até o seu filho, que me ajude a dar uma volta por lá.

Irineu – Vem cá, você quando vem assim, vem por conta deles?

Boaventura – Eu venho por conta da universidade, porque venho fazer palestras na universidade para depois poder fazer a visita aos meus amigos

Irineu – Você aqui está representando a universidade?

Boaventura – De Coimbra....

Irineu – Coimbra é o berço da cultura portuguesa!

---

[5] Partido dos Trabalhadores.

e eu dei o ponta-pé inicial, e aí surgiu a CONAN. A CONAN foi dirigida por intelectuais, pelo pessoal de classe média, todo o nosso trabalho foi desenvolvido em aliança com a classe média como, por exemplo, você, a Leila, o Chiquinho, a Fátima, o Marcos, etc., eles deram uma grande força para a FAFERJ.

Eladir: Fale um pouco dos Programas Sociais que a luta dos favelados forçou o governo a organizar.

Irineu: O PROFACE[4] foi um programa criado no governo do Moreira Franco, para melhorar a água e o esgoto. Nessa época eu estava no meu terceiro mandato de presidente da FAFERJ e nós desenvolvemos muitas coisas boas para as favelas, melhoramos muitas coisas. Através de um projeto nós compramos inúmeros telefones para mais de duzentas Associações de Moradores. Compramos máquinas de escrever e móveis. Esse projeto foi desenvolvido juntamente com o Nelson Moreira Franco. Fizemos um convênio com uma instituição que ajudava menores. Fizemos inúmeros projetos.

Eladir: Nesse projeto, as Associações recebiam alguma ajuda da prefeitura?

---

[4] PROFACE – Programa de Águas da CEDAE (Companhia Pública de Abastecimento de Água da Cidade do Rio de Janeiro) que entre 1983 e 1985 levou o sistema de água e esgoto para cerca de 60 favelas, incorporando a rede aos bairros.

Boaventura – Foi a primeira universidade e a única durante muitos anos, de maneira que é assim, fiquei aqui. Olhe lá, há outra coisa que eu tenho curiosidade. Ó Irineu, como é que entrou a droga pesada no Jacarezinho, quando é que foi? Como foi quando o Irineu começou na associação?

Irineu – Antes já tinha, só não era tão pesado, mas depois entrou mesmo pesadona. É, mais ou menos assim. Que a droga depois tomou conta de tudo.

Boaventura – A associação de moradores é controlada por ela?

Irineu – É.

Boaventura – Não me diga! Então, e o trabalho político, como é que é?

Irineu – Não tem não, caiu. Não tem na favela! Os dirigentes da favela são tudo gente deles... Deles ou não faz nada, entendeu? Aqui não tem jeito não, e agora não tem mais jeito porque a polícia também aliou, não é?! É, aí tem dias, todo o dia tem batida de polícia aí, com helicóptero com tudo.

Boaventura – Pois, quando eu vim cá nessa vez que fui à rádio, passado um tempo até o moço que andava comigo disse: 'vamos aqui para dentro que está a polícia a passar'. Era a polícia a fazer as rusgas.

Dona Rute – A polícia traficante é pior do que eles! E o senhor, continua trabalhando?

Boaventura – Eu continuo trabalhando. Eu não me reformei, quer dizer, tive que me reformar aos 70 anos. A gente em Portugal reforma-se, quer dizer, passam a ganhar uma pensão, não é? Mas o meu trabalho é o mesmo, cá estou a trabalhar Quero que o Irineu se aguente bem, porque eu vou lançar o livro da favela, que eu nunca publiquei em português. Vou publicá-lo, é uma versão reduzida mas é um livro, e já lhe vou chamar Jacarezinho.

Dona Rute – O senhor conheceu o Avelino foi lá, no Jacaré?

Boaventura – Foi.

Dona Rute – Então você andou bem novo, não é?

Irineu: A gente recebe da prefeitura a verba para pagar o gari comunitário, pois reivindicamos isso. Eles contratam os funcionários com carteira assinada, somente isso.

Eladir: E a Comissão da Luz desenvolvia algum projeto?

Irineu: A Comissão de luz só tratava da luz, não tratava de nenhum serviço social, ela recebia e distribuía a luz, agora a luz é direta da Light, mais as pessoas aqui da favela fazem muito "gato"[5]...

Eladir: Nos anos 90 surgiram interesses de outros grupos que passaram a disputar o poder nas Associação de Moradores?
(o entrevistado pede em off que não se grave essa parte e fica cheio de reticências. Trata-se da entrada de um novo fator complicador das relações no interior das favelas que é a entrada do tráfico de drogas, a partir do final da década de 1980).

Irineu: A gente sabe que a Associação de Moradores tem representatividade... Por exemplo, a entrada exagerada da policia na favela... houve outros tipos de atividade também... eles diziam que podiam proteger os moradores, não permitir tanta coisa que acontece... Sei lá...

Eladir: Fale das Igrejas Evangélicas das comunidades.

---

[5] Gato: através de ligações clandestinas, efetuar o roubo de energia elétrica.

Boaventura – Então não andei?!

Irineu – Ele andava lá, Rute. Ele morava lá. Você ia muito na associação, não é?

Boaventura – Às seis horas ia para a associação. Ficava ali porque os casos eram resolvidos na associação. E às vezes eram casos duros, da água e pontes de eletricidade e tudo. Era entre as 6 e as 8 quando as pessoas regressavam e começavam ali. E o Jairo era assim uma pessoa que pedia a minha opinião.

Dona Rute – Ele conheceu muita gente, ele conheceu a associação!

Boaventura – A associação de moradores tinha uma entrada e a porta, era destas portas de zinco.

Dona Rute – Era lá mesmo.

Boaventura – Era aí. E estava lá uma secretária, que era a única pessoa que lá havia, era uma jovem. Isso é que não me lembro do nome dela[6], mas tenho a fotografia dela. Muito novinha era ela, a secretária, e mais nada. E depois tínhamos as reuniões.

Irineu – Você lembra-se? A gente começava a conversar, você vai lembrando, mas a associação de moradores era em baixo e em cima.

Boaventura – Exatamente.

Irineu – Quem comprou aquela associação fomos nós. O prédio, é isso. Fomos nós! Até aí não tínhamos sede, não tinha nada, pagavam aluguer, a gente comprou.

Boaventura – O partidão?

Irineu – Não, nós. A da chapa amarela[7].

Boaventura – Chapa amarela, claro.

---

[6] Encontrei o nome dela no diário: Zélia.

[7] A cor da lista dos comunistas e aliados nas eleições para a direção da associação de moradores.

Irineu: As igrejas também têm uma grande participação, eu me dava muito bem com o primeiro pastor aqui do Jacarezinho, pastor Atílio. Ele fez uma vigília em defesa da permanência do Jacarezinho, mas os pastores são muitos individualistas, cada um puxa para um lado. Tinha um pastor que era da Assembléia de Deus, ele participava, apoiava a gente, mas a maioria não participa, elas são muito individuais, não conseguem se unificar.

Eladir: Qual é a sua opinião em relação ao que as pessoas dizem sobre a favela, sobre a questão da violência?

Irineu: Não concordo com o que as pessoas dizem em relação à violência nas favelas, eu me sinto muito mais seguro na favela do Jacarezinho que em Copacabana. E qualquer cidadão que mora aqui pensa da mesma forma. No Jacarezinho é proibido roubar qualquer pessoa. As pessoas de fora que criam esse mito de a favela é perigosa, violenta, só tem briga se chegar alguém aqui querendo disputar o poder com eles.

Eladir: Atualmente o que falta na favela?

Irineu: Falta muita coisa. A favela tem o seu centro comercial, tem a sua área mais desenvolvida e tem os lugares na beira do rio, onde moram os mais pobres. Os melhores lugares da favela são disputados pelas pessoas. Existe uma periferia dentro da favela. As reivindicações são iguais, porque todo mundo quer melhores

Boaventura – Em 79, nove anos depois, a sua equipa quem era?

Irineu – Era turma boa! Era eu, era o Sandim, era o Santinho, era o Vicente e outros camaradas. Aí, que no momento nem eu lembro o nome direito mais. Todo mundo e depois nós fizemos melhor. Tinha comissão de luz, lembra?

Boaventura – Lembro, pois! Claro que era uma importante comissão, pois.

Irineu – Depois ganhamos também a comissão de luz e juntamos a associação com a comissão de luz. Aí fizemos o seguinte: eu era o presidente da associação e o vice da comissão de luz, o presidente da comissão de luz era o vice da associação. Fizemos um grande movimento político, aí.

Boaventura – E em termos de melhoramento da favela, como é que foi?

Irineu – Melhorou muito. Naquele tempo, nós canalizamos tudo. Tem água porque nós brigamos muito. Essa água aí, nós fomos derrotados, porque nós queríamos que a água primeiro quando entrasse direto para a CEDAG, fosse direto para o Azul e depois descesse por gravidade. Que era para dar força e não faltar água em lugar nenhum, mas os políticos da época, interesseiros, não quiseram de jeito nenhum. E aí ficou numa crise de água muitos anos, agora é que não tem mais. Na Federação, nós ocupamos muitas comunidades, lutamos pela desapropriação das favelas entendeu, e entregámos para os moradores. Foi uma luta muito grande. Naquele tempo não parava. Naquele tempo minha mulher achava que eu estava namorando, mas eu vivia trabalhando, trabalhava muito. Mas eu sempre sei o que é que é importante. Agora depois, encontro às vezes com alguém na cidade, num lugar que ninguém me conhece e aí vem um cara me cumprimenta e vem falar comigo e diz: 'ah, quero falar com o senhor o seguinte – se não fosse o senhor eu tinha perdido a minha casa' e isso aí é uma coisa que enche a gente de orgulho. E eu não vivia da associação, não.

Boaventura – Pois, e o seu negócio era a sapataria, não?

Irineu – Tinha botequim e depois tive um fabrico de calçado. Era com sociedade com outro companheiro, que também era comunista e aí ganhámos

condições de vida, isso é um senso comum. Mas existe o morador de favela que tem mais escolaridade, que participa mais, tem uma família mais organizada, e tem os moradores que vivem com muito mais dificuldade. Quando eu participava do movimento de favelas, eu tinha a consciência de que o Jacarezinho é muito mais rico que a Rocinha, o comércio é muito mais desenvolvido...

Eladir: Fale do projeto Favela Bairro.

Irineu: O Favela Bairro é uma idéia nossa, sua, minha, e de todos que participaram do movimento comunitário, a gente lançou o favela bairro com outro nome no Primeiro Encontro Estadual de Favelas. Foi a luta para "transformar as favelas em bairros populares". Aí o Conde (refere-se ao prefeito Luís Paulo Conde) que na época era aliado ao César Maia, pegou e fez o "Favela Bairro". Eu até falei para ele que quem teve essa idéia fomos nós e ele ficou até indignado.O favela bairro é uma coisa boa, porém ele foi feito para enganar a sociedade, ele não resolve o problema das favelas. É só fachada. Na maioria das favelas, quando você entra mesmo, você percebe que muitos lugares continuam da mesma forma. Eles asfaltam as ruas principais, por exemplo, o Jacarezinho que lançou esse Favela Bairro, o Conde fez alguns trabalhos aqui, abriu uma via, aí entrou o César Maia, ele acabou com as obras, uma vez que ele mexeu e não terminou, isso foi um grande prejuízo para o Jacarezinho. Eu visitei outros Favela Bairros, e vi a mesma coisa,

bastante dinheiro. Aí construí uma casa, melhorei as outras, entendeu?! Mas eu já comprei com essa intenção, eu não vou trabalhar aqui, aqui para mim ganhar dinheiro para trabalhar na associação.

Boaventura – Maravilha Irineu, você realmente foi um êxito e eu fico satisfeito com o êxito dos meus amigos. Eu também não me posso queixar porque realmente na altura estava um bocado aflito do meu trabalho, porque não sabia bem como é que Portugal ia continuar, porque Portugal ainda era ditadura naquela altura. Portugal só ficou em democracia em [19]74. Depois quando veio a democracia, as coisas melhoraram e pronto! Fui trabalhar na universidade.

Irineu – E outra coisa, coisa boa é que você era um cara identificado com os sentimentos do povo português e aí as coisas também facilitaram para você ocupar algum lugar de destaque.

Boaventura – Olhe, eu aprendi muito, muito, no Jacarezinho. Olhe muita ideia que eu tenho hoje, por exemplo sobre esta relação entre o saber popular e a ciência, eu aprendi aqui. Muitas vezes perguntam onde é que aprendeu isso? No Jacarezinho. Quando eu falava com os meus amigos lá de Copacabana, 'aí são uns miseráveis, são uns bandidos, é gente ilegal'. Eu entrei no morro, comecei a viver e vi muita sabedoria de vida, uma sabedoria do mundo, dignidade, claro que também havia pois claro uns bandidos, etc. mas...

Irineu – Aqueles que queriam optar pelo mau iam para lá. Eu vou dizer a você: a minha universidade foi as favelas. Eu hoje sou um camarada que não estudei, entendeu? Eu fiz mal, mas também não tinha tempo de estudar, mas aprendi muita coisa. Eu me considero um cara feliz por isso, aprendi muita coisa. Mesmo no marxismo eu aprendi, porque aí eu aprendi a ler, entendeu, vivia lá mas lia e sabia o que Marx dizia.

Boaventura – Exatamente que havia, e a certa altura na sua atividade política também aprendeu que se calhar algumas coisas do marxismo estavam erradas.

eles fizeram só de fachada mesmo. Eu acho que deveriam devolver o dinheiro, uma vez que não terminaram a obra, eles utilizam o nosso dinheiro e não fazem o que realmente necessitamos.

Eladir: E a luta dos favelados, como anda?

Irineu: A luta continua, eu não estou na FAFERJ e na Associação de Moradores, mas, ainda encontro com muitos dirigentes e vou a algumas Associações. Ainda faço algumas pequenas reuniões, participo eleitoralmente. Eu não acredito em eleição, não tem mais jeito, nós temos que nos organizar, eu acho que atualmente estão se desenvolvendo alguns bons trabalhos no Brasil e no nosso continente, em Cuba, Venezuela. Por incrível que pareça eu acho que hoje é mais fácil se chegar ao socialismo do que antigamente, porque na verdade a situação está de uma tal maneira que o imperialismo criou uma situação para ele mesmo, porque hoje não é somente no Brasil que não há emprego, também não há nos Estados Unidos, agora está tudo igual. Teve o desenvolvimento, a tecnologia e acabou desempregando todo mundo. O mundo se desenvolveu tecnicamente e cientificamente, mas socialmente está do mesmo jeito, porque o cidadão está sem emprego, sem salário, o salário do Brasil é o mais baixo do mundo ou o segundo mais baixo, não sei. Nós precisamos estudar mais, participar mais, e criar lideranças comprometidas, porque ainda não apareceu uma pessoa que para dar o grito de liberdade, são sempre as mesmas pessoas, com as

Irineu – É. A gente sabe e hoje a gente até sabe com mais clareza que tem muita gente que se diz de esquerda, mas não é nada! Faz aquele farol, mas na hora tá do outro lado.

Boaventura – Muita gente do PT é assim...

Irineu – A maioria.

Irineu – Vou tomar uma água, já falei muito, quer água? Vamos tomar um café também, não é?

Dona Rute – É, vou fazer um cafezinho.

Irineu – Agora tem que fazer um café bom, português não gosta de café ruim.

Boaventura – Não, a Dona Dona Rute faz um cafezinho bom para a gente.

Irineu – Não é ela que o vai fazer, sou eu. E se você precisar de lugar para dormir pode dormir nesse quartinho aí.

Boaventura – Quem sabe, para a próxima...

Dona Rute – Tem cama tem tudo.

Irineu – Pode fazer fotografias à vontade. A máquina é um negócio importante. Eu tenho que comprar uma máquina boa. Agora todo o mundo que vem aqui agora tem máquina.

Boaventura – Olha para aqui Dona Rute! Fica aqui [na fotografia] que é uma maravilha.

Dona Rute – Mas assim fico toda feia!

Boaventura – Olhe para isto, olhe como ficou.

Dona Rute – É boa porque se vê na hora, não é?

Boaventura – Na hora! Olhe aqui a tirar da coisa, aqui, ó Irineu, olha para isto, e com os óculos fica muito bonito. Olha para isto, ó Irineu!

Irineu – É, está boa.

Dona Rute – Porque é que a Eladir sumiu daqui?

Irineu – Está em Portugal, foi ela que deu o endereço nosso a ele.

mesmas campanhas políticas. Eu acho que deveria ser criado um grande movimento pelo emprego, pela moradia, pela saúde, eu acredito muito ainda, mas eu acho que só vai existir justiça social com o socialismo. Não tem como isso acontecer no capitalismo, porque esse sistema desemprega bastante gente. Eles não querem saber das pessoas, querem saber de dominar o mundo. É um capital selvagem, quem ganha dinheiro no Brasil é banqueiro. Eu vou continuar fazendo meu trabalho político, vou fazer um trabalho mais profundo do que esse, não será em Associação de Moradores. Aqui mesmo (referindo-se a sua casa) eu vou fazer uma reunião, convidar algumas pessoas.

(Parte 2, Rio de Janeiro: 15 de maio de 2008)
Com o objetivo de buscar mais memórias, desta vez procurando ouvir as mais específicas com relação às atuações da FAFERJ, procurei novamente Irineu Guimarães para que ele me concedesse uma nova entrevista. Avisei que precisava preencher algumas lacunas e complementar o conhecimento sobre alguns fatos. Ele, prontamente, colocou-se à disposição e uma nova entrevista foi gravada na sala de sua residência, no bairro do Jacaré.

Eis a entrevista:

Eladir: Quais eram seus objetivos ao iniciar um movimento de reorganização dos favelados do Rio de Janeiro a partir de 1979?

Dona Rute – Ela tá boa não é?

Boaventura – Muito bem.

Dona Rute – Graças a Deus.

Irineu – E eu vou-te contar das pessoas que eu conheço, é uma das grandes pessoas que eu conheci.

Dona Rute – Ela se dava muito comigo, era muito legal ela.

Boaventura – Agora vamos ter que tirar, há de pedir aí a uma vizinha! Há por aí alguma vizinha que nos tire uma foto? Tem uma vizinha?

Dona Rute – Não tem não, as vizinhas estão todas a essa hora na rua.

Boaventura – Dona Rute tire agora aqui uma [fotografia] para mim com ele. Olhe, é assim: olha por aqui, não interessa, e carrega ali; depois de ver a gente lá, olhe ele já ali está e agora eu vou para lá, está ver? E a senhora agarra aqui assim, e carrega ali, não treme muito a mão! Ora vá vamos lá ver, põe aqui a mão e ali, e ali carrega, ora vê?!

Dona Rute – Aqui, não é? Aqui eu carrego?

Boaventura – Mas tem que olhar por aqui, por aqui é que a senhora vê, tá a ver? Ora vá, ó Irineu, olhe aqui os dois. Aqui estamos os dois, ora veja se nos consegue ver os dois? Está a ver, carrega onde eu disse.

Irineu – Está vendo nós dois aí?

Boaventura – Está vendo aqui, carrega ali.

Dona Rute – Aperta ele?

Boaventura – Aperta, mas depois de ver. Ó Dona Rute, aqui assim, ora veja, agora é que está a ver, segure com as duas mãos, ponha ali o seu dedinho, exatamente! Ora veja lá se nos vê aos dois.

Irineu – Você vai ver a gente na máquina.

Dona Rute – Estou vendo os dois, aperto?

Boaventura – Aperta.

Irineu: Eu e outros companheiros aqui do Jacarezinho tínhamos um trabalho comunitário. Antes eu era sindicalista e fazia trabalho sindical, trabalho político, revolucionário e depois acabei entrando para esse trabalho.Foi uma decisão mais ou menos do partido. Eles queriam que e nós fizéssemos trabalho comunitário. Eu me entusiasmei porque como diretor... eu fui diretor da primeira Associação que existiu aqui no Jacarezinho. Não era chamado de Associação. Era Serviço Social e eu era diretor, estava ali naquele movimento e conheci o Mariano (refere-se a Vicente Ferreira Mariano, presidente da FAFEG[6]) porque ele vinha aqui no Jacarezinho de quando em quando fazer reunião da FAFEG. Ele ouvia os diretores da Associação, trazia algumas idéias e a gente também falava as nossas idéias. Aí eu fiquei sabendo que ele era membro do partido. Ele já desenvolvia esse trabalho praticamente em todas as favelas que ele tinha contato...

Eladir: Que partido?

Irineu: PCB (Partido Comunista Brasileiro). Então eu conheci o Mariano, mas eu ainda não tinha nenhuma vontade de organizar uma luta mais geral. Mas tinha vontade de organizar o movimento comunitário no Jacarezinho. Depois veio o golpe militar. Essa primeira Associação foi fechada porque foi todo mundo disper-

---

[6] Federação de Associações de Favelas do Estado da Guanabara.

Dona Rute – Bota pra aí para mim, direitinho.

Irineu – Espera aí, que eu vou ligar para minha filha, que ela vem.

Dona Rute – Espera aí, meu amor.

Boaventura – Ponha aqui a mãozinha, está muito bem! E agora ali carrega ali! Veja, vou mostrar, é assim com esta altura eu vou-me pôr ao lado dele, ele está bem, olhe agora.

Dona Rute- Está direitinho! Vocês dois, aperto?

Boaventura – Aperta.

Dona Rute – Apertei, é saiu!

Boaventura – Saiu, pois!

Dona Rute – Olha só?!

Boaventura – Ai que maravilha, agora é que ficou. Ó Irineu, olha para esta categoria!

Irineu – Agora ficou ótima.

Boaventura – Isto é que ficou maravilha, pronto.

Dona Rute – É pesadinha a máquina.

Irineu – De qualquer maneira podemos ligar para minha filha vir aqui.

Boaventura – Quer ver, agora vou tirar uma [fotografia] à Dona Rute, na entrada.

Dona Rute – Tira a mim, para a sua esposa ver!

Boaventura – Tiro aqui, Dona Rute à entrada da sua casa? Fica aqui muito bem, à entrada de sua casa.

Dona Rute – Café melado, quantas colheres de café? 4? Ó Irineu, vamos lá na cozinha dar refrigerante a ele.

Boaventura – Vamos lá! Ora aqui está uma casinha toda jeitosa.

Dona Rute – Aí é um quintalzinho para lavar a roupa. Tem duas cervejas aqui, tu bebe cerveja?

sando. O presidente era lacerdista (seguidor do governador Carlos Lacerda) e ameaçava as pessoas. Com isso a Associação acabou praticamente morrendo. Ele ameaçava as pessoas. Chamava-se Hermes. E ele ameaçava porque estava em moda entregar o camarada. Era o AI-5. E aquilo fez com que a Associação morresse. Mas a gente não tinha perdido o contato com o Vicente Mariano. Aí, nessas andanças com ele, eu ainda como diretor da Associação participei de várias reuniões por aí. Nesse tempo só tinha de cinqüenta a setenta mil favelados no Rio de Janeiro. Tinha o morro da Catacumba que era lá na zona sul onde nós fazíamos reunião lá juntamente com o Mariano. Eu andava por aí fazendo essas reuniões. Não cheguei ir nem no Pasmado, mas eu fui à uma reunião onde hoje é a Universidade Estadual, a UERJ. Ali era o Esqueleto[7]. Eu ainda era apenas o diretor. Aí eu fui me entusiasmando com isso e começamos a organizar o movimento aqui no Jacarezinho, em favelas, em comunidades, em Associação de Moradores. E daí nós fomos praticamente pioneiros em fazer uma série de organizações que não existiam nas favelas. Eu tinha sempre a assistência do partido e aí já não era mais o PCB, era MR8[8] porque o pessoal desse partido ajudou muito nessa questão. Eu já tinha assessoria nisso, já estava recém entrado para o MR-8 e a gente fazia esse trabalho, eu,

[7] Refere-se à Favela do Esqueleto criada na construção inacabada de um hospital federal da região do Maracanã, na zona norte, que teve as obras embargadas.

[8] Movimento Revolucionário Oito de Outubro, organização política da esquerda revolucionária.

Boaventura – Eu não bebo cerveja, não.

Dona Rute – Graças a Deus!

Boaventura – Bebo só café.

Dona Rute – Nem Irineu.

Boaventura – Olha a foto! Então, agora está aqui o nosso Irineu, está a chamar a filha ao telefone e eu vou tirar aqui uma fotografia ao telefone! Olha que linda! E eu agora vou telefonar para a Eladir, ver se ela está em casa. Aqui é sempre a dificuldade de ligar para estes números, é uma chatice no Brasil.

Irineu – Daqui para lá uma ligação fica cara.

Boaventura – Sabe o que é, é que tem que se marcar a operadora, tem que modificar e ditar, operadora costuma ser o...

Irineu – Aqui é 21. [Boaventura usa o celular para ligar para Eladir]

Boaventura – Já está a chamar vamos ver se ela atende... Eladir, oi Eladir estou aqui em casa do Irineu e da Dona Rute oh pá estamos felizes só faltas cá tu, vamos combinar que na próxima vez vimos cá os dois. Vê lá tu, que ontem foram os anos, o aniversário do Irineu, para o ano temos que vir cá. Mas ainda cá venho antes, contigo, e ele quer te dar uma palavra e a Dona Rute. Eu vou-lhe passar o telefone para ele te dar uma palavra, está bem? Pronto, aí vai o Irineu.

Irineu – Alô, muito você vai de melhor não é Eladir? Você botou o Boaventura aqui em casa. Nós estamos conversando e agora vamos tomar um cafezinho... Ontem é que foi meu aniversário. Ah, tá, se Deus quiser... E você, está no berço da cultura portuguesa, não é?... Está bom, fala aqui com a Rute, Eladir. Um abraço para você também.

Dona Rute – Boa tarde. Está tudo bem minha filha? Você não vem mais aqui não?

Irineu – Ela está em Portugal! Como é que ela há de vir aqui?!

o Cláudio e mais alguns companheiros, dona Milena e depois veio Leila. Porém ainda não tomávamos conta de nada em Associações. Mas aí a gente começou a organizar a Associação. Fizemos a eleição com o Santinho, aqui no Jacarezinho e com esse pessoal, com outros companheiros, acabou saindo os grupos. Antes, no Jacarezinho, eram quatro grupos políticos comunitários, grupo verde, amarelo, rosa e azul. Nos reuníamos bastante para debatermos os problemas para que pudéssemos fundar a nova Associação de Moradores. Isso foi no ano de 1965. Cada grupo tinha o seu interesse, o azul era ligado ao Laércio Mauricio da Fonseca, o verde era ligado à Igreja com Padre Nelson, o rosa era ligado ao Miro Teixeira, e nós éramos independentes da chapa amarela que era dos comunistas. Só que naquele tempo não se falava chapa dos comunista, mas a maioria das pessoas sabia. Tudo isso porque quando a Associação foi fundada não houve acordo, e para fazer a primeira eleição fizemos uma junta governativa. O Pontes praticamente liderava esse movimento, nesse período houve muita confusão aqui no Jacarezinho e não teve acordo porque cada grupo tinha o seu interesse e brigavam ferozmente por eles, e isso foi uma guerra aqui no Jacaré. Nós participávamos de várias reuniões, e o líder era o Vicente Mariano, eu me lembro que houve uma grande discussão com algumas áreas da zona sul. Eram favelas que eram dominadas pelos quartéis, e o pessoal tinha muito medo de debater essa questão nas reuniões. Eu me lembro que a gente até falou que podia ser de quem fosse porque de qualquer forma tínhamos que debater, organizar e

Dona Rute – Ah, está em Portugal, está passeando mais longe agora não é? Outubro está bem do ano que vem. Ah tá bom, tá bom, um abraço até lá, tá bom, Xau. Irineu, agora, vamos na cozinha.

Boaventura – Vamos lá!

[toca o telefone]

Irineu – Deve ser a minha filha. Alô?! Tudo bem, você viu que eu liguei para você? Liguei para o telefone, liguei para o celular... Você está em casa? Você vem aqui em casa? É que eu estou com um amigo que você, acho que se deve lembrar dele. Já chegou, está aqui. É o Boaventura! Vem você e vem o Sérgio. Então vou aguardar. [Virando-se para Boaventura] Ela está vindo. É capaz de ela lembrar de você...

Boaventura – Era muito novinha... Quantos anos tem agora?

Irineu – Tem 54. Era novinha, mas ela trabalhava comigo.

Dona Rute – Vem conhecer a casa!

Boaventura – Isso até dá para um churrasco, aqui.

Dona Rute – É isso aí.

Irineu – Meus filhos falam sempre isso.

Dona Rute – É porque a gente gosta de farinha...

Irineu – Quem é que não gosta de um churrasco, Rute? É quase igual àquele negócio do samba, bom sujeito não é?!

Irineu – Você quer água, também?

Boaventura – Quero é café, nem água nem cerveja.

Irineu – Eu vou beber água e vou fazer um café para nós, apesar de que ali na frente aquela padaria é gostoso [o café], eu acho.

Boaventura – O café é bom, já lá bebi também lá, e é gostoso.

Irineu – Você bebeu lá?

Boaventura – Bebi, é gostoso. Um café gostoso e até a comida não estava mal, a comida também era boa.

defender os moradores, por exemplo, na Babilônia ninguém fazia obras em casa se não fosse autorizado pelo quartel, pela área militar e no Timbau era a mesma coisa. Eu fui uma das pessoas que foi contra isso, eu dizia que isso não estava certo porque era assunto dos moradores, e tínhamos que passar por cima disso. Com isso os companheiros me chamavam atenção, diziam para eu ter cuidado, ainda mais que já estávamos na ditadura, mais eu dizia que mesmo assim tínhamos que encarar e organizar o movimento.

Eladir: Mais como foi o seu trabalho de Reorganização da FAFERJ[9]?

Irineu: Isso já foi em 1979, eu já era até presidente da Associação de Moradores do Jacarezinho. Através de todo esse movimento, eu fui parar na Pastoral de favelas lá no Catumbi juntamente com o padre Mário, Martins e outros companheiros, nós freqüentávamos bastante a Pastoral. Um dia eu estava discursando em uma das reuniões e apareceu a Maria Cristina de Sá. Ela ficou encantada comigo, tanto que quando eu estava indo embora ela foi atrás de mim dizendo que precisava conversar comigo. Ela era a chefe da Pastoral juntamente com a secretária do Dom Eugênio Sales, e quem fazia a aglutinação desse trabalho na Pastoral era a Maria

---

[9] Federação de Associações de Favelas do Estado do Rio de Janeiro, sucedâneo da anterior FAFEG.

Irineu – Pois é, o pão também gostoso é lá. É que faço muita pouca comida aqui em casa...

Boaventura – Vocês mandam vir é do restaurante...

Dona Rute – É aqui do lado. Nós temos que ir até mais cedo, porque senão não tem lugar...

Boaventura – Eu ali na padaria, hoje, era um lombo assado, lombo de porco assado com arroz e feijão. Custou aquilo 7 reais.

Dona Rute – 7 reais é barato. Ali onde nós almoçamos é 10 reais, mas é muita comida! Porque a gente até precisa de pedir pouco, para largar melhor botar pouco. Quer banana?

Boaventura – Sou capaz de levar uma, posso levar?

Dona Rute – Pode.

Boaventura – Então pronto, eu gosto muito de banana, para o meu estômago.

Dona Rute – Irineu também. [mais uma foto]

Dona Rute – Pena que eu estou com esse pano na cabeça. É que eu arrumo meu cabelo e hoje não arrumei...

Boaventura – Está muito bem, fica muito bonita.

Dona Rute – Você tem filhos?

Boaventura – Tenho dois.

Dona Rute – É? Homens?

Boaventura – Homens. Um já tem 45 e outro quase 40.

Dona Rute – Da idade da minha Sueli...

Irineu – São formados?

Boaventura – São formados, são.

Dona Rute – A [minha filha] mais velha tu conhece, não é?

Noronha. A partir daí que surgiu o movimento. Fizemos inúmeras reuniões e decidimos formar uma chapa para FAFERJ, porém o Souza que era o responsável pela FAFERJ não aceitou. Ele não convocava reunião do conselho há muito tempo, então nós entramos na justiça para conseguirmos fazer essas reuniões. Com isso ele foi obrigado a aceitar. Mas no meio dessa história entrou o Chagas, o Miro, Aluízo Gama, e uma guerra foi desencadeada. Nós fazíamos um "mapa" e eles desmanchavam e vice-versa. O Aluízo depois nos confessou que a preocupação deles era saber o que nós íamos inventar para eles correrem atrás, e por incrível que pareça era também uma grande preocupação no Palácio[10]. Eles queriam derrotar a gente de qualquer maneira, porém nunca conseguiram, pois, tínhamos o apoio do Dom Eugênio Sales, da Pastoral, Bento Rubião. Ele foi um braço direito e tanto, e tinha a doutora Eliane que era fraca mais ajudava. Lembro que o Bento reclamava dela dizendo: "A Eliane fica de conversa e não faz nada", o Bento foi uma grande perda. Era um cara muito bom. Eu conheci também o advogado Sobral Pinto. Ele fez uma das nossas defesas e nós ganhamos. Ele era uma das pessoas que através da Igreja nos ajudou bastante,mas o grande apoio mesmo foi do MR8.

Eladir: Então de um lado ficou o MR-8, Pastoral, Sobral Pinto e do outro lado...

[10] Refere-se ao Palácio de Governo onde estava o governador Chagas Freitas.

Boaventura – Devia conhecer, porque ela era pequenina, não é?

Dona Rute – Olha, Irineu, para mostrar aos amigos dele, tu coando café!

Irineu – Não sei se eu botei água...

Boaventura – Água tem, o Irineu há bocado pôs.

Irineu – Não sei não...

Dona Rute – Botou não...

Boaventura – Eu vi um copo, um copo de água pelo menos pôs. Ó, deve estar a ferver.

Dona Rute – Come esse biscoito, é gostosinho.

Boaventura – É bom, é. É bom.

Dona Rute – Irineu é que gosta muito!

Boaventura – Vou provar um bocadinho desse. Ó Dona Rute, tem uma faca?

Dona Rute – Tenho!

Boaventura – Este parece que não é doce. Este parece que é tipo pizza.

Dona Rute – É doce, mas não é não doce demais, não. Portugal a hora é mais do que aqui?

Boaventura – É, quer ver? Eu tenho sempre de estar a telefonar à minha mãe. Eu tenho, para eu saber a que horas estou. Olhe o meu relógio, é assim, quer ver? Tem dois mostradores.

Dona Rute – Dois mostradores?! É, bonito o seu relógio!

Boaventura – O debaixo é o de Portugal.

Dona Rute – Quer dizer que aqui você não erra de jeito nenhum, o que está vendo.

Boaventura – O de Portugal é o que está junto do coração, é o de Portugal é a minha mãe...

Dona Rute – Isso é prata, não é?

Irineu: O MR8 nem tomava conhecimento, eu fiz esses contatos sem informar o partido depois eu informei e eles aprovaram, já que estávamos passando para a direita.

Eladir: Quais eram os interesses que estavam em jogo,por que o governo Chagas Freitas estava de um lado e o grupo mais progressista de outro?

Irineu: Porque já estávamos com a idéia de defender o Governo Nacional Democrático e Popular, mas isso já era sem o Chagas, eu estava para unir com o pessoal uns quatro ou cinco anos depois disso não me lembro muito bem, o Cláudio até colocou nos jornais "Revolução à vista". Então o MR-8 aprovou, uma vez que o nosso interesse era tirar o Chagas da jogada porque com isso íamos ficar com o campo livre para desenvolvermos a nossa política nas favelas, além de eleger algumas pessoas como, por exemplo, Antônio Carlos e outros, depois nós lançamos Raimundo de Oliveira que também foi eleito.O certo é que nós do MR-8 tínhamos o interesse político de dominar o movimento popular de favelas, esse era o grande objetivo, eu não tinha a clareza que tenho agora, se tivesse seria diferente porque eu ia pela cabeça do partido, ou seja, pelas resoluções que o partido tirava. Todos os membros eram bastante disciplinados, faziam tudo em nome do MR-8, e eu fiquei muito conhecido, pois era o cabeça do grupo, só se falava em Irineu. E tem mais uma coisa, se eu tivesse me unido ao Brizola naquela

Boaventura – Não, é um relógio barato.

Dona Rute – Eu falo prata porque ele não fica preto... não escurece.

Boaventura – A senhora ainda vai na igreja ajudar?

Dona Rute – Eu vou. Mas o Irineu, ele já gosta da católica. Eu gosto mais da evangélica.

Boaventura – Mudou da católica para evangélica?

Dona Rute – É, gosto mais da evangélica. Eu já é para estar acostumado porque eu, desde solteira, desde garota, que não ia mais para a igreja. Mas eu gosto. Eu não sei o porquê, não sei. Mas eu vou para os meus parentes não ficarem falando, porque eles falam, sabe, de nada! Porque a gente não deve falar se a gente é aquilo que Deus quer. Aí eu não falo nada e nós dois de vez em quando vamos para a igreja. Eu gosto, tem uma coisa dentro de mim que eu gosto muito da igreja evangélica, gosto muito.

Boaventura – O café está bom!

Irineu – Está doce, não?

Dona Rute – Tu vai beber café amargoso?

Irineu – Deixa aí que ela faz, ela adoça.

Dona Rute – Você não adoça demais, não?

Irineu – Bota mais um pouquinho!

Boaventura – Eu também gosto dele com muito açúcar sabe. Mas sabe porquê, Dona Rute? É por causa do meu estômago, porque o café é acido, é acido eu fico com muita acidez no estômago...

Dona Rute – Cachaça de lá é gostosa?

Boaventura – Em Portugal não tem cachaça.

Dona Rute – Meu Deus!!! Eu não sabia dessa!!!

Boaventura – Tem aguardente!

eleição, teria uns cem mil votos, mais nós ficamos contra porque o Cláudio achou melhor nos unirmos ao Chagas, e os favelados não aceitaram e ficaram indignados ao saberem que eu tinha passado para aquele lado, com isso tive um desgaste muito grande, lá na Cinelândia eles deixavam qualquer um falar exceto eu.

Eladir: No Primeiro Encontro de Favelas de 1980 vocês conseguiram formar uma grande rede de contatos. Como?

Irineu: Isso foi junto com a Pastoral e com outros segmentos políticos que eram a nosso favor, já que naquela época ainda não tinha o fenômeno Brizola, também participou o senador Saturnino, não me lembro como, mais ele foi lá no Congresso. Só tinham dois partidos o Arena e o MDB, o MDB estava nos apoiando, e nós fizemos muitos trabalhos. O escritor Carlos Drummond nos presenteou com um quadro da Maré com uma poesia, cantores que eram considerados de esquerda fizeram shows como, por exemplo, a Simone e muitos outros nos ajudaram nesse Encontro. E a partir desse Encontro eu tive a grande idéia de começarmos a organizar o movimento comunitário a nível nacional, e todos concordaram. Com isso eu convidei através do partido, pessoas do Ceará, Recife, São Paulo, Rio Grande do Sul para virem no encontro para que pudéssemos lançar a pedra fundamental da CONAM que se deu dentro do Jacarezinho. Nessa vinda nós fizemos churrasco aqui no Jacaré, e os contatos para a elaboração da CONAN surgiram

Dona Rute – Qual é a cachaça que vocês tomam?

Boaventura – A vossa cachaça é de cana do açúcar. A nossa é cachaça de vinho das uvas que fazem o vinho e chama-se aguardente.

Dona Rute – E é gostosa?

Boaventura – É boa. Eu gosto muito e também gosto de cachaça.

Irineu – Você não dirige?

Boaventura – Aqui no Brasil, tenho medo. Eu, em Portugal dirijo, tenho carro. Mas aqui não, tenho medo, aqui nunca dirigi.

Dona Rute – Eu só dirigi um pouco, só sai uma hora e pronto, acabou!

Irineu – Quer mais [café]?

Boaventura – Mais... tá bom, tá bom. Depois das cinco já não tomo porque senão não durmo.

Dona Rute – É?

Irineu – Amanhã você vai viajar a que horas?

Boaventura – Vou de madrugada, esta madrugada já.

Dona Rute – Já veio aqui em casa na última. Você gosta daqui do Rio?

Boaventura – Gosto muito do Rio, gosto.

Irineu – Gosta do Brasil!

Boaventura – Gosto do Brasil, do Rio...

Irineu – Você foi em Minas...

Boaventura – Sim, Minas e Belo Horizonte e digo-lhe, a comida lá...

Irineu – Eu nasci lá, nasci em Minas.

Boaventura – Ai é? A comida mineira é muito boa. É a mais parecida com a portuguesa, é a mais parecida, é muito boa mas a humidade...

Irineu – Vamos lá para a sala, não é?

Dona Rute – Não quer comer uma banana, não?!

após esse encontro, mais já tínhamos contato com Pernambuco, Belém, Belo Horizonte. O convidado de honra desse encontro foi o Bezerra (?), que fazia o movimento camponês no nordeste, a Pastoral concordou com a vinda dele. Nós não tínhamos a menor idéia do que ia acontecer, eles vieram para fechar o Congresso, e o advogado da outra FAFERJ veio para cancelar o encontro, porém nós já sabíamos disso e tínhamos contatado um desembargador que também veio no Encontro, e quando o advogado trouxe a liminar o desembargador deu um esculacho nele. E o nosso Encontro foi muito bem sucedido, uma vez que estávamos respaldados com a presença do desembargador, o Hélio estava junto também, todos estavam bem firme. Nós erramos em ter posto o Sindicato como sede do Encontro, pois não tinha espaço e foi uma coisa esplendorosa, tinham sete mil crianças, o Encontro era para ter sido no Maracanazinho ou algo do tipo, mais foi memorável, todos ficaram assustados com a quantidade de pessoas. E a minha popularidade foi aumentando, mais tudo isso era devido ao apoio do MR-8, qualquer tipo de assessoria que eu precisasse o partido me concedia, era apoio de Engenheiro, Advogado, Parlamentares, etc. Então foi uma luta política, eu só fazia trabalho comunitário porque eu era político, a minha ida para a associação de moradores e mais tarde para a FAFERJ foi devido ao fato de eu ser político, e tinha consciência que o trabalho comunitário não transforma nada mais sim o trabalho político.Hoje eu me critico porque acho que fiz muito pouca política, devia ter feito mais, devia ter criado muito

Boaventura – Vou levá-la. Se ma der, levo. Olha, está aí a sua filha, acho que é ela.

Irineu – É a Sueli.

Dona Rute – Eu estava sentindo falta porque você não veio aqui hoje. Pode ir lá porque tem café quentinho.

Irineu – Ele [o marido] não vem, não?

Sueli – Não, o André estava em casa, estava esperando ele sair.

Boaventura – Olha a Sueli. Conheci-a quando era pequenina.

Irineu – Sueli, você lembra dele?

Sueli – Não. Eu lembro do nome...

Boaventura – Não [se deve lembrar], coitadinha! Era uma pequena...

Sueli – Ainda continuo pequena!

Boaventura – Mas era uma criança. A Sueli devia ter 12 anos talvez. Quando é que nasceu?

Sueli – Estou com 54.

Boaventura – Então pois, na altura tinha 12 anos.

Irineu – Ela não trabalhava comigo nessa altura, não.

Boaventura – Mas ela aparecia, ela estava lá na casa em que a gente se via. Era pequena, pois era, exatamente, era pequenina.

Sueli – Como esse mundo é pequeno, não é?

Boaventura – Ora bem! Então, ó Sueli, vamos tirar agora uma fotografia? Vê por aqui e aperta ali. Vamos lá ver, eu vou aqui trás, ponho-me aqui assim, trás, carrega de lado, é so apertar.

Sueli – Então olhem para cá, sorriam! Será que eu apertei isso direito?

Boaventura – Espera aí, pode ser que [a máquina] não esteja bem aberta.

Dona Rute – Espera aí que ele vai-te ensinar. Olha bem, que ele me ensinou.

mais organismos revolucionários para não deixar aquele trabalho acabar.

Eladir: Como foi criada a rede para organizar o 4º Congresso da FAFERJ?

Irineu: O 4º Congresso foi na UERJ. Nós tínhamos um trabalho muito estreito com o prefeito Marcelo Alencar, ele era meu amigo, e o pessoal fazia uma pressão contra ele por conta disso,ele dizia que estava ajudando os moradores através do presidente da FAFERJ. Nós construímos uma sede com a ajuda do Marcelo, mais o pessoal ficava indignado com essa situação porque eu nunca fui do PDT, porém tinha uma ótima ligação com ele e a gente desenvolvia juntos aquele trabalho. O 4º Congresso foi feito com a ajuda integral da Prefeitura,acho que a Pastoral e políticos do MDB deram um apoio também. O 4º Congresso marcou o slogan "Transformar as favelas em bairros populares".

Eladir: Por que o 4º Congresso foi em homenagem ao Vicente Mariano?

Irineu: Eu que sugeri essa homenagem em memória ao Vicente Mariano, pois ele lutou, sofreu perseguição, e foi o cara da esquerda que teve mais peso...

Eladir: E era importante para entidade lembrar isso.

Boaventura – Agora pronto, agora é só mesmo carregar aqui. Tem que carregar com um bocadinho de força e esperar que venha o flash.

Dona Rute – Eu já estou me sorrindo, estou mais cara de esposa dele...

Sueli – Deixa eu ver como é que ficou a foto... Está bom!

Boaventura – Agora a sua mãe, que é uma grande artista, ao contrário do que ela pensa, vai-me tirar uma fotografia a mim e a si. Vá lá ver, Dona Rute. Ora bem, vamos aqui tirar, vamos tirar aqui fora. Podemos tirar aqui fora. Isto é um perigo, [aponta para um desnível à saída]! Eu já ia tombando duas vezes! Aí, mais valia encher de cimento!

Irineu – Eu quase caí aí várias vezes! O cara que era dono é que fez isso.

Sueli – Para consertar agora vai ter que quebrar ali em cima. Subir a porta... Tem que aterrar aqui e subir a porta. É, porque senão a porta não fecha!

Boaventura – Então é mesmo um erro de construção.

Irineu – Você é português mesmo? Português não dá mancada! [virando-se para a Dona Rute]. Ele parece-se um pouco com o Avelino...

Boaventura – Eu fui muito amigo de Avelino.

Irineu – Ele conheceu o Avelino...

Sueli – A gente foi visitar ele, logo depois ele faleceu, não é? Sim, fui eu e papai.

Boaventura – E a Sueli, onde é que trabalha?

Sueli – Eu não estou trabalhando. Estou parada. Desempregada, agora estou desempregada. Trabalhava no centro comunitário, lá no Jacarezinho.

Boaventura – Fecharam ou mandaram embora?

Sueli – Não, é porque é de governo. O governo entrou outro e eu saí junto.

Irineu – Ela trabalhava com Garotinho[8].

---

[8] Anthony Garotinho foi Governador do Estado do Rio de Janeiro (1998-2002) e candidato à Presidência da República nas eleições de 2002.

Irineu: Era e deveria ser até hoje. As histórias desses homens que lutaram pelo povo tem de ser contadas. Vicente Mariano foi muito incompreendido, a mulher dele não gostava de seu envolvimento com a política, os filhos deles não participavam também. Eu consegui ter contato com uma das filhas dele, descobri que ela trabalhava em uma Universidade perto do Tribunal de Contas, mais ela assim como toda a família tinha uma grande resistência, nós fomos procurá-los para obter informações da vida dele, pois queríamos colocar na revista como forma de homenagem, mais foi muito difícil.

Eladir: Por que a FAFERJ se colocou ao lado do governo e contra as novas invasões de terrenos para formar novas favelas, conforme noticiaram os jornais dos primeiros momentos do governo Brizola?

Irineu: Não me lembro desse momento. Nós não éramos contra as invasões, uma vez que sempre que tinha uma invasão nós íamos até lá legalizar, porém existiam muitos aproveitadores que invadiam com a gente para depois venderem os lotes, as terras.

Eladir: Você poderia falar, um pouco sobre as ações culturais organizadas pela FAFERJ. Soubemos que o ex-presidente da FAFERJ, Etevaldo Justino do Catumbi, ocupou em várias gestões o cargo no departamento cultural da entidade.Que atividades ocorriam? Onde elas ocorriam?

Sueli – Eu trabalho com Garotinho, mas trabalhei também para o Sérgio Cabral[9] também, mas ele entrou lá e eu saí.

Boaventura – Foi política, essas coisas?

Sueli – Política. Muda, porque era cargo de confiança.

Boaventura – Se fosse na Europa, quase de certeza que estava desempregada, não é? Porque agora na Europa é uma crise...

Sueli – Crise, não é?

Irineu – É, rapaz! Estão desempregados!?!

Sueli – Brabo, não é? Aqui também é grave, mas está melhorando.

Irineu – Nunca fica bom!

Boaventura – E a Sueli, gostava de trabalhar aqui perto?

Sueli – Trabalhava aqui perto.

Dona Rute – A mãe dele [referindo-se a Boaventura] tem muitos anos...

Boaventura – Telefono todo o dia porque ela quer saber onde eu ando. Quer ver, Dona Rute, vou-lhe mostrar agora a minha mãe [mostra fotografia da mãe].

Dona Rute – Bonita ela ainda!

Irineu – 93 anos!

Dona Rute – Quase um século! Que Deus abençoe a ela.

Boaventura – Obrigado e ao filho também, já agora, que me abençoe também a mim. Porque realmente também preciso. Tenho que verificar aqui é que eu fiz aqui para tirar o preto e branco [da foto].

Irineu – Mas a maioria das fotos saíram coloridas.

Sueli – Tirando aquela a preto e branco, foi tudo.

---

[9] Sérgio Cabral, Governador do Estado do Rio de Janeiro (2006-2010, 2010- 2014).

Irineu: O Etevaldo foi um grande companheiro no movimento de favelas, entretanto ele era muito independente e tinha dificuldades com as diretorias, pois só ele mandava. Com isso era difícil fazer um trabalho conjunto, mais o pessoal gostava do seu trabalho. Os compositores que tinham dificuldades no mundo musical gostavam muito dele,e participavam dos festivais que o Etevaldo produzia,ele só fazia festival de música. O Etevaldo prestava um grande serviço à FAFERJ, ele foi o primeiro presidente provisório da FAFERJ. A grande dificuldade dele foi a bebida, pois ele bebia muito e acabava perdendo créditos com as diretorias. Ele xingava e destratava todo mundo quando estava bêbado, porém se dedicava bastante aos festivais que ele promovia, teve até uma vez que ele me convidou para ir à um dos festivais. O fato de ele beber em excesso não incomodava os músicos e compositores, pois música e bebida combinam bastante, e eu fui perceber isso quando estive no festival. As músicas dos festivais eram bem feitas, era realmente um trabalho cultural, porém não dávamos o valor que ele merecia. O samba é alma da cultura brasileira, e o Etevaldo foi um baluarte no trabalho cultural em defesa do samba na cidade do Rio de Janeiro através da FAFERJ.

Eladir: E o concurso de Miss FAFERJ?

Irineu: Isso já foi em outra época, eu já tinha saído de lá... Na época da minha diretoria não houve esse concurso. Na minha dire-

Boaventura – Fui eu quando, quando eu mexi nisto e pus a preto e branco sem querer...

Irineu – Lá em Portugal o pessoal são Vascaínos?[10]

Boaventura – Claro, aqui eu sou Vascaíno, claro! Tenho que ser! Lá em Portugal sou da Académica e do Benfica[11].

Sueli – Vasco, aqui, é por causa de Portugal.

Dona Rute – Tu anda bastante.

Boaventura – Ui, ando muito. A minha vida é andar!

Sueli – Mas é bom viajar, passear e conhecer tudo o quanto é lugar.

Irineu – Ele veio para conferência.

Sueli – Veio para o Rio+20 ?

Boaventura – Sim, vim para o Rio+20. E não podia deixar de ver o meu amigo. Já da outra vez tentei e mas não consegui, porque não sabia o contacto.

Sueli – Mas como esse mundo é pequeno!

Boaventura – O que é que se diz hoje do Jacarezinho, lá fora, é que é perigoso, que é não sei o quê, é narcotráfico.... Que acha?

Sueli – É a mesma coisa das outras comunidades.

Boaventura – A polícia, há lá aquela polícia de proximidade?

---

[10] Para os leitores menos familiarizados com o futebol brasileiro, trata-se do Club de Regatas Vasco da Gama fundado em 1898 por imigrantes portugueses e luso--descendentes. Para comemorar o quarto centenário da descoberta do caminho marítimo para a Índia, deram-lhe o nome do navegador português. É tido por ser o clube favorito dos portugueses e luso-descendentes do Rio de Janeiro.

[11] Dois clubes portugueses, o primeiro considerado o clube dos estudantes de Coimbra e o segundo, sediado em Lisboa, o mais popular dos clubes de futebol portugueses.

toria nos fizemos muitos trabalhos contra remoções, lutamos por água, esgoto, etc. Nós desenvolvemos um trabalho na área esportiva, o que não existia até então. Fizemos o primeiro campeonato de futebol de favelas com a participação de 84 times. O diretor responsável por esse campeonato foi o Jainer que era lá do Chapéu Mangueira, ele era um rapaz de muita responsabilidade, e foi descoberto pelo Martins, no dia em que fomos até o Chapéu Mangueira convidar o saudoso Lúcio para entrar para a nossa chapa. Porém Lucio estava doente e indicou o Jainer que era diretor do Chapéu Mangueira. O Jainer fez um grande campeonato, todos os jogos ocorreram no campus da Universidade Castelo Branco em Realengo. Depois disso o Jainer entrou para a vida política, ele foi para o PT.

Eladir: Como funcionava o Departamento Feminino da FAFERJ?

Irineu: Havia uma grande participação feminina na FAFERJ, mas eu não me lembro quem era a diretora do departamento, não sei se era a Marluce da zona oeste, mas nós não tivemos um trabalho feminino muito forte na FAFERJ. Muitas mulheres eram presidentes das Associações de Moradores. Tinha a Dona Nega que representava o trabalho feminino na Ilha do Governador através do MR8, a Marluce na zona oeste. Existia a Federação de Mulheres do Estado do Rio de Janeiro, que era dirigida pela Jorgina e apoiava a FAFERJ, por isso não foi criado um departamento feminino na

Sueli – Lá ainda não tem, não, essa UPPs[12]. Lá no Jacarezinho não tem, não. Mas eu não moro lá, mas estou sempre lá. Vou lá fazer compras, comprar as coisas.

Boaventura – E aparece muitas vezes a polícia, não?

Sueli – Quando a polícia aparece lá, aí tem tiro. Aí você não vai.

Boaventura – Como é que a gente faz? Foge ou mete-se em casa?

Sueli – Não, mas os moradores estão dentro de casa.

Irineu – Eles avisam o pessoal, avisam.

Sueli – Sempre solta fogo [tiros de alerta] e o pessoal se recolhe.

Boaventura – Pois eu, há dois anos, quando eu vim cá, lá íamos a sair da rádio e vinha a polícia. E quem ia comigo disse: ó pá, é melhor ficarmos cá para dentro!

Sueli – É, porque senão sai tiro, e é perigoso!

Irineu – Perigoso é pegar uma bala.

Sueli – Fora isso a gente vai tranquilo, saindo tranquilo, não vê nada.

Dona Rute – E tem uma atividade comercial forte dentro do Jacarezinho.

Sueli – Tem! Nossa, como tem! Sempre teve.

Irineu – Lá o comércio é melhor do que aqui de fora.

Sueli – Agora, no Jacarezinho tem esse, mais esse negócio. Antes até vendia fogão, mas esse negócio já não vende mais não.

Irineu – Não vende mais não, porque isso passou a ser monopólio.

Sueli – É, porque isso agora vou encontrar mais em shopping. Até aqui fora mesmo é difícil ver isso em loja.

Irineu – No Jacarezinho fora não tem, é tudo de shopping.

---

[12] Referência às Unidades de Polícia de Pacificação (UPPs), introduzidas nas favelas a partir de 2008. São parte do corpo de polícia militar.

FAFERJ porque o nosso trabalho era muito estreito com as outras entidades.

Eladir: Fale um pouco da Chapa 1 Nova República.

Irineu: O problema da Chapa Nova República foi a presença de uma turbulência de posições políticas. Em virtude dos interesses dos moradores das favelas nós tínhamos uma posição diferente, tivemos inclusive algumas divergências com o governo Brizola, uma vez que achávamos que o movimento de favelas estava sendo solapado, prejudicado. Com isso não formamos chapa com ninguém, pois achávamos que as exigências feitas pelo pessoal eram um tanto quanto descabidas. Então o MR8 concorreu à eleição contra todo mundo. Contra até uma parte do próprio MDB. A Pastoral de Favelas, o PDT e o PT se aglutinaram contra a gente. O presidente da Comissão Eleitoral era o Nilo Batista, presidente da OAB e que depois veio a ser vice-governador do Brizola. Todo o pessoal de Departamento Jurídico da Pastoral foi contra a gente, teve a Maria Alice...

Eladir: Eles compuseram a Comissão Eleitoral?

Irineu: Sim. Elegeram o Nilo como presidente da Comissão em uma Assembléia, pois achavam que ele era um nome neutro, mais de neutro ele não tinha nada. Ele inclusive apoiou a aglutinação que

Sueli – Mas, assim no meio, ainda tem essas coisas. Mas agora concentrou mais dentro do shopping.

Sueli – Mas lá tem muito comércio, armazém, botequim...

Boaventura – E é mais barato que cá fora, ou é o mesmo preço?

Sueli – Às vezes é mais barato.

Irineu [a olhar a televisão] – Está vendo ali aquele coroa dançando? Você dança?

Boaventura – Se eu danço?! Então não danço? Eu quis sair na escola de samba! Ainda me lembro às vezes da letra... Ver se eu consigo lembrar.

Sueli – Aqui, no Jacarezinho?

Boaventura – Jacarezinho, era do segundo grupo, foi no carnaval desse ano.

Sueli – Mas foi no samba?

Irineu – Não sabe o enredo, não está lembrando.

Sueli – [cantando] 'O circo chegou aqui na entrada...'.

Boaventura – Não, é anterior a esse, é anterior, meu amor.

Sueli – [cantando] 'Tem o lado estrangeiro, para o nosso próprio brasileiro'.

Irineu – Depois o Jacarezinho caiu a escola, a escola está lá em baixo no último lugar. Assim que os tráficos se meteram lá, acabou com a escola!

Dona Rute – Quem chegou lá?

Irineu – O tráfico.

Boaventura – Olha, foi um dos únicos momentos de perigo que tive, foi lá! Perigo, e sabes porquê? Porque uma mocinha muito novinha começou a gostar muito de mim e eu dela. Eu aí estava a viver no morro, não sabia que ela era a namorada do dono da escola.

Sueli – Isso aí mata!

Dona Rute – Caramba!

ocorreu entre o PDT e o PT. Todavia concorremos assim mesmo, era o MR8 contra o resto do mundo, e nós não perdemos aquela eleição. Na verdade nós fomos roubados. Havia um imenso conchavo, e o Nilo sabia de tudo, mas não fazia nada. Ele ajudava inclusive. Eu fiquei decepcionado, porque ele é tido como um medalhão aqui na sociedade carioca, no entanto, teve esse comportamento inadequado nas eleições da FAFERJ. Com isso eu tive a conclusão de que o povo brasileiro é completamente enganado por essas pessoas, já que elas fazem qualquer tipo de baixaria para defenderem seus interesses. Nós perdemos por dois votos, na verdade teria empate ou íamos perder por um voto, porque na última hora uma pessoa chegou para votar na gente, mais eles encerraram a votação. Mas, de qualquer forma foi uma grande vitória, pois disputamos sozinhos contra todas as outras forças políticas. Eles nunca conseguiram desenvolver um terço do trabalho que fazíamos na FAFERJ.

Eladir: Qual foi seu último mandato na FAFERJ? Como ele foi?

Irineu: Foi em 1995. Nós voltamos devido à muitos pedidos de forças comunitárias, tudo isso graças ao grande trabalho que o Naildo, o Diquinho e outros companheiros desenvolveram na FAFERJ. Para impedir a nossa volta, eles inventaram uma eleição direta, ou seja, o povo das comunidades ia votar e não mais o Conselho. Cada associação ia organizar a sua comunidade para a votação. O colegiado organizava e todos os moradores tinham

Irineu – Você queria era morrer mesmo!

Dona Rute – Ela é que tinha culpa também!

Boaventura – Ela não tinha culpa.

Sueli – Porque ela sabia, e você não.

Boaventura – Eu não sabia, claro, até que ele disse: 'ó português, sai daqui porque senão apanhas chumbo!'

Sueli – Ainda bem que avisaram.

Boaventura – Ainda bem que avisaram, podia não ter avisado! Mas foi o único momento de perigo que eu tive. Mas fora disso... era um samba que foi um êxito, naquele ano foi um êxito!

Irineu – Eu já fiz, eu até já botei uma música na escola para ser enredo, 'guerra de canudos'.

Boaventura – Este Irineu, faz tudo!

Sueli – Aquela época, era outra época, nossa!!!

Boaventura – É porque ali era muito pacífico. Porque a única droga que havia era a maconha, mais nada. E essa era uma coisa normal, que hoje é quase legal em toda a parte do mundo. Eu sentia-me mais seguro no Jacarezinho do que em Copacabana, muito mais seguro. Às vezes a dificuldade era entrar cá para dentro, porque às vezes ia lá fora, e para entrar estava a polícia, e pedia os documentos e o meu medo era ficarem com o documento. Como era estrangeiro, era passaporte e aí. Então vinham os amigos que me avisavam: 'está lá polícia, tens que esperar'. E eu ficava, e depois passava.

Irineu – Mas Portugal tem uma proximidade com Brasil muito grande!

Boaventura – Tem pois!

Irineu – Mas agora está tão enrolado esse negócio, que as vezes até o cara conhecido mesmo, ainda fica enrolado. Porque às vezes eles fazem parte desse trosso.

direito ao voto. No entanto, foi muito mais fácil dessa forma, nós vencemos com 80% dos votos. Eu tinha bastantes companheiros de valor, como o próprio Diquinho, mas ele estava completamente equivocado. Ele recebeu assessoria jurídica do Hélio Luz que era do PT, e que também era meu amigo, mas nós vencemos. Fechamos nosso último mandato com chave de ouro, e em 1998 apresentamos o Pedro Mendonça que ganhou as eleições contra o Diquinho novamente. Essa eleição foi democrática, os presidentes e os conselheiros votaram.

Eladir: Agradeço a sua entrevista. Você tem algo a acrescentar?

Irineu: Eu peço desculpas por não ter mais informações, porque nós tínhamos um trabalho muito organizado na Federação de Favelas, já que levávamos muito a serio, e tínhamos todos os documentos organizados lá na sede da FAFERJ que de alguma forma conta a história da Federação e o nosso passado, porém todas as outras diretorias que passaram pela Federação após a nossa saída deram sumiço no acervo que tínhamos. Hoje se não encontra mais nada lá, a não ser algumas fotografias. Durante os meus três mandatos fizemos muitas coisas em benefício aos moradores de favelas, mas infelizmente esses documentos sumiram e parece que nós não fizemos nada. Essa é a minha grande decepção. Com isso quero me despedir pedindo desculpas por essa grande falha dos nossos sucessores.

Sueli – A Vanessa estava lá em Portugal, não sei se ela veio, a filha da Maria Ivone. Estava para lá um tempão, foi trabalhar lá.

Irineu – Já deve ter voltado.

Sueli – Não sei, agora não mora mais aqui mora em Caxias, não é?

Boaventura – Há muita gente que veio e agora muito brasileiro veio e até portugueses estão a emigrar para cá, estão a emigrar.

Irineu – Trabalho aqui está em melhores condições.

Boaventura – Melhores condições é, sem dúvida. Bem, meus queridos amigos, foi uma maravilha estarmos aqui a conversar.

Dona Rute – Não quer mais um cafezinho?

Boaventura – Não Dona Rute, obrigado. Adeus queridos amigos, até à próxima.

Dona Rute – Vá com Deus!

Irineu – Volte sempre.

BIBLIOGRAFIA

Abramo, Pedro (2003). *Mercado para Imóveis de Uso Comercial em Favelas: Estudo Piloto no Jacarezinho*. Instituto de Planejamento Urbano e Regional (IPPUR): Prefeitura do Rio, UFRJ.

Abel, Richard L. (1969). "Customary Laws of Wrongs in Kenya; an Essay in Research Method," *American Journal of Comparative Law*, 17, 573–626.

Abel, Richard L. (1973). "A Comparative Theory of Dispute Institutions in Society", *Law & Society Review*, 7, 217-347.

Abel, Richard L. (org.) (1980). *The Politics of Informal Justice*: Volume 1, The American Experience, Nova Iorque: Academic Press.

Abel-Smith, Brian; Stevens, Robert (1967). *Lawyers and the Courts*. Londres: Heinemann.

Ackroyd, Carol; Margolis, Karen; Rosenhead, Jonathan; Shallice, Tim (orgs.) (1977). *The Technology of Political Control*. Harmondsworth: Penguin.

Adams, Henry (1961). *The Education of Henry Adams*. Boston: Houghton Mifflin.

Alexy, R. (1978). *Theorie der Juristischen Argumentation*. Frankfurt: Suhrkamp Verlag.

Almeida, João Ferreira; Pinto, José Madureira (1976). *A Investigação nas Ciências Sociais*. Lisboa: Editorial Presença.

Anderson, Perry (1974). *Lineages of the Absolutist State*. Londres: New Left Books.

Anweiler, Oskar (1972). *Les Soviets en Russie, 1905-1921*. Paris: Gallimard.

Apel, Karl-Otto; Bormann, Claus; Bubner, Rüdiger; Gadamer, Hans-Georg; Giegel, Hans Joachim; Habermas, Jürgen (1971). *Hermeneutik und Ideologiekritik*. Frankfurt: Suhrkamp.

Aubert, Vilhelm (org.) (1969). *Sociology of Law*. Harmondsworth: Pelican.

Augustine, Saint. (1991). *Confessions*. Oxford: Oxford University Press.

484   BOAVENTURA DE SOUSA SANTOS

Bahro, Rudolf (1977). *Die Alternative – Zur Kritik des realexistierenden Sozialismus*. Frankfurt: Europaische Verlagsanstalt.

Barthes, Roland (1970). "L'Ancienne Rhétorique", *Communications*, 16, 172- 229.

Barthes, Roland (1975). «*Ecrire: Verbe intransitif?*" in Macksey e Donato (orgs.). *The languages of Criticism and the Sciences of man*. Baltimore: John Hopkins UP: 134-156.

Beaujour, Michael (1977). "Autobiographie et autoportrait", *Poétique: Révue de théorie et d'analyse littéraires*, 32: 443-458.

Ben-Horin, Daniel (1977). «Television Without Tears: An Outline of a Socialist Approach to Popular Television», *Socialist Revolution*, 35, 9-11.

Berger, Peter; Luckmann, Thomas (1966). *The Social Construction of Reality*. Nova Iorque: Doubleday.

Berman, Jesse (1969). "The Cuban Popular Tribunals", *Columbia Law Review*, 69: 1317 -1354.

Black, Donald (1971). "The Social Organization of Arrest", *Stanford Law Review* 23:1087-1111.

Bloch, Ernst (1935). *Erbschaft dieser Zeit*. Zurique: Oprecht & Helbling.

Bobbio, Norberto (1942). *La Consuetude Come Fatto Normativo*. Pádua: Cedam.

Bohannan, Paul (1967) "The Differing Realms of the Law," in Bohannan, Paul (org.) *Law and Warfare. Studies in the anthropology of conflict*. Garden City Nova Iorque: The Natural History Press, 43-56.

Bohannan, Paul (1968a). "Law and Legal Institutions", *International Encyclopaedia of the Social Sciences*, 9, 73-78.

Bohannan, Paul (1968b). *Justice and Judgment Among the Tiv*. Londres: Oxford University Press.

Brandes, V. (org.) (1977). *Handbuch 5: Staat*. Frankfurt: Europaische Verlaganstalt.

Bruckner, Peter; Krovoza, Alfred (1976). *Staatfeinde. Innerstaatliche Feinderklärung in der Bundesrepublik*. Berlim: Wagenbach Verlag.

Buck, Willis R. (1980). "Reading Autobiography", *Genre*, 13:477-498.

Cage, John (1966). *Silence: Lectures and Writings*. Cambridge Mass.: M.I.T. Press.

Campbell, Donald T.; Stanley, Julian C. (1966). *Experimental and Quasi--experimental Designs for Research*. Chicago: Rand McNally.

Canaris, Claus Wilhelm (1969). *Systemdenken und Systembegriff in der Jurisprudenz*. Berlim: Dunker und Humblot.

Carbonnier, Jean (1979). *Sociologia Jurídica*. Coimbra: Almedina.

Carlin, Jerome (1962). *Lawyers on Their Own: A Study of Individual Practitioners*. Nova Iorque: Rutgers University Press.

Carroll, Lewis (1976). *Complete Works*. Nova Iorque: Vintage Books.

Castanheira Neves, António (1967). *Questão-de-facto — questão-de-direito ou o problema metodológico da juridicidade*. Coimbra: Almedina.

Castro, Aníbal Pinto de (1973). *Retórica e Teorização Literária em Portugal*. Coimbra: Centro de Estudos Românicos.

Chanock, Martin (1978). "Neo-Traditionalism and the Customary Law in Malawi", *African Law Studies*, 16, 80-91.

Collier, Jane Fishburne (1970). *Zinacanteco Law: A Study of Conflict in a Modern Maya Community*. Berkeley: University of California.

Connolly, William (1969). *The bias of pluralism*. Nova Iorque: Atherton.

Copans, J.; Tornay; S.; Godelier, M.; Backès-Clément, C. (1974). *Antropologia, Ciência das Sociedades Primitivas?* Lisboa: Edições 70.

Coser, Lewis (1956). *The Functions of Social Conflict*. Nova Iorque: The Free Press.

Cox, Bruce (1970). *Law and Conflict Management Among the Hopi*. Berkeley: University of California.

Cuellar, Óscar; Vanderschueren, Franz (1971). "Experiencias de justicia popular en poblaciones", *Cuadernos de la Realidad Nacional*, 8, 155--156.

Dahrendorf, Ralf (1969). "Law faculties and the German upper class", in Aubert, Vilhelm (org.) *Sociology of Law*. Harmondsworth: Pelican, 294-309.

Darling, Frank (1970). "The Evolution of Law In Thailand", *The Review of Politics*, 32, 197-218.

Del Vecchio, Giorgio (1957). *Persona, Estado y Derecho.* Madrid: Instituto de Estudios Políticos.

Deleuze, Gilles (1968). *Différence et Répétition.* Paris: Presses Universitaires de France.

Derrida, Jacques (1967). *L'Ecriture et la Difference.* Paris: Éditions du Seuil.

Diamond, Arthur S. (1971). *Primitive Law Past and Present.* Londres: Methuen.

Diederichsen, Uwe (1966). "Topisches und systematisches Denken in der Jurisprudenz", *Neue Juristische Wochenschrift,* 697-705.

Ducrot, Oswald; Todorov, Tzvetan (1970). *Dictionnaire Encyclopedique des Sciences du Langage.* Paris: Editions Du Seuil.

Durkheim, Emile (2007) [1893]. *De la Division du Travail Social.* Paris: PUF.

Eckhoff, T. (1969). «The Mediator and the Judge», in Aubert, Vilhelm (org.) *Sociology of Law.* Baltimore, 171-181.

Engisch, Karl (1968). *Introdução ao Pensamento Jurídico.* Lisboa: Fundação C. Gulbenkian.

Enzensberger, Hans Magnus (1972). "Constituents of a theory of the media," in McQuail, Denis (org.), *Sociology of Mass Communications.* Harmondsworth: Penguin, 99-116.

Epstein, A. L. (1967). "The Case Method in the Field of Law" in Epstein, A. L. (org.), *The Craft of Social Anthropology.* Londres: Tavistock, 205-210.

Epstein, A.L. (org.). (1967). *The Craft of Social Anthropology.* Londres: Tavistock.

Esser, Josef (1956). *Grundsatz und Norm in der richterlichen Forbildung des Privatrechts.* Tübingen: Mohr.

Esser, Josef (1970). *Vorverständnis und Methodenwahl in der Rechtsfindung.* Frankfurt: Athenaum Verlag.

Evans-Pritchard, Edward (1971). *The Nuer.* Nova Iorque: Oxford University Press.

Fallers, Lloyd (1969). *Law without Precedent: Legal Ideas in Action in the Courts of Colonial Busoga.* Chicago: University of Chicago Press.

Felstiner, William (1972). *The Influence of Social Setting on the Forms of Dispute Processing*. Draft, New Haven.

Ferraz Jr., Tercio (1973). *Direito Retórica e Comunicação*. São Paulo: Saraiva.

Fine, B.; Kinsey, R.; Lea, J.; Picciotto, S.; Young, J. (orgs.) (1979). *Capitalism and the Rule Of Law: From Deviancy Theory to Marxism*. Londres: Sage.

Fortes, Meyer; Evans-Pritchard, Edward (orgs.) (1940). *African political systems*. Londres: Oxford University Press.

Foucault, Michel (1975). *Surveiller et punir: Naissance de la prison*. Paris: Gallimard.

Gadamer, Hans-Georg (1965). *Wahrheit und Methode*. Tübingen: JCB Mohr.

Gadamer, Hans-Georg (1971). "Rhetorik, Hermeneutik und Ideologiekritik. Metakritische Erörterungen zu Wahrheit und Methode", in Apel, Karl-Otto *et al.* (org.) *Hermeneutik und Ideologiekritik*. Frankfurt (Main): Suhrkamp, 57-82.

Ghai, Yash (1976). "Notes towards a theory of law and ideology: Tanzanian perspectives", *African Law Studies*, 13, 31-105.

Giambattista, Vico (1980) [1709]. *De nostri temporis studiorum ratione*. Roma: Armando Editore.

Giddens, Anthony (1999). *A Terceira Via*. Rio de Janeiro: Record.

Gluckman, Max (1955). *The Judicial Process among the Barotse of Northern Rhodesia*. Manchester: Manchester University Press.

Gluckman, Max (1967). "Introduction" in Epstein, A. L. (org.), *The Craft of Social Anthropology*. Londres: Tavistock, xv-xxiv.

Goffman, Erwing (1971a). *Presentation of Self in Everyday Life*. Harmondsworth: Penguin.

Goffman, Erwing (1971b). *Relations in Public: Microstudies of the Public Order*. Nova Iorque: Basic Books.

Goldmann, Lucien (1955). *Le Dieu Caché*. Paris: Gallimard.

Goldmann, Lucien (1964). *Pour une sociologie du roman*. Paris: Gallimard.

Goody, Jack; Watt, Ian (1972). "The Consequences of Literacy," in Giglioli, Pier Paolo (org.), *Language and Social Context*. Harmondsworth: Penguin Books, 311-357.

Gulliver, Phillip (1963). *Social Control in an African Society. A Study of the Arusha: agricultural Masai of Northern Tanganyka*. Londres: Routledge.

Gulliver, Phillip (1969a). "Dispute Settlement Without Courts: The Ndendeuli of Southern Tanzania", in Nader, Laura (org.) *Law in Culture and Society*. Chicago: Aldine, 24-68.

Gulliver, Phillip (1969b). "Case studies of Law in non-Western societies: introduction" in Nader, Laura (org.) *Law in Culture and Society*. Berkeley/Los Angeles: University of California Press, 11-23.

Hart, H. (1961). *The Concept of Law*. Oxford: Clarendon Press.

Hegel, G.W.F. (1969). *Wissenschaft der Logik* I; II. Frankfurt am Main: Suhrkamp Verlag.

Hirsch, Joachim (1974). *Staatsapparat und Reproduktion des Kapitals*. Frankfurt: Suhrkamp.

Hoebel, E. A. (1954). *The Law of Primitive Man*. Cambridge: Harvard University Press.

Holloway John; Picciotto Sol (1978). *State and Capital: a Marxist debate*. Londres: Edward Arnold.

Hooker, M. B. (1975). *Legal Pluralism. An Introduction to Colonial and Neo--colonial Laws*. Oxford: Clarendon Press.

Hume, David (1888). *A Treatise of Human Nature*. Oxford: Clarendon Press.

Husson, Léon (1977). "Réflexions sur la théorie de l'argumentation de Ch. Perelman", *Archives de Philosophie*, 40, 435-465.

Ignatieff, Michael (1978). *A Just Measure of Pain, The Penitentiary in the Industrial Revolution 1750-1850*. Londres: Macmillan.

Ijsseling, Samuel (1976). *Rhetoric and Philosophy in Conflict. An Historical Survey*. The Hague: Martinus Nijhoff.

Jesus, Santa Teresa de (1982). *Obras Completas*. Madrid: La Editorial Católica.

Junqueira, Eliane; Rodrigues, Rodrigues (1992). "Pasargada Revisitada", *Sociologia. Problemas e Práticas*, 12,9-17.

Kafka, Franz (1998 [1912]). *The Judgment*. Nova Iorque: Schocken Books.

Kafka, Franz (1976). *The diaries, 1910-1923.* Nova Iorque: Schocken Books. Disponível on line no Google books.

Kantorowicz, Hermann (1958). *The Definition of Law.* Cambridge: Cambridge University Press.

Keat, Russel; Urry, John (1975). *Social Theory as Science.* Londres: Routledge.

Kelsen, Hans (1962). *Teoria Pura do Direito.* vol. II. Coimbra: Arnado.

Kierkegaard, Soren (1946). *A Kierkegaard Anthology.* Nova Iorque: The Modern Library.

Kremer-Marietti, Angèle (1978). *Lacan ou la rhétorique de l'inconscient.* Paris: Aubier Montaigne.

Larenz, Karl (1969). *Methodenlehre der Rechtswissenschaft.* Berlim: Springer Verlag.

Lejeune, Philippe (1975). *Le pacte autobiographique.* Paris: Seuil.

Lejeune, Philippe (1986). *Je est une autre:l'autobiographie de la littérature aux médias.* Paris: Seuil.

Lenin, V.I. (1970). *Selected Works in Three Volumes.* Volume 2. Moscovo: Progress Publishers.

Levi, Edward (1949). *An introduction to Legal Reasoning.* Chicago: University of Chicago Press.

Lindberg, Leon; Alford, Robert; Crouch, Colin; Offe, Claus (1974). *Stress and Contradiction in Modern Capitalism.* Lexington, Mass.: Lexington.

Llewellyn, K.; Hoebel, E. A. (1941). *The Cheyenne Way: Conflict and Case Law in Primitive Jurisprudence.* Oklahoma: The University of Oklahoma Press.

Logan, Marie-Rose (1978). "Rhetorical Analysis: Towards a Tropology of Reading", *New Literary History*, 9 (3), 619-625.

Lubman, Stanley (1967). "Mao and Mediation: Politics and Dispute Resolution in Communist China", *California Law Review*, 55, 1284-1294.

Luhmann, Niklas (1969). *Legitimation Durch Verfahren.* Neuwied: Luchterhand.

Macaulay, Stewart (1966). *Law and the Balance of Power: the Automobile Manufacturers and their Dealers.* Nova Iorque: Russell Sage Foundation.

Malinowski, Bronislaw (1926). *Crime and Custom in Savage Society.* Londres: Routledge.

Massell, Gregory J. (1968). "Law as an Instrument of Revolutionary Change in a Traditional Milieu: The Case of Soviet Central Asia," *Law & Society Review*, 2, 179-228.

Melossi, Dario; Pavarini, Massimo (1977). *Carcere e Fabbrica.* Bolonha: Il Mulino.

Metge, Joan (1967). *The Maoris of New Zealand.* Londres: Broadway House.

Mills, Charles Wright (1956). *The Power Elite.* Nova Iorque: Oxford University Press.

Montaigne, Michel de (1958). *Essays.* Londres: Penguin.

Moriondo, Ezio (1969). "The Value System and Professional Organization of Italian Judges", in Aubert, Vilhelm (org.) *Sociology of Law.* Harmondsworth: Pelican, 310-320.

Nader, Laura (1965). "The Ethnography of Law", número especial *American Anthropologist* 67(6), parte 2, 3-32.

Nader, Laura (1967). "An Analysis of Zapotec Law Cases," in Bohannan, Paul (org.). *Law and Warfare. Studies in the anthropology of conflict.* Garden City N.Y.: The Natural History Press, 117-138.

Nader, Laura (org.) (1969). *Law in Culture and Society.* Chicago: Aldine.

Nader Laura; Yngvesson, Barbara (1973). "On Studying the Ethnography of Law and its Consequences" in Honigmann, J. (org.) *Handbook of Social and Cultural Anthropology.* Chicago: Rand McNally, 883-921.

Negri, Antonio (1977). *La Forma Stato,* Milão: Feltrinelli.

Nietzsche, Friedrich (1956). *The Birth of Tragedy and the Genealogy of Morals.* Garden City, Nova Iorque: Doubleday.

O'Connor, James (1973). *The Fiscal Crisis of the State.* Nova Iorque: St. Martin's Press.

Offe, Claus (1972). *Strukturprobleme des Kapitalistischen Staates.* Frankfurt: Suhrkamp.

Ong, Walter (1971). *Rhetoric, romance, and technology. Studies in the interaction of expression and culture.* Ithaca: Cornell University Press.

Paliwala, Abdul; Bayne, Peter; Zorn, Jean (1978). "Economic Development and the Changing Legal System of Papua New Guinea", *Journal of Legal Pluralism*, 16, 3-79.

Pankhurst, Richard (1966). *State and Land in Ethiopian History*. Addis Ababa: Institute of Ethiopian Studies.

Perelman, Chaim (1951). "Reflexions sur la justice", *Revue de l'Institut de Sociologie*, Bruxelles, 31(2), 255-281.

Perelman, Chaim (1965). "Justice and Justification", *Natural Law Forum*. Vol. X, 1-20.

Perelman, Chaim (1969). *The New Rhetoric: a Treatise on Argumentation*. Notre Dame: University of Notre Dame Press.

Perelman, Chaim; Olbrechts-Tyteca, Lucie (1952). *Rhetorique et Philosophie. Pour une théorie de l'argumentation en philosophie*. Paris: PUF.

Perelman, Chaim; Olbrechts-Tyteca, Lucie (1976). *Traité de l'Argumentation. La Nouvelle Rhetorique*. Bruxelas: Presses Universitaires de Bruxelles.

Plebe, Armando (1978). *Breve história da retórica antiga*. São Paulo: E.P.U./ Edusp.

Poggi, Gianfranco (1978). *The Development of the Modern State*. Stanford: Stanford University Press.

Pospísil, Leopold (1971). *Anthropology of law: a comparative theory*. Nova Iorque: Harper & Row.

Poulantzas, Nicos (1968). *Pouvoir politique et classes sociales*. Paris: Maspero.

Poulantzas, Nicos (1978). *O estado, o poder, o socialismo*. Lisboa: Moraes.

Przeworski Adam; Sprague, John (1977). "A History of Western European Socialism", trabalho apresentado na reunião anual da *American Political Science Association*, Washigton, DC.

Radcliffe-Brown, A. (1933). "Primitive Law", *Encyclopedia of the Social Sciences*, 203.

Radcliffe-Brown, A. (1965). *Structure and Function in Primitive Society*. Nova Iorque: The Free Press.

Recasens-Siches, Luis (1962). "The Logic of the Reasonable as Differentiated from the Logic of the Rational (Human Reason in the

Making and Interpretation of Law)," in Newman, Ralph (org.), *Essays in Jurisprudence in Honor of Roscoe Pound*. Indianopolis: Bobbs-Merrill, 192-221.

Redfield, Robert (1967). "Primitive law", in Bohannan, Paul (org.) *Law and warfare. Studies in the anthropology of conflict*. Garden City Nova Iorque: The Natural History Press, 3-24.

Rehbinder (org.) (1967). *Recht und Leben*. Berlim: Duncker & Humblot.

Renner, Karl (1949). *The Institutions of private law and their social functions*. Londres: Routledge. & Kegan Paul.

Renou, Louis (1968). *Religions of Ancient India*. Nova Iorque: Schocken Books.

Renza, Louis (1977). "The Veto of the Imagination: A Theory of Autobiography", *New Literary History*, 9(1):1-26.

Revista Mexicana de Sociología (1977). 1/77, Janeiro-Março.

Revista Mexicana de Sociología (1977). 2/77, Abril-Junho.

Ricoeur, Paul (1969). *Le Conflit des Interprétations. Essais d´Herméneutique*. Paris: Seuil.

Rosado Fernandes, R. (1966). "Breve Introdução aos Estudos Retóricos em Portugal", in Lausberg, Heinrich (org.). *Elementos de Retórica Literária*. Lisboa: Fundação Calouste Gulbenkian.

Rousseau, Jean-Jacques (1967). *Oeuvres Complètes*. 5 vols. Paris: Seuil.

Saltman, Michael (1971). *A restatement of Kipsigis Customary Law*. Waltham: Brandeis.

Santos, Boaventura de Sousa (1971). "Law Against Law". Yale University, *Program in Law and Modernization, Working Papers*, 4.

Santos, Boaventura de Sousa (1974). *Law Against Law: Legal Reasoning in Pasargada Law*. Cuernavaca: Centro Intercultural de Documentacion.

Santos, Boaventura de Sousa (1980). "O Discurso e o Poder". Separata do *Boletim da Faculdade de Direito de Coimbra*.

Santos, Boaventura de Sousa (1981). "Science and Politics: Doing Research in Rio's Squatter Settlements", *in* Luckham, Robin (org.), *Law and Social Enquiry: Case Studies Research*. Uppsala: Skandinavian Institute of African Studies, 261-289.

Santos, Boaventura de Sousa (1988). *Um discurso sobre as ciências*. Porto: Afrontamento.

Santos, Boaventura de Sousa (1989). *Introdução a uma Ciência Pós-moderna*. Porto: Afrontamento.

Santos, Boaventura de Sousa (2000). *A Crítica da Razão Indolente: contra o desperdício da Experiência*. São Paulo: Cortez.

Santos, Boaventura de Sousa (2006). *A Gramática do tempo*. Porto: Afrontamento.

Santos, Boaventura de Sousa (2009). "Portugal: Tales of Being and not Being", *Portuguese Literary & Cultural Studies*, 20, 1-45.

Santos, Boaventura de Sousa (2013). *Pela Mão de Alice: O Social e o Político na Pós-Modernidade*. Porto: Afrontamento.

Santos, Boaventura de Sousa (2014). *Epistemologies of the South: Justice Against Epistemicide*. Boulder: Paradigm Publishers.

Santos, Boaventura de Sousa (2003) (org.). *Conhecimento Prudente para uma Vida Decente: Um discurso sobre as ciências revisitado*. Porto: Afrontamento.

Santos, Boaventura de Sousa (2008) (org.). *As Vozes do Mundo*. Porto: Afrontamento.

Santos, Boaventura de Sousa; Nunes, João Arriscado; Meneses, Maria Paula (2005). "Para ampliar o cânone da ciência: a diversidade epistemológica do mundo" in Santos, Boaventura de Sousa (org.). *Semear outras soluções. Os caminhos da biodiversidade e dos conhecimentos rivais*. Porto: Afrontamento.

Santos, Boaventura de Sousa; Meneses, Maria Paula (2006). *Identidades, Colonizadores e Colonizadores: Portugal e Moçambique*. Relatório Final do Projecto POCTI/41280/SOC/2001. Coimbra: Centro de Estudos Sociais.

Santos, Boaventura de Sousa; Meneses, Maria Paula (orgs.) (2010). *Epistemologias do Sul*. Coimbra: Almedina.

Schiller, Herbert (1974). *The Mind Managers*. Boston: Beacon.

Selznick, Philip (1969). *Law, Society and Industrial Justice*. Nova Iorque: Russell Sage Foundation.

Shakespear, William (1990). *El- Rei João*. Porto: Lello e Irmão.

Shankara (1970). *Crest-Jewel of Discrimination*. Nova Iorque: New American Library.

Simmel, Georg (1955). *Conflict*. Glencoe, Ill.: The Free Press.

Smigel, Erwin Orson (1964). *The Wall Street Lawyer: Professional Organizational Man?* Nova Iorque: Collier-Macmillan.

Smith, Abel; Stevens, Robert (1967). *Lawyers and the Courts: A Sociological Study of the English Legal System 1750-1965*. Londres: Heinemann.

Sourioux, Jean-Louis; Lerat, Pierre (1975). *Le langage du droit*. Paris: P.U.F.

Sousa Ribeiro, António (1979). «Estado de Direito e Repressão, a *Berufsverbot* na Alemanha Federal", *Revista Crítica de Ciências Sociais*, 3, 75-100.

Souto, Cláudio (1978). *Teoria Sociológica do Direito e Prática Forense*. Porto Alegre: Fabris Editor.

Spence, Jack (1978). "Institutionalizing Neighborhood Courts: Two Chilean Experiences", *Law and Society Review* 13: 139-182.

Starr, J. (1970). Mandalinci Koy: *Law and Social Control in a Turkish Village*. Berkeley: University of California Press.

Steiner, George (1967). *Language and Silence: Essays on Language, Literature and the Inhuman*. Nova York: Atheneum.

Stirling, Paul (1957). "Land, Marriage, and the Law in Turkish Villages", *International Social Science Bulletin*, 9, 21-33.

Swett, Daniel H. (1969). "Cultural Bias in the American Legal System", *Law & Society Review* 4:79-110.

Sykes, Gresham (1958). *The Society of Captives: A Study of a Maximum Security*. Princeton: Princeton Classic Editions.

The Department of Land Reform (1969). *A Study of Agricultural Land Disputes in Kuni Wereda and Chercher Awraja Courts*. Harer Province.

Therborn, Goran (1978). *What does the Ruling Class do When it Rules?* Londres: Schocken Books.

Todorov, Tzevtan (1973). *Literatura e Significação*. Lisboa: Assírio e Alvim.

Trotsky, Leon (1950). *L'histoire de la Révolution Russe*. Vol.1: Fevrier. Paris: Seuil.

Trubek, David (1972). «Max Weber on Law and the Rise of Capitalism», *Wisconsin Law Review*, 720-753.

Trubek, David (1979). "Public Advocacy: Administrative Government and the Representation of Diffuse Interests," in Cappelletti; Garth (orgs.) *Emerging Issues & Perspectives in the "Access to Justice Movement"*. Alphen a/d Rijn: Sijthoff and Noordhoff, 447-494.

Trubek, David; Galanter, Marc (1974). "Scholars in Self-Estrangement: Some Reflections on the Crisis in Law and Development", *Wisconsin Law Review*, 1062–1101.

Twining, William (1964). *The Place of Customary Law in the National Legal Systems of East Africa*. Chicago: Law School.

van Velsen, J. (1967). "The Extended-Case Method and Situational Analysis" in Epstein A.L. (org.). *The Craft of Social Anthropology*. Londres: Tavistock, 129-149.

van Velsen, J. (1969). "Procedural Informality, Reconciliation and False comparisons" in Gluckman, Max (org.) *Ideas and procedures in African Customary Law*, Londres: Oxford University Press, 137-152.

Vayda, A. P. (1967). "Maori Warfare" in Bohannan, Paul (org.) *Law and Warfare. Studies in the anthropology of conflict*. Garden City, Nova Iorque: The Natural History Press, 359-380.

Viehweg, Theodor (1963). *Topik und Jurisprudenz*. München: C. H. Beck.

Weber, Max (1954). *Law in Economy and Society*. Cambridge, Mass.: Harvard University Press.

Weber, Max (1970). "Ideal Types and Theory Construction" in Brodbeck, May (org.) *Readings in the Philosophy of the Social Sciences*. Londres: Brodbeck, 496-507.

Whale, John (1977). *The politics of the media*. Londres: Fontana.

Whitman, Walt (1909). *Leaves of Grass*. Philadelphia: David McKay. Acessada em 16/12/2013 em http://www.bartleby.com/142/.

Wieacker, Franz (1967). *Privatrechtsgeschichte der Neuzeit*. Göttingen: Entwicklung, Vandenhoeck & Ruprecht.

Winch, Peter (1970). *The Idea of a Social Science and its Relation to Philosophy.* Londres: Routledge & Kegan Paul.

Wright, Erik Olin (1978). *Class Crisis and the State.* Londres: New Left Books.

Yngvesson, Barbara (1970). *Decision-Making and Dispute Settlement in a Swedish Fishing Village: An Ethnography of Law.* Ph.D. Dissertation, Department of Anthropology, University of California, Berkeley.

Chao, Y. R. (1974). *Language and Symbolic Systems.* Cambridge: Cambridge University Press.

Anexo fotográfico

Setembro de 1970 – Rio de Janeiro. Foto do autor ao tempo da pesquisa.

1968 – Os caminhos do Jacarezinho. (Fotografia de Rodolpho do Jornal Correio da Manhã). Ilustrava o seguinte texto de autoria de Gericó publicado em 09.06.1968: "Rosiney passa correndo com a cabeça sangrando. Vai ao Posto Policial. Tem 12 anos, é lourinho e levou uma pedrada, não sabe de quem. Plac-ti-plac acaba de engraxar mais um sapato e enfia correndo a nota de duzentos no bolso da calça rasgada. Anita, de mini saia abóbora volta da fábrica. Na tendinha Maria Baiana, Sabará insiste na vitória do Botafogo. Cabo Francisco volta contente, segurando pelo cangote um marginal que AC abou de pegar. De lambreta, padre Nelson vai de porta em porta avisando que hoje tem benção. Mas quem está rezando muito é João que amanhã vai inaugurar mais um andar na sua casa. Casa mesmo porque no Jacarezinho agora quase não tem barraco. É tudo casa. Casa feita pelos próprios moradores sem a ajuda de ninguém. Casa feita pelo João. O que está acontecendo hoje com a favela do Jacarezinho é a prova mais evidente de que o favelado é auto suficiente para progredir. E mais, não quer e não vê nenhuma necessidade em ser despejado, transferido e segregado em autênticos guetos como da Cidade de Deus e da Vila Kennedy onde ficam isolados, marginalizados. Sob o ponto de vista econômico, é uma das mais ricas. Possui mais de 2 mil casas comerciais registradas que pagam impostos e que vendem desde o feijão com arroz, até televisão. Só fábricas de sapato, existem umas vinte, sendo a mais famosa a do Seu Zacarias, que chega a exportar o artigo para Minas Gerais e para São Paulo. Segundo o presidente da Associação de Moradores, José Genuíno da Costa, o problema da iluminação já foi resolvido. Das 105 ruas, 7 delas estão sendo calçadas pelos próprios moradores, sem ajuda de ninguém. Mas há uma coisa que Seu Genuíno não entende, que ninguém entende e que parece que não é mesmo para entender. É o problema da água. Na época das eleições o governador Lacerda esteve no Jacarezinho. Depois de muita falação, mandou 18 mil metros de cano para resolver o problema. Os cabos foram empilhados num canto. Estão lá até hoje Arquivo Nacional". (Fotografia 00249-006).

1968 – Irineu Guimarães. Congresso da Federação das Favelas do Estado da Guanabara.

1968 – Trabalho de jovens aprendizes no Jacarezinho. Menino sapateiro. (Fotógrafo Rodolpho do Jornal Correio da Manhã. 07.06.68). Arquivo Nacional (Fotografia 00249-002).

1969 – O menino e o samba. (Fotógrafo Aroldo Ferreira do Jornal Correio da Manhã. 24.11.69). Arquivo Nacional (Fotografia 03751-023).

1970 – O Avregny e o António Português na beira-rio (foto do autor).

Outubro de 1970 – Jacarezinho (foto do autor).

1970 – O António Português, a secretária da associação e o presidente da Associação de Moradores (foto do autor).

1971 – Eleições no cotidiano do Jacarezinho. Quatro chapas disputavam a diretoria da Associação de Moradores: Verde, Rosa, Amarela e Azul. (Fotógrafo Cleiton do Jornal Correio da Manhã. 02.08.1971). Arquivo Nacional (Fotografia 00249-001).

1972 – Beira do Rio na altura da Rua Zelia (autor desconhecido).

1972 – Ensaio na Escola de Samba Unidos do Jacarezinho. (Fotógrafo Mozart do Jornal Correio da Manhã. 19.11.72). Arquivo Nacional (Fotografia 03751-020).

1977 – Associação de Moradores do Jacarezinho (autor desconhecido). jacarezinhorj.blogspot.com.br.png

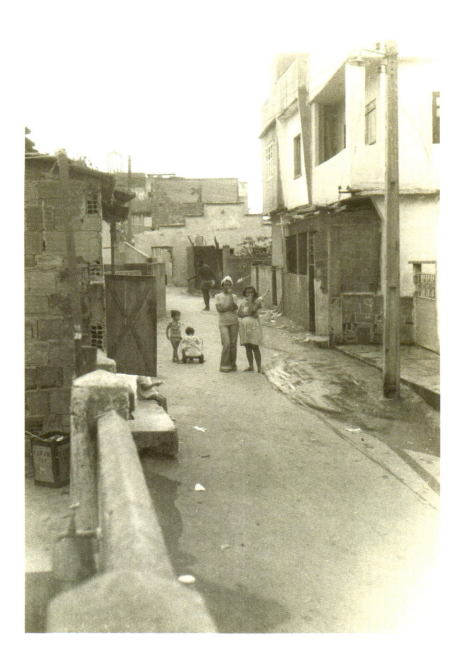

1977 – Entrada da favela do Jacarezinho pela Rua Viúva Claúdio (autor desconhecido).

Década de 1980 – Irineu Guimarães (atividade política).

2005 – Com o diretor da rádio comunitária.

2005 – À entrada da Rádio Comunitária com o diretor e Pedrinho Strozenberg.

2005 – A rádio comunitária anuncia a origem do nome Pasárgada.

2012 – Boaventura e Irineu.

2012 – Boaventura, Irineu e Dona Rute.

2012 – Sueli, Irineu e Dona Rute.